MOBILITÄT FÜR ALLE

Prof. Dr. Andreas Herrmann leitet das Institut für Mobilität an der Universität St. Gallen und ist Visiting Professor an der London School of Economics und an der Tongji University in Shanghai. Als Autor und Ko-Autor hat er bereits 15 Bücher und mehr als 200 wissenschaftliche Aufsätze veröffentlicht. Zudem führt er zahlreiche Kooperationsprojekte mit Unternehmen durch.

Johann Jungwirth ist Ingenieur und Manager in der Automobilindustrie. Nach Stationen u. a. bei Apple und Mercedes-Benz, wo er auch an selbstfahrenden Autos arbeitete, und im Volkswagen Konzern, wo er für die digitale Transformation verantwortlich war, ist Jungwirth heute Vice President von Mobileye. Dort treibt er die autonome Mobilität voran.

Prof. Dr. Frank Huber hat den Lehrstuhl für Marketing Analytics an der Johannes Gutenberg-Universität Mainz inne, ist Mitgründer einer Unternehmensberatung und Autor mehrerer Bücher zu Marketing und Produktgestaltung.

Andreas Herrmann
Johann Jungwirth
Frank Huber

MOBILITÄT FÜR ALLE

... auf Knopfdruck

Sehr geehrter Herr Loose,
mit herzlichen Grüßen
A. Herrmann

Campus Verlag
Frankfurt/New York

MIX
Papier aus verantwortungsvollen Quellen
FSC
www.fsc.org
FSC® C089473

Klimaneutral
Papier
ClimatePartner.com/13732-1910-1001

ISBN 978-3-593-51557-1 Print
ISBN 978-3-593-45038-4 E-Book (PDF)
ISBN 978-3-593-45039-1 E-Book (EPUB)

Umschlaggestaltung: Guido Klütsch, Köln
Umschlagmotiv: © 2018 claudenakagawa/Shutterstock
Satz: Publikations Atelier Dreieich
Gesetzt aus der Minion und der DIN Next Rounded
Druck und Bindung: Beltz Grafische Betriebe GmbH, Bad Langensalza
Beltz Grafische Betriebe ist ein klimaneutrales Unternehmen (ID 15985-2104-1001).

www.campus.de

INHALT

Vorwort ... 11

Geleitwort von Cem Özdemir ... 14

Geleitwort von Christoph Wolff ... 17

Geleitwort von Luca de Meo ... 19

TEIL 1: MOBILITÄT, WOHLSTAND UND UMWELT

1 Dürfen wir noch unterwegs sein? ... 23
Reisen bildet ... 23
Mobilität als Menschenrecht ... 27

2 Mit Mobilität zu Wohlstand ... 30
Pendler in New York ... 30
Arbeiter in Chicago ... 31
Mexico City, São Paulo und die Schweiz ... 32
Maria und Olivia ... 35
Ford und die amerikanische Mittelschicht ... 37

3 Soziale Kosten der Mobilität ... 39
Freud und Leid ... 39
Nutzungsverhalten ... 40
Staus ... 41
Unfälle ... 43
Emissionen ... 45
Flächenbedarf ... 47
Was kostet die heutige Mobilität? ... 50
Auch Infrastruktur kostet Geld ... 52

4 **Alles nur ein Missverständnis?** 54
Über Autos und ihre Nutzung 54
Gewissheiten der Automanager 57

TEIL 2: AUF IN DIE STÄDTE

5 **Alle wollen in die Städte** 61
Vom Land in die Stadt 61
Städte stoßen an ihre Grenzen 64
Städte als Motoren des Fortschritts 67

6 **Immer mehr Verkehr** 69
Autos, Straßen und Parkplätze 69
Kinder im Straßenverkehr 71
Der andere Blick auf Städte 72

7 **Die Städte wehren sich** 75
Europa 75
Asien und Australien 77
USA und Kanada 78
Autofreie Zonen 80
Vision Zero 81
C40 81

8 **Was passiert auf dem Land?** 83
Suburbanisierung 83
Landleben 86

TEIL 3: AUTOMOBILINDUSTRIE IM UMBRUCH

9 **Die Wertschöpfungskette zerfällt** 91
Wertschöpfung im Wandel 91
Treiber des Wandels 95

10 **Autonom, elektrisch und vernetzt** 97
Autonom 97
Elektrisch 104
Vernetzt 108

11 Wir fahren zusammen 112
Weniger Verkehr durch Sharing 112
Wollen wir wirklich teilen? 117

TEIL 4: PERSPEKTIVEN VON MOBILITY-AS-A-SERVICE

12 Eine bessere Mobilität 123
Mobilität als Dienstleistung 123
Es könnte etwas bringen 127
Sharing ist entscheidend 130
Urbane Utopien 132

13 Ohne Apps geht nichts 134
Mit der App durch die Mobilitätswelt 134
App-Design 138
App oder Lenkrad? 140

14 Wertschöpfungskette 2.0 143
Die Elemente 143
Mobilitätskonzept 148

15 Verkehr ist multimodal 151
Hauptsache nahtlos 151
Mobility-Hubs 156

16 Pods und Shuttles 159
Es geht auch ohne eigenes Auto 159
Lieferdienste 164

17 Rechnet sich das Ganze? 167

18 Eine Wette auf die Zukunft? 170
Die etwas andere Fahrt 170
Geschäftsmodelle entstehen 172
Wo die Zukunft schon begann 175
Mobility-as-a-Service und die Pandemie 178

TEIL 5: WAS KUNDEN WOLLEN

19 Wünsche gibt es viele ... 183
Hoffnungen aus aller Welt ... 183
Man sollte und man müsste ... 185

20 Unterwegs sein, aber anders ... 190
Ansprüche an Mobility-as-a-Service ... 190
Schöne neue virtuelle Welt ... 193
Vom Umgang mit der Zeit ... 194

TEIL 6: WAS UNTERNEHMEN KÖNNEN (MÜSSEN)

21 Worauf es ankommt ... 199
Mobilität als soziale Interaktion ... 199
Die Maschine denkt mit ... 201
Das Interieur ist das neue Exterieur ... 204

22 Ein Geschäftsmodell muss her ... 208
Wandel kostet Kraft ... 208
Auf die Perspektive kommt es an ... 211
Unterwegs mit Pod und Shuttle ... 213
Das Ökosystem ist der Schlüssel ... 216

TEIL 7: DIE STÄDTE GEHEN VORAN

23 Ideen, Projekte, Visionen ... 223
Es kommt darauf an ... 223
Die 15-Minuten-Stadt ... 224
Superblocks, offene Straßen und Plätze ... 227
In Asien gibt man Gas ... 228
Die Mikromobilität kommt ... 230
Braucht es Regeln? ... 233

24 Es geht auch anders ... 235
Auf die Anreize kommt es an ... 235
Stadttypen und Verkehrskonzepte ... 236

TEIL 8: WAS BRINGT MOBILITY-AS-A-SERVICE?

25 Arbeit und Wohlstand . . . 249
Es steht viel auf dem Spiel . . . 249
Mobilität ist alles . . . 251

26 Mehr Leben, weniger Verkehr . . . 254
Weniger Staus . . . 254
Weniger Unfälle . . . 256
Weniger Emissionen . . . 258
Mehr Flächen . . . 259

27 Mobilität für Alle . . . 262
Es gibt noch zu tun . . . 262
Eine Stadt steuert um . . . 264
Inclusive Mobility . . . 265

28 Neue Standorte, neue Nationen . . . 267

TEIL 9: DAMIT ES MIT DEM KNOPFDRUCK FUNKTIONIERT

29 Packen wir's an . . . 273

Nachwort . . . 278

Anmerkungen . . . 280

VORWORT

Was trieb uns an, ein Buch über »Mobilität für alle … auf Knopfdruck« zu schreiben? In erster Linie der Mensch, der im Mittelpunkt von Mobilitätslösungen stehen muss, die dieses Jahrhundert bestimmen werden. Natürlich geht es auch um Technologie, ganz konkret um elektrische, vernetzte und vor allem autonome Fahrzeuge, die man per App rufen kann. Selbstfahrende Autos und Busse, gesteuert von einer Mobilitätsplattform. Es geht aber auch um die Verknüpfung von Autos, Bussen, Bahnen und der Mikromobilität zu einer Reisekette. Eine faszinierende Vorstellung. Fahren ohne Lenkrad. Unser Leben und unser Alltag lassen sich ganz anders gestalten. Und unser Mobilitätsverhalten erst. Wir können das Reisen, das Unterwegssein neu erfinden.

Noch sind nicht alle Details dieses Entwurfs zur Mobilität als Dienstleistung ausgearbeitet. Manches ist noch vage. Gleichwohl schien es uns wichtig, diese Tour d'Horizon anzutreten, da kaum eine andere Errungenschaft wie das elektrische, vernetzte, autonome Fahren im Zusammenspiel mit den anderen Verkehrsmitteln unser Leben und Reisen so gravierend verändern dürfte. Jetzt ist der Zeitpunkt gekommen, um sich mit der Mobilität auf Knopfdruck zu befassen, sie auf die Bühne des sozialen Diskurses zu heben und damit einen Beitrag zu leisten, damit sie unser Leben zum Besseren verändert.

Die Auseinandersetzung mit dem Thema hat auch uns Autoren bewegt, vor allem, weil es nur vordergründig um Fahrzeuge, Sensoren, Algorithmen und Mobilitätsplattformen geht. Viel spannender sind die Geschichten dahinter über die neuen Möglichkeiten, die Mobilität als Dienstleistung den Menschen bietet. Vor allem in den Megacitys dieser Welt können wir jeden Tag erfahren, dass Mobilität eine wichtige Voraussetzung für die persönliche Entfaltung ist. Wenn es uns gelingt, mit Mobilität auf Knopfdruck die Menschen schneller, einfacher und weiter zu befördern, dann bekommen sie bessere Arbeit, mehr Lohn und können ihr Leben meistern. Denken wir auch an die Menschen mit Behinderungen oder Krankheiten, an die Alten und Jungen, die in vielen Ländern und Städten gar keine

Möglichkeit haben, ohne die Hilfe anderer am sozialen und gesellschaftlichen Leben teilzunehmen. Schauen wir auf die ländlichen Regionen, wo die jungen Menschen abwandern, die alten zurückbleiben, Geschäfte schließen und selbst lebenswichtige Dienstleistungen wie die Hausarztpraxis verschwinden. Mobilität als Dienstleistung mit autonomen Fahrzeugen für Mensch, Güter und Services – das könnte zumindest ein Teil der Lösung für diese Probleme sein.

Es geht noch um mehr: 197 Staaten einigten sich bei der UN-Klimakonferenz in Paris im Dezember 2015 auf ein neues, globales Klimaschutzabkommen. Die Vereinbarung zielt darauf ab, die Erwärmung der Erde im Vergleich zum vorindustriellen Zeitalter auf 1,5 Grad Celsius zu begrenzen. Dazu soll in der zweiten Hälfte des Jahrhunderts weltweit Treibhausgasneutralität erreicht werden, also nicht mehr Emissionen entstehen, als zum Beispiel durch Wälder gebunden werden können. Es ist dringend erforderlich, dass der Verkehrssektor seinen Beitrag zur Treibhausgasneutralität leistet.

Auch hierzu lassen sich eindrückliche und bewegende Geschichten erzählen. Beispielsweise von den Menschen in vielen asiatischen und afrikanischen Städten, die in den Abgasen des rasant wachsenden Autoverkehrs zu ersticken drohen. Oder von gigantischen Projekten rund um den Ausbau der Verkehrsinfrastruktur in vielen Metropolen, der den enorm steigenden Mobilitätsansprüchen der Bewohner gerecht werden soll. Fügt man noch hinzu, dass nach wie vor jedes Jahr Millionen von Fußgängern, Fahrradfahrern, aber auch Autofahrern im Straßenverkehr zu Schaden kommen, so liegen die alles entscheidenden Fragen auf der Hand: Müssen wir nicht endlich unsere Mobilität besser organisieren? Sind die sozialen Kosten nicht viel zu hoch? Können wir uns diese Art von Mobilität noch leisten, wohlwissend, es könnte besser gehen? Machen wir uns auf. Gehen wir auf die Reise. Verfolgen wir die Spur von Mobilität als Dienstleistung. Loten wir aus, was uns dieses Mobilitätskonzept bietet.

Viele Mitarbeiter, Kollegen, Experten und herausragende Persönlichkeiten aus Politik, Wirtschaft und Gesellschaft haben uns Anregungen und Impulse vermittelt. Unser Dank gilt ihnen allen für die Bereitschaft, all ihr Wissen und alle ihre Erfahrungen einzubringen. Besonders wertvoll waren die Gespräche mit Chris Urmson zum autonomen und vernetzten Fahren, mit Anat Bonshtien über die neue Mobilitätsindustrie in Israel, mit Seung Won Kim zur Smart City Daegu in Südkorea und mit Cem Özdemir über die Herausforderungen für Politik und Gesellschaft. Ganz besonders danken wir Patrik Ludwig vom Campus-Verlag für seine Unterstützung. Er konnte sich von Anfang an für dieses Projekt begeistern.

Wir hoffen, dass ein Buch entstanden ist, das dieses Thema aus vielfältigen Perspektiven beleuchtet und dazu beiträgt, eine offene, ehrliche, vielschichtige und differenzierte Diskussion über die Möglichkeiten einer Mobilität für alle, und zwar auf Knopfdruck zu führen. Wir Autoren sind euphorisch und optimistisch, das geben wir gern zu. Wir wollen den Wandel! Wir sind davon überzeugt, dass das elektrische, vernetzte und vor allem autonome Fahren in einer Welt, in der man Mobilität nicht mehr »besitzt«, sondern als Dienstleistung »nutzt«, unser Leben, unsere Umwelt und unsere Gesellschaft zum Besseren verändert. Aber natürlich gibt es auch Zweifel und Sorgen, die in diesem Buch ebenso zum Ausdruck kommen.

Andreas Herrmann
Johann Jungwirth
Frank Huber

GELEITWORT VON CEM ÖZDEMIR

Überall auf der Welt klagen die Menschen über Staus und Verkehrsbehinderungen. Wenn wir uns umschauen, sieht es so aus, als stoße die uns allen so lieb gewordene Mobilität vielerorts an ihre Grenzen. In Afrika, Teilen Asiens und Lateinamerikas steigt die Zahl der Menschen, die im Verkehr umkommen oder verletzt werden, immer noch an. Und auch bei uns in Europa sterben immer noch zu viele Menschen im Straßenverkehr. Die »Vision Zero«, also das Ziel von möglichst keinen Verkehrstoten, ist noch weit entfernt. Hinzu kommen lokale Abgase, die mancherorts auf der Welt dazu führen, dass Menschen Masken tragen müssen gegen den Smog. Gleichzeitig werden jedes Jahr weiter wertvolle Flächen versiegelt, um dem wachsenden Verkehr hinterherzubauen. Und als wäre das nicht schon genug, ist unsere Art der Mobilität zurzeit ein großer Treiber der Klimakrise. Etwa 25 Prozent aller Kohlendioxidemissionen resultieren aus dem Verkehrssektor.

Ohne Zweifel, wollen wir uns den genannten Herausforderungen stellen, müssen wir unsere Mobilität anders gestalten. Wir brauchen eine Mobilitätswende. Zentrale Herausforderung dabei ist, zwei auf den ersten Blick durchaus widersprüchliche Ziele miteinander zu vereinen: Einerseits ist Mobilität ohne Frage eine zentrale Voraussetzung, damit Menschen zu Arbeit kommen und dadurch Einkommen erzielen. Vor allem ist Mobilität auch eine grundlegende Voraussetzung für Teilhabe am gesellschaftlichen Leben und am Austausch zwischen Menschen, Kulturen, Ländern und Kontinenten. Es kann also in keiner Weise darum gehen, Mobilität grundsätzlich einzuschränken oder übergreifend zu verteuern.

Auf der anderen Seite bleiben die erheblichen Kosten für Mensch, Klima und Umwelt, wenn wir nicht umsteuern. Der Handlungsbedarf ist groß. Damit wir die Ziele des Pariser Klimaschutzabkommens erreichen und unseren Kindern und Enkeln keinen kaputten Planeten überlassen. Und damit wir unsere Städte nicht weiter um den Verkehr herumbauen, sondern den Verkehr zukünftig für die Bedürfnisse der Menschen bauen. So wird derzeit zum Beispiel etwa ein Drittel der Fläche einer Stadt für den Verkehr benötigt. Lebensqualität, Wohnlichkeit, Wirtschaftlichkeit und Effizienz gehen anders!

Wie kann es uns gelingen, beide Ziele zusammenzuführen? Neben einem starken öffentlichen Verkehrsangebot, dem massiven Ausbau des Schienennetzes und des Radverkehrs lauten zentrale Stichworte: elektrisch, vernetzt, autonom und geteilt.

In Sachen Antrieb ist die Entscheidung im Pkw-Bereich gefallen: Auf dem Weg zur Klimaneutralität setzen schon so gut wie alle führenden Automobilhersteller auf die Elektromobilität. Gegenüber Autos mit Wasserstoff-Brennstoffzellen und Verbrennern, die irgendwann synthetische Kraftstoffe tanken sollen, hat das E-Auto den Vorteil, dass der erneuerbare Strom nahezu direkt eingesetzt werden kann. Ein Auto mit synthetischen Kraftstoffen braucht wegen der Umwandlungsprozesse fünf bis sechs Mal mehr Strom als ein batterieelektrisches Auto. Voraussetzung für die Elektrifizierung des Verkehrs ist, dass es uns gelingt, ausreichend Strom aus erneuerbaren Quellen bereitzustellen. Die Mobilitätswende ist auch eine Energiewende. Und ohne Energiewende funktioniert sie nicht.

Zudem sollten die Fahrzeuge rasch untereinander und mit der Infrastruktur vernetzt werden. Beispielsweise kann eine sprechende Ampel den herannahenden Fahrzeugen signalisieren, dass sie demnächst von Grün auf Rot schalten wird. Die Autos können sogleich gedrosselt und bei Erreichen der Ampel wieder beschleunigt werden. Das würde schon einiges an Energie einsparen. Autonomes Fahren wäre nochmals ein Schritt weiter. Wie auf einer Perlenkette aufgereiht, könnten sich die Fahrzeuge im Verkehr bewegen. Die Manöver wären harmonisch, es gäbe keine ruckartigen Stop-and-go-Bewegungen. Eine enorme Wirkung auf Energieverbrauch und Emissionen.

Schön und gut. Richtig spannend für den Klimaschutz wird das autonome Fahren aber erst, wenn es uns gelingt, dass immer mehr Menschen Fahrten teilen. Schließlich birgt das autonome Fahren als Einzelbaustein durchaus die viel diskutierte Gefahr, dass noch mehr Autos auf den Straßen unterwegs sind. Es macht also für Mensch und Klima einen Riesenunterschied, ob das autonome Fahren genutzt wird, einen SUV selbstständig über mehrere Kilometer in ein Parkhaus fahren zu lassen, oder ob wir es auch dafür nutzen, mithilfe autonomer Shuttles Fahrtwünsche in der Stadt zu bündeln oder Randgebiete und ländliche Räume anzubinden, wo Bus und Bahn zu selten fahren. Nutzen wir Fahrzeuge durch Teilen und Poolen effizienter, lässt sich die Zahl der Fahrzeuge und der Fahrten auf der Straße deutlich reduzieren. Nicht nur der Energieverbrauch würde sinken, wir hätten auch wieder mehr Platz in unserer Stadt.

Das alles kommt nicht automatisch. Es braucht den richtigen Rahmen und intelligente Impulse für die Mobilitätswende. Es gibt die Chance für eine moderne, saubere, sichere und bezahlbare Mobilität. Lasst sie uns nutzen, im Sinne der Menschen, der Umwelt und unseres Klimas.

Cem Özdemir im Sommer 2021
Vorsitzender des Ausschusses für Verkehr
und digitale Infrastruktur des Deutschen Bundestages

GELEITWORT VON CHRISTOPH WOLFF

Mobilität betrifft uns alle, begleitet uns auf Schritt und Tritt und jeden Tag aufs Neue: auf dem Weg zur Arbeit, zu Familie und Freunden, zu Einrichtungen des Gesundheitssystems und des öffentlichen Lebens. Mobilität ist eine zivilisatorische Errungenschaft, die Voraussetzung der Urbanisierung schlechthin. Wie wir in Städten leben, ist damit verbunden, wie wir uns bewegen. Die Identität einer Stadt ist mit ihrem Transportsystem ikonisch verknüpft: die »black cabs« in London, die Tokyo-Metro, die Tuk-Tuks in Bangkok und die Three-Wheelers in Mumbai; die Freeways von Los Angeles und Dallas. Mobilität »bildet« nach Mark Twain, sie bringt den Menschen zur ökonomischen Entfaltung und – zum Träumen. Aber – sind die Kosten der Mobilität nicht zu hoch?

Andreas Herrmann, Johann Jungwirth und Frank Huber nehmen uns mit auf eine höchst aktuelle Postpandemie-Tour-d'Horizon durch die verschiedenen Aspekte der Mobilität – individuell, gesellschaftlich, technologisch und ökonomisch – mit vielen spannenden Tiefbohrungen aus der ganzen Welt überall da, wo gerade neue Mobilität entsteht.

Angesichts des vor uns liegenden weiteren Wachstums der Städte und der damit verbundenen sozialen Kosten der Mobilität wie Staus, Flächenbedarf für das Parken, Luftverschmutzung, Unfälle und anderer Folgen ist ein Weiter-so nicht möglich. Ein Systemwechsel ist unausweichlich. Die Verknüpfung von autonomem, vernetztem und elektrischem Fahren in einem System, in dem Transportmittel geteilt werden und die Verkehrsmodi digital verknüpft und abgestimmt sind, verspricht die technische Grundlage für einen umfassenden Lösungsansatz. *Mobilität für alle … auf Knopfdruck* haben die Autoren ihr Buch genannt und machen damit klar, dass es ihnen um mehr geht.

Was sind die Beharrungskräfte auf dem Weg zur neuen Mobilität – ökonomisch und psychisch? Die Automobilindustrie ist ein signifikanter Wirtschafts- und Beschäftigungsfaktor, der Umbau hin zu Elektromobilität schafft neue Arbeitsplätze. Aber er macht auch viele obsolet, insbesondere in der mittelständischen Zulieferindustrie. Sind Autos nicht auch Statussymbole, Lustgewinn und Rückzugsorte, die wir nicht teilen wollen? Sind die Menschen bereit für den Sprung von der individualistischen »City of Play« zur utilitaristischen »City of Speed«? Die »Stadt der 15 Minuten«, in der der Rhythmus der Geschwindigkeit des Menschen entspricht, ist ein Leitbild, aber der Weg dorthin verlangt den Menschen einiges ab und bedeutet vielerorts Rückbau der physischen Infrastrukturen und der täglichen Gewohnheiten.

Rechnet sich Mobility-as-a-Service und schafft es Wohlstand? Bisher ist noch kein wirklich überzeugendes Geschäftsmodell gefunden worden, und die Automobilindustrie zieht sich zurück. Offensichtlich gelingt es nur dort, wo viele mitmachen, eher bei den Millennials und den Digital Natives in den Megacitys, die mit der Sharing Economy aufgewachsen sind. Aber was ist mit den Menschen, die auf dem Land leben und die sich abgehängt fühlen? Wie sieht die neue Mobilität dort aus und wie rechnet sie sich? Was ist mit den Menschen, die in Elendsvierteln der großen Städte ohne öffentliches Nahverkehrssystem leben und nur begrenzten Zugang zu Jobs und öffentlicher Versorgung haben?

Wie sieht das System von »carrots und sticks« aus, das Menschen mitnimmt und begeistert, aber gleichzeitig an die Hand nimmt und den Systemwechsel durch Anpassungen der Infrastruktur deutlich macht?

Das Buch ist global gedacht und für eine globale Audienz geschrieben mit vielen anschaulichen Beispielen, wie es gehen kann und welche Innovationen vor uns liegen. Eine höchst gelungene Balance von Optimismus und Nachdenklichkeit.

Christoph Wolff im Sommer 2021
Executive Committee World Economic Forum

GELEITWORT VON LUCA DE MEO

Mobilität ist eine Quelle der Erfüllung und eine Freiheit.

Ich glaube, dass diese Freiheit mit dem Erhalt des Planeten und einem besseren Zusammenleben einhergeht. Die Zukunft der Mobilität zu antizipieren und zu gestalten ist eine echte Herausforderung für Automobilhersteller.

Die Entwicklung neuer Shared Mobility Services basiert auf der kontinuierlichen Logik der Automobilindustrie, sich stets weiterzuentwickeln. Es lag schon immer in der Natur der Automobilhersteller, beim Verständnis von Verbrauchertrends und -nutzungen führend zu sein, um Transportdienstleistungen anzubieten, die den heutigen und zukünftigen Anforderungen am besten gerecht werden.

Mobilität wurde in den vergangenen Jahren immer multimodaler – dank Shared Mobility und Mikromobilität –, heute beschleunigt sich die Diversifizierung von Mobilitätsgeschäftsmodellen mit einem Marktwachstum von 60 Prozent bis 2035. In der neuen Mobilitätswertschöpfungskette sind intelligente Systeme im Fahrzeug die neue treibende Kraft.

Angesichts dieser technologischen Herausforderung ist die Zusammenarbeit zwischen großen Unternehmen und Behörden, aber auch Universitäten und Forschungszentren von entscheidender Bedeutung. Um die Mobilität von morgen zu gestalten, brauchen wir einen Ökosystemansatz, bei dem Software und Algorithmen eine große Rolle spielen.

Daher müssen wir uns selbst herausfordern, die Auswirkungen auf das Klima und die Ressourcen zu begrenzen und die Mobilität für alle inklusiver und sicherer zu machen. Inklusion durch Mobilität zu fördern, ist für die Branche in den kommenden Jahren eine starke Verpflichtung, da Mobilität eine Quelle von Ungleichheit sein kann und manchmal eine Hürde ist, um einen Arbeitsplatz zu finden, zu behalten oder sich für einen Arbeitsplatz auszubilden. Tatsächlich sagen 50 Prozent der Arbeitssuchenden, dass sie eine Ausbildung oder eine Beschäftigung ablehnen, weil sie keine Transportmöglichkeiten haben.

Für eine nachhaltigere Zukunft müssen Automobilkonzerne Mobilitätslösungen und -dienste entwickeln, die das traditionelle Autokaufsystem ergänzen und eine bessere Nutzung von Vermögenswerten durch die Kreislauf- und Sharing-Ökonomie fördern und dabei die Erwartungen von Verbrauchern, Unternehmen, Betreibern und Gebieten berücksichtigen.

Luca De Meo im Sommer 2021
Chief Executive Officer von Renault S. A.
und Chairman von Renault s. a. s.

TEIL 1

MOBILITÄT, WOHLSTAND UND UMWELT

KAPITEL 1

DÜRFEN WIR NOCH UNTERWEGS SEIN?

Reisen bildet

»Die beste Bildung findet ein gescheiter Mensch auf Reisen.« So legte einst Johann Wolfgang von Goethe den Menschen nahe, aufzubrechen, unterwegs zu sein und nicht zu Hause zu verkommen. Viele Dichter und Denker schrieben ganz ähnlich, allen voran Mark Twain, für den das Reisen fatal ist, wenn Vorurteile, Bigotterie und Engstirnigkeit aufrechterhalten werden sollen. Reisen, so sein Fazit, erheitert, ermuntert, belebt und fasziniert. Und, ganz wichtig: Reisen macht Menschen glücklich! Gründe genug, um immer wieder Neues zu erkunden, das Weite zu suchen und sich nicht allein mit dem Alten und Nahen zufriedenzugeben. Alle diese Weisheiten und Erkenntnisse lassen sich am besten in dem berühmten Satz von Wilhelm Busch zusammenfassen: »Drum, o Mensch, sei weise, pack die Koffer und verreise.«[1]

Es gibt wohl nicht viele andere Ratschläge, die so viel Widerhall gefunden haben wie die Aufforderung, zu reisen oder, modern ausgedrückt: unterwegs zu sein. Mobilität hat sich zu einem zentralen Wert in unserer Gesellschaft entwickelt. Vielleicht ist sie sogar Voraussetzung für ein faszinierendes, spannendes, attraktives und erfülltes Leben. Es geht schon lange nicht mehr um den berühmten Tapetenwechsel oder um eine gelegentliche Veränderung des Mittelpunkts im Leben. Mobilität ist der Normalzustand, Stillstand ist die Ausnahme! Nahezu alles, was die Menschen früher an einem bestimmten Ort taten, erleben sie heute unterwegs: arbeiten, ihr Leben reflektieren, im Internet surfen, einkaufen, telefonieren, fernsehen, bei sich sein, ausruhen, womöglich sogar ein wenig wohnen, all das lässt sich überall erledigen.

Trotz der von vielen Individuen geteilten Begeisterung für das Unterwegssein kommt inzwischen die Einsicht auf, dass Mobilität an ihre Grenzen stößt. Die mit dem Reisen verbundenen Schäden für Mensch und Natur sind so gravierend, dass einige eine Rückbesinnung auf Langsamkeit und Beschaulichkeit fordern.

Das rast- und ruhelose Mühen scheint vielen übertrieben. Menschen hetzen von einem Ziel zum nächsten ohne erkennbaren Sinn und ohne nachvollziehbaren Zweck. Die Skepsis am unermüdlichen Reisen äußert sich in den Debatten um autofreie Zonen, den Flugverkehr und um zu viele Parkplätze in den Innenstädten. Müssen Menschen wirklich um die halbe Welt reisen, überall vor Ort sein, während in vielen Metropolen die Einwohner regelrecht im Verkehr ersticken?

Hat uns die Coronapandemie nicht etwas völlig anderes gelehrt? Es geht auch ohne Mobilität! Virtuelle Treffen und Reisen via Zoom oder Teams, mit einem Klick in die ganze Welt. Man muss nicht mehr unterwegs sein! Man kann alles von einem Ort aus erledigen. Allerdings gibt es auch eine Kehrseite: Homeoffice, Lagerkoller, das Gefühl, etwas im Leben zu verpassen, vielleicht sogar eingesperrt zu sein und natürlich der Corona-Blues. Ist Mobilität also doch viel mehr, als nur von einem Ort zu einem anderen zu gelangen? Ist das Unterwegssein nicht etwas Schönes, Erhabenes, Bereicherndes, vielleicht sogar Berauschendes per se, unabhängig davon, wohin die Reise geht? Müssen wir unterwegs sein, vielleicht sogar ohne Ziel? Ist das Verharren an einem Ort nicht auch ein persönlicher Stillstand?

Wir erinnern uns: die Autofahrt in den Urlaub nach Italien. Vorfreunde auf Sonne und Strand, trotz Stau und Hitze. Acht Stunden Zeit, sich die 14 Tage in Bibione an der Adria auszumalen. Nicht nur die Familie im Auto, sondern auch die Gedanken und Gefühle gehen auf Reisen. Oder die Fahrt vom Arbeitsplatz nach Hause. Endlich Ruhe, endlich allein, keine Mitarbeitenden, kein Telefon, keine To-dos. Unterwegssein als Flucht vor dem grauen und tristen Alltag, um anderen Vorstellungen und Empfindungen einen Raum zu geben. Oder der Läufer, der das Runner's High erlebt, ein Zustand, in dem allein die Bewegung und nicht das ins Auge gefasste Ziel ein Glücksgefühl vermittelt. Mihaly Csikszentmihalyi hat dieses Empfinden als »Flow« bezeichnet. Es stellt sich ein, sobald die Herausforderung aus einer Tätigkeit oder in unserem Fall aus einer Bewegung mit den eigenen Fähigkeiten einhergeht.[2]

Natürlich geht es häufig darum, möglichst schnell, möglichst einfach, möglichst sicher irgendwo anzukommen. Auf dem Weg zum Einkaufen, zum Arbeitsplatz, zum Sport, zur Schule, zu einem Kunden oder Zulieferer, hier geht es um einen effizienten Transport. Nicht die Reise zählt, sondern die schnelle und einfache Ankunft am Zielort. Aber Mobilität ist mehr! Nicht nur der Mensch ist unterwegs, sondern auch seine Ideen, Träume, Wünsche und vieles mehr. Zugegeben nicht auf jeder Reise, aber gelegentlich eben doch. Deshalb herrscht zumeist Freude, das Ziel erreicht zu haben, aber eben auch Leere, bevor man ein neues Ziel ins Visier nimmt. Jeder kennt dieses Gefühl. Es begleitet uns durchs Leben. Offenbar gilt: Einen Ort erreichen zu wollen, treibt uns an, aber wehe, wir haben ihn erreicht!

Das Bedürfnis, unterwegs zu sein, bezieht sich nicht nur auf die körperliche Bewegung von einem Ort zu einem anderen. Vielmehr geht es immer auch um ein Weiterkommen, um ein Fortbewegen, sogar um einen »Fort-Schritt« im übertragenen Sinne. Vielleicht kann man es so ausdrücken: Die wichtigen, die entscheidenden Reisen in unserem Leben finden dann statt, wenn neben dem Physischen auch das Psychische unterwegs ist. So verstanden ist Mobilität eben beides:[3] Der effiziente Transport eines Menschen, aber eben auch das individuelle Fortkommen in einem emotionalen, gedanklichen, vielleicht sogar manchmal auch spirituellen Sinne. Wir lernen daraus: Wer sich mit Mobilität befasst, greift ein bedeutendes Thema auf! Es geht um den effizienten Transport, aber eben auch um den persönlichen »Fort-Schritt«. Beidem wollen wir in diesem Buch gerecht werden.

Gehen wir nochmals zurück: Das Misstrauen gegenüber dem Wunsch, immer unterwegs zu sein, und der wiederkehrende Verweis auf die schädlichen Nebenwirkungen für Mensch und Umwelt bis hin zum globalen Klimawandel münden häufig in der Forderung nach einer substanziellen Mobilitätswende. Dieser von vielen Menschen geforderte Wandel setzt auf Mäßigung und Verzicht, will eine Rückbesinnung auf Natur und Umwelt und verlangt das Ende von Stress, Hetze und ständiger Bewegung. Es geht um das Besinnliche, das Langsame, das Unaufgeregte, das Gemächliche, das Verwurzelte und das Lokale. Man ist geneigt zu sagen: Es geht um das Gute in einer Zeit des übersteigerten, überhitzten, überhöhten und übertriebenen Unterwegsseins. Man möchte daher den Menschen zurufen: Kommt endlich zur Ruhe, körperlich und seelisch, und ihr habt mehr vom Leben.

Ohne Zweifel ist die Kritik an der heutigen Mobilität, vor allem daran, wie wir sie organisieren, berechtigt und notwendig. Die vielen Unfälle und das damit verbundene Leid, die gravierenden Emissionen und die Auswirkungen auf die Gesundheit, der enorme Platzbedarf für Straßen und Parkplätze, kurzum: Die sozialen Kosten der Mobilität sind in den letzten Jahren sehr stark angestiegen, womöglich sind sie zu hoch. Dies darf aber nicht dazu führen, Mobilität per se zu verurteilen und abschaffen zu wollen. Wie eingangs erwähnt, vermag das Reisen zu bilden, den Horizont zu erweitern, Urteile zu überdenken und die Welt immer wieder aus einem anderen Blickwinkel zu betrachten.

Hinzu kommt, dass Mobilität viele Menschen in Arbeit und Wohlstand bringt, damit Einkommen und Beschäftigung ermöglicht. Vielleicht ist sie sogar der entscheidende Faktor für eine florierende Wirtschaft und eine stabile Demokratie.

Deshalb ist es unerlässlich, die Diskussion um die Mobilität der Zukunft anders, hoffentlich besser, zu führen als bislang. Es geht nicht um das Entweder-oder: Bleib zu Hause oder sei ein Umweltverschmutzer. Wir plädieren für ein Sowohl-als-auch. Lasst die Menschen unterwegs sein, lasst sie reisen, schickt sie hinaus in die Welt. Aber Bitteschön mit einer anderen Mobilität als bislang! Denkt an die Umwelt!

Mobilität wirkt. Das zeigt ein Blick auf die politische Landkarte. Es ist nicht mehr nur das Brot, wie zu Beginn der Französischen Revolution, sondern die schlechte oder teure Mobilität, die Regierungen inzwischen in die Knie zwingt. Denken wir an die Unruhen 2014 in Brasilien oder 2019 in Chile und Ecuador, allesamt wegen einer Preiserhöhung der Bahntickets oder des Benzins. Selbst im Sudan, im Iran oder in Haiti waren steigende Benzinpreise der Grund für Aufruhr. Allein 2019 gab es in sieben Staaten erhebliche Zwischenfälle wegen der dramatisch wachsenden Kosten für die Mobilität. Oder die berühmten Gelbwesten, die in Frankreich samstags protestierten. Was als Bürgerbewegung gegen eine höhere Besteuerung von Kraftstoffen begann, endete mit der Forderung, alle Steuern zu senken, den Mindestlohn und die Renten anzuheben und alle wichtigen politischen Geschäfte per Referendum zu entscheiden.

Hierzu zwei Überlegungen: Ja, wir müssen die Art und Weise verändern, wie wir Mobilität betreiben. Alle Kritik an den Nebenwirkungen ist berechtigt und muss ausgesprochen werden. Ohne Zweifel, es braucht dringend eine nachhaltige Verbesserung. Die Verkehrssituation vor allem in den Metropolen ist katastrophal. Wir können diesen Zustand nicht mehr hinnehmen. Nein, wir dürfen dabei nicht den Anspruch auf Mobilität per se aufgeben. Sie ist wie der Kitt unserer Gesellschaft und Voraussetzung für die Entwicklung eines jeden Einzelnen. Mobilität ist ein besonderes Gut, eine Errungenschaft unserer Zivilisation. Sie aufzugeben, wäre ein enormer Rückschritt. Es wäre geradezu töricht. Daher verfolgen wir mit diesem Buch ein wichtiges Ziel: Mobilität neu zu denken und die Konturen eines alternativen Verkehrskonzepts zu zeichnen mit dem alleinigen Anliegen, dass wir auch in Zukunft noch unterwegs sein können, ohne unseren Planten zu zerstören.

Der Kern aller Gedanken bildet die Idee, die Mobilität als Dienstleistung zu organisieren. Mobility-as-a-Service ist das Konzept dafür. Man muss Verkehrsmittel, allen voran das Auto, nicht mehr sein Eigen nennen, um unterwegs sein zu können. Ganz im Gegenteil: Die intelligente Verknüpfung mehrerer Verkehrsmittel wie Zug, Auto, Roller und Fahrrad verbessert das Reisen in vielerlei Hinsicht. Am besten noch mit autonomen Fahrzeugen, also selbstfahrenden Pods und Shuttles. Es geht günstiger, einfacher, sicherer, leichter und oft auch schneller. Aber wichtiger noch: Mobility-as-a-Service ist der entscheidende Ansatz, um die vielfältigen Kosten der Mobilität deutlich zu reduzieren. Hierzu zählen insbesondere Staus und Unfälle, der Flächenbedarf für Straßen und Parkplätze, der Lärm und die Abgase. Wir kommen noch im Detail darauf.[4]

Stellen wir eines klar: Wir Autoren wollen den Menschen die Freude am Automobil nicht nehmen. Wir wollen den Fahrspaß nicht vereiteln. Wir wollen keine neuen Verbote, keine weiteren Gesetze und keine zusätzlichen Eingriffe in die Selbstbestimmung. Wir wollen auch die Faszination, die aus der Bewegung resultiert, nicht einschränken. Aber zur Wahrheit gehört auch, dass diese Welt eine Alternative zur gegenwärtigen Mobilität braucht. Dieser Befund kann uns eigentlich nicht überraschen: Vor nahezu 140 Jahren wurde das Auto erfunden, vor beinahe 200 Jahren der Zug.[5] Im Grunde nutzen wir diese Verkehrsmittel auf die immer gleiche Weise. Und das, obwohl sich die Welt in dieser Zeit total verändert hat. Es geht intelligenter, es geht besser; machen wir uns auf eine spannende Reise!

Mobilität als Menschenrecht

Weltweit leiden etwa eine Milliarde Menschen an Behinderungen aller Art, das sind etwa 15 Prozent der Weltbevölkerung.[6] Die meisten von ihnen leben in Entwicklungsländern, wo es zumeist keine Möglichkeit gibt, ohne die Hilfe anderer von einem Ort zu einem anderen zu gelangen. Busse und Bahnen sind oft nicht erreichbar. Daher fristen viele von ihnen ein Dasein in Armut, ohne Möglichkeit, sich beruflich und persönlich zu entwickeln. Viele Behinderte in diesen Ländern haben keinen Zugang zu Bildung, Kunst und Kultur allein schon deshalb, weil sie ihren Heimatort gar nicht verlassen können. Armut und Behinderung bedingen sich oft gegenseitig: Wer arm ist, besitzt ein hohes Risiko, eine Behinderung zu erleiden, und wer mit einer Behinderung lebt, weist ein größeres Armutsrisiko auf.[7]

In der Diskussion, wie und wo man Menschen mit Behinderungen am besten ins öffentliche Leben einbindet, geht es häufig um angemessene Löhne, eine umfassende Krankenversicherung sowie um den Zugang zu Ausbildungsplätzen und die sich daran anschließende berufliche Entwicklung. Dabei wird übersehen, dass die Bereitstellung von zugänglichen, zuverlässigen, bezahlbaren und sicheren Transportmöglichkeiten zumindest ebenso wichtig ist. Ein Mobilitätssystem, das alle Menschen nutzen können, ermöglicht private und berufliche Perspektiven und vermittelt das Gefühl von Freiheit, Unabhängigkeit und Teilhabe am gesellschaftlichen Leben.

Hierzu zwei eindrückliche Stimmen: Anil Lewis, Executive Director, National Federation of the Blind, USA, schildert seine Erblindung und die damit verbundenen Auswirkungen auf seine Mobilität so: »Das Schlimmste war, dass ich das Autofahren aufgeben musste. Davor war das Fahrzeug wie eine Therapie für mich: Ich stieg ein und fuhr los.« Myreo Dixon, Repräsentant der United Spiral Association, USA, lebt im Rollstuhl und meint zu Mobilität Folgendes: »Es geht um Unabhängigkeit, Selbstvertrauen und Selbstachtung. Dies alles ist wichtig für die persönliche Entwicklung behinderter Menschen …«.[8]

Untersuchungen auf der ganzen Welt zeigen jedoch immer wieder das gleiche Bild: Behinderten Menschen sind Busse und Bahnen oft verwehrt, sei es durch kaum zugängliche Fahrzeuge oder durch bauliche Hindernisse an den Bahnhöfen und Busstationen.[9] Hierzu eine Episode aus London: Aus eigener Beobachtung wissen wir Autoren, dass selbst Uber-Fahrer es immer wieder ablehnen, blinde Menschen zu befördern. Der Grund? Blinde können nicht immer ihren Standort genau beschreiben und sind daher oft nicht ohne Weiteres zu finden. Zudem werden sie meist von einem Blindenhund begleitet, der auch eingeladen werden muss. Das alles kostet Zeit und Geld.

Wegen dieser und weiterer Geschichten werden überall auf der Welt immer mehr Stimmen laut, die fordern, Mobilität als ein Menschenrecht zu verstehen. Diese Idee ist nicht neu, da die »Universal Declaration of Human Right« der Vereinten Nationen in Artikel 13 die »Freedom of Movement« als ein zentrales Recht jedes Menschen beschreibt: »Everyone has the right to freedom of movement and residence within the borders of each state. Everyone has the right to leave any country, including his own, and to return to his country.«[10] Eigentlich eine unmissverständliche Aussage, nur mit der Umsetzung will es noch nicht so richtig klappen.

Aus Artikel 13 lässt sich wohl ein Grundrecht auf Mobilität ableiten. Das reicht vielen noch nicht. Einige sind noch mutiger, gehen einen weiteren Schritt und fordern eine Grundmobilität. Allen Menschen, auch den jungen, alten, kranken und behinderten, müssten Transportmöglichkeiten zur Verfügung stehen, die per Knopfdruck gerufen werden können. Dies ist die Vision, die wir Autoren in diesem Buch verfolgen: Mobilität für alle … auf Knopfdruck! Es geht um Gleichberechtigung. Jeder Mensch soll eine faire Chance erhalten. Wir dürfen es nicht zulassen, dass abhängig von Land und Region 10 bis 30 Prozent der Bevölkerung von der Mobilität ausgeschlossen sind.

Nicht nur die Behinderung, auch die soziale Lage kann eine kaum zu überwindende Hürde sein. Schauen wir nach Delhi: geringstes Einkommen, ärmlichste

Unterkunft, bescheidenster Lebensstil und das Schlimmste: gefangen in der eigenen Stadt. Viele Delhier haben gar keine Möglichkeit, an der wirtschaftlichen Entwicklung oder am sozialen Leben teilzuhaben. Die Tickets für Busse und Bahnen sind unerschwinglich. Mobilität ist zu teuer. Damit sind auch viele Chancen im Leben verbaut. Arbeitsplätze und Bildungseinrichtungen in anderen Stadtteilen sind unerreichbar. Die meisten verbringen das ganze Leben in ihrem Quartier.

Wir erkennen daraus: Mobilität ist die zentrale Voraussetzung, damit Menschen in Arbeit und Lohn kommen, sozial und beruflich aufsteigen können. Busse und Bahnen, natürlich auch Fahrräder, Roller und vor allem Autos erlauben es den Individuen, ihre Reichweite und ihr Einzugsgebiet auszudehnen, Schulen zu besuchen, Berufe zu erlernen und damit die persönliche Entwicklung voranzubringen. So gesehen gibt es für eine Gesellschaft nicht viel Wichtigeres, als eine funktionierende Mobilität bereitzustellen. Eine, die tatsächlich funktioniert, wohlgemerkt! Also eine sichere, zugängliche, saubere, verlässliche und bezahlbare. Und zwar für alle.

Schließen wir diesen Gedanken mit einigen Nachrichten, die Hoffnung machen: Die Stadtbahnen von Tokyo sind dabei, möglichst viele Barrieren, wie Treppen und für Rollstühle nicht passierbare Ein- und Ausgänge, zu beseitigen. Mit besonders preisgünstigen Sonderbussen versucht die Regierung von Bangalore, Menschen mit sehr niedrigem Einkommen den Zugang in andere Stadtteile zu ermöglichen. In Mexico City können behinderte Menschen alle Schnellbusse gratis nutzen, und in Estland ist das öffentliche Busnetz sogar für die gesamte Bevölkerung kostenlos.

KAPITEL 2

MIT MOBILITÄT ZU WOHLSTAND

Greifen wir eine wichtige Überlegung noch einmal auf. Immer häufiger setzt sich in der gesellschaftlichen Diskussion die Erkenntnis durch, dass der Wohlstand der Menschen von ihrer Mobilität abhängt. Eine verbesserte Mobilität führt vor allem in den Städten dazu, dass die Menschen bessere Jobs bekommen, höheres Einkommen erzielen und weniger Gefahr laufen, in die Arbeitslosigkeit zu fallen. Wer weiter kommt, wer den eigenen Radius vergrößert, die eigene Reichweite ausdehnt, hat mehr Arbeitsplätze zur Auswahl und damit bessere Chancen für die berufliche und persönliche Entwicklung. Wenn das stimmt, dann kommt dem Staat die wichtige Aufgabe zu, genau für diese Mobilität zu sorgen. Verkehrspolitik ist so gesehen Sozialpolitik: Biete den Menschen zuverlässige, bezahlbare und sichere Transportmöglichkeiten, und sie haben die Möglichkeit, sich zu entfalten. Dieser Spur wollen wir im Folgenden nachgehen.

Pendler in New York

Schauen wir dazu nach New York. Für die Bewohner dieser Megacity besteht überall dort eine gute Möglichkeit, der Armut zu entkommen, wo es zuverlässige, leistungsfähige und sichere Transportmittel gibt.[1] Kein anderer Faktor, so ergab eine Studie der New York University, beeinflusst die Chance, in Wohlstand zu gelangen, so deutlich wie der verfügbare private und öffentliche Verkehr. Je mehr Arbeitsplätze der Einzelne von seinem Wohnort aus erreichen kann, desto mehr Optionen hat er, persönlich, beruflich und sozial voranzukommen.

Menschen mit Zugang zum öffentlichen Verkehr in New York City sind demnach beruflich ähnlich erfolgreich wie Menschen, die sehr weit außerhalb der City wohnen, jedoch ein Fahrzeug besitzen und morgens und abends ohne Staus pendeln können. Am schlechtesten sind hingegen jene Menschen gestellt, die weder ein eigenes Auto noch Zugang zum öffentlichen Verkehr haben. In der Studie wurden die 177 Stadtteile von New York City in eine Rangfolge gebracht. Wie viele Jobs können ihre Einwohner an einem Montagmorgen innerhalb einer Stunde Fahrzeit mit dem Fahrzeug oder dem öffentlichen Verkehr erreichen? Zudem wurden das Einkommen der Einwohner und die Arbeitslosigkeit in diesen Stadtteilen erfasst.

Es zeigte sich, dass die Stadtteile am Ende der Reihung eine sehr hohe Arbeitslosigkeit und ein sehr geringes Durchschnittseinkommen aufweisen. Die Einwohner von Tottenville, Elm Park oder Annadale auf Staten Island sind in dieser einen Stunde am Montagmorgen lediglich in der Lage, einige Zehntausend Arbeitsplätze zu erreichen. Viele von ihnen können sich kein eigenes Fahrzeug leisten und müssen ein langes und mühsames Pendeln zum Arbeitsplatz in Kauf nehmen. Diese Menschen befinden sich im Niemandsland zwischen den Arbeitsplätzen und den Transportmöglichkeiten und zählen daher zu den Verlierern in dieser expandierenden Metropole. Dagegen haben die Bewohner von South Chelsea, North-East Midtown oder South Tribeca in Manhattan ganz andere Möglichkeiten für die berufliche Entfaltung. Sie können über vier Millionen Arbeitsplätze innerhalb einer Stunde Fahrt mit dem Zug oder dem Auto erreichen.

Arbeiter in Chicago

Jetzt nach Chicago. Dort zeigt sich der Zusammenhang zwischen dem Zugang zu Mobilität und den Chancen für eine berufliche und persönliche Entfaltung besonders deutlich. Diese am Lake Michigan gelegene Agglomeration weist eine Fläche von über 28 000 Quadratkilometern auf und ist damit fast so groß wie Belgien. Die Metropolregion erstreckt sich über Dutzende von Vororten, die alle mit dem Stadtgebiet verflochten sind. Ein nächtlicher Anflug auf den Flughafen O'Hare liefert eine eindrückliche Kulisse: Lichter, soweit man schauen kann. Allerdings führt diese Weitläufigkeit dazu, dass etwa drei Millionen Menschen in Gebieten leben, die man als abgehängt beschreiben kann. Cook County im Süden der Stadt ist am schlimmsten betroffen. Dort haben viele Einwohner kein eigenes Auto, kaum Zugang zum öffentlichen Verkehr und daher nicht viele Möglichkeiten für ihr berufliches oder privates Weiterkommen. Die Folgen überraschen nicht: Viele Bewohner haben keine gute Ausbildung, schlechte Jobs und verdienen daher nicht viel.[2] Der übliche Teufelskreis.

Untersuchungen in Chicago zeigen immer wieder das gleiche Bild:[3] Fallen Busse und Bahnen aus oder verkehren nicht zuverlässig, können die Menschen ihre Arbeitsplätze nicht erreichen. Einige Unternehmen mussten deshalb sogar schon die Produktion drosseln. Das war ein Ärger! Nicht selten verlieren die Pendler sogar ihren Job, weil die Züge nicht verlässlich verkehren. Dann geht alles wieder von vorn los. Bewerben, Gespräche führen, Job finden, hoffen, dass der Nahverkehr ein Pendeln ermöglicht. Aber auch für die Firmen ist das unzureichende, unzuverlässige und auf manchen Abschnitten sogar marode Transportsystem teuer. Immer wieder müssen sie neue Mitarbeitende einstellen und einarbeiten. Der ständige Personalwechsel kostet Zeit und Geld! Genaue Zahlen dazu gibt es nicht. Aber in einigen Firmen wird davon gesprochen, dass der schlechte Nahverkehr bis zu fünf Prozent Umsatz kostet.

Doch es gibt auch Hoffnung: Inzwischen haben sich einige Unternehmen zusammengetan, um Busse anzuschaffen und einen Linienverkehr zwischen den Wohngebieten und Logistikzentren, Fabriken und Werkshöfen einzurichten. Kein Stress mehr für die Mitarbeitenden. Die Busse fahren stets zuverlässig und regelmäßig. Bosch ist ein Beispiel dafür. Und auch Apple und Google bieten Transportdienste an, um die Mitarbeitenden zu binden. McDonald's hat nach über 40 Jahren sogar die Hauptverwaltung von Oakbrook nach West Loop verlegt. Der Grund dafür: Der Ort war nur mit Mühe zu erreichen. Die Bewerbungen gingen zurück. Seit dem Umzug steigen sie wieder an.

Mexico City, São Paulo und die Schweiz

Nicht nur in New York oder Chicago fallen jene Stadtteile in der sozialen Entwicklung zurück, die nur unzureichend an das Straßennetz oder den öffentlichen Verkehr angebunden sind. Es kommt darauf an, möglichst viele und schnelle Verkehrsverbindungen in die aufstrebenden Stadtteile zu schaffen. Nehmen wir als Beispiel Santa Fe, ein boomendes Geschäftsviertel im Westen von Mexico City. Es besteht aus Bürogebäuden, Geschäften, Supermärkten sowie drei Hochschulen und vielen Wohnungen. Da Santa Fe jedoch nicht an das öffentliche Bus- und Bahnnetz angeschlossen ist, können die Pendler nur mit dem Auto in diesen Stadtteil gelangen. Die Folgen liegen auf der Hand: Stillstand auf den Straßen vor allem morgens und abends, viele Unfälle und eine enorme Luftverschmutzung. Hinzu kommen gestresste Mitarbeitende, die bis zu sechs Stunden täglich für den Weg zum Arbeitsplatz und wieder nach Hause benötigen.

Schätzungen zufolge belaufen sich die täglichen Verkehrsstaus in São Paulo auf eine Gesamtlänge von bis zu 600 Kilometern. Die Einwohner sind daher gezwungen, ihren Tag stets mit Blick auf die Verkehrslage zu planen. Während der Hauptverkehrszeiten morgens und abends herrscht auf den Straßen der völlige Stillstand. Dies ist auch ein Problem für die Landbevölkerung, die in der Stadt nach Arbeit sucht. Busse verkehren selten nach Fahrplan und stehen aufgrund fehlender Spuren ebenso im Stau wie Autos, sodass kein sicherer und verlässlicher Pendelverkehr zwischen der Innenstadt und den Außenbezirken möglich ist. Da die Wohnungen im Zentrum für viele Menschen jedoch unerschwinglich sind, entstehen behelfsmäßige Unterkünfte an den Busbahnhöfen. Die Folge: Die Arbeitssuchenden sind gefangen in ihrer eigenen Stadt. Sie kommen hinein, aber nicht mehr hinaus und finden keinen bezahlbaren Wohnraum. Ein stets fließender Verkehr würde ein Pendeln zwischen dem Arbeitsplatz in der Innenstadt und den Wohnungen in den Außenbezirken ermöglichen. Damit hätten die Zuwanderer die Möglichkeit, gering bezahlte Arbeit im Zentrum anzunehmen und sich gleichzeitig bezahlbare Unterkünfte außerhalb der Innenstadt zu suchen. Das Beispiel lehrt uns eine Lektion: Eine funktionierende Mobilität ist Voraussetzung dafür, dass die fortschreitende Urbanisierung für viele Menschen, die voller Hoffnung in die Städte strömen, nicht im sozialen Elend endet.

	Sozialprodukt pro Kopf in 2019 in Dollar	Investition in Verkehrsinfrastruktur pro Kopf in 2017 in Euro
Schweiz	82.484	824
Deutschland	46.473	241
USA	62.254	282
Mexiko	9.862	32
Indien	2.098	16
China	10.522	455
Japan	40.256	356
Türkei	9.151	97

Abbildung 1.1: Investitionen in die Infrastruktur

Quelle: OECD (2020): https://data.oecd.org/transport/infrastructure-investment.htm

Diese Diskussion legt einen interessanten Gedanken nahe: Müsste man nicht viel konsequenter als bislang auf eine funktionierende Verkehrsinfrastruktur setzen? Sollte der Staat nicht alles dafür tun, damit die Einwohner möglichst viele Arbeitsplätze in einer Stunde Fahrzeit mit dem Auto, dem Bus oder Zug erreichen können? Ohne jeden Zweifel, die Investitionen in Straßen und Schienen sind erheblich, wie aus den in Abbildung 1.1 dargestellten Zahlen hervorgeht. Pro Kopf ist die Schweiz der Spitzenreiter, gefolgt von China, Japan, den USA und Deutschland.[4] Allerdings gibt China beim Ausbau der Verkehrsinfrastruktur mächtig Gas!

Bislang liegen keine Studien vor, die den Sinn und Zweck dieser Verkehrsinvestitionen, gemessen in niedrigerer Arbeitslosigkeit und höherem Einkommen, detailliert ausweisen. Bestenfalls die generellen Zusammenhänge zwischen diesen Größen sind bekannt. Kaum verwunderlich, da sich nicht nur die Verkehrsinfrastruktur, sondern viele weitere Faktoren auf die Arbeitslosigkeit und das Einkommen auswirken. Allerdings deutet einiges darauf hin, dass der in New York City entdeckte Zusammenhang zwischen dem Zugang zu Mobilität und der Chance auf berufliche Entwicklung auch in vielen anderen Ländern gilt.

Aufgrund des besonders engmaschigen und leistungsfähigen Schienen- und Straßennetzes lässt sich die gesamte Schweiz als ein großer Arbeitsmarkt auffassen. Egal ob man in Bern, Zürich, Luzern oder Basel lebt. Innerhalb einer Stunde kann man mit dem Auto oder Zug in die anderen Städte pendeln. Dadurch eröffnen sich eine Vielzahl von beruflichen Möglichkeiten, die ohne diese bestens funktionierende Mobilität, die den Staat jährlich ungefähr 800 Euro pro Einwohner kostet, verschlossen blieben. Vielleicht ist gerade diese herausragende Verkehrsinfrastruktur der entscheidende Grund für den wirtschaftlichen Erfolg dieses Landes.

Immerhin wenden die Staaten der OECD durchschnittlich etwa 1 Prozent des Sozialprodukts für Zahlungen an Arbeitslose und circa 20 Prozent für andere Sozialleistungen auf. Zweifellos ist die Streuung enorm, und die Zahlen sind nicht ohne Weiteres miteinander vergleichbar. Jedes Land definiert und strukturiert seine Sozialleistungen anders. Wie auch immer man rechnet, die in Abbildung 1.1 dargestellten Zahlen sind dagegen nicht hoch. Man mag sie sogar als gering einstufen. Folglich liegt der Gedanke nahe, mit weiteren Investitionen in die Verkehrsinfrastruktur die Sozialkassen zu entlasten.[5] Obgleich sich an dieser Stelle nicht endgültig beweisen lässt, dass höhere Investitionen in die Mobilität der Menschen die Wirtschaftsleistung steigern, gilt folgender Tenor: Investiert in die Verkehrsinfrastruktur! Schafft Mobilität für alle! Ermöglicht den Menschen den Zugang ins Verkehrsnetz! Gebt ihnen Reichweite und damit bessere berufliche und persönliche Perspektiven! Am Ende zahlt es sich aus, auch in den Sozialkassen.

Maria und Olivia

Hinter allen Argumenten für eine funktionierende Mobilität stehen letztlich Menschen und ihre Schicksale. Anhand von zwei Geschichten soll der tägliche Kampf von Pendlern in zwei vom wachsenden Verkehr geplagten Städten veranschaulicht werden. Die beiden Fälle verdeutlichen, dass sich eine unzureichende Mobilität nicht nur auf die beruflichen Perspektiven der Betroffenen, sondern auch auf ihr soziales Leben und das Miteinander in Familien auswirkt. Mobilität ist eben mehr als der Transport von einem Ort zu einem anderen. Mobilität ist persönliche und berufliche Entfaltung.

Inspiriert durch Verkehrsprojekte in den USA, setzt die Regierung von São Paulo seit den 1960er Jahren beim Ausbau der Verkehrsinfrastruktur vor allem auf das Auto. Dabei weist diese Metropole eine europäische Stadtstruktur auf und ist im Unterschied zu amerikanischen Städten schon immer durch eine sehr hohe Bevölkerungsdichte geprägt. Die Entwicklung des Schienennetzes für einen funktionierenden öffentlichen Verkehr wurde völlig vernachlässigt, mit den bekannten Folgen: Lärm, Emissionen und einen ungebremsten Autoverkehr. Jene Einwohner, die sich kein eigenes Fahrzeug leisten können, sind auf die Nutzung von Bussen angewiesen, die wiederum selbst im Stau stehen. Folglich dauert die durchschnittliche Fahrt etwa 93 Minuten, und mehr als 95 Prozent der Fahrten dauern länger als zwei Stunden.[6]

Wie die meisten der 21 Millionen Einwohner von São Paulo kann es sich Maria nicht leisten, im Stadtzentrum zu wohnen. Sie lebt in Itaquaquecetuba, einem Vorort, der aufgrund der enormen Ausbreitung dieser Metropole fast 50 Kilometer vom Zentrum entfernt liegt. Da der öffentliche Verkehr nicht leistungsfähig ist, muss Maria wie viele andere Menschen an manchen Tagen bis zu vier Stunden pendeln, um zu ihrem Arbeitsplatz zu gelangen. Bereits mit 14 Jahren verließ sie die Schule, bot zunächst Brausegetränke am Straßenrand an und wechselte danach von einer Anstellung zur nächsten. Nach der Geburt ihrer Tochter versuchte sie zwar einige Male den Schulabschluss nachzuholen, aber die vielen Stunden in Bussen und Zügen ließen dies nicht zu. »Öffentliche Verkehrsmittel sind so schlecht, dass sich die Leute, sobald sie etwas Geld haben, ein Auto kaufen. Die Menschen hoffen damit auf einen Aufbruch zu neuen Lebenschancen, sofern sie nicht wie alle anderen auch damit im Stau stehen«, berichtet Maria.

Inzwischen geht sie jeden Tag um kurz vor 7 Uhr zur Bushaltestelle. Manchmal steht sie dort 10 Minuten, manchmal 30 Minuten, es gibt keinen Fahrplan. Ist der Bus überfüllt oder fällt aus, muss Maria auf den nächsten warten und kommt zu spät zur Arbeit. Um halb neun erreicht der Bus den Vorort Brás, wo sie auf dem Weg zur Metro von einem Schwarm anderer Pendler mitgerissen wird. Einige Minuten später befindet sie sich auf dem Bahnsteig, allerdings sind die ersten beiden Züge bereits so voll, dass nur sehr wenige Personen zusteigen können. »Wir sind sehr dicht gedrängt, und es gibt keine Frauenabteile. Früher wurde ich häufig sexuell belästigt«, sagt Maria. »Ich bekomme anzügliche Kommentare, weil ich schwarz bin. Übergriffe werden jedoch nur selten gemeldet. Die Frauen leiden, aber sobald sie aus dem Zug steigen, vergessen sie es. Die Polizei würde sowieso nur lachen.«

Maria quetscht sich in den dritten Zug und kommt, sofern sie alle Anschlüsse erreicht, nach zwei Stunden Fahrt bei ihrem Arbeitsplatz an. In Itaquaquecetuba leben 300 000 Menschen, aber es gibt nicht genug Beschäftigung. »Alle gut bezahlten Jobs befinden sich im Zentrum von São Paulo«, erzählt Maria, die inzwischen als schlecht bezahlte Praktikantin bei der Staatsanwaltschaft arbeitet. Zudem macht sie an einem Wochenende pro Monat zwei Zwölf-Stunden-Schichten in einem Frisörsalon, da sie das Geld so dringend für ihre Tochter benötigt. In den Pausen bereitet sie das Abendstudium vor, eine Weiterbildung in Recht, jeden Werktag von 18 bis 22 Uhr. Völlig erschöpft tritt sie danach ihre Heimreise an und ist mit etwas Glück gegen Mitternacht zu Hause. Jetzt aber rasch ins Bett, schon bald klingelt der Wecker, und die nächste Fahrt in das Stadtzentrum von São Paulo beginnt.[7]

Los Angeles gehört zu jenen Städten in den USA, in denen sich der Verkehr zumeist nur im Stop-and-go-Tempo bewegt. Jeder Pendler verbringt jährlich viele Stunden im Stau, was sich in einer enormen Belastung der Umwelt durch Abgase auswirkt.[8] Auch der öffentliche Verkehr ist davon betroffen, da die Busse auf den gleichen Fahrspuren wie die Autos um ihr Fortkommen kämpfen. Aufgrund der überfüllten Straßen können die Fahrpläne nicht eingehalten werden, sodass viele Pendler Anschlüsse verpassen und zu spät am Arbeitsplatz eintreffen. Überall das Gleiche. Die Gründe für die Verkehrsüberlastung liegen auf der Hand: In den ländlichen Bezirken um Los Angeles herum sind nur wenige Jobs zu bekommen, und die Gehälter sind zumeist deutlich niedriger als in der Innenstadt. Zudem sind die Mieten in den letzten Jahren im Stadtzentrum sehr stark angestiegen, weshalb sie für die meisten Menschen unerschwinglich sind.

Olivia steht daher jeden Morgen um drei Uhr auf und verlässt pünktlich um halb vier ihr Haus in Hemet, einem Vorort 150 Kilometer von Los Angeles entfernt. Sie fährt mit dem Auto zum Bahnhof, nimmt den Zug um kurz vor vier Uhr und kommt um sieben Uhr an der Union Station in Los Angeles an. Nach einer

20-minütigen Fahrt mit der U-Bahn erreicht sie gegen halb acht das Büro. Dort wartet ein neunstündiger Arbeitstag auf sie. Somit ist Olivia erst gegen halb neun abends wieder zu Hause. Noch den Kindern gute Nacht sagen und gleich ins Bett, da der Wecker schon bald wieder klingelt.

All das nimmt Olivia auf sich, weil sie als Sekretärin in der City mehr verdienen kann als bei Firmen in den Vororten. Selbst unter Berücksichtigung der Fahrtkosten sind die Löhne in der Innenstadt deutlich attraktiver. Für ihre Wohnung in Hemet bezahlt sie 800 US-Dollar Miete, in der Stadtmitte müsste sie dafür das Drei- oder sogar Vierfache ausgeben. Zudem wären die Kosten für die Schulen ihrer Kinder und die ärztliche Versorgung ihrer Familie in Los Angeles nahezu unerschwinglich. Immer wieder überlegt sie, ob sich mit dem Auto die Fahrtdauer deutlich reduzieren ließe. Allerdings besteht dann die Gefahr, in Staus zu geraten, zu spät zur Arbeit zu erscheinen und womöglich den Arbeitsplatz zu verlieren. Zwar verpasst Olivia sehr viel Zeit mit ihren Kindern, sie kann jedoch etwas Geld zur Seite legen, um ihnen später ein Studium zu finanzieren und so für eine bessere Zukunft zu sorgen.[9]

Ford und die amerikanische Mittelschicht

Man könnte noch viele Schicksale hinzufügen, von Jun aus Guangzhou, Nafi aus Kairo, Miray aus Istanbul oder Lautaro aus Buenos Aires. Allen Geschichten gemeinsam ist die Erkenntnis, dass das Automobil entscheidend dazu beiträgt, damit Menschen in Arbeit und Wohlstand kommen. Solange es rollt, wohlgemerkt. Im Stau nützt es nichts! Aber es gibt noch mehr dazu zu sagen: Es war bitterkalt im Januar 1914, als Tausende von Menschen am Tor des Ford-Werks in Detroit Schlange standen. Henry Ford bot 5 US-Dollar pro Tag für einen Acht-Stunden-Job in seiner Fabrik. 3 US-Dollar mehr als der Durchschnittslohn! Bislang kamen und gingen die Arbeiter. Ständig mussten die Neuen angelernt werden. Viele Fehler wurden gemacht. Henry Ford wollte Mitarbeitende, die das Unternehmen nicht gleich wieder verließen. Sein Plan ging auf: Der hohe Lohn führte dazu, dass die Arbeiter blieben. Dadurch beherrschten sie ihre Handgriffe immer besser. Enorme Sprünge in der Produktivität waren die Folge.[10]

Henry Ford nutzte diese Produktivitätsgewinne, um den Preis für das Modell T mit der Zeit zu senken: von 825 US-Dollar im Jahr 1909 auf 364 US-Dollar 1923. Ein Preisnachlass von 56 Prozent! Steigende Löhne einerseits und sinkende Preise andererseits ließen eine ganz neue gesellschaftliche Gruppe im Amerika der 1910er und 1920er Jahre entstehen: die so oft beschworene Mittelschicht. Also Menschen, die über ein gutes Einkommen verfügten und sich dank fallender Preise auch ein Auto leisten konnten. Als 1927 das Modell T durch das Modell A ersetzt wurde, besaßen etwa 27,5 Millionen US-amerikanische Familien mindestens ein Fahrzeug. Was für eine gesellschaftliche Errungenschaft!

So gesehen dient das Automobil nicht nur dem Fortkommen des Einzelnen. Es hat auch einen wichtigen Beitrag dazu geleistet, dass eine gesellschaftliche Schicht hervorkam, auf die wir alle besonders stolz sind. Die Mittelschicht bildet überall auf der Welt das soziale und wirtschaftliche Rückgrat, vielleicht sogar den Kitt, der die Gesellschaft zusammenhält. Sie wäre ohne das Auto so nicht entstanden, vielleicht anders, wer weiß das schon. In jedem Fall lässt sich behaupten, dass das Automobil unsere Gesellschaft entscheidend geprägt und den wirtschaftlichen und sozialen Aufschwung möglich gemacht hat.[11] Jetzt aber genug gelobt. Im Folgenden müssen wir uns die sozialen Kosten der Mobilität von heute anschauen.

KAPITEL 3

SOZIALE KOSTEN DER MOBILITÄT

Freud und Leid

Das Autofahren hat für viele Menschen überall auf der Welt einen besonderen Stellenwert. Auch wir Autoren erinnern uns noch. Wir fieberten dem 18. Geburtstag entgegen, um endlich den Führerschein zu erhalten. Diese Faszination für das Automobil zeigt sich allein schon an der Entwicklung des Fahrzeugabsatzes in den letzten 120 Jahren. Wurden im Jahr 1900 weltweit etwa 10 000 Autos verkauft, waren es 1920 schon eine Million. Bereits 1950 wurde die Schwelle von 10 Millionen abgesetzter Stück überschritten. Für das Jahr 2020 erwartete man einen Absatz von über 100 Millionen Autos und einen Umsatz von etwa 2,5 Billionen US-Dollar.[1] Aufgrund der Coronapandemie erlitt diese Entwicklung einen Dämpfer. Der Markt dürfte sich aber wieder erholen.

Fahrzeuge dienen in vielen Ländern jedoch nicht nur der Fortbewegung, sondern haben darüber hinaus eine besondere emotionale und symbolische Bedeutung. Sie reflektieren die Persönlichkeit ihrer Besitzer und signalisieren soziale und gesellschaftliche Anerkennung. Im Auto, so scheint es, konkretisieren sich die Träume und Sehnsüchte vieler Menschen, was deren Bereitschaft, für Fahrzeuge sehr viel Geld auszugeben, in den letzten Jahrzehnten enorm gefördert hat. Kaum ein anderes Erzeugnis eignet sich so gut wie das Auto dazu, den eigenen Lebensentwurf zu vermitteln, Selbstachtung aufzubauen und sich an Neid und Missgunst anderer zu erfreuen. Und jetzt ist die Rede davon, den Fahrzeugbesitz aufzugeben. Ein in der Tat anspruchsvolles Unterfangen!

Auto fahren macht Freude, ohne Zweifel. Im Cabrio auf Serpentinen durch die Alpen oder im Sportwagen auf der Autobahn. Es gibt aber auch eine Kehrseite: Auto fahren kann auch mühsam und quälend sein, von Lärm und Emissionen ganz zu schweigen. Das enorme Wachstum der Bevölkerung, das ungebremste Bedürfnis nach Mobilität, all das zusammen führt zu noch mehr Staus, mehr Luftverschmutzung, mehr Lärm, noch mehr überbauter Fläche und einer vor allem in Asien und Afrika gravierend steigenden Zahl von Unfällen.

Kann Mobility-as-a-Service, also die Idee, das Auto nicht mehr zu besitzen, sondern Mobilität als Dienstleistung zu verstehen, hierbei helfen? Zumindest einige dieser Schwierigkeiten könnten sich mit diesem Ansatz bewältigen lassen, vielleicht nicht sofort, aber doch schrittweise. Bevor es jedoch um Lösungen für diese Probleme geht, interessieren einige Daten zum Verkehrsgeschehen. Es gibt viele Untersuchungen dazu, und jeder Absender liefert (geringfügig) andere Zahlen. Kein Wunder, Verkehrsdaten sind aufwendig zu erheben, und die wirtschaftliche Bewertung vor allem von Staus erfordert zahlreiche Annahmen und komplexe Berechnungen. Alle Studien an dieser Stelle zu diskutieren, würde rasch den Blick für das Große und Ganze verstellen. Deshalb sollen im Folgenden nur einige wichtige Zahlen hervorgehoben werden, die eine Vorstellung über die sozialen Kosten des Verkehrs vermitteln.[2]

Nutzungsverhalten

Ein Fahrzeug zu besitzen, ist für viele Menschen immer noch ein besonderes Anliegen. Manche geben sich daher nicht nur mit einem zufrieden, sondern haben gleich mehrere. Während der Absatz von Fahrzeugen in den entwickelten Ländern allmählich eine gewisse Sättigung erreicht, streben in den Entwicklungsländern immer noch Millionen von Menschen nach einem eigenen Auto. Keine Überraschung also, dass weltweit etwa 1,2 Milliarden Autos in Betrieb sind. Jedes davon fährt pro Jahr etwas mehr als 13 000 Kilometer, sodass alle zusammen auf etwa 16 Billionen Kilometer pro Jahr kommen.[3] Eine gigantische Zahl! Als würde man 42 Millionen Mal von der Erde zum Mond fahren. Unvorstellbar!

Nichts gegen diese Auto-Euphorie, aber man muss sich gelegentlich vor Augen führen, wie diese Autos tatsächlich genutzt werden. Zwei Beobachtungen sind interessant: Fahrzeuge werden im Schnitt nur 55 Minuten innerhalb von 24 Stunden gefahren. Das ist nicht viel. Den Rest der Zeit stehen sie. Und dann noch die schlechte Auslastung: Selbst während der Stoßzeiten im Berufsverkehr befindet sich oft nur eine Person im Fahrzeug. Stoßstange an Stoßstange, aber in den Autos sind die meisten Sitze frei. In der Tat sind die Fahrzeuge im Durchschnitt nur mit 1,5 Personen ausgelastet. Trotzdem verbringen weltweit alle Fahrerinnen und Fahrer pro Jahr sehr viel Zeit am Steuer: circa 400 Milliarden Stunden. Nimmt man die Beifahrer hinzu, so halten sich die Menschen 600 Milliarden Stunden pro Jahr in ihren Autos auf.[4]

Hierzu ein Rechenbeispiel: In Deutschland sind 47,7 Millionen Fahrzeuge registriert, die meisten davon haben fünf Sitze. Jedes Auto ist 55 Minuten pro Tag im Einsatz. Bei 1,5 Personen im Fahrzeug ergibt sich somit eine mittlere Auslastung von 1,1 Prozent ((55 Minuten × 1,5 Personen) ÷ (24 × 60 Minuten × 5 Personen)). Folglich sind von den etwa 238,5 Millionen Autositzen (47,7 Millionen Autos × 5 Sitze) im Durchschnitt nur 2,6 Millionen besetzt: Etwa 236 Millionen Sitze stehen auf Parkplätzen und erfordern enorme Stellflächen. Selbst während der Stoßzeiten morgens und abends sind in Deutschland nicht einmal 50 Prozent aller Fahrzeuge im Einsatz. Es liegt auf der Hand, dass man Mobilität viel besser organisieren könnte.

Aber auch die vielen Bahngesellschaften vor allem in Mitteleuropa und in den industrialisierten Ländern Asiens machen es nicht besser: Die Auslastung der meisten Züge liegt unter 50 Prozent. Bei den Schweizerischen Bundesbahnen sogar durchschnittlich nur etwas mehr als 30 Prozent. Während der Coronapandemie sank dieser Wert sogar noch. Viele Züge sind außerhalb der Stoßzeiten nahezu leer, mit Auslastungen weit unter 20 Prozent. Fazit: Es gibt zu viele Sitze in den Zügen und Autos, die allesamt Geld kosten und Platz benötigen. Gleichwohl gibt es auch die Bilder völlig überfüllter Züge in Brasilien, Indien, Mexiko, auf den Philippinen und in anderen Schwellenländern. Wer kennt sie nicht? Auch das ist eine Tatsache.

Staus

Die Staus vor allem in den USA sind ein Alptraum, der von Jahr zu Jahr schlimmer wird. Alle Pendler zusammen verbrachten 2019 etwa 6,5 Milliarden Stunden im Stillstand. Damit saß jeder von ihnen ungefähr 99 zusätzliche Stunden im Auto. Allen voran die Menschen in Boston mit 149 Stunden, gefolgt von den Einwohnern in Chicago und Philadelphia. New York, Los Angeles und die anderen Metropolen liegen jedoch nur knapp dahinter. Es geht aber noch schlimmer: Bogota in Kolumbien ist weltweit die Hauptstadt der Staus. Dort standen 2019 die Räder des einzelnen Pendler-Fahrzeugs an sage und schreibe 191 Stunden still. Dicht auf den Fersen sind Rio de Janeiro, Mexico City und Istanbul. Aber auch die europäischen Metropolen Rom, Paris und London sind nicht weit entfernt. Die Durchschnittsgeschwindigkeit in Bogota betrug 2019 etwa 15 Kilometer pro Stunde.[5] Nicht viel schneller kamen die Autofahrer in den anderen Hochburgen der Staus voran (Abbildung 1.2). Fahrräder und Roller sind auf der Überholspur!

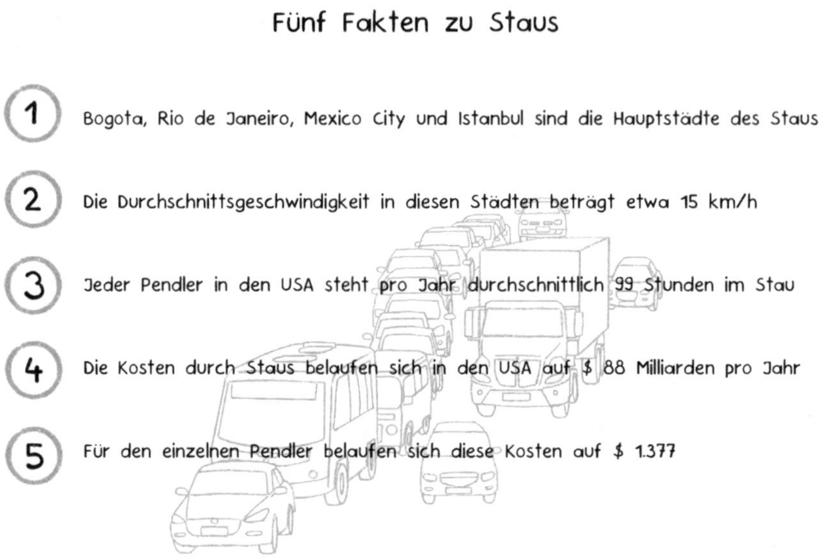

Abbildung 1.2: Einige Fakten zu Staus
Quelle: Eigene Darstellung

Die Gründe hierfür sind vielfältig: ein überfordertes öffentliches Transportsystem wie in Bogota, Meer und Berge, die den Ausbau der Verkehrsinfrastruktur erschweren, wie in Rio oder Istanbul, ein rasanter Anstieg der Zahl privater Fahrzeuge wie in Mexico City, keinerlei Anreize zum Sharing wie in fast allen diesen Städten. Hinzu kommen miserable Straßen, unübersichtliche Kreuzungen, daher viele schwere Unfälle. Zudem Radfahrer, Fußgänger, Lastwagen, Autos, die sich eine Spur teilen müssen. Besonders von Staus betroffen sind beispielsweise die Hauptverkehrsachsen rund um Los Angeles, vor allem die US-101 und die I-5. Dort müssen die Autofahrer während der Stoßzeiten etwa 80 Minuten zusätzlich einplanen. Ähnliche Zeitreserven benötigen Pendler rund um Washington, D. C., insbesondere auf den Verbindungsstraßen nach Virginia und Maryland.

Zahlreiche Studien widmen sich der Frage, was alle diese Staus tatsächlich kosten. Eine Antwort darauf ist schwierig: In einigen Analysen geht es um die verlorene Zeit im Fahrzeug, in anderen um den verschwendeten Kraftstoff, wieder andere erfassen die Belastungen für die Umwelt und die Verzögerungen bei der Auslieferung von Waren. Die Inrix Global Traffic Scorecard erfasst vor allem den

Wert der entgangenen Stunden, also die »tote« Zeit im Auto während eines Staus. Hiernach beliefen sich die Kosten der Behinderungen des Verkehrs in den USA 2019 auf etwa 88 Milliarden US-Dollar. Für den einzelnen Pendler bedeutet dies eine rechnerische Belastung von etwa 1 400 US-Dollar. Andere Berechnungen wie die Urban Mobility Scorecard der Texas A&M University weisen sogar Kosten von bis zu 200 Milliarden US-Dollar aus.[6] Zurück zur Inrix Scorecard: Ihr zufolge betrugen 2019 die staubedingten Kosten in Deutschland 2,8 Milliarden Euro und in Großbritannien sogar 5,2 Milliarden Pfund. Die deutschen Pendler standen lediglich 46 Stunden im Stau, die Fahrer in Großbritannien 115 Stunden. Wie zu vermuten ist, müssen die Menschen in London, Belfast, München und Berlin am meisten Geduld im Straßenverkehr aufbringen.

Unfälle

2019 kamen weltweit circa 1,3 Millionen Menschen im Straßenverkehr ums Leben. Davon etwa 400 000 Fahrzeuginsassen, 40 000 Fahrradfahrer, 380 000 Motorradfahrer und 310 000 Fußgänger.[7] Europas Straßen zählen zwar zu den sichersten der Welt, gleichwohl sind auch dort jedes Jahr 25 500 Tote im Verkehr zu beklagen. Die USA verzeichnen knapp 40 000 und China kommt auf etwa 257 000 Verkehrstote pro Jahr. Ungefähr 90 Prozent der tödlichen Verkehrsunfälle ereignen sich in Entwicklungs- und Schwellenländern, obgleich dort nicht einmal die Hälfte der weltweit registrierten Fahrzeuge unterwegs sind. Vor allem in Afrika und Asien geht das rasante Wirtschaftswachstum mit einem enormen Anstieg der Motorisierung einher. In der Folge sterben immer mehr Menschen auf den Straßen. In einigen dieser Staaten sind Verkehrsunfälle sogar die zentrale Ursache für den Tod von Menschen unter 30 Jahren.

Etwa 27 Prozent aller Toten im Straßenverkehr sind Fußgänger und Fahrradfahrer. Die Gefahr für diese Gruppen ist in Afrika, Asien sowie in Mittel- und Südamerika besonders hoch, weil die Infrastruktur nur mangelhaft ausgebaut ist. Es gibt kaum Geh- oder Radwege. Kinder müssen auf dem Schulweg mehrspurige Hauptstraßen überqueren oder sind mit ihren Fahrrädern mitten im hektischen Berufsverkehr unterwegs. Kein Wunder also, dass Länder wie Thailand, Kamerun oder Venezuela 2019 über 30 Tote pro 100 000 Einwohner verzeichnen mussten. Die Schweiz, Norwegen, Deutschland und Schweden liegen lediglich bei zwei bis vier. Im Mittelfeld rangieren die USA, Polen, Brasilien und Mexiko mit 9 bis 19 Toten pro 100 000 Einwohner.

Hinzu kommen circa 50 Millionen Leicht- und Schwerverletzte pro Jahr, die trotz bester medizinischer Versorgung oft seelische oder körperliche Schäden erleiden. Und zwar dauerhaft! Hinter jeder Zahl verbirgt sich eine menschliche Tragödie, die vermieden werden sollte. Daher hat die Generalversammlung der Vereinten Nationen bereits 2010 eine Resolution verabschiedet und die Dekade der Sicherheit im Straßenverkehr ausgerufen.[8] Allerdings mit bislang nur mäßigem Erfolg. Nach wie vor gilt für die Zahl der Unfälle, Verletzten und Toten im Straßenverkehr: Tendenz steigend!

Es ist immer wieder und überall das gleiche Fehlverhalten, das zu Unfällen führt: Die Fahrer telefonieren während der Fahrt, oder, schlimmer noch: Sie surfen im Internet, sind mit viel zu hoher Geschwindigkeit unterwegs, sind abgelenkt durch die anderen Insassen, stehen unter Alkohol-, Medikamenten- oder Drogeneinfluss, fahren ohne Sicherheitsgurt und transportieren ihre Kinder ungesichert. Bei den Motorrad- und Fahrradfahrern kommt hinzu, dass sie häufig keinen Helm tragen. Allerdings haben bislang nur wenige Länder ihre Gesetze geändert, um zumindest einen dieser Risikofaktoren zu bekämpfen. Das heißt: Über 90 Prozent der Menschen leben in Ländern, in denen das Verkehrsrecht zum Teil meilenweit hinter den neusten Erkenntnissen über die Verkehrssicherheit zurückbleibt. Vielerorts, wo es zwar eine moderne Rechtsprechung gibt, fehlen die Mittel, um die Einhaltung der Gesetze auch zu erzwingen.

Auch in den USA sind unter den Toten und Verletzten im Straßenverkehr immer mehr Motorrad- und Fahrradfahrer sowie Fußgänger zu beklagen. Daher drängt die National Highway Traffic Safety Administration schon seit Jahren darauf, deutlich mehr Assistenzsysteme in die Fahrzeuge einzubauen. Dazu gehören insbesondere die Spurhaltekontrolle und der Bremsassistent sowie alle Sensoren, mit denen andere Verkehrsteilnehmer erfasst werden können. Schätzungen dieser Behörde zufolge konnten die Assistenzsysteme bereits über 400 000 Leben im Straßenverkehr der USA retten.[9] Allerdings sind viele dieser Funktionen nur optional verfügbar, sodass meist nur Fahrzeuge der Luxusklasse damit ausgestattet sind. Die autonomen Pods und Shuttles verfügen hingegen über alle diese Sicherheitssysteme. Ein Vorzug von Mobility-as-a-Service!

Eine Episode zum Abschluss: Im Rahmen von Weiterbildungsveranstaltungen fordern wir immer wieder Teilnehmende dazu auf, den Arm zu heben, sofern sie glauben, deutlich besser als der Durchschnitt Auto zu fahren. Was passiert jetzt wohl? Richtig, alle strecken den Arm. Dies verdeutlicht das Problem: Wir überschätzen unsere Fähigkeiten. Unser Selbstbild steht in krassem Widerspruch zur Realität: Immerhin lassen sich je nach Land zwischen 90 und 95 Prozent der

Unfälle auf menschliches Versagen zurückführen. Nicht die Maschine ist das Problem, sondern die Person am Steuer! Es ist Zeit, alle verfügbare Technologie zu nutzen, um Fortschritte bei der Sicherheit im Straßenverkehr zu erzielen.

Emissionen

Sonntag, 3. November 2019, in Delhi. Die Hindus begehen das Ende des Chhath-Puja-Fests. Man feiert in bunten Dhotis und Sarees und verehrt den Sonnengott. Durch die verdreckte Luft können die Menschen die Sonne über der Stadt jedoch nicht sehen. Die Sichtweite beträgt gerade noch 200 Meter. Die Bilder sind verstörend: Viele Kinder und alte Menschen leiden an Atemnot, einigen brennen sogar die Augen. Die Sonne kann den Smogschleier nicht mehr durchdringen, das diffuse, milchig anmutende Licht wirkt beängstigend. Die Stadtregierung ruft den Notstand aus. Am nächsten Tag bleiben alle Schulen geschlossen, Fahrverbote für Autos werden verhängt, und alle Baustellen in der Stadt werden geschlossen. Der Regierungschef der Metropolregion spricht auf Twitter von einer unerträglichen Luftverschmutzung.

So oder ähnlich sieht es öfters aus vor allem in asiatischen und afrikanischen Metropolen. Vielleicht nicht immer so dramatisch, aber doch so, dass die Gesundheit der Menschen gefährdet ist. Die Weltgesundheitsorganisation berichtet, dass 90 Prozent der Menschen unter Luftverschmutzung leiden und jährlich etwa vier Millionen an den Folgen ums Leben kommen.[10] Ohne Zweifel stammen nicht alle Emissionen aus Fahrzeugen, auch die vielen Heizungen, die Kohlekraftwerke und Müllverbrennungsanlagen, aber auch die Stahlhütten und Zementwerke leisten ihren Beitrag. Die Liste lässt sich beliebig ergänzen. Hierzu einige Zahlen:[11] Weltweit wurden 2019 allein im Verkehrssektor, also durch Autos, Züge, Flugzeuge, Schiffe und die Mikromobilität über 8 Milliarden Tonnen Kohlendioxid ausgestoßen, das sind etwa 25 Prozent aller Kohlendioxid-Emissionen. Im Jahr 2000 betrug der Ausstoß noch 5,8 Milliarden Tonnen und zehn Jahre später bereits 7 Milliarden Tonnen. Das Auto allein ist es nicht, aber immerhin 70 Prozent der Emissionen im Verkehrssektor gehen auf den Straßenverkehr zurück.

Neusten Untersuchungen zufolge stammen knapp 20 Prozent der Treibhausgase, allen voran das Kohlendioxid, aus gerade einmal 100 Städten.[12] Ganz oben auf der Liste steht Seoul, gefolgt von Guangzhou, New York, Los Angeles, Singapur, Shanghai, Chicago und den arabischen Zentren Riad und Dubai. In allen 187 untersuchten Ländern zeigt sich, dass es immer die drei wichtigsten Ballungsräume sind, die mehr als 25 Prozent der nationalen Emissionen verursachen. Dies eröffnet eine Chance: Es sind vor allem die Bürgermeister und Stadtparlamente und nicht die nationalen Regierungen, die die Emissionen eindämmen können. Erstere sind zumeist agiler und haben mehr finanzielle Mittel zur Verfügung. Zudem liegen die meisten Entscheidungen zur Entwicklung der Verkehrsmittel, der Infrastruktur und der Flächengestaltung in ihren Händen. Letztere sind oft behäbig, eingebunden in eine Vielzahl politischer Sachzwänge, ohne die Möglichkeit, große und weitreichende verkehrspolitische Entscheidungen zu treffen.

Neben den Emissionen von Kohlendioxid gilt die Sorge auch der wachsenden Feinstaubbelastung. Hierbei handelt es sich um winzige Rußpartikel, die über die Lunge in den Blutkreislauf gelangen. Sie können Entzündungen der Atemwege sowie Thrombosen und Herzstörungen hervorrufen. Als Maß für die Feinstaubbelastung dient der Air Quality-Standard for Particulate Matter oder kurz PM-Standard: Danach enthält die als Feinstaub bezeichnete Staubfraktion 50 Prozent der Teilchen mit einem Durchmesser von ca. 2,5 Mikrometer. Die Weltgesundheitsorganisation legte auf dieser Basis einen Grenzwert fest, der im Jahresmittel eine PM-2,5-Belastung von maximal 10 Mikrogramm pro Kubikmeter vorsieht. Anfang November 2019 wurde in Delhi, der Stadt mit der schmutzigsten Luft, ein Wert von 900 gemessen. Über das Jahr liegt der Wert um 100. Dahinter folgen Dhaka, Jakarta und viele weitere afrikanische und asiatische Metropolen. Wohlgemerkt, das liegt nicht allein nur am Verkehr, aber auch.[13]

Besonders schädlich für Mensch und Umwelt sind Stickoxidemissionen. Sie gelangen aus den Motoren als Stickstoffmonoxid in die Atmosphäre. Dort reagieren sie mit dem Sauerstoff der Luft zum giftigen Stickstoffdioxid. Dieser Stoff greift Schleimhäute an, führt zu Atembeschwerden und Augenreizungen und beeinträchtigt das Herz-Kreislauf-System. Inzwischen gibt es das Harnstoff-Wasser-Gemisch AdBlue, das den Ausstoß von Stickoxiden senkt. Eine Alternative dazu bildet der Speicherkatalysator, der jedoch ähnlich dem Dieselpartikelfilter dazu führt, dass der Motor nicht im optimalen Wirkungsgrad läuft.

In der Diskussion um die Luftreinhaltung muss auch auf die Fortschritte bei der Reduktion von Emissionen hingewiesen werden. Auf den Prüfständen laufen inzwischen Motoren zur Probe, deren Stickoxidausstoß schon deutlich vermindert wurde. Bei der Emission von Kohlendioxid erweist sich der Dieselmotor trotz heftiger Kritik als unschlagbar. Auch die Feinstaubemissionen lassen sich deutlich senken, im Diesel gibt es seit Jahren den Partikelfilter, im Benziner inzwischen auch. Allerdings wird dieser ermutigende Fortschritt gleich wieder zunichtegemacht: Die Sport Utility Vehicles (SUVs) erfreuen sich seit Jahren steigender Beliebtheit. Diese Pseudogeländewagen tragen maßgeblich zum Zuwachs der Kohlendioxidemissionen im Verkehrssektor bei. Schade, dass man die Fortschritte bei der Technik durch die Begeisterung für diese Fahrzeuge wieder aufgibt. Eine Chance für die autonomen Pods und Shuttles, die allesamt mit Batterien angetrieben sind. Allerdings muss der Strom für diese Fahrzeuge aus regenerativen Quellen kommen. Mit Kohlestrom die Fahrzeuge anzutreiben, bringt nichts!

Flächenbedarf

Im Oktober 2019 konnte man in der South China Morning Post eine interessante Nachricht lesen: In Hongkong erwarb ein nicht genannter Käufer einen Parkplatz von 12,5 Quadratmetern für 969 000 US-Dollar. Ortswechsel nach Boston: Dort liegt zwischen der Newbury und Dartmouth Street ein unscheinbarer Parkplatz für etwa 50 Autos. Diese Stellfläche von etwa 1 300 Quadratmetern wurde 2019 für 40 Millionen US-Dollar verkauft. Nicht gerade billig! Es handelte sich um das letzte unbebaute Areal in diesem Viertel. Grund genug für einige Interessenten, einen Wettbewerb loszutreten.

Schnappschuss aus dem All: Berlin um 14 Uhr nachmittags. Lediglich 60 000 Fahrzeuge sind im Einsatz, mehr als 1,2 Millionen stehen entlang der Straßen oder auf Parkplätzen ungenutzt umher. Dafür braucht es über 13 Quadratkilometer, eine Fläche, die in etwa 4 Central Parks entspricht. Fußgänger und Radfahrer sind davon überhaupt nicht begeistert. Ihnen wären Fußgängerzonen, Radwege und Tempo-30-Zonen lieber. Am besten gar keine Autos mehr in den Innenstädten. In einigen Metropolen, so scheint es, ist inzwischen ein Kampf um den begrenzten Platz entbrannt.

In der Tat benötigt der Autoverkehr überall auf der Welt riesige Flächen für die Fahrbahnen und Parkplätze. Vor allem in den US-amerikanischen Zentren mit den breiten Straßen und den großen Parkarealen sind es bis zu 40 Prozent der städtischen Grundfläche. Aus der Luft betrachtet, sieht es manchmal so aus, als gäbe es nur Straßen und Parkplätze. Ist das tatsächlich so? Hierzu begibt man sich am besten in Gedanken ins All, um die gesamte Erde vor Augen zu haben. Für diese Überlegung sei sie eine Scheibe! Fasst man alle Stellplätze für Fahrzeuge zusammen, so entsteht eine Fläche von 150 000 Quadratkilometern, was in etwa 30 Millionen Fußballfeldern entspricht.[14] Das ist wohlgemerkt eine Schätzung, so ganz genau weiß das niemand.

Aber auch für den Schienenverkehr müssen riesige Areale bereitgestellt werden. Hierzu einige interessante Zahlen aus Deutschland: Die Gesamtfläche aller Fernstraßen, von Autobahnen bis zu Kreisstraßen, beläuft sich auf 2 085 Quadratkilometer. Die Fläche für das Fernverkehrsnetz der Deutschen Bahn beträgt 354 Quadratkilometer. Alle Fahrzeuge zusammen leisten derzeit etwa 960 Milliarden Personenkilometer pro Jahr, während die Deutsche Bahn im Fernverkehr lediglich 96 Milliarden erbringt. Offenbar benötigt die zehnfache Verkehrsleistung der Straße nur die ungefähr sechsfache Fläche im Vergleich zur Schiene.[15] Die Kritik, dass das Auto enorme Verkehrsflächen erfordert, ist berechtigt, aber die Bahn ist auch nicht besser!

Dass der Autoverkehr enorme Flächen benötigt, liegt auch an seinem geringen Durchsatz im Vergleich zu anderen Verkehrsmitteln. Mit anderen Worten: Wie viele Menschen können in einer Stunde auf einem bestimmten Straßenabschnitt befördert werden? Abbildung 1.3 liefert die Antwort. Man sieht sofort: Das Automobil schneidet nicht gut ab. Allerdings hängt der Durchsatz beim Auto und Bus auch von der Auslastung ab. Sind die Busse und Autos voll, können bis zu 25 000 beziehungsweise 1 600 Passagiere pro Stunde transportiert werden. In den Tagesrandzeiten bei geringer Auslastung der Fahrzeuge sind es deutlich weniger.[16] Fazit: Wir müssen auch den Durchsatz verbessern, wollen wir die Verkehrsprobleme lösen.

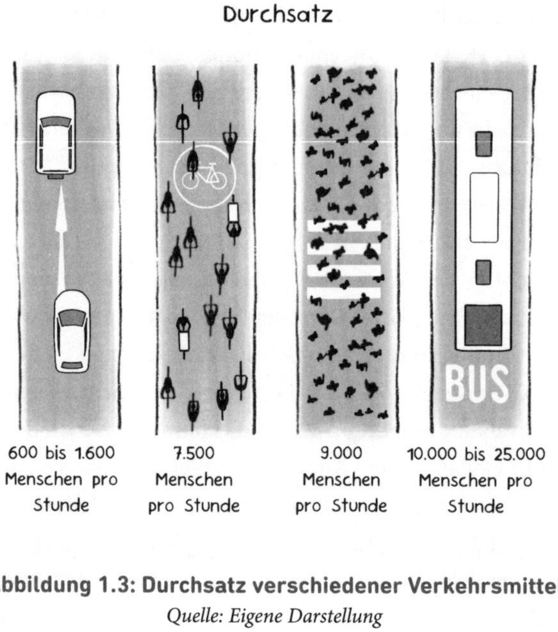

Abbildung 1.3: Durchsatz verschiedener Verkehrsmittel
Quelle: Eigene Darstellung

Wie Abbildung 1.4 verdeutlicht, hängt die von einem Transportmittel benötigte Fläche nicht nur von seiner Länge und Breite, sondern auch von der Geschwindigkeit ab.[17] Je schneller ein Auto, Bus oder Zug unterwegs ist, desto länger sind auch der Bremsweg und der aus der Reaktionszeit resultierende zusätzliche Weg. Ein Vergleich der Verkehrsmittel bei jeweils einer Auslastung von 20 Prozent zeigt, dass ein Fahrzeug abhängig von der Geschwindigkeit (Stillstand, 30 Stundenkilometer, 50 Stundenkilometer) bis zu 16-mal mehr Fläche benötigt als ein Zug. Genau hier liegt die Herausforderung: Die hohe Geschwindigkeit der Fahrzeuge in Kombination mit ihrer niedrigen Auslastung von etwa 1,5 Personen führen dazu, dass der individuelle Autoverkehr sehr viel Fläche erfordert.

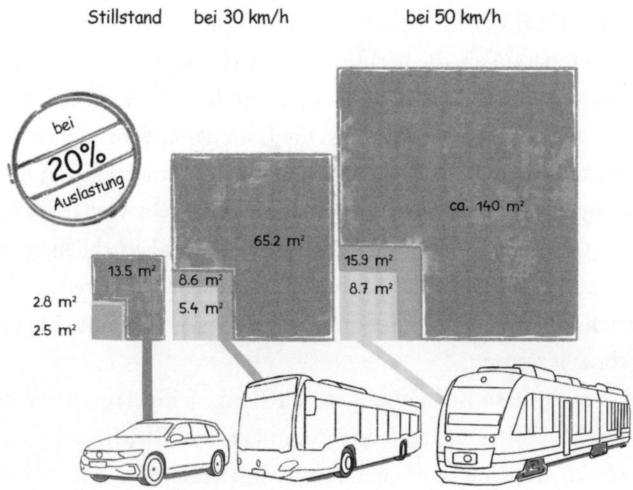

Abbildung 1.4: Flächenverbrauch der Verkehrsmittel
Quelle: Eigene Darstellung

Der Platz in den Innenstädten ist knapp: In Deutschland benötigt eine Fahrerin durchschnittlich 10 Minuten, um einen Parkplatz zu finden, weltweit sind es sogar 20 Minuten. Dabei legt sie etwa 5 Kilometer zurück, und das Fahrzeug belastet die Umwelt mit fast 1 Kilogramm Kohlendioxid.[18] Über 30 Prozent der Autofahrer in den Innenstädten sind auf der Suche nach einem Parkplatz. Als besonders dramatisch erweist sich die Parkplatzsuche in Nairobi, Bangalore, Peking, Buenos Aires, Madrid, Mexico City, Paris und Shenzhen.[19] In diesen Metropolen brauchen die Pendler durchschnittlich 40 Minuten, um einen Parkplatz zu finden. Viele von ihnen erreichen das Ziel überhaupt nicht, weil sie die Suche entnervt aufgeben.

Was kostet die heutige Mobilität?

Was kostet Mobilität? Was für eine Frage! Natürlich die Fahrkarte, das Monats- oder Jahresticket für den Zug oder die Straßenbahn. Oder einen Tank voll Benzin oder Diesel, vielleicht auch eine Ladung Strom für das E-Auto, den E-Roller oder das E-Fahrrad. Jeder Autofahrer weiß, dass natürlich noch weitere Kosten anfallen: Reifen- und Ölwechsel, Inspektionen, Steuern und Versicherungen und vieles mehr. Zweifellos, diese Kosten machen das Autofahren teuer. Aber eigentlich sind diese Kosten gar nicht gemeint, da es noch viel schlimmere gibt: die sozialen Kosten der Mobilität.

Seit Jahren untersucht die National Highway Traffic Safety Administration in Zusammenarbeit mit der Rand Corporation die sozialen Kosten des Fahrens.[20] Die Analyse zielt darauf ab, die wichtigsten Auswirkungen des Fahrzeugverkehrs, wie Staus, Luftverschmutzung, Unfälle, Lärm, zu bewerten. Einige dieser Folgen sind konstant, andere variieren im Zeitverlauf, wieder andere hängen vom Ort ab. Eines ist jedoch unbestritten: Zu den Kosten für den Kraftstoff und den aufgelisteten Belastungen pro gefahrenem Kilometer kommt ein Vielfaches an sozialen Kosten hinzu. Obgleich sich diese Zahl von Land zu Land erheblich unterscheidet, zeigt sie: Die sozialen Kosten der Mobilität gehen sehr weit über den messbaren Spritverbrauch hinaus. Daher müssen sie in der Diskussion um eine andere Mobilität eingebracht werden.

Allerdings sind diese Berechnungen schwierig. Jedes Forscherteam berücksichtigt andere Variablen und trifft andere Annahmen. Gleichwohl gelangen diese Kalkulationen zu ähnlichen Einschätzungen. Ein Beispiel: Der National Highway Traffic Safety Administration zufolge belaufen sich die sozialen Kosten von Verkehrsunfällen in den USA auf knapp 900 Milliarden US-Dollar pro Jahr.[21] Diese aus dem Jahr 2010 stammende Zahl – neuere Zahlen gibt es hierzu nicht – umfasst die Leistungen der »crash industry«. Hierzu zählen die gesamte medizinische Versorgung, die Abschlepp- und Reparaturkosten sowie alle sonstigen aus den Unfällen resultierenden Kosten. Die Risiken, im Verkehr zu Schaden zu kommen, zeigen sich in den Beiträgen, die die Autofahrer in den USA für die Kraftfahrzeugversicherung aufbringen müssen: etwa 1 400 US-Dollar pro Jahr.

Im Hinblick auf die Kosten, die aus Staus, Lärm und Luftverschmutzung resultieren, weichen die Analysen deutlich voneinander ab. Die Weltbank schätzt die gesamten Kosten des Verkehrs auf etwa 3 bis 5 Prozent des Sozialprodukts.[22] Auch das Weltwirtschaftsforum befasste sich damit und gelangte in seinen Untersuchungen zu der Erkenntnis, dass allein die durch Staus verursachten Kosten in den nächsten Jahren in einigen Ländern auf 5 Prozent des Sozialprodukts wachsen dürften.[23] Damit einmal eine Zahl im Raum steht: Das weltweite Sozialprodukt betrug 2019 etwa 87 Billionen US-Dollar. Nehmen wir dieses Jahr, da das Sozialprodukt 2020 aufgrund der Coronapandemie um etwa 4 Prozent abfiel. 3 Prozent von 87 Billionen US-Dollar ergibt etwa 2,6 Billionen US-Dollar. Vermutlich viel zu wenig. Gleichwohl eine gigantische Summe. Was könnte man damit nicht alles auf den Weg bringen? Wir kommen noch dazu!

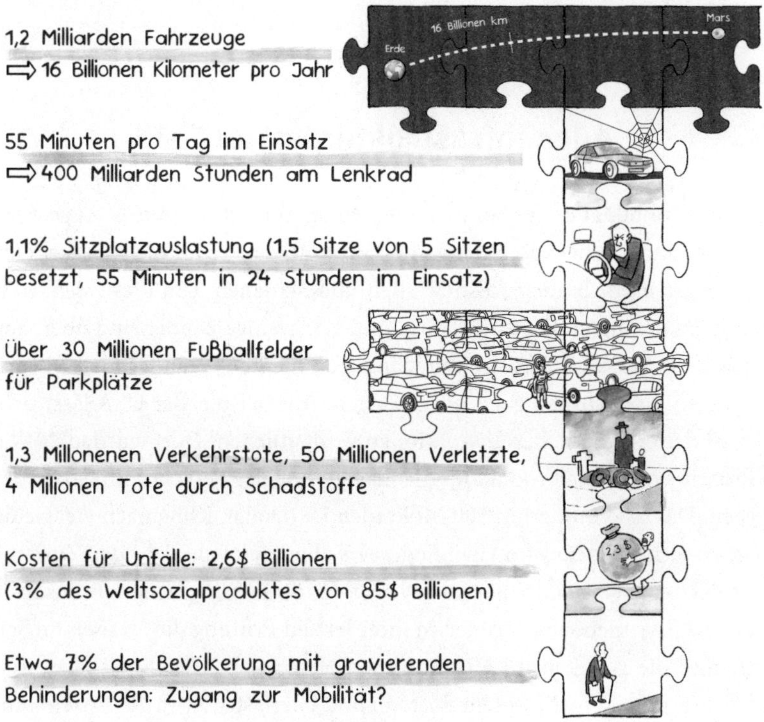

Abbildung 1.5: Einige Zahlen zum Autoverkehr
Quelle: Eigene Darstellung

Wir Autoren geben es unumwunden zu: Wir sind gern unterwegs und können uns wie andere auch an Autos erfreuen. Es muss uns jedoch gelingen, die sozialen Kosten der Mobilität zu reduzieren. Sie sind zu hoch! Sie gefährden die Umwelt, verursachen zu viel menschliches Leid, zu viele wirtschaftliche Schäden. Abbildung 1.5 liefert einen Überblick über einige wichtige Fakten hierzu. Lasst uns Fahrzeuge erfinden, die vernetzt und autonom sind. Lasst uns Autos mit umweltschonenden Antrieben bauen, sei es batterieelektrisch, mit Wasserstoff oder mit synthetischen Kraftstoffen. Wir müssen die Kohlendioxid-Neutralität erreichen. Lasst uns den Verkehr multimodal organisieren und das Scheuklappendenken in Verkehrsmitteln beenden. Lasst uns die Fahrzeuge teilen, wohlwissend, dass nicht alle Menschen von Car-sharing oder Ride-hailing[24] begeistert sind. Also zur Not eben mit finanziellen und steuerlichen Anreizen. Lasst uns Mobilität für alle Menschen, auch für die jungen, alten, kranken und behinderten, bereitstellen. Und lasst uns den Ehrgeiz entwickeln, die sozialen Kosten der Mobilität von Jahr zu Jahr zu reduzieren.

Auch Infrastruktur kostet Geld

Wenn von Mobilität die Rede ist, dann geht es zumeist um Autos, Züge oder die Mikromobilität. Dabei vergisst man nur allzu oft, dass es für diese Verkehrsmittel auch Infrastruktur braucht, also Straßen und Schienen. Um diese steht es weltweit, aber auch in den USA nicht allzu gut. Nur wenige Länder sind überhaupt in der Lage, die Verkehrsinfrastruktur ständig an die sich verändernden Ansprüche anzupassen. Von Ausbau ganz zu schweigen. Am Beispiel der USA lässt sich das Ausmaß der erforderlichen Investitionen verdeutlichen. Dort wurden 2019 etwa 2,5 Prozent vom Sozialprodukt für die Erneuerung der Verkehrsinfrastruktur ausgegeben. Das sind immerhin 500 Milliarden US-Dollar. Kling nach viel Geld!

Die American Society for Civil Engineers überprüft jedes Jahr den Zustand der Infrastruktur und erteilt Noten von A bis F für Straßen, Schienen, Brücken, Tunnel etc. Bauingenieure bewerteten in ihrer letzten Prüfung die Straßen im Schnitt mit D und die Brücken mit der mittleren Note C+.[25] Ihrer Einschätzung nach sind viele Straßen in schlechtem Zustand und überlastet. Etwa 20 Prozent müssen sogar als fast nicht mehr befahrbar eingestuft werden. Vier von zehn Brücken sind über 50 Jahre alt, viele baufällig und daher dringend sanierungsbedürftig. Das Fazit ist: Die Verkehrsinfrastruktur in den USA befindet sich in einem besorgniserregenden Zustand. Kein Wunder, dass Präsident Joe Biden ein massives Investitionsprogramm aufgelegt hat.

Aus Sicht der American Society for Civil Engineers braucht es etwa 2 Billionen US-Dollar, damit die Straßen und Brücken in absehbarer Zeit die Note B erhalten. Für Sofortmaßnahmen sind 836 Milliarden US-Dollar erforderlich. Ohne diese Investitionen drohen den USA bis etwa 2025 empfindliche Einbußen: Das Sozialprodukt könnte um 3,9 Billionen US-Dollar sinken und 2,5 Millionen

Arbeitsplätze dürften wegfallen. Jede Familie, so die Berechnungen, verliert 2025 aufgrund mangelhafter Infrastruktur 9 US-Dollar pro Tag: Längere Fahrten und geringere Reichweite führen dazu, dass weniger Jobs erreicht werden können und die Menschen weniger Produkte und Dienstleistungen zur Auswahl haben. Man mag diesen Zahlen glauben oder auch nicht. Eines zeigen sie in jedem Fall: Ohne Investitionen in die Verkehrsinfrastruktur lässt sich die Mobilitätswende nicht schaffen.

KAPITEL 4

ALLES NUR EIN MISSVERSTÄNDNIS?

Über Autos und ihre Nutzung

Begann die Erfolgsgeschichte des Automobils tatsächlich mit einem Missverständnis? Betrachtet man das Werbematerial, das insbesondere in den 1920er Jahren rund um den Vertrieb von Autos erstellt wurde, fällt eines auf: Auf nahezu allen Plakaten und in fast allen Filmen sind die Fahrzeuge in einem ländlichen Umfeld präsentiert, was zu einer ohne Zweifel vielleicht etwas gewagten, aber doch naheliegenden Vermutung führt: Autos wurden für den ländlichen Raum gebaut, nicht für die Stadt! Sie sollten der Landbevölkerung die Möglichkeit eröffnen, am pulsierenden Stadtleben teilzunehmen, den technologischen Fortschritt zu erfahren und den sozialen, gesellschaftlichen und politischen Aufbruch dieser Zeit nicht zu verpassen. Umgekehrt boten die Autos der Stadtbevölkerung die Option, Land und Leute zu erkunden, die freien Tage außerhalb der Stadt zu verbringen und die Natur zu entdecken. Mit dem Auto hinaus aufs Land. Von einem automobilen Stadtverkehr war zu dieser Zeit nie die Rede!

Wie so oft entscheiden jedoch nicht die Hersteller über die Anwendung ihrer Produkte, sondern die Kunden. So auch beim Automobil, das seinen Durchbruch nicht auf dem Land, sondern in der Stadt schaffte. Es war die Stadtbevölkerung, die dieses neue Verkehrsmittel entdeckte, es den Kutschen, Straßenbahnen und Fahrrädern vorzog und somit seinen Siegeszug einläutete. Wären die Autos anders gebaut worden, hätte man dies vorher gewusst? Wohl kaum, wie ein Blick auf das Spektrum der heutzutage verwendeten Fahrzeuge zeigt. Es sind besonders die Sport Utility Vehicles (SUVs), für die sich viele Kunden in den letzten Jahren begeistern konnten. Also Fahrzeuge mit breiten Reifen, hohem Radstand, starken Motoren, Stabilitätssystemen, dickem Auspuff und den allerneusten technischen Errungenschaften. Eigentlich ideal für das Gelände! Tatsächlich kommen die SUVs vor allem in der Stadt zum Einsatz: um die Kinder zur Schule zu bringen, Einkäufe zu erledigen und zur Arbeit zu fahren. Geht auch nicht anders, da nur die reiche Stadtbevölkerung sich diese Fahrzeuge leisten kann. So gesehen hat sich in den letzten 100 Jahren eigentlich nichts verändert: Wir bauen Fahrzeuge für das Land und nutzen sie in der Stadt!

Im Auftrag von General Motors zeigte Norman Bel Geddes im Jahr 1939 auf der Weltausstellung in New York die Grundzüge von Futurama City. Diese um das Automobil herum gestaltete Stadt könnte, so die von Geddes enthusiastisch vermittelte Perspektive, etwa um 1960 Wirklichkeit werden. Futurama City bestand aus einer halben Million Gebäuden, Tausenden von Straßen und Millionen von Bäumen sowie zahlreichen Flüssen, Seen und, besonders wichtig: mehrspurigen Autobahnen auf mehreren Ebenen. Die Botschaft dieses Entwurfs war unmissverständlich: Der Siegeszug des Automobils zeichnete sich bereits 1939 ab. Daher musste die Stadt der Zukunft aus Sicht von Geddes um das Straßennetz herumgebaut werden.[1]

Dieses Stadtkonzept stand im Einklang mit der Idee der Weltausstellung, das Amerika der 1920er Jahre mit den Folgen aus der Wirtschaftskrise hinter sich zu lassen und insbesondere das städtische Leben mit allen städteplanerischen und architektonischen Facetten neu zu entwerfen. Beflügelt von diesen Ideen, verabschiedete der US-Präsident Franklin Roosevelt im Jahr 1944 den Federal Aid Highway Act, der zahlreiche Elemente des Entwurfs von Futurama City enthielt. In einem jedoch irrte Geddes gewaltig: Im Jahr 1960 befanden sich bereits 74 Millionen Fahrzeuge auf US-amerikanischen Straßen, doppelt so viele, wie er 1939 prognostiziert hatte.

Kaum eine andere Stadt in den USA bekam die von Norman Bel Geddes entwickelte und von Franklin Roosevelt umgesetzte Idee von Futurama City so zu spüren wie Pittsburgh. Aufgrund der günstigen Lage zwischen zwei Flüssen und den enormen Eisenerz- und Kohlevorkommen entwickelte sich diese Stadt zum wichtigsten Standort der US-Stahlindustrie. Befeuert vom Boom dieser Industrie, erreichte Pittsburgh in den 1960er Jahren ihren wirtschaftlichen und gesellschaftlichen Höhepunkt. Bereits um 1955 herum konnte die Infrastruktur mit den Ansprüchen der rasant wachsenden Stahlindustrie nicht mehr Schritt halten. Die Straßen waren zu klein und zu eng, die Gebäude nicht groß und hoch genug und die Architektur der Stadt überhaupt nicht dazu ausgelegt, immer mehr Autos aufzunehmen.

Daher entschied man sich zu einem radikalen Schritt. Innerhalb von wenigen Jahren wurde die Innenstadt abgerissen und völlig neu aufgebaut. Dort, wo früher die Siedlungen der Stahlarbeiter waren, entstanden Hochhäuser und Tiefgaragen. Die vielen kleinen, verwinkelten Gassen mussten mehrspurigen Straßen weichen.

Die letzten Grünflächen wurden mit Autohäusern, Tankstellen, Autowaschstraßen und Parkhäusern überbaut. Robert Moses, der damalige Städteplaner von New York, brachte diese Entwicklung mit seiner Formulierung auf den Punkt: »Cities are created by and for traffic.« Ausgehend von den Erfahrungen in Pittsburgh wurde für die USA ein Zehnjahresplan beschlossen, um möglichst viele Städte umzubauen, neue Autobahnen zu errichten, um so eine Nation auf Rädern zu schaffen.

Egal, wohin man schaut auf der Welt, überall werden bis in die heutige Zeit hinein die Städte um die Verkehrsachsen und das Straßennetz gebaut. Der Siegeszug der im Modell von Futurama City konkretisierten Idee einer auf das Auto ausgerichteten Stadtarchitektur ließ sich nicht aufhalten. Ganz im Gegenteil: Sie ist auch heute noch in vielen Regionen der Welt das dominierende Paradigma der Stadtplanung. Ein Blick auf São Paulo, Shanghai, Dubai, Manila, Osaka, Istanbul, Seoul, Bangalore, New York, London, Los Angeles, Buenos Aires, Abu Dhabi, Lagos und viele andere Metropolen verdeutlicht: Die Straßen und ihre vielen Millionen Fahrzeuge prägen das Bild dieser Städte. Es entsteht der Eindruck, diese Metropolen wollen sich sogar noch überbieten mit größeren, breiteren und höheren Bauwerken, um immer mehr Verkehr bewältigen zu können. Diese Verkehrspolitik erinnert an den Satz von Lewis Mumford, der bereits 1955 sagte: »Building more roads to prevent congestion is like a fat man loosening his belt to prevent obesity.«

Genau dies lässt sich überall auf der Welt beobachten:[2] Wenn man Straßen baut, dann werden sie auch befahren! Diesem Paradox von Braess zufolge führt der Ausbau einer Autobahn dazu, dass mehr Verkehr entsteht. Mit einer zusätzlichen Fahrspur lassen sich die Reisegeschwindigkeit erhöhen und der Reisekomfort steigern. Damit drängen mehr Fahrzeuge auf diese Straße. Umgekehrt geht der Rückbau von Fahrspuren mit einer sinkenden Zahl von Fahrzeugen einher. Menschen sind anpassungsfähig: Je besser die Verkehrsinfrastruktur, desto mehr und weitere Reisen unternehmen sie.

Erstaunlicherweise hat sich eine Zahl in den letzten 100 Jahren kaum verändert: Die Zahavi-Konstante, wonach viele Menschen bereit sind, etwa eine Stunde pro Tag in einem Auto zu verbringen.[3] Je schneller die Fahrzeuge wurden, desto weiter erstreckten sich die Fahrziele. Aufgrund des in den letzten Jahren deutlich gestiegenen Verkehrsaufkommens entspricht die Durchschnittsgeschwindigkeit in vielen Metropolen heute wieder der von vor 150 Jahren, als Pferde und Fuhrwerke das Stadtbild prägten.

Gewissheiten der Automanager

Ja, es ist unbestritten, niemand zweifelt daran, die Automobilindustrie leistet einen wichtigen Beitrag für den Wohlstand vieler Menschen. Sie schafft Arbeitsplätze und ermöglicht Einkommen. Aber es geht noch um mehr: Diese Industrie stellt Mobilität bereit und ist daher maßgeblich für das Aufkommen der Mittelschicht in vielen Nationen verantwortlich. Wir erinnern uns. In einigen Ländern, wie Deutschland, Japan, den USA und vielleicht auch schon bald in China, bildet sie das Rückgrat der Volkswirtschaft. Die Autobranche hat schon oft die Rolle des Konjunkturmotors übernommen. Zudem trägt sie dazu bei, dass sich andere Sektoren der Volkswirtschaft quasi im Windschatten ihrer technologischen Errungenschaften entwickeln.

Nein, das ist kein Grund zu glauben, es bleibt alles beim Alten und es gehöre zur Staatsräson, diese Industrie, so wie sie derzeit besteht, um jeden Preis zu schützen. Manager der Autoindustrie weisen immer wieder gern auf die volkswirtschaftliche Bedeutung ihrer Branche hin. Oft verbunden mit deutlichen Forderungen an den Staat: Regelungen, um Verbrennungsmotoren zu schützen, Ausnahmen bei den Schadstoffemissionen der Fahrzeuge und vieles mehr. Das ist alles Bestandsschutz. Hilft vielleicht, den Status quo zu sichern. Trägt aber nicht dazu bei, diese Industrie voranzubringen. Neuerdings bieten viele Staaten sogar finanzielle Anreize, damit die Kunden Elektrofahrzeuge kaufen. Wieso müssen Staaten neue Produkte vermarkten?

Nein, die enorme Bedeutung dieser Industrie ist auch kein Grund zu glauben, man sei über jede Kritik erhaben und müsse sich nicht dem gesellschaftlichen Diskurs stellen. Gerade die Manager in den Schlüsselindustrien tragen besondere Verantwortung und sollten ihr Tun ständig hinterfragen: Was braucht es, damit ihre Unternehmen auch in zehn Jahren noch marktfähig sind? Wie müssen sie sich verändern, damit Arbeitsplätze, Einkommen, Wohlstand gesichert werden können? In der Krise nach dem Staat zu rufen, scheint zumindest bei vielen Autobauern der übliche Reflex zu sein. Wenn das gilt, dann muss erlaubt sein, dass der Staat und die betroffenen Menschen gelegentlich nachfragen, ob man den zwingend erforderlichen Wandel überhaupt ernsthaft im Blick hat.

Eine vielsagende Episode hierzu. Einer von uns Autoren folgt auf LinkedIn dem Topmanager eines deutschen Automobilherstellers. Dieser Manager berichtete vor einiger Zeit über ein neues Modell, das sein Unternehmen auf den Markt bringen will: Groß, breit, stark, so wurde dieses Fahrzeug angekündigt. Weiter war zu lesen, dass die Leistung von 600 PS und das Drehmoment von 800 Newtonmeter die 2,3 Tonnen dieses SUV mächtig in Wallung versetzen. Von einem Biest war sogar die Rede. Der Autor postete auf LinkedIn die Frage, ob dieses Fahrzeug tatsächlich noch zeitgemäß sei. Die Antwort des Managers kam prompt und unmissverständlich: Freie Meinungsäußerung in Ehren, aber diese Bemerkung sei ein Affront. Man werde prüfen, wie damit umzugehen sei, rechtliche Schritte nicht ausgeschlossen. Im Übrigen sei diese Frage eine Beleidigung deutscher Ingenieurskunst. Dieses Wunderwerk der Technik so abzutun, ginge gar nicht. So kann es einem ergehen, wenn man es wagt, dem scheinbar Unbesiegbaren eine kritische Frage zu stellen!

Im Kern geht es um die vermeintlichen Gewissheiten darüber, was machbar ist und vor allem: was nicht geht. Je stärker, je erfolgreicher eine Person ist, desto mehr Gewissheiten kennt sie und desto überzeugter vertritt sie diese auch. Hierzu eine spannende Geschichte: Als das Solarflugzeug Solar Impulse 2 entwickelt wurde, sollte es eine Flügelspannweite von 72 Metern bekommen. Ingenieure und Experten aus der Luft- und Raumfahrttechnik erläuterten durchaus überzeugend, dass eine solche Flügelspannweite technisch nicht machbar sei. Selbst eine Boeing 747 habe eine geringere Spannweite, hieß es. Wie sollte es bei einem Flugzeug mit dem Gewicht eines Mittelklassefahrzeugs funktionieren?

Um dieses Problem zu lösen, mussten alle bisherigen Gewissheiten über Bord geworfen werden. Es blieb Bertrand Piccard und seinem Team nichts anderes übrig, als das vermeintlich gesicherte Wissen zu verlassen und ganz neue Wege einzuschlagen. Diese neuen Wege führten zu neuen Materialien, neuen Verarbeitungstechniken und letztlich auch dazu, dass neu über die Konstruktion eines Flügels nachgedacht wurde. Wir erkennen: Wer eine große Idee umsetzen will, darf sich nicht in der Komfortzone etablierter Überzeugungen einrichten. Das gilt auch für die Autobauer: Man kann die Widersacher einschüchtern. Man kann mit der Verlagerung von Fabriken drohen. Man kann sogar den technischen Fortschritt hinauszögern. Aber man kann eine Idee nicht aufhalten! Die Idee, Mobilität neu zu denken, neu zu erfinden, ist in vieler Munde. Die Konturen einer Mobilität als Dienstleistung sind an einigen Orten bereits sichtbar. Daher gilt auch für die Manager der Automobilindustrie das Wort von Friedrich Dürrenmatt: »Was einmal gedacht wurde, kann nicht mehr zurückgenommen werden.« In diesem Sinne sind wir Autoren zutiefst davon überzeugt, dass sich die Mobilität in den nächsten Jahren grundlegend verändern wird. Mit oder ohne Autobauer.

TEIL 2

AUF IN DIE STÄDTE

KAPITEL 5

ALLE WOLLEN IN DIE STÄDTE

Vom Land in die Stadt

Über Jahrtausende prägte allein der Rhythmus der Natur das Leben der Menschen. Zunächst musste gejagt und gesammelt werden, später wurden Felder bestellt und Vieh gezüchtet. Die Menschen lebten von der Landwirtschaft, sie benötigten Wiesen und Äcker. Je mehr, je besser. Zu viele Personen an einem Ort konnten aber nicht ernährt werden. Es wurde knapp! Das gaben die Böden nicht her. Zweifellos gab es auch Zentren des Handels und des Austausches, wie Babylon, Athen, Rom oder Tenochtitlan. Die meisten Individuen aber verbrachten ihr Leben mit Ackerbau und Viehzucht auf dem Lande. Die wenigen Städte waren für die meisten sehr weit von ihren Siedlungen entfernt.

Mit der industriellen Revolution und ihren technologischen Errungenschaften von der Dampfmaschine über den elektrischen Strom bis zum Automobil veränderte sich jedoch einiges. Produkte ließen sich industriell herstellen, die Massenfertigung entstand. Menschen und Güter konnten befördert werden. Siedlungen wandelten sich zu Städten, die sich zu Zentren des Handels, der Wissenschaft sowie der Kunst und Kultur entwickelten. Die Arbeitsteilung setzte ein, und in der Folge bildete sich eine Vielzahl von Berufen heraus. Die Produktivität stieg. Ein Ort konnte immer mehr Menschen ernähren, die Einwohnerzahl nahm zu. Die Stadt wurde zu einem Lebens- und Arbeitsraum.

Über die Jahrhunderte hinweg erwies sich das Verhältnis von Stadt- zu Landbevölkerung als erstaunlich konstant: 30 Prozent der Menschen lebten in Städten oder städtischen Siedlungen und die anderen 70 Prozent auf dem Land.[1] Selbst die meisten Metropolen wie Paris, Istanbul oder London verharrten bis ins letzte Jahrhundert hinein an der Grenze zu einer Million Einwohnern. Erst in den 1950er Jahren durchbrach New York City die 10-Millionen-Grenze, die weltweit erste Megacity, gefolgt von Tokyo und Mexico City.[2] Ein Blick auf Abbildung 2.1 verdeutlicht diese Entwicklung am Beispiel von London: Über viele Jahrhunderte wuchs die Bevölkerung alle 200 Jahre etwa um das Vierfache. In den letzten 200 Jahren hat sich die Einwohnerzahl jedoch um fast das Zehnfache erhöht. Was für eine Steigerung vor allem im letzten Jahrhundert!

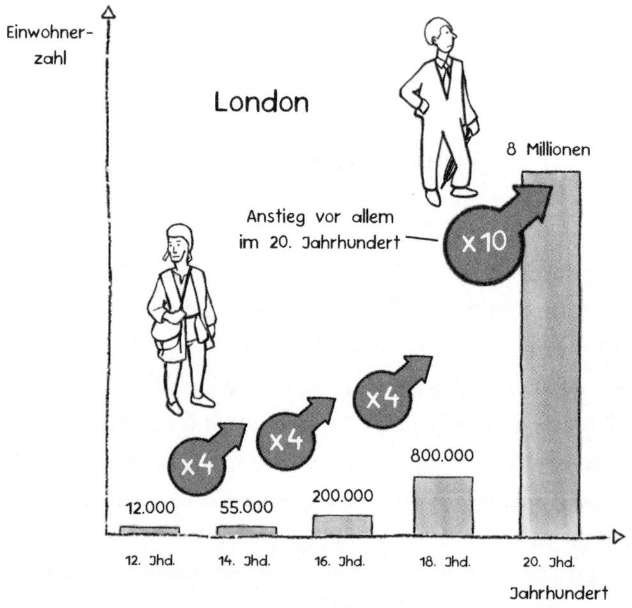

Abbildung 2.1: Entwicklung der Bevölkerung in London
Quelle: Eigene Darstellung

Das Jahr 2007 war der Wendepunkt: Seit dieser Zeit leben weltweit erstmals mehr Menschen in Städten als auf dem Land.[3] Ein Trend, der auch in den nächsten Jahrzehnten anhalten und sich noch beschleunigen dürfte (Abbildung 2.2). Weltweit gibt es derzeit 548 Millionenstädte, wobei bereits 33 von ihnen die Bevölkerungszahl von 10 Millionen deutlich übertreffen. Allein 19 dieser Städte liegen in Asien, sechs weitere in Lateinamerika. Größte Agglomeration der Welt ist aktuell der Ballungsraum Tokyo, wo knapp 40 Millionen Menschen leben. Es folgen die asiatischen Metropolen Delhi und Shanghai mit jeweils um die 30 Millionen Einwohnern. Die Agglomerationen von Osaka, Karachi, Jakarta, Mumbai, Manila, Seoul und Peking haben jeweils mehr als 20 Millionen Einwohner. In Lateinamerika zählen Mexico City und São Paulo zu den größten Städten, weiter enorm wachsend.[4]

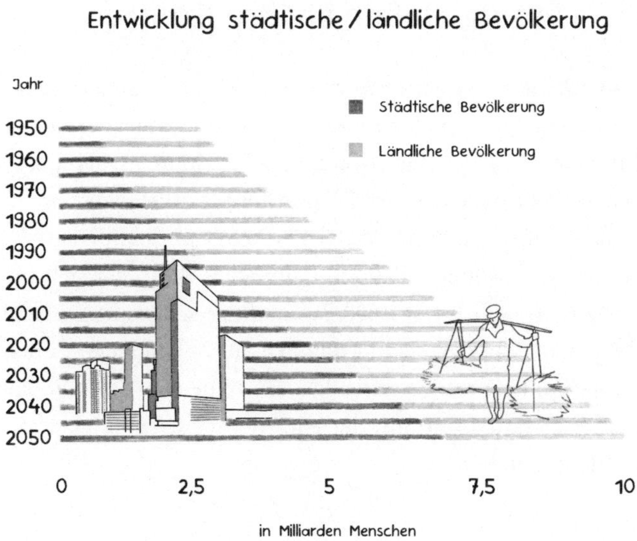

Abbildung 2.2: Verhältnis von Stadt- zu Landbevölkerung
Quelle: United Nations (2018): World Urbanization Prospects

Den Vereinten Nationen zufolge wird es 2030 weltweit 706 Städte mit mehr als einer Million Einwohnern geben, darunter 43 Megastädte, also Metropolen mit über 10 Millionen Menschen.[5] Delhi könnte bis dahin Tokyo als größte Stadt der Welt abgelöst haben. In Europa dürfte London bereits vor 2030 zu den Megastädten Istanbul, Moskau und Paris aufschließen. Damit bestehen weltweit etwa 600 urbane Zentren mit einem Fünftel der Weltbevölkerung, wo etwa 60 Prozent des globalen Sozialprodukts erwirtschaftet wird. Diese Zahlen könnten in den nächsten Jahren noch ansteigen, da das Bevölkerungswachstum in diesen Zentren etwa 1,6-mal größer ist als in der gesamten Welt. Bis zum Jahr 2025 kommen in diesen Metropolen über 300 Millionen Menschen im arbeitsfähigen Alter hinzu mit besonderen Herausforderungen für die Verkehrsinfrastruktur. Da in diesen Städten die soziale Mittelklasse enorm wächst, steigen die verfügbaren Einkommen und damit auch die Ansprüche an die Mobilität. Wir kennen die Entwicklung aus Europa und den USA: Jene Menschen, die sich zur Mittelklasse zählen, streben nach einem Haus am Stadtrand, obwohl sie im Zentrum arbeiten, besitzen ein Auto oder mehrere, machen mehrmals Urlaub im Jahr. Alles Ambitionen, die mit erheblichen Ansprüchen an die Mobilität verbunden sind.

Städte stoßen an ihre Grenzen

Allerdings, so scheint es, gelangen in den letzten Jahren immer mehr Städte bei der Aufnahme und Integration der Zuwanderer an ihre Grenzen. Hierzu zwei Beispiele (Abbildung 2.3): Jeden Tag strömen etwa 2 400 Menschen nach Delhi auf der Suche nach Wohnungen, Arbeitsplätzen und letztlich nach einem besseren Leben.[6] Hält diese Entwicklung an, wächst die Stadt von 29 Millionen Einwohnern 2018 auf nahezu 42 Millionen 2030. Ein ähnliches Bild zeigt sich in Kinshasa, Republik Kongo, wo täglich fast 2 000 Zuwanderer ankommen. Bis 2030 dürfte sich diese Megastadt von derzeit 13 Millionen auf 24 Millionen Einwohner ausdehnen. Weltweit müsste rechnerisch alle 5 Tage eine neue Stadt für eine Million Menschen gebaut werden, um mit der enormen Geschwindigkeit der Zuwanderung schritthalten zu können.

	Einwohner in Millionen 2018	2030	Zuwanderung pro Tag in 2018
Kairo	20	26	1.200
New Dehli	29	42	2.400
Kinshasa	13	24	2.000
Lagos	13	23	1.600
Shanghai	26	35	1.700
Dakar	20	28	1.900
Mumbai	20	25	1.000

Abbildung 2.3: Zuwanderung in die Megacitys
Quelle: United Nations (2018): World Urbanization Prospects

Schauen wir auf drei bemerkenswerte Beispiele: Besonders beeindruckend ist die Zuwanderung in die chinesischen Megastädte, vor allem in die Region Shanghai. Es zeigt sich eindrücklich, dass aus dieser Stadt längst eine Metropolregion geworden ist. Hierzu gehören etwa Suzhou, Changzhou, Wuxi, Hangzhou und Ningbo. Diese und weitere Millionenstädte reihen sich aneinander mit einer Gesamtfläche, die in etwa der Größe Österreichs entspricht. Allerdings leben dort lediglich 8 Millionen Menschen und nicht 96 Millionen wie in der Metropolregion Shanghai. Man kann erahnen, vor welchen Herausforderungen die Verkehrsplaner in Anbetracht dieser Bevölkerungsentwicklung stehen.

Das Perlflussdelta mit dem Zentrum Shenzhen gilt als Fabrik der Welt, vielleicht inzwischen sogar als Labor der Welt, mit einer kaum mehr überschaubaren Zahl an Produktionsstätten und Entwicklungszentren. Die Stadt ist umgeben von einem Netz aus Schienen, Kanälen und Straßen. Eine Fabrik reiht sich an die nächste, eine Straße geht in die nächste über. Überall herrscht eine enorme Geschäftigkeit, überall wird neu gebaut oder erweitert. Innerhalb von 40 Jahren hat sich diese Stadt mit damals 20 000 Einwohnern zu einer 15-Millionen-Metropole entwickelt, wobei der gesamte Ballungsraum mit Guangzhou, Shenzhen, Dongguan, Foshan und anderen Städten sogar etwa 60 Millionen Menschen umfasst (Abbildung 2.4).

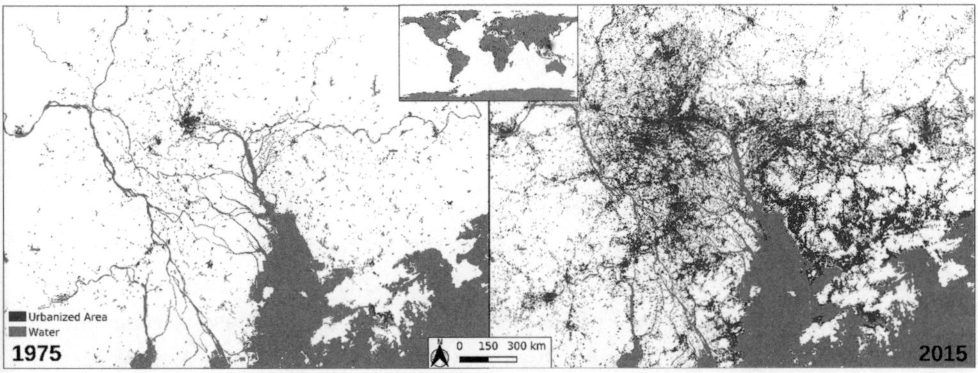

Abbildung 2.4: Entwicklung von Shenzhen im Perlflussdelta im Zeitverlauf

Quelle: Taubenböck, H., Weigand, M., Esch, T., Staab, J., Wurm, M., Mast, J., Dech, S. (2019): A New Ranking of the World's Largest Cities. Do Administrative Units Obscure Morphological Realities? Remote Sensing of Environment

In Delhi gibt es inzwischen Quartiere, die mehr als 300 000 Einwohner pro Quadratkilometer beheimaten.[7] Zum Vergleich: In der Innenstadt von Paris leben knapp über 20 000 Menschen pro Quadratkilometer und in New York und München lediglich etwas mehr als 10 000. Wie ist es möglich, dass tatsächlich 300 000 Menschen auf einen Quadratkilometer leben können? Das geht nur mit sehr engen, mehrstöckigen Behausungen. Viele Familien leben in einem Zimmer, übereinander.

Viele dieser Metropolen sind gar nicht darauf vorbereitet, diese Menge von Menschen aufzunehmen. Es stehen weder Wohnungen noch Arbeitsplätze zur Verfügung, und die Verkehrsinfrastruktur ist völlig überlastet. In São Paulo sind die Zufahrtstraßen gar nicht mehr in der Lage, die Vielzahl der täglich anrollenden Autos aus den Vorstädten aufzunehmen. Man hupt, gestikuliert, streitet, aber es will nicht vorwärtsgehen. Auch auf dem Standstreifen nicht. Daher brauchen die Menschen sehr viel Zeit und Geduld, um zur Arbeit zu gelangen. Wer es sich leisten kann, ist mit dem Helikopter unterwegs.

Überwältigt von den vielen Zuwanderern und ihren berechtigten Ansprüchen an lebenswerte Wohnungen und Arbeitsplätze droht vielen Megastädten der Verkehrsinfarkt. Ihn zu beheben ist schwierig, da asiatische und afrikanische Städte sehr dicht bebaut sind: 1,3-mal dichter als die Metropolen in Lateinamerika, 2,5-mal dichter als europäische Städte und fast zehnmal dichter als die Zentren in den USA.[8] Zudem haben die meisten europäischen Städte, anders als die amerikanischen, einen jahrhundertealten Stadtkern. Dies erschwert den Bau dringend benötigter Verkehrsinfrastruktur wie Straßen sowie Trassen für Züge und Stadtbahnen enorm. Es gibt schlicht keinen Platz dafür. Hinzu kommt, dass viele dieser Städte auch nicht über die finanziellen Möglichkeiten verfügen, um die Verkehrsprobleme zu lösen. Was es offenbar braucht, ist ein intelligentes Zusammenspiel der verschiedenen Transportmittel.

Fast alle diese Metropolen stehen nicht nur vor verkehrstechnischen, sondern auch vor sozialen Herausforderungen, etwa der dramatischen Ausdehnung der Elendsviertel. 2018 lebten circa 4 Milliarden Menschen in städtischen Gebieten, etwa eine Milliarde davon in Slums. Bis 2050 dürfte die Stadtbevölkerung auf fast 7 Milliarden Menschen anwachsen, wovon etwa 3 Milliarden in Armensiedlungen leben werden.[9] Die meisten Slums sind sozial und wirtschaftlich von den anderen Stadtgebieten abgegrenzt. Diese Ausgrenzung hindert die Slums daran, ihr Potenzial für die individuelle Entwicklung der Menschen zu entfalten. Ein Beispiel dafür bildet Mumbai, wo sich das größte Armenviertel Asiens mit mehr als einer Million Einwohnern befindet. Dieser Slum ist von mehreren Finanzzentren umgeben, ohne dass sich wirtschaftliche, soziale oder verkehrstechnische Verbindungen entwickelt hätten. Folglich fehlt den Bewohnern häufig der Zugang zu medizinischer Versorgung, Bildungseinrichtungen oder kulturellen Angeboten. Da zudem ein funktionierender Nahverkehr fehlt, sind viele Arbeitsplätze unerreichbar. Diese Menschen sind, wie bereits erläutert, Gefangene der Stadt.

Es sind jedoch nicht nur die Armensiedlungen, denen der Zugang zu anderen Stadtteilen fehlt. Zu den abgehängten Quartieren gehören auch städtische Randgebiete in bereits entwickelten und wohlhabenden Ländern. Dies liegt an einem öffentlichen Verkehr, der nicht über die Innenstadt hinausgeht, wie etwa in Los Angeles. Diese Stadt verfügt zwar über einen Nahverkehr im Zentrum nicht aber über Mobilitätsangebote, die die Stadtgrenzen überwinden. Zahlreiche

Randbezirke sind daher von Dienstleistungen, Arbeitsplätzen und Bildungsangeboten abgetrennt. Ihre Einwohner haben kaum eine Chance, in die Innenstadt zu pendeln und sind gezwungen, in ihrem begrenzten Umfeld zu bleiben. Oft liegt es auch an der fehlenden Abstimmung inner- und außerstädtischer Verkehrsmittel. Bei einem unzureichenden öffentlichen Verkehrssystem steigen viele Menschen auf Autos um, was jedoch nur dazu führt, dass die Straßen völlig überfüllt sind.

Urbanisierung ist aber nicht per se negativ zu bewerten, sondern weist auch zahlreiche positive Aspekte auf. Ohne Zweifel, immer mehr Flächen werden überbaut. Viele Regionen sorgen sich daher um naturbelassene Areale für die Naherholung. In Deutschland sind etwa 7 Prozent der gesamten Fläche versiegelt, allerdings kommen immer mehr hinzu. Würden alle Menschen in Gemeinden außerhalb der Zentren leben wollen, müssten sogar über 40 Prozent der Gesamtfläche versiegelt werden.[10] So gesehen erweist sich die zuvor als kritisch diskutierte Verstädterung sogar als Segen: Zögen alle Menschen in Deutschland in einen so verdichteten Raum wie München, bräuchten nur 2,5 Prozent und nicht 7,2 Prozent der Gesamtfläche überbaut werden. Zumindest mit Blick auf die Versiegelung gilt: Jene Menschen, die die Natur lieben, sollten in der Stadt leben.

Kompaktes Wohnen ist energieeffizienter, und die Versorgung der Menschen mit Wasser und Strom lässt sich in Städten leichter organisieren. Die hohe Bevölkerungsdichte wirkt sich auch auf den Transport der Menschen aus: Sie können einfach zu Fuß gehen oder das Fahrrad benutzen, die Trips sind, egal ob mit Auto, Zug oder einem anderen Verkehrsmittel, in der Stadt kürzer als auf dem Land. Darüber hinaus finden ökologische Produkte und Dienste sowie alternative Lebensformen in den Städten viel mehr Anklang als auf dem Land. Die Metropolen sind der Motor des gesellschaftlichen Wandels und schärfen das Bewusstsein der Menschen für ein ökologisches Verhalten.

Städte als Motoren des Fortschritts

Noch nie waren Städte reicher, größer und fortschrittlicher als heute. Besonders wichtig: Ihre progressive Bevölkerung wendet sich in vielen Ländern und Regionen vom konservativen ländlichen Umfeld ab. Inzwischen übernehmen die Bürgermeister zahlreicher Metropolen immer mehr Aufgaben, die früher Sache von regionalen und nationalen Regierungen waren. Städte entwickeln sich zu Zentren des Vermögens, der modernen Ideen, der liberalen Gedanken und der Offenheit für alternative Lebensentwürfe. Sie bilden die Motoren der wirtschaftlichen, aber auch der kulturellen Entwicklung von Ländern und sind damit auch Wegbereiter neuer Mobilitätskonzepte. Wenn Mobility-as-a-Service begeisterte Unterstützer findet, dann dort.

Kein Wunder also, dass es immer mehr Menschen in die Metropolen zieht. Sie wollen teilhaben am wirtschaftlichen und kulturellen Fortschritt. Die Zuwanderer hoffen auf Arbeitsplätze mit der Chance auf persönliche Entwicklung, mehr Einkommen, eine bessere medizinische Versorgung, beste Bildungsmöglichkeiten und vor allem eine Perspektive für ihre Kinder. Städte sind damit auch Orte der Hoffnung, der Eintönigkeit des Landlebens ohne Chance auf sozialen und wirtschaftlichen Aufstieg zu entkommen. Metropolen faszinieren uns alle, weil sie Erfolgsgeschichten schreiben über jene, die es tatsächlich ganz weit nach oben geschafft haben. Wohlwissend, dass man auch scheitern kann.

Ein Beispiel verdeutlicht das neue Selbstbewusstsein der Städte: Als die USA im Jahr 2019 aus dem Pariser Klimaschutzabkommen austraten, verkündete der Präsident, dass er gewählt wurde, um die Bürger von Pittsburgh zu repräsentieren, nicht die von Paris. Prompt kam die Stellungnahme von Bill Peduto, dem Bürgermeister von Pittsburgh: Er könne allen versichern, dass seine Stadt die Vereinbarungen des Pariser Abkommens einhalten werde, für die Menschen, für die Wirtschaft und für die Zukunft. Zudem kündigte er an, Pittsburgh bis zum Jahr 2035 mit erneuerbaren Energien zu versorgen. Inzwischen arbeiten Wissenschaft und Wirtschaft an einer sauberen Zukunft, unter anderem mit einer stadteigenen Flotte an Elektrofahrzeugen. Diese neue grüne Lebensqualität zieht Talente und Firmen in dieses Silicon Valley des Ostens. Google konnte die Anzahl der Mitarbeitenden auf seinem Pittsburgh Campus verdoppeln. Ford, Argo und Aurora testen dort ihre selbstfahrenden Autos. Übrigens, die USA sind beim Pariser Klimaabkommen wieder dabei.

Bereits 2005 schlossen sich die fortschrittlichsten Städte der Welt zu einem Netzwerk zusammen (Teil 2, Kapitel 7). Dabei verfolgen sie drei Ziele: Emissionen senken, die Erwärmung der Erde aufhalten und den Druck auf die Nationalstaaten beim Klimaschutz erhöhen. Heute gehören mehr als 90 Städte der Welt zu diesem Netzwerk, von Pittsburgh über Moskau bis Shanghai. Sie vertreten rund 650 Millionen Menschen, tragen ein Viertel zum weltweiten Sozialprodukt bei und dürften jene Orte sein, in denen neue Mobilitätskonzepte ihren Durchbruch erzielen.

KAPITEL 6

IMMER MEHR VERKEHR

Autos, Straßen und Parkplätze

Hinter all den Zahlen, hinter all den Statistiken und Abbildungen verbergen sich Schicksale. Der Run in die Metropolen ist begleitet von Hoffnungen und Sehnsüchten. Es sind die Träume von einem besseren Leben, die die Menschen in die Städte treiben. Damit sich zumindest einige davon erfüllen, braucht es eine funktionierende Mobilität. Dies sicherzustellen, ist für viele Staaten eine erhebliche Herausforderung. Ein Blick auf Abbildung 2.5 verdeutlicht, was insbesondere auf die Städte in den nächsten Jahren noch zukommt: Den Schätzungen des Internationalen Transport Forums der Organisation für wirtschaftliche Zusammenarbeit und Entwicklung zufolge dürfte sich das Verkehrsaufkommen in den Zentren der OECD-Länder gemessen in Personenkilometern bis 2050 sogar noch verdoppeln.[1]

Obgleich die Bedeutung einer leistungsfähigen Verkehrsinfrastruktur hierfür unbestritten ist, sind etwa 80 Prozent der bis 2050 benötigten Bauten bisher weder geplant noch in der Entstehung. Das Weltwirtschaftsforum gelangt zu der Einschätzung, dass etwa eine Billion US-Dollar aufgewendet werden müsste, um die Infrastruktur zu modernisieren.[2] Hierbei sind die zusätzlichen Straßen und Parkplätze noch gar nicht berücksichtigt, die erforderlich sind, um das sehr stark wachsende Verkehrsaufkommen zu bewältigen. Wir lernen daraus: Es sind enorme Anstrengungen erforderlich, um den aus der Urbanisierung resultierenden Mobilitätsansprüchen der Menschen gerecht zu werden.

Hierzu einige interessante Zahlen: Bei einer Verkehrspolitik des Weiter-so bräuchte es bis 2050 einen erheblichen Ausbau der Verkehrsinfrastruktur. Im Hinblick auf die benötigten Straßen liegen konkrete Zahlen vor: Das weltweite Straßennetz umfasst derzeit etwa 32 Millionen Kilometer (20 Millionen Meilen). Weitere 24 Millionen Straßenkilometer (15 Millionen Meilen) müssten Schätzungen zufolge in den nächsten 30 Jahren hinzukommen.[3] Die Breite einer Straße beträgt je nach Beschaffenheit (mit oder ohne Befestigungen) zwischen 7,5 und

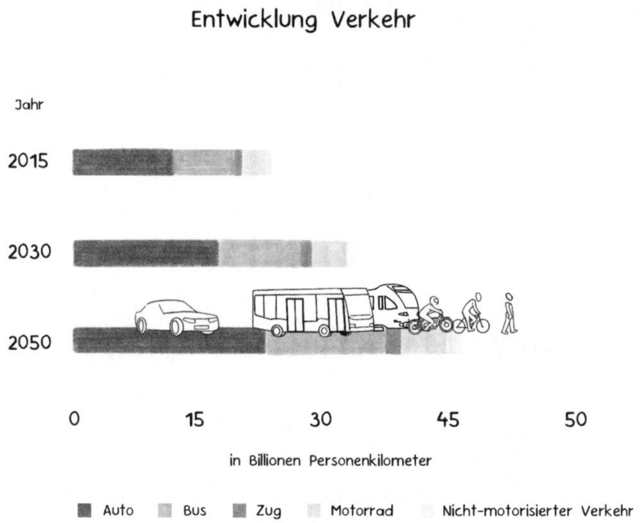

Abbildung 2.5: Entwicklung des urbanen Verkehrs in Städten von OECD-Ländern (zu den OECD-Ländern zählen: Australien, Belgien, Chile, Dänemark, Deutschland, Estland, Finnland, Frankreich, Griechenland, Irland, Island, Israel, Italien, Japan, Kanada, Lettland, Litauen, Luxemburg, Mexiko, Neuseeland, Niederlande, Norwegen, Österreich, Polen, Portugal, Schweden, Schweiz, Slowakei, Slowenien, Spanien, Südkorea, Tschechien, Türkei, UK, Ungarn, USA)
Quelle: International Transport Forum (2017): https://www.itf-oecd.org

10,5 Meter. Unterstellt man 9,0 Meter im Durchschnitt, so müsste bei einer unveränderten Verkehrspolitik eine Fläche von 216 000 Quadratkilometern hinzukommen. Also eine Fläche etwa so groß wie Uganda oder Großbritannien. Was für eine gigantische Überbauung!

Bei der Bestimmung der zusätzlich erforderlichen Parkplatzfläche gehen die Schätzungen auseinander, was allein schon an der Schwierigkeit liegt, die Zahl der Parkplätze zu bestimmen. Eine der wenigen Untersuchungen hierzu gelangt zu der Einschätzung, dass in den USA etwa 33 000 Quadratkilometer (12 740 Quadratmeilen) geteerte Parkplätze bestehen.[4] Rechnet man die vielen unbefestigten Stellplätze hinzu, könnte sich etwa eine gesamte Parkfläche von ungefähr 40 000 bis 50 000 Quadratkilometern ergeben. Da die USA bei sehr vielen Zahlen zum Verkehr immer etwa ein Drittel der Welt ausmachen, dürften weltweit ungefähr 150 000 Quadratkilometer (58 000 Quadratmeilen) für Parkplatzflächen benötigt werden. Um bis 2050 die hinzukommenden Fahrzeuge auch abstellen zu können, bräuchte es Schätzungen zufolge nochmals etwa 78 000 Quadratkilometer

(30 000 Quadratmeilen)[5] – eine Fläche, die etwa Tschechien oder den Vereinigten Arabischen Emiraten entspricht. Muss das wirklich sein? Geht das nicht anders?

Spricht man mit Autofahrern, so entsteht der Eindruck, dass Parkplätze zumindest in den Städten stets knapp sind. Immer wieder wird darüber berichtet, dass etwa 30 Prozent der Fahrzeuge in den Zentren auf der Suche nach einem Parkplatz sind. Auch gibt es eindrückliche Statistiken, die die Dauer der Suche ausweisen und vor allem asiatische und europäische Metropolen in eine Rangfolge bringen. Eine Untersuchung des Research Institute for Housing America zeigt zumindest für die USA ein differenziertes Bild.[6] Auf Basis von Satellitenbildern, Google Maps und den Unterlagen von Baubehörden konnten die Parkplatzflächen in fünf US-amerikanischen Städten erfasst werden. Dabei zeigt sich, dass es in kleineren Städten relativ mehr Parkfläche gibt als in großen Städten. So kommen in Des Moines, Iowa, auf rund 84 000 Wohneinheiten etwa 1,6 Millionen Parkplätze (Faktor 19,4), während in Philadelphia, Pennsylvania, für circa 588 000 Wohneinheiten lediglich 2,2 Millionen Stellplätze zur Verfügung stehen (Faktor 3,7). In Jackson, Wyoming, lautet dieser Faktor sogar 27,0, wohingegen das Zentrum von New York einen Faktor von 0,6 und Seattle einen von 5,2 aufweist.

Grund dafür sind häufig Bauvorschriften, die für jedes Gebäude eine bestimmte Zahl von Parkplätzen verlangen. Damit reserviert man beste Lagen in den Innenstädten für das Parken von Fahrzeugen. Je mehr Stellplätze vorgeschrieben sind, desto größer sind die Distanzen zwischen den Stadtteilen und den Gebäuden. Dies führt jedoch dazu, dass Autos häufiger benutzt werden, was wiederum den Ruf nach mehr Parkplatzflächen lauter werden lässt. Ein Teufelskreis, der nur mit einer Mobilität als Dienstleistung durchbrochen werden kann. Hierzu ein Szenario: Autonome Elektroautos im Sharing-Betrieb sind permanent im Einsatz, bringen die Passagiere in die Innenstädte, laden sie dort ab und nehmen sie wieder auf. Parkplatzflächen braucht es nur noch, um Leerfahrten zu vermeiden und Wartungsarbeiten durchzuführen.

Kinder im Straßenverkehr

Häufig spielen die Ansprüche der Kinder in den Entwürfen der Verkehrsplaner keine besondere Rolle. Daher überrascht es nicht, dass jeden Tag weltweit etwa 600 Kinder bei Unfällen im Straßenverkehr ums Leben kommen. Der UN-Vereinbarung über die Rechte der Kinder zufolge müssten ihre Belange sehr viel stärker bei der Planung und Umsetzung von Verkehrsprojekten berücksichtigt werden.

Hier herrscht dringender Handlungsbedarf! Trotz einiger Initiativen bleibt insbesondere in Afrika, Asien und Südamerika noch einiges zu tun. Aus Gurugram, einer Stadt in Indien, ist bekannt, dass sich viele Kinder davor fürchten, den Weg in die Schule anzutreten. Jedes Jahr erleiden in Indien Schätzungen zufolge um die 11 000 Kinder tödliche Verletzungen im Straßenverkehr.[7] In Asien kommen auf jeden Verkehrstoten etwa vier Kinder, die dauerhafte Behinderungen davontragen.

Aber es gibt auch Hoffnung! In Daressalam, Tansania, wurden rund um die Schulen Geh- und Fahrradwege eingerichtet. Die Folge: Die Zahl der Unfälle ging sofort zurück. In Rohtak, Indien, brachte man an den besonders kritischen Kreuzungen Markierungen und Barrikaden an. Rasch sank die Zahl der Unfälle. Noch ein Beispiel: In Bogota wurden auf allen Straßen in der Nähe von Schulen Tempo-30-Zonen eingeführt. Zudem hat es sich bewährt, Straßen immer wieder für Autos zu sperren. Dies gibt nicht nur der Mikromobilität einen Schub, sondern fördert auch das Miteinander der Menschen. Egal ob in Indien, Lateinamerika oder irgendwo in Afrika: Kinder fackeln nicht lange und nutzen die freien Straßenabschnitte sofort für ihr Spiel. Diese gesperrten Zonen sind zudem ein wichtiges Signal an alle Autofahrer: Die Straßen gehören nicht nur euch, sondern vor allem auch den Kindern.

Kinder sind durch die Luftverschmutzung besonders gefährdet. Aufgrund ihrer geringen Größe atmen sie circa 30 Prozent mehr Schadstoffe ein als Erwachsene. Die Weltgesundheitsorganisation berichtet, dass 10 Prozent der Personen, die an Luftverschmutzung sterben, Kinder unter fünf Jahren sind. Außerdem atmen 98 Prozent der Kinder in Entwicklungs- und Schwellenländern zu viel Feinstaub ein. Selbst in England wurde an 40 Schulen der Verkehr zurückgedrängt und eine Zone für saubere Luft geschaffen. Andere Städte ziehen bereits nach. Viele dieser Probleme ließen sich durch Mobility-as-a-Service mit elektrischen selbstfahrenden Fahrzeugen zumindest teilweise lösen: weniger Autos, weniger Abgase, weniger Unfälle, weniger Lärm.

Der andere Blick auf Städte

Metropolen vermitteln ihren Einwohnern nicht nur Hoffnung, sondern sie sind auch Orte mit erheblichen Spannungen und Konflikten zwischen den Menschen. Sie fordern den Einzelnen oft heraus, die Enge in den Straßen auszuhalten, sich gegenüber anderen an Supermarktkassen und Straßenkreuzungen zu behaupten, den Lärm des Verkehrs zu ertragen, die Vielfalt der Kulturen zu verarbeiten und auch die Einsamkeit zwischen Millionen anderer Menschen zu bewältigen. Die Widersprüche und Unterschiede in den Lebensentwürfen der Bewohner sind jedoch entscheidend, damit eine Stadt überhaupt funktioniert. Genau diese von Richard Sennett propagierte »offene Stadt« vermittelt den Individuen eine Vielfalt von Erkenntnissen und Erfahrungen, um soziale Kompetenz zu erwerben.[8] Andersartigkeit und Uneindeutigkeit sind entscheidend, damit sich Menschen entwickeln und an ihrem Umfeld wachsen und reifen können. Voraussetzung ist jedoch, dass Begegnungen zwischen den Bewohnern verschiedener Stadtteile möglich sind. Jede Ghettobildung ist schädlich, was wiederum die Bedeutung einer Mobilität unterstreicht, die den Menschen ein einfaches, schnelles und günstiges Pendeln zwischen den Stadtteilen erlaubt.

Einen spannenden Einblick in die Psyche von Stadtmenschen liefert eine in London durchgeführte »Happiness«-Studie.[9] Hiernach leben Menschen, die immer wieder neue Erfahrungen machen wollen, eher im Zentrum als in der Peripherie. Sie sind zumeist kreativ und wissbegierig und für innovative Produkte, Dienste, aber auch neue Lebensweisen aufgeschlossen. Zudem finden sich auch viele extrovertierte Menschen in der City von London. Sie sind gesellig, heiter und optimistisch und darauf bedacht, andere Bewohner kennenzulernen. Dagegen siedeln sich die verträglichen und gewissenhaften Typen eher in den Randgebieten der Städte an. Überrascht eigentlich nicht. Dort treffen sie auf ein überschaubares und geordnetes Umfeld, das im Sinne von Sennett nur sehr wenig Andersartigkeit und Uneindeutigkeit besitzt.

Metropolen gelten als schnell und hektisch, häufig ist auch von nervösen Stadtmenschen die Rede, die keine Zeit für Muße haben. Was macht die Geschwindigkeit einer Stadt eigentlich aus? Ist es der Verkehr, die Mentalität der Menschen, das Klima oder spielt auch die Architektur eine Rolle? Viele Faktoren mögen dafür verantwortlich sein, dass man Wien und Vancouver als locker und entspannt empfindet und in Mumbai, Kairo und Athen enorme Hektik und Unruhe verspürt. Entsprechen diese Empfindungen über das Tempo (in) einer Stadt tatsächlich den gemessenen Geschwindigkeiten?

Hierzu wurden die Gehgeschwindigkeiten von Passanten in 32 Städten erfasst.[10] Für die in der Studie betrachteten 18 Meter benötigten die Menschen in Singapur, die Spitzenreiter, im Schnitt lediglich etwa zehn Sekunden. Dagegen waren die New Yorker zwölf Sekunden, die Berner, Schweiz, und die Manamer, Bahrain, etwa 17 Sekunden und die Menschen in Blantyre, Malawi, 32 Sekunden unterwegs. Diese Befunde scheinen die üblichen Klischees zu bestätigen: In einem der Hotspots Asiens und in der Stadt, »die niemals schläft«, gibt es keine Chance auf ein gemütliches Dahinschlendern. Man ist immer in Eile, man hat immer etwas zu erledigen. So hat es auch einer von uns Autoren erlebt, der zwei Jahre am Times Square wohnte. Dagegen kommt die berühmte schweizerische Gemächlichkeit in der Gehgeschwindigkeit der Berner zum Ausdruck, und in Bahrain scheint das Leben seinen Lauf zu nehmen, egal ob sich die Menschen schnell oder langsam bewegen.

Wir haben auch gemessen, und zwar in der Schweiz.[11] Dort zeigte sich, dass Männer etwas schneller gehen als Frauen. In der Zentralschweiz vor allem in Luzern ist man besonders zügig unterwegs, mit 1,5 Meter pro Sekunde. Dagegen nehmen es die Menschen in Bellinzona im sonnigen Tessin eher gemütlich. Sie laufen fast 20 Zentimeter pro Sekunde weniger als die schnellen Luzerner. Auf die Stunde gerechnet, würden die Tessiner damit 720 Meter gegenüber den Innerschweizern verlieren, sofern Letzteren nicht die Puste ausgeht. Entgegen allen Vermutungen sind die Berner doch nicht die Langsamsten. Selbst die Basler sind langsamer. Das ist interessant: Zwar geht man dort nicht sonderlich schnell, aber in vielem ist man den anderen Schweizer Städten voraus: geringste Zahl von Fahrzeugen auf 1000 Einwohner, höchster Anteil an Pendlern, höchstes Sozialprodukt pro Kopf, beste Wettbewerbsfähigkeit, allerdings auch: geringste Lebenserwartung.

KAPITEL 7

DIE STÄDTE WEHREN SICH

Es tut sich etwas: Immer mehr Städte, große und kleine, sind dabei, Initiativen zu starten, um die Verkehrslage zu verbessern. Das Spektrum der Maßnahmen ist eindrücklich: von Fahrverboten und Straßenmaut über Eingriffe in die Straßenverläufe und in die Stadtarchitektur bis zum Einsatz neuster Technologien für die Verkehrssteuerung. Nichts bleibt unversucht! Alle diese Beispiele aufzulisten, wäre gar nicht möglich, sodass im Folgenden nur einige ausgewählte Projekte aus verschiedenen Regionen der Welt dargestellt werden können. Noch sind viele dieser Vorhaben klein und isoliert und werden von einigen mit Skepsis beobachtet. Aber es tut sich etwas. Viele Stadtregierungen wollen die Mobilitätswende! Man mag sich wundern, dass in diesem Kapitel weder von Paris noch von Songdo oder Barcelona die Rede ist. Diese Städte sollen in Teil 7, Kapitel 23 genauer betrachtet werden. Hier nun einige Schnappschüsse, die einen Eindruck vom Willen zur Veränderung der Mobilität vermitteln.[1]

Europa

In London entsteht gerade Europas höchstes Wohngebäude: The Spire, 235 Meter hoch, mit 67 Stockwerken und 860 Wohnungen. Zu diesem Hochhaus gehören nur neun Parkplätze, dafür aber 1 000 Abstellplätze für Fahrräder. Eine U-Bahn-Station ist nur wenige Gehminuten entfernt und auch ein »Superhighway« für die Radfahrer führt in unmittelbarer Nähe vorbei. Wer trotzdem auf das Auto nicht verzichten will: Ladestationen für E-Fahrzeuge und eine Station für das Sharing sollen eingerichtet werden. Dieses Bauprojekt ist ein Beispiel für das Zusammenspiel zwischen privaten Investoren und der Stadt. Die einen bringen das Geld und die anderen sorgen dafür, dass eine moderne Verkehrsinfrastruktur entsteht. In London findet man einige dieser Projekte!

London kann aber auch anders: Bereits seit 2003 zahlt Mautgebühren, wer mit dem Auto ins Zentrum will. Das mautpflichtige Areal umfasst die gesamte City of

London, das Bankenviertel sowie das West End, also das Geschäfts- und Unterhaltungszentrum der Stadt. Seit Oktober 2017 müssen Fahrer, deren Autos nicht der Euro-4-Norm entsprechen, zusätzlich zur Maut weitere 10 Pfund entrichten, damit sie in die Innenstadt fahren dürfen. Zudem werden seit Januar 2018 nur noch Taxis mit Elektro- oder Hybridantrieb neu zugelassen. Im April 2019 trat eine verschärfte Maut von 12,50 Pfund in Kraft. Sie wird rund um die Uhr erhoben und ist 2021 auf weitere Stadtteile ausgedehnt worden.

In Helsinki verfolgt man ein ehrgeiziges Ziel: 2025 sollen in der Innenstadt keine Autos mehr zu sehen sein. Die Chancen dafür stehen gut. Alle öffentlichen und geteilten Mobilitätsoptionen dürften bis dahin in einem On-demand-System integriert sein. Die Reisenden geben nur noch den Zielort ein, vielleicht noch einige Sonderwünsche zur Reise. Die App übernimmt sogleich die Reiseplanung und dient auch noch als Bezahlplattform. Alle Verkehrsmittel werden miteinander verknüpft: die öffentlichen Elektrobusse, die selbstfahrenden Shuttles, natürlich auch die E-Fahrräder und E-Roller, allesamt im Sharing-Betrieb.

Auch Oslo ist bereits dabei, diese Ideen schrittweise umzusetzen. Hier war es nicht nur die enorme Feinstaubbelastung, die die Stadtregierung zum Umdenken bewog. Auch das soziale Miteinander, das durch ein Leben in Quartieren gefördert werden soll, spielte eine wichtige Rolle. Daher soll die Veränderung der Mobilität auch dazu beitragen, dass sich Oslo zu einer 15-Minuten-Stadt wandelt. Arbeitsplätze, Läden, Freizeit- und Sportparks sollen am besten zu Fuß erreicht werden können. Das Beispiel macht Schule. Viele Städte wollen nachziehen. Die skandinavischen Städte geben beim Mobilitätswandel den Ton an.

Immer wieder verbannen Metropolen zumindest tageweise die Autos aus ihren Zentren. Madrid, Oslo, Barcelona und Kopenhagen gehören dazu. Die englische Stadt York geht noch einen Schritt weiter. Dem Beispiel von Oslo folgend sollen ab 2023 keine Fahrzeuge mehr in die mittelalterliche Innenstadt fahren dürfen. Die Stadtregierung musste handeln. Die vielen Demonstrationen für den Klimaschutz veränderten die Stimmung in der Stadt. Elektrische Busse und On-demand-Shuttles sollen zügig angeschafft werden. Zudem sind einige neue Fahrradwege und eine Ausdehnung der Fußgängerzone geplant. Letztlich stehen und fallen diese Ideen mit der Bereitschaft der Bewohner, ihr Mobilitätsverhalten zu verändern und diesen Verkehrswandel mitzutragen. Auch in anderen englischen Städten, wie etwa Birmingham, verfolgte man solche Ansätze, scheiterte jedoch bislang am mangelnden Willen der Bevölkerung, diesen Weg mitzugehen.

Asien und Australien

Bereits 1998 führte die Regierung in Singapur ein elektronisches Mautsystem ein. Hierzu rüstete man die Straßen mit Sensoren und Kameras aus, und jedes Fahrzeug erhielt eine »cash card«. Die Mautgebühr ergibt sich aus den gefahrenen Kilometern und wird nach der Fahrt sofort abgebucht. Die Gebühr ist allerdings nicht immer gleich: Sie hängt insbesondere von der Tageszeit und der Verkehrsbelastung auf den einzelnen Straßen ab. Die Erfahrung zeigt: Die Menschen überlegen sich sehr genau, wann und wo sie mit dem Auto unterwegs sein wollen. Offenbar hat sich diese zeit- und ortsabhängige Gebühr bewährt, um die Verkehrsströme lenken zu können.

Die Regierung in Singapur möchte jedoch den Verkehr noch besser steuern als bislang. Hierzu wurden bereits zahlreiche Projekte auf den Weg gebracht: On-demand-Busdienste vor allem in den Vororten, autonome Shuttles, die die Wohnquartiere an den öffentlichen Schienenverkehr anbinden und ein ausgefeiltes Mautsystem, das verschiedene Hauptstraßen möglichst gleichmäßig auslastet. Zudem sollen die Verkehrsströme mit Satelliten sehr genau beobachtet werden. Auf Basis dieser Daten können die Ampeln gesteuert, die Mautgebühren für bestimmte Straßenabschnitte in Echtzeit angepasst und einzelne Fahrspuren geschlossen oder freigegeben werden.

Masdar ist ein Stadtbauprojekt in den Vereinigten Arabischen Emiraten, das bereits im Februar 2008 begonnen wurde. Der Verkehr in der Musterstadt ist multimodal organisiert mit aufeinander abgestimmten Verkehrsmitteln. Das Rückgrat bildet ein unterirdisches Personal-Rapid-Transit-Netz, bei dem der Nutzer in einer autonom fahrenden Kabine an sein Ziel gelangt. Masdar soll damit zu einem weltweiten Vorbild für eine autofreie Stadt werden. Auf den erdgeschossigen Straßen sind keine Fahrzeuge erlaubt. Sie sind nur für Fußgänger und Fahrradfahrer vorgesehen. Über den Straßen soll eine Hochbahn entstehen, die Masdar mit anderen Stadtteilen und dem Flughafen verbindet. Allerdings stockt das Projekt, weil es einige technische Herausforderungen gibt. Aber viel wichtiger: Die Menschen sind nicht wirklich bereit, ihre privaten Autos aufzugeben. Mobilitätsverhalten zu verändern, ist nicht nur in Masdar eine erhebliche Herausforderung!

In Melbourne hat man sich vorgenommen, bis 2050 eine 20-Minuten-Stadt zu schaffen. Wie in Paris, Oslo und anderen Zentren sollen die Arbeitsplätze, Sportstätten, Schulen, Freizeitparks und Läden zu Fuß von zu Hause aus in 20 Minuten erreicht werden können. Es geht um ein ausgewogenes und gesundes Stadtleben, für das es einen guten Mix der Flächennutzung braucht. Nicht alles für das Auto, so die Botschaft der Stadtregierung! Den Städteplanern ist es wichtig, Treffpunkte mitten in der Stadt zu schaffen. Die Menschen sollen zusammenkommen, miteinander Sport treiben oder sich auf den Grünflächen erholen. Soziale Interaktion ist das Stichwort. In diesen Plan müssen sich die Verkehrsmittel einfügen. Kaum überraschend, dass in Melbourne Fuß- und Radwege sowie der öffentliche Nahverkehr ausgebaut werden sollen.

USA und Kanada

Eine Episode vorweg: Um der vielen Staus rund um die Metropolregion Houston endlich Herr zu werden, wurde 2011 ein neues Teilstück des Katy Freeway eröffnet. Für 2,8 Milliarden US-Dollar verbreiterte man diese Autobahn auf, man mag es kaum glauben, 26 Fahrspuren.[2] Allerdings verschlechterte sich die Verkehrssituation bereits kurz nach der Eröffnung. Immer mehr und immer längere Staus waren die Folge! Der Pendlerverkehr wuchs erheblich an. Morgens um 30 Prozent, abends sogar um 55 Prozent. Ein weiteres Beispiel für das Paradoxon von Braess, dass mehr Straßen auch mehr Autos anziehen.

Ohne Zweifel, das Automobil regiert Amerika! In vielen Orten der USA, erst recht in Kanada, scheint ein Leben ohne Fahrzeug nicht möglich zu sein. Nicht so in Culdesac, einem Vorort von Tempe, Arizona. Wer dort lebt, muss auf ein eigenes Auto verzichten. Vielleicht hat man die Geschichte vom Katy Freeway dort gehört. In diesem Stadtteil entsteht ein autofreies Quartier mit Wohnungen, Restaurants, Läden und Fitnessparks. Es bestehen S-Bahn-Anschlüsse in die Innenstadt, zum Flughafen und zur Universität. Allerdings geht es auch in Culdesac nicht ganz ohne Fahrzeuge. Alle möglichen Ride-sharing- und Ride-hailing-Dienste dürfen auf das Gelände, um die Fahrgäste an ausgewiesenen Haltepunkten ein- und aussteigen zu lassen. In jedem Fall dürfte Culdesac nur der Anfang einer Bewegung sein. Die Initiatoren dieses mutigen Projekts hoffen, dass schon bald weitere Städte dem Beispiel folgen.

In Mexico City kämpfen die Menschen seit Jahren mit den Staus und den Abgasen. Daher hat die Stadtregierung beschlossen, an bestimmten Tagen in der Woche nicht mehr alle Fahrzeuge in die Innenstadt zu lassen. Ein nach Autonummern rotierendes System soll dafür sorgen, dass pro Tag etwa 2 Millionen Autos weniger auf den Straßen sind. Auch New York reagiert. Dort wurde entschieden, in den Central Park keine Autos mehr hineinzulassen. Die Grünanlage soll den Fußgängern, Joggern und Fahrradfahrern vorbehalten sein.

Ottawa zielt darauf ab, bis 2046 die lebenswerteste mittelgroße Stadt in Nordamerika zu werden. Hierzu sollen wie in Melbourne und anderen Städten Quartiere entstehen, in denen die Menschen alle Geschäfte, Arztpraxen und andere Dienstleistungen in 15 Minuten zu Fuß erreichen können. Auch das Mobilitätssystem wird umgebaut: Bis 2046 hofft die Stadtregierung, dass weit über 50 Prozent der Trips mit nachhaltigen Verkehrsmitteln, zu Fuß, per Car Pool oder mit dem Fahrrad gemacht werden. Im Mittelpunkt steht jedoch der Ausbau der S-Bahn, von deren Haltepunkten aus selbstfahrende Shuttles die verzweigten Wohngebiete erreichen sollen.

Das Transportministerium der USA stellt seit Jahren Fördergelder bereit, um Städte im Rahmen von Wettbewerben zu motivieren, die Mobilität ihrer Einwohner zu verbessern (Abbildung 2.6). Viele Metropolen haben bereits daran teilgenommen, um mit dem bereitgestellten Budget, ergänzt durch private Mittel, ihre Verkehrssysteme zu modernisieren.[3] So möchte die Stadtregierung von Austin, Texas, einen Marktplatz für Mobilitätsangebote schaffen, damit Alte, Behinderte, Kranke und Menschen mit geringem Einkommen mobil sein können. Hierzu sind alle Betroffenen aus den abgehängten Stadtteilen eingeladen, ihre Wünsche einzubringen.

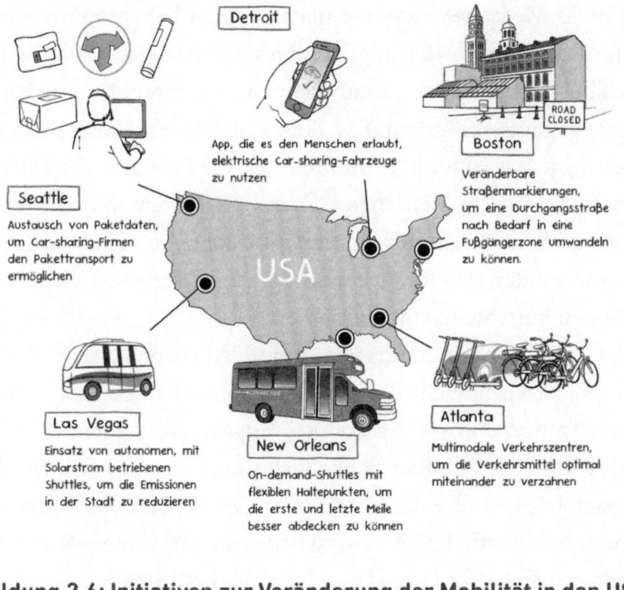

Abbildung 2.6: Initiativen zur Veränderung der Mobilität in den USA
Quelle: Homepage des Department for Transportation der USA im Januar 2021

In Columbus, Ohio, ist man besonders innovativ: Allen zu einem Arzttermin einbestellten Einwohnern werden automatisch ein multimodaler Fahrplan und ein Bezahlsystem auf ihr Handy zugestellt. Für Personen mit Behinderungen bietet die Stadt einen Fahrdienst an, ohne dass sie sich darum kümmern müssen. Alle Stadtteile ohne öffentlichen Verkehr erhalten einen Busservice. Dabei sollen die Ampeln so programmiert werden, dass diese Busse stets Vorfahrt haben.

Autofreie Zonen

Verschwendung von Steuergeldern, Denkmal für Politiker, Todesstoß für die Geschäfte, Schaden für den Standort. So oder ähnlich lauten die Kommentare in den Medien, sofern es eine Stadt wagt, Straßen umzubauen und Fußgängerzonen einzurichten. Wien ist ein eindrückliches Beispiel dafür: In der Neulerchenfelder Straße wurden die Gehwege ausgeweitet, und die Rotenturmstraße sollte eine Begegnungszone sein. Die Befürworter versprechen sich von solchen Umgestaltungen mehr Passanten, die sich länger und öfters in der Straße aufhalten und damit auch mehr einkaufen.

Man wollte es ganz genau wissen und untersuchte daher die wirtschaftlichen und finanziellen Auswirkungen einiger Umbauprojekte. Das Ergebnis ist eindeutig: Je mehr Menschen sich in einer Straße aufhalten, desto höher sind die Umsätze in den Geschäften. Klingt zwar nachvollziehbar, gleichwohl bestreiten viele Geschäftsinhaber diesen Zusammenhang. Konkret bringt jeder Passant auf den Wiener Einkaufsstraßen rund 27 Euro zusätzlichen Umsatz. In einigen Straßen sind es sogar fast 90 Euro. Je umfassender die Produktpalette in einer Straße ist, desto eher neigen die Menschen zum Verweilen, was sich wiederum auf den Umsatz auswirkt. Fazit: Die Investitionen in die Umbaumaßnahmen von etwa 1 Million Euro zahlten sich für die Stadt aus. Die zusätzlichen Umsätze führten zu fast 5 Millionen Euro Steuereinnahmen.

Auch die Regierung von Madrid kann ein Lied davon singen: Was hat es nicht alles an Gesprächen gebraucht, damit man im Weihnachtsgeschäft Teile der Innenstadt für den Autoverkehr sperren konnte. Aufgebrachte Ladenbesitzer, verärgerte Autofahrer, zweifelnde Politiker. Schließlich wagte man es doch. Das Resultat hat alle überzeugt: Die Umsätze der Geschäfte in den für den Verkehr gesperrten Zonen erhöhten sich deutlich. Und zwar stiegen sie markanter als in jenen Zonen, wo der Verkehr nicht ausgebremst wurde. In der berühmten Einkaufsstraße Gran Via im Herzen der Stadt kletterten die Verkaufszahlen gegenüber dem Vorjahr um stattliche 9,5 Prozent. Noch etwas: Die Luft in der Innenstadt verbesserte sich während dieser Zeit. Die Stickoxidemissionen sanken um 38 Prozent, der Ausstoß von Kohlendioxid fiel um 14 Prozent.

Vision Zero

Vision Zero ist eine in Schweden entstandene Initiative zur Vermeidung von Unfällen im Straßenverkehr. Im Mittelpunkt steht die Idee, die Sicherheit der Fahrzeuge, aber auch die Infrastruktur zu verbessern.[4] Und zwar so lange, bis niemand mehr auf der Straße verunglückt! Zahlreiche Länder zogen in den letzten Jahren nach, auch die USA, wo es inzwischen 33 Städte mit einer Vision Zero gibt. Allen voran Los Angeles. Mit Kameras und Sensoren entlang der Straßen werden alle möglichen Verkehrsdaten erfasst. Aus der Analyse lassen sich Mängel in der Verkehrssicherheit erkennen und entsprechende Umbauten einleiten.

So geht Verkehr auch: Nach Oslo meldet nun auch Helsinki, dass 2019 keine Fußgänger und Radfahrer mehr ums Leben kamen. Die verbesserte Verkehrssicherheit resultiert aus mehreren Maßnahmen: Gefährliche Kreuzungen wurden umgebaut, die Geschwindigkeit auf Tempo 30 in allen Wohngebieten reduziert, Temposünder werden konsequent verfolgt, und die Fahrzeuge müssen mit Assistenzsystemen zum Schutz der anderen Verkehrsteilnehmer ausgerüstet sein. Untersuchungen aus den USA verdeutlichen, dass durch die Assistenzsysteme etwa 30 Prozent weniger Todesopfer im Verkehr zu beklagen sind.

C40

C40 ist ein Zusammenschluss von derzeit 96 Metropolen, die 8 Prozent der Weltbevölkerung beheimaten und 25 Prozent des weltweiten Sozialprodukts erwirtschaften.[5] Dieser Organisation geht es darum, den Ausstoß von Treibhausgasen zu reduzieren und damit den Klimawandel aufzuhalten. Ausgehend vom Pariser Klimaschutzabkommen will sie Maßnahmen erarbeiten, um die Erderwärmung auf 1,5 Grad Celsius zu begrenzen. Ab dem Jahr 2020 müssten die Treibhausgasemissionen weltweit zurückgehen, sofern es überhaupt noch eine Chance geben soll, die Vorgaben aus dem Pariser Abkommen einzuhalten. Immerhin haben 27 Städte des C40-Netzwerkes die Kehrtwende bereits geschafft.

Mobilität ist hierbei natürlich nur ein Aspekt, aber ein besonders wichtiger: Die C40-Städte fordern ein Mobilitätssystem, bei dem eine intelligente Infrastruktur mit smarten Verkehrsschildern und Ampeln den Verkehrsfluss verbessert. Aufeinander abgestimmte Verkehrsmittel sollen eine nahtlose Beförderung der Menschen und der Fracht ermöglichen. Fahrzeuge müssen nach den Prinzipen der Kreislaufwirtschaft erstellt werden. Also mit natürlichen Materialien und Stoffen, die wiederverwertet werden können. Ferner ermuntert das Netzwerk, den Weg in die Elektromobilität zu gehen, aber darauf zu achten, dass der Strom aus erneuerbaren Quellen stammt. Sofern wir all das beherzigen, besteht die Chance, die ökologischen und ökonomischen Herausforderungen der nächsten Jahrzehnte zu bewältigen. Ohne bereits zu viel vorwegzunehmen: Mobility-as-a-Service kann hierzu einen wichtigen Beitrag leisten!

KAPITEL 8

WAS PASSIERT AUF DEM LAND?

Suburbanisierung

Ohne Zweifel, die Menschen strömen in die Metropolen. Es braucht aber einen zweiten Blick, ein erneutes Hinsehen, um zu verstehen, was gerade in den Städten passiert: Seit einigen Jahren ziehen immer mehr Einwohner aus den Zentren zahlreicher europäischer Städte in die Vororte. Dies liegt vor allem an den gestiegenen Mietpreisen und den sehr hohen Kosten für die Lebenshaltung. Es sind viele Familien mit Kindern, Rentner, Menschen mit niedrigem und mittlerem Einkommen, die die Innenstädte verlassen und in die Vororte abwandern. In Zentren verbleiben insbesondere jene mit hohem Einkommen, also Alleinstehende und Paare ohne Kinder, und die Zuwanderer, die sich in ihrer neuen Heimat erst einmal orientieren und zurechtfinden müssen.

Die Suburbanisierung begann jedoch nicht in Europa oder Asien, sondern in den USA, vor allem ab den 1950er Jahren.[1] In der Folgezeit zogen immer mehr Einwohner von den Innenstädten in die Vororte. Das Verkehrsaufkommen wuchs rasant, da die Bevölkerung jeden Tag zwischen den Suburbs und den Innenstädten pendeln musste. Hinzu kam, dass sich die Shopping-Zentren, Schulen und Freizeitmöglichkeiten nach wie vor in den Innenstädten befanden. Aufgrund der sehr weit verzweigten Vorstädte hatte der Bahn- und Busverkehr von vornherein kaum eine Chance. Die gesamte Verkehrsgestaltung war auf das Auto ausgerichtet. In vielen Suburbs gab es nicht einmal Fahrradspuren oder Gehwege.

Von den rund 330 Millionen US-Amerikanern leben derzeit etwa 50 Millionen auf dem Land, circa 100 Millionen in den Innenstädten und fast 180 Millionen in den Vororten. Bereits vor dem Ausbruch des Coronapandemie verzeichneten die Vorstädte ein stetiges Wachstum der Bevölkerung, während und nach der Pandemie erst recht. Wer kennt sie nicht, die Megacitys mit ihren niemals enden wollenden Suburbs? Wie beispielsweise die Metropolregion Los Angeles, die sich bis an die Grenze zu Nevada erstreckt

Allerdings unterliegt auch der suburbane Raum grundlegenden Veränderungen. Bis in die 1980er Jahre galten die Vorstädte als bevorzugte Wohngebiete der Mittelschicht.[2] Immer mehr Straßen wurden angelegt, damit die Menschen zwischen den Quartieren und den Arbeitsplätzen pendeln konnten. Seit den 1990er Jahren siedeln sich jedoch vermehrt Shopping-Zentren in diesen Vororten an und neuerdings auch zahlreiche Unternehmen, sodass Arbeitsplätze in der Nähe der Wohnorte entstehen. Damit löst sich die strikte Trennung zwischen Innenstadt und Suburb auf, es bilden sich sogar neue Subzentren heraus, wie zum Beispiel in San Francisco, Austin oder Boston. Die ehemaligen Vorstädte mit den so einheitlichen Einfamilienhäusern wandeln sich in vielfältige und bunte Siedlungsräume, die alle möglichen Menschen und Firmen anziehen. Dies zeigt sich auch im Baustil: Neben den Einfamilienhäusern entstehen Gewerbebauten, Apartments und sogar Villenquartiere.

Aber auch in anderen Regionen der Welt befinden sich diese suburbanen Orte auf dem Vormarsch. Manchmal sind sie die allerersten Anlaufstellen für die vielen Zuwanderer, wie etwa in Manila, São Paulo, Mexico City oder Mumbai. Zumeist Trabantenstädte mit kleinen, engen Wohnungen, die nur mit dem Nötigsten ausgestattet sind. Sie dienen vielen Ankömmlingen als Heimat in der Fremde, wo sie Arbeitsplätze zu finden und den sozialen Aufstieg zu schaffen hoffen. Manchmal sollen sie hingegen die neue Mittelschicht anziehen, so zum Beispiel in Kayasehir, einem Vorort von Istanbul, 30 Kilometer vom Stadtzentrum entfernt. Dort entstand in den letzten Jahren eine neue Siedlung mit komfortablen Wohnungen, Schulen, Läden, Park- und Freizeitanlagen.

Die gute Nachricht: Es gibt inzwischen zahlreiche Initiativen, die die Mobilität für die Bewohner in den Suburbs verbessern sollen. Wie beispielsweise ITNAmerica, ein gemeinnütziges Netzwerk von Unternehmen in den USA, das den Transport von Senioren und Menschen mit Behinderungen organisiert. Es konnte in den letzten Jahren bereits über eine Million Fahrten vermitteln. Etwa 40 Prozent übernehmen ehrenamtliche Fahrer, obwohl die Geschäftsregeln auch eine Bezahlung vorsehen. HUB CHAIN aus Deutschland geht noch einen Schritt weiter und verknüpft aktuell (im Herbst 2021) in einem Testareal bei Osnabrück den Taktverkehr von Bussen und Bahnen mit einem On-demand-Service. Hierzu wurde eine Plattform erstellt, auf der ein Kunde die gewünschte Fahrt in die City eingeben kann. Auf Basis dieser Daten lässt sich der Fahrservice so organisieren, dass Reisende sicher den Anschluss an Bus und Bahn erreichen und wie vorgesehen in der Stadt eintreffen.

Eine bemerkenswerte Initiative stammt aus Detroit, einer Stadt von etwa 363 Quadratkilometern.[3] Neben dem Zentrum am Lake Erie weist diese Metropole zahlreiche Vororte auf, die nur sehr dünn besiedelt sind. Über 50 verschiedene Unternehmen betreiben den öffentlichen Verkehr in dieser Region. Das sind sehr viele! Wohl zu viele. Schlimmer noch: Diese Firmen stimmen sich bei der Gestaltung der Fahrpläne und dem Einsatz der Busse und Bahnen nicht ab. Daher beklagen die Menschen seit vielen Jahren einen unzuverlässigen und unsicheren Transportservice. Er hilft ihnen nicht, dorthin zu gelangen, wo die Arbeitsplätze, Shopping-Zentren, Ausbildungsstätten, Schulen, Sport- oder Freizeitmöglichkeiten sind und das soziale und kulturelle Leben pulsiert. Die vielen Klagen der Bevölkerung vor Augen, haben sich einige Vorstädte dazu entschlossen, den öffentlichen Verkehr nicht noch weiter zu unterstützen, sodass immer mehr Bus- und Bahnlinien ihren Betrieb aufgeben.

Dies trifft vor allem alte, kranke und mittellose Menschen, die entweder gar kein Auto zur Verfügung haben oder nicht in der Lage sind, ihr eigenes Fahrzeug zu steuern. Es stellte sich heraus, dass etwa 65 Prozent der Haushalte mit älteren Menschen mehr als 30 Minuten Fahrzeit benötigen, um zum nächsten Arzt zu gelangen.[4] Keine Chance, zu Fuß oder mit dem Fahrrad auch nur in die Nähe eines Krankenhauses zu kommen! Noch eine eindrückliche Zahl: Etwa 40 Prozent der in Armut lebenden Haushalte brauchen ebenfalls mehr als 30 Minuten, um mit dem Fahrzeug den nächsten Supermarkt zu erreichen. Für die Stadtregierung waren diese Befunde Anlass genug zu handeln.

Zwei Optionen kamen dafür in Betracht: Zunächst wollte man den Transport von den Bahn- und Busstationen in die Wohn- und Gewerbegebiete verbessern. Hierzu stellen Anbieter wie MoGo Bikes, Boaz Bikes, Bird, Lime und andere E-Fahrräder und E-Roller bereit. Diese Verkehrsmittel benötigen keine zusätzliche Infrastruktur, können daher schnell und preisgünstig angeboten werden, verursachen nahezu keine Emissionen und sind zugänglich für Menschen aller sozialen Gruppen. Zudem wurde ein On-demand-Service eingerichtet, um ein besseres Mobilitätsangebot vor allem für alte und kranke Menschen zu schaffen. Uber und Lyft kamen in die Metropolregion Detroit. Scoop und SPLT brachten Apps heraus, um insbesondere den Beschäftigten das Pendeln zu vereinfachen. Firmen wie Via und Bedrock offerieren einen Fahrservice, um die Menschen zum Arzt, zu den Läden, ins Kino oder zum Sport zu bringen. Es gibt immer Möglichkeiten, die Mobilität für die Menschen zu verbessern. Man muss nur wollen!

Landleben

Vor einem Jahr entschloss sich Familie Meyer dazu, ihr zweites Auto abzuschaffen. Sie wollte sich umweltbewusst verhalten, öfters den Bus, den Zug oder auch das Fahrrad nutzen. Damit fing allerdings der ganze Schlamassel an, da die Familie in Possendorf wohnt, einem sehr kleinen Ort, der 12 Kilometer von Dresden, Deutschland, entfernt liegt. Das ist genau der Punkt. Ziemlich rasch mussten vor allem die Kinder feststellen, dass der Busverkehr in Regionen organisiert ist. Will man über eine Region hinaus, braucht es für 20 Kilometer sage und schreibe 3 Stunden Fahrt: Umsteigen, warten, manchmal klappt der Anschluss nicht, und in den Stoßzeiten gibt es auch immer wieder Verspätungen. In der Schulzeit fährt zumindest noch der Schulbus, aber an Wochenenden, an den Feiertagen oder in den Ferien geht zumeist gar nichts.

Der Bürgermeister verweist darauf, dass es bis vor zwei Jahren einen Anrufbus gab, der aber nicht angenommen wurde, sodass man diesen Service einstellen musste. Damit seien die Möglichkeiten der Gemeinde auch schon erschöpft. Auch der Landrat ist ratlos: Man biete Busverbindungen an, die nachfragegerecht sind. Schließlich müsse man aber auch auf die Kosten achten und könne nicht beliebig viele Busse auf Strecken fahren lassen, wo nur wenig Nachfrage besteht. Wer entscheidet eigentlich, wann genügend Nachfrage vorhanden ist, auf welcher Strecke der Bus verkehrt und ob am Wochenende überhaupt ein Busservice angeboten werden soll? Rasch kommt die Einsicht auf, dass der öffentliche Verkehr durch die Kosten-Nutzen-Abwägungen immer mehr in Bedrängnis kommt und es letztlich ohne Auto auf dem Land nicht geht.

Im Grunde ist es ein Teufelskreis: Ein starrer Fahrplan, eine schlechte Taktung, ein für viele Nutzer kaum verständliches Tarifsystem, keine Abstimmung der Fahrpläne zwischen den Regionen und ein kaum verzweigtes Streckennetz führen zu einem schlechten Image des Bus- und Bahnverkehrs und damit auch zu einer geringen Auslastung. Die stets fallenden Fahrgastzahlen zwingen die Betreiber dazu, das Angebot weiter zu reduzieren, was wiederum noch mehr Menschen dazu bringt, sich von Bahn und Bus abzuwenden und dafür auf das eigene Auto zu setzen. In der Folge verschwinden Läden, Arztpraxen, Fitnessstudios, Kinos, Restaurants und alle möglichen Freizeit- und Dienstleistungsangebote. Was Ursache, was Wirkung ist, sei dahingestellt. Irgendwann ziehen die Jungen, die Mobilen, die Engagierten, die Tatkräftigen und jene, die am kulturellen und gesellschaftlichen Leben teilnehmen wollen, in die Zentren. Zurück bleiben die Immobilen, jene, denen die Stadt keine Perspektive mehr vermitteln kann, aber es sind eben auch jene, die unsere besondere Fürsorge bräuchten. Das ist der Mechanismus der die Landbevölkerung abhängt.

Richtet man den Blick weiter, so erscheinen Gebiete in Afrika, Asien und Süd- und Mittelamerika, wo die Menschen auf dem Land mehrere Stunden reisen müssen, um einen Arzt zu konsultieren. Ganz zu schweigen von der medizinischen Notversorgung. Ebenso verhält es sich mit der Bildung und den Arbeitsplätzen. Nur in den Zenten befinden sich die weiterführenden Berufsschulen und Universitäten. Ohne geregelte Mobilität bleibt der Landbevölkerung der Zugang zu bestimmten Abschlüssen und Berufen verwehrt. Die Menschen finden keinen Anschluss an die wirtschaftliche, kulturelle, soziale Entwicklung des Landes und fallen immer weiter zurück.

Einer von uns Autoren hat es selbst erlebt. Aufgewachsen in Siebenbürgen, Rumänien. Im Ort gab es nur eine Schule bis zur achten Klasse. Um die neunte und zehnte Klasse besuchen zu können, musste er mit dem Fahrrad oder zu Fuß, wenn es regnete sogar per Anhalter, pendeln. Der Busverkehr funktionierte nicht! Die Schule für die weiterführenden Klassen war schon eine Stunde entfernt. Also entschied sich die Familie dazu umzuziehen, damit der Junge eine gute Ausbildung erhält. Die Geschichte ist 40 Jahre alt, könnte sich aber heute noch in vielen Ländern so zutragen.

Aber es gibt Hoffnung: Viele Stadtregierungen betrachten Fahrdienste, wie etwa Uber, durchaus kritisch, da sie Busse und Bahnen teilweise kannibalisieren und durch Leerfahrten zusätzlichen Verkehr erzeugen. Auf dem Land könnten On-demand-shuttle-Dienste die immer wieder geforderte fahrplanunabhängige Mobilität rund um die Uhr bereitstellen. Allerdings braucht es dazu den politischen Willen zu finanzieller Unterstützung, da Fahrdienste auf dem Land bislang nicht rentabel sind. Mit Bussen und Bahnen könnte man die Hauptverkehrsachsen von der Stadt ins Land und umgekehrt betreiben. Entlang der Strecken ließen sich immer wieder Verzweigungen einrichten, an denen die Passagiere auf die Fahrdienste wechseln können. Wichtig dabei: ein Ticket, das alle Verkehrsmittel umfasst! Nichts Schlimmeres, als für Bus, Fahrdienst und eventuell Mietfahrrad separat bezahlen zu müssen.

Mobilität als Dienstleistung, das könnte zumindest Teil der Lösung für die skizzierten Probleme im ländlichen Raum sein. Vor allem zwei Gruppen von Kunden dürften von diesen Fahrdiensten profitieren: ältere und kranke Menschen, die nicht mehr selbst fahren können, aber auch nicht in der Lage sind, den öffentlichen Nahverkehr zu erreichen. Der Markt dafür besteht: Weltweit steigt der Anteil der über 60-Jährigen an der Bevölkerung von 8 Prozent 2015 auf 17 Prozent im Jahr 2055. Darüber hinaus dürften diese Fahrdienste für jüngere Menschen interessant sein, die noch keinen Führerschein besitzen und in Gebieten leben, die nicht an den öffentlichen Nahverkehr angeschlossen sind oder die nur einige wenige Male pro Tag und am Wochenende gar nicht von Bussen und Bahnen angefahren werden.

Ausreichend Mobilität bereitzustellen, ist eine wichtige sozialpolitische Aufgabe. So ist bekannt, dass ältere oder kranke Menschen, die nicht mehr selbst fahren können, ihre sozialen Aktivitäten reduzieren, woraus sich wiederum gesundheitliche Schäden ergeben. Sobald ein Mensch stets die anderen bitten muss, ihn zu fahren, vermindern sich die Fahrten zum Arzt um 15 Prozent, die Einkaufstouren um 59 Prozent und die Besuche von Freunden und Familie um 65 Prozent.[5] Wir sind an dieser Stelle wieder bei der Idee angekommen, dass Mobilität ein Grundrecht sein muss (Teil 1, Kapitel 1). Die staatliche Fürsorge sollte so weit gehen, dass neueste Technologien, neueste Verkehrskonzepte genutzt werden, um die Menschen auf dem Land an das urbane Leben anzubinden.

Neben der Idee, Mobilität als Dienstleistung zu entwickeln, muss möglicherweise auch der Bahn- und Busverkehr für den ländlichen Raum völlig neu gedacht werden. Ein Beispiel hierfür ist der CountryCab, eine Einschienenbahn (ein erster Prototyp ist für 2022 geplant), die für ihren Service alte, stillgelegte Strecken nutzt. Sie ist akkubetrieben, verkehrt im Paternoster-Prinzip zwischen den Orten entlang der Schiene und kann per App für den nächsten Haltepunkt reserviert werden. Individueller Personennahverkehr geht also doch! Man fragt sich, wieso eigentlich die Bahngesellschaften nicht schon längst auf diese Idee gekommen sind. Vermutlich liegt die Antwort nahe: Man denkt nicht über den berühmten Tellerrand hinaus. Noch ein technischer Hinweis: Ein rotierender Kreisel sorgt dafür, dass die Bahn nicht um ihre Drehachse kippt. Das ist zentral, da der CountryCab auf nur einer Schiene fährt (Abbildung 2.7).

Abbildung 2.7: Der CountryCab zur Erschließung abgelegener Regionen
Quelle: Angelehnt an http://monocab-owl.de/

TEIL 3

AUTOMOBILINDUSTRIE IM UMBRUCH

KAPITEL 9

DIE WERTSCHÖPFUNGSKETTE ZERFÄLLT

Wertschöpfung im Wandel

Ein Blick in die Geschichte des Automobils zeigt etwas Erstaunliches: Der Fahrzeugpionier Henry Ford besaß nicht nur Produktionsanlagen für Fahrzeuge, sondern auch Kautschukplantagen, Sojafelder und Erzgruben.[1] Um diese Rohstoffe zu den Werken zu bringen, unterhielt er zahlreiche Schiffe, Flugzeuge, Lastwagen und Traktoren. Offenbar bewirtschaftete Henry Ford die gesamte Wertschöpfungskette der Automobilindustrie vom An- und Abbau der Rohstoffe bis zur Herstellung und Auslieferung der Fahrzeuge (Abbildung 3.1). Aus heutiger Sicht ist das unvorstellbar!

Erst später kamen Zulieferer auf, die zunächst nur einzelne Bauteile wie Bremsscheiben, Reifen, Felgen, Scheinwerfer, Zündkerzen, Sicherheitsgurte oder Stoßdämpfer erzeugten. In der Folgezeit ergänzten sie schrittweise ihr Leistungsspektrum. Einige von ihnen wie Bosch, ZF, Denso, Continental oder Magna fertigen inzwischen ganze Aggregate, also Antriebsstränge oder Einspritzsysteme. Diese Firmen verfügen inzwischen über so viel Wissen, dass sie selbst Fahrzeuge bauen könnten. Offenbar gaben die Autobauer im Verlauf der Jahrzehnte immer mehr Wertschöpfung an ihre Zulieferer ab. In einigen Fällen bis zu 80 Prozent. Wie und warum konnte das passieren?

Zu Beginn des 20. Jahrhunderts gab es noch keine Zulieferer, die in der Lage waren, die von den Produzenten benötigten Materialien in der gewünschten Beschaffenheit zuverlässig und pünktlich herzustellen. Mit anderen Worten: Henry Ford musste sich um alles selbst kümmern![2] Heutzutage hat die Automobilindustrie technologische Standards für alle möglichen Bauteile, sodass eine Auslagerung der Produktion auf Zulieferer kein oder nur ein sehr geringes Risiko darstellt. Die Zulieferer können viele Komponenten günstiger erzeugen als die Hersteller, da sie nicht nur für einen Autobauer produzieren und durch die höhere Menge niedrigere Kosten erzielen. Zudem verfügen sie inzwischen über bestens eingespielte Lieferketten und sind sogar in die Entwicklungsprojekte eingebunden.

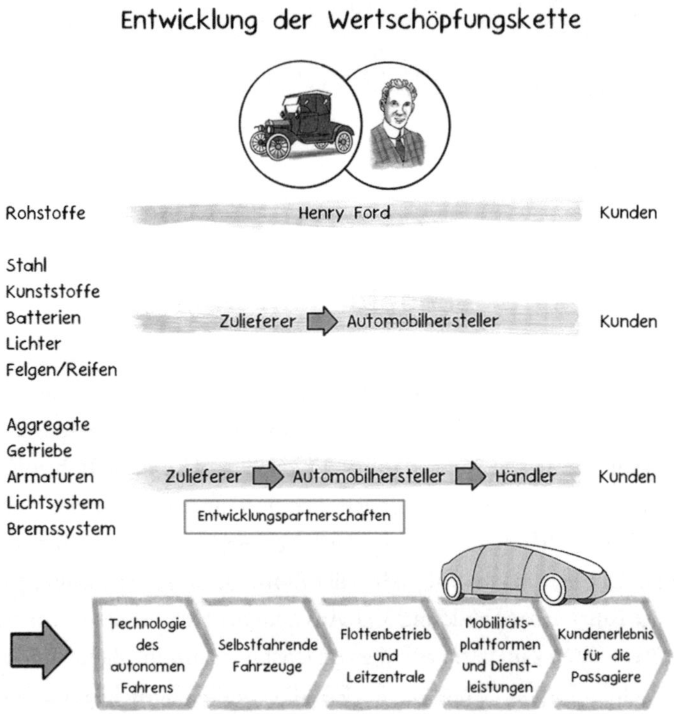

Abbildung 3.1: Entwicklung der Wertschöpfungskette in der Mobilitätsindustrie
Quelle: Eigene Darstellung

Aber Vorsicht! Die gravierenden Veränderungen in der Automobilindustrie von der Hardware zur Software und zu den Dienstleistungen haben die Kraft, die Wertschöpfungskette nicht nur immer weiter zu unterteilen, sondern regelrecht zu zerschlagen. Spezialisierte Technologiefirmen übernehmen immer mehr Aufgaben, da der Austausch von Software, im Unterschied zu Hardware, wie damals bei Henry Ford, nahezu keine Kosten verursacht und somit die Arbeitsteilung forciert. Damit fallen Barrieren für den Markteintritt. Genau dies lässt sich derzeit beobachten: Tausende von Technologiefirmen drängen in den Automobilmarkt. Viele von ihnen bieten Softwarebausteine für das vernetzte autonome Fahren mit Elektrofahrzeugen an. Andere befassen sich mit Sensorik, Bilderkennung, Algorithmen, Steuerungssystemen und der Kommunikation zwischen den Fahrzeugen untereinander und natürlich mit der Infrastruktur. Wieder andere entwickeln Mobilitätsdienste, Parkservices sowie Konzepte für die Mikromobilität. Aber auch Finanzierungs- und Versicherungsmodelle werden neu geschaffen.

Abbildung 3.2 zeigt einen Überblick von Neckermann Strategic Advisors, London, über die Vielzahl der Akteure in der Mobilitätsindustrie. Ohne dass jedes Logo zu erkennen wäre, zeigt dieses Schaubild, dass eine kaum mehr überschaubare Zahl von Unternehmen ihre Nischen in diesem Markt suchen. Der Sturm auf den Mobilitätsmarkt ist im Gange! Wie immer bei drastischen Einschnitten dürften einige Firmen rasch wieder vom Markt verschwinden oder von anderen Akteuren übernommen werden. Aber einige von ihnen werden überleben und den Automobil- beziehungsweise Mobilitätsmarkt grundlegend und nachhaltig verändern. Neckermann Strategic Advisors beobachten diese Entwicklung und berichten regelmäßig über Veränderungen.

Wer oder was entscheidet eigentlich darüber, wie viele Akteure sich in einer Wertschöpfungskette befinden? Nicht die Automobilhersteller wie bislang, sondern einzig und allein die Technologie! Drei Aspekte sind hierbei wichtig: Je weniger spezifisch die Investitionen für die Herstellung eines Produktes sind, je vorhersehbarer die wirtschaftliche Entwicklung und das Verhalten aller Beteiligten sind und je häufiger die Unternehmen miteinander zusammenarbeiten, desto mehr Akteure agieren entlang der Wertschöpfungskette.[3] Das alles gilt inzwischen für die Automobilindustrie. Die aufkommende Bedeutung der Software reduziert die Besonderheit der Investitionen. Um eine Software zu erstellen, können zahlreiche Teilprojekte definiert werden, die auch noch an unterschiedlichen Orten auf der Welt umgesetzt werden. Die Zeiten von Henry Ford, in denen die Automobilbauer die Wertschöpfungskette gestalteten, sind endgültig vorbei.

Diese Entwicklung lehrt die Automobilhersteller und auch ihre Zulieferer eine wichtige Lektion: Die Macht, die Wertschöpfungskette nach ihren Vorstellungen zu gestalten, wie noch zu Zeiten der Autopioniere, bröckelt. Einige sprechen davon, dass sich die Wertschöpfungskette in der Auflösung befindet. In jedem Fall müssen die Autofirmen ihre neue Rolle finden. Hierzu ein mögliches Szenario: Weltweit gibt es nur wenige bedeutende Stahlhersteller, die bislang vergleichsweise viele Autobauer beliefern. Analog dazu könnte es bald wenige Hersteller für automobile Hardware geben, die Chassis und Elektroantriebe für die auf Software, Algorithmen, Steuerungssysteme, Mobilitätsplattformen, Flottenmanagement und auf die Analyse der Mobilitätsdaten spezialisierten Technologieunternehmen bereitstellen.[4] Haben die Fahrzeughersteller den aufstrebenden Technologieunternehmen etwas entgegenzusetzen? Können sie ihren Platz in der Wertschöpfungskette behaupten? Sind sie in der Lage, zumindest einen Teil der Software selbst zu erstellen? Das Rennen ist offen!

Ein nochmaliger Blick auf Abbildung 3.1 zeigt die Wertschöpfungskette, wie sie sich derzeit aus unserer Perspektive in der Mobilitätsindustrie herausbildet. Sie be-

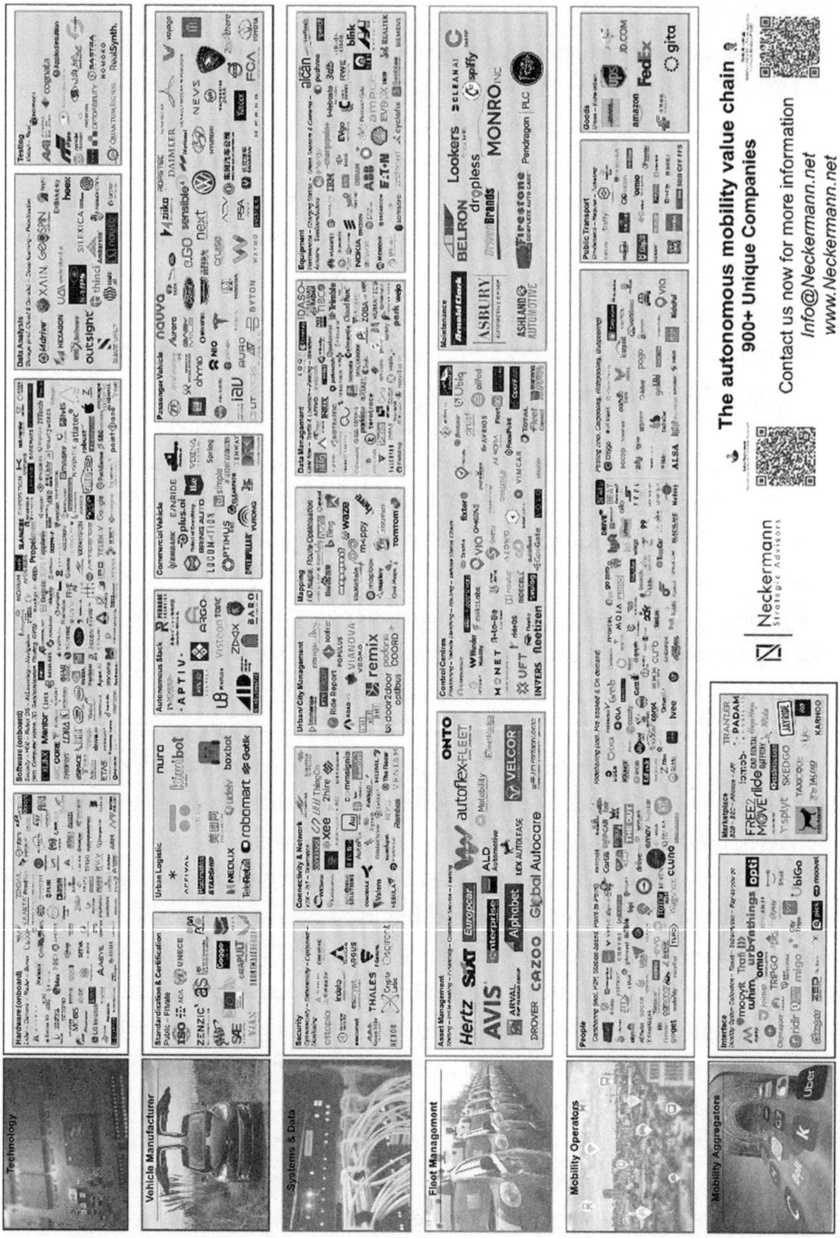

Abbildung 3.2: Akteure in der Mobilitätsindustrie
Quelle: Neckermann Strategic Advisors, London

steht im Kern aus den folgenden fünf Gliedern der Wertschöpfung: der Technologie des autonomen Fahrens, den selbstfahrenden Fahrzeugen, dem Flottenbetrieb und der Leitzentrale, den Mobilitätsplattformen und den Dienstleistungen sowie dem Erlebnis für die Passagiere. Zum letzten Glied zählen alle möglichen Services von Google, Netflix, Amazon, BBC, CNN oder vielen anderen. Hierzu gehören Shopping und Gaming, aber auch das Angebot von Starbucks: Wer beim nächsten Stopp des autonomen Shuttles aussteigt, die Filiale ums Eck besucht, eine Latte Macchiato bestellt, erhält dazu ein Stück Kuchen umsonst. Bevor jedoch in Teil 4, Kapitel 14 diese neue Wertschöpfungskette im Detail mit allen Ideen rund um das Kundenerlebnis betrachtet werden soll, gilt das Augenmerk zunächst den Treibern dieses Wandels.

Treiber des Wandels

Ist Ihnen eigentlich schon aufgefallen, dass der Automobilmarkt seit über 140 Jahren nach der immer gleichen Logik funktioniert? Der Mensch kauft ein Fahrzeug, besitzt es und fährt es. Fast nichts hat sich daran geändert, trotz des enormen technologischen Fortschritts. Allenfalls kann ein Fahrzeug inzwischen geleast oder von der Bank des Herstellers finanziert werden. Was würden wohl Autopioniere wie Henry Ford und Carl Benz dazu sagen? Was würde sie wohl heute faszinieren? Wir spekulieren einmal: Als begeisterte Techniker wären sie beeindruckt vom iPhone, von der Magnetresonanztomografie, vom SpaceX Starship, vom Operationsroboter und natürlich vom Ingenuity Helikopter. Alles eindrückliche Wunderwerke der Technik. Und vom Auto? Zweifellos sind Fahrzeuge inzwischen mehr als nur Fortbewegungsmittel. Sie sind rollende Computer und Roboter, ausgestattet mit modernster Elektronik und vollendet nach allen Erkenntnissen aus der Ästhetik und dem Design.[5]

Was die beiden Pioniere jedoch enttäuschen dürfte, ist die Beobachtung, dass sich die Nutzung des Autos in all diesen Jahren im Grunde nicht verändert hat. Andere Branchen, wie etwa der Telekommunikations-, Pharma- oder Lebensmittelsektor, durchlebten immer wieder substanzielle Veränderungen bei den Produkten und Geschäftsmodellen. Aber nicht nur das! Auch das Nutzungsverhalten hat sich in diesen Märkten grundlegend gewandelt. Man vergleiche, wie die Menschen früher telefoniert haben und heute das Smartphone nutzen. Einen solch grundlegenden Wandel hat es im Automobilmarkt nie gegeben. Schön für die Hersteller! Sie mussten sich nie grundsätzlich neu erfinden. Doch jetzt sind zumindest zwei Entwicklungen auszumachen, die im Automobilmarkt zu Verwerfungen führen und damit die seit ewiger Zeit gültige Logik möglicherweise auf den Kopf stellen (Abbildung 3.3).

Es zeichnet sich ab, dass man ein Auto nicht mehr unbedingt besitzen muss, um unterwegs zu sein. Sharing ist das Schlagwort der Stunde. Es geht darum, Fahrzeuge oder Fahrten zu teilen. Ride-sharing, Ride-pooling und Ride-hailing dürften das Mobilitätsverhalten der Menschen in den nächsten Jahren sehr wohl verändern. Uber, Lyft, Didi, Grab und andere forcieren diesen Trend, der sich aus unserer Beobachtung nicht mehr umdrehen lässt. Darüber hinaus drängen immer mehr Technologiefirmen auf den Automobilmarkt. Sie liefern Software, Algorithmen und Sensoren, um autonomes Fahren zu ermöglichen. Mit diesen Technologien kann die Fahrerin immer mehr Fahraufgaben an die Maschine abgeben. Die Kombination dieser beiden Trends führt zu Uber 2.0, also zu einem selbstfahrenden Shuttle, das rund um die Uhr von den Menschen gemeinsam genutzte Mobilitätsdienste anbietet. Dieses Fahrzeug besitzt weder ein Lenkrad noch Pedale, ist elektrisch angetrieben und lässt sich per App bestellen.[6]

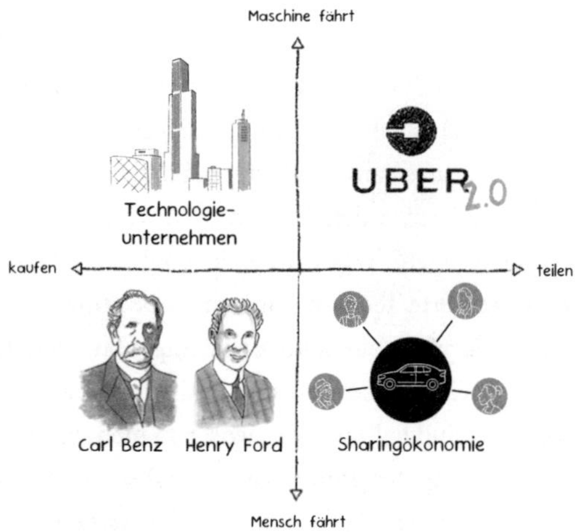

Abbildung 3.3: Autonomes Fahren und geteilte Mobilität als Treiber des Wandels
Quelle: Angelehnt an eine Präsentation von Adam Jonas, Driving the Nation

Zahlreiche Städte wie etwa Phoenix, Paris, Detroit, Tokyo, Shanghai oder New York sind bereits dabei, ganze Flotten solcher Fahrzeuge aufzubauen. Eine Verkehrsleitzentrale optimiert den Einsatz dieser Fahrzeuge mit Blick auf die Ziele der Reisenden und die Verkehrslage. Dieses Mobilitätskonzept lässt sich zügig umzusetzen, da die fahrerlosen Shuttles keine separaten Spuren benötigen, sondern sich in den bestehenden Verkehr integrieren lassen. Inzwischen meistern autonome Autos selbst unübersichtliche Situationen im hektischen Verkehrsgeschehen von Jerusalem, Seoul oder München.

KAPITEL 10

AUTONOM, ELEKTRISCH UND VERNETZT

Autonom

Etwas Kurioses vorab. Von Ameisen lernen, heißt Staus vermeiden! Der Verkehrsfluss lässt sich auf einer Skala von 0 bis 1 darstellen.[1] Ein Wert nahe 0 bedeutet freie Fahrt, während ein Wert gegen eins auf Behinderungen hindeutet. Interessant ist, dass der Verkehrsfluss von Ameisen selbst bei einer Auslastung der Ameisenstraße von 80 Prozent keine Anzeichen eines Rückgangs der Geschwindigkeit zeigt. Dagegen stockt der Fußgänger- und Autoverkehr bereits bei einer Auslastung von 50 Prozent. Zudem wurde beobachtet, dass sich bedrohte Ameisen gleichmäßig über den verfügbaren Raum verteilen, anstatt zum Engpass zu eilen und dort einen Stau zu erzeugen. Ameisen machen es besser. Aber wie geht das?

Sie nutzen ihre Schwarmintelligenz, indem sie sich ständig Rückmeldungen geben. Je kürzer diese Interaktionszeiten sind, desto besser ist der Bewegungsfluss. Sie verständigen sich mit Duftstoffen, geben Laute oder kommunizieren mit der Körpersprache. Erstaunlicherweise folgt die daraus resultierende Bewegung bestimmten Mustern, die sich in Algorithmen übersetzen lassen. Bereits in den 1950er Jahren wurden die ersten Kolonie-Algorithmen entwickelt. Mit ihnen lässt sich das Bewegungsmuster bestimmen, mit dem möglichst viele Ameisen in einer bestimmten Zeit von einem Ort zu einem anderen gelangen.

Was hat das alles mit dem autonomen Fahren zu tun? Vieles! Auch selbstfahrende Autos können untereinander in Kontakt treten, zwar nicht durch Duftstoffe, aber mittels der Fahrzeug-zu-Fahrzeug- und der Fahrzeug-zu-Infrastruktur-Kommunikation. Jedes dieser Fahrzeuge kann sich einem Schwarm anderer Autos anschließen, die sich in seinem Umfeld befinden. Mit den Kolonie-Algorithmen der Verkehrsleitzentrale lassen sich Geschwindigkeit und Abstand zwischen den Fahrzeugen festlegen. Und zwar so, dass möglichst viele einen bestimmten Straßenabschnitt passieren können. Maximierung des Durchsatzes! Das geht aber nur mit Autos, die untereinander kommunizieren. Und am besten mischen sich die Menschen gar nicht erst ein. Sonst klappt es nicht.[2]

Idee

Die Geschichte des autonomen Fahrens ist nicht neu. Sie begann zu Beginn des 20. Jahrhunderts in den USA. Dort setzte die Motorisierung der Massen bereits in den 1920er Jahren ein. Damals kamen etwa 200 000 Menschen im Straßenverkehr zu Tode. Warum? Ein Blick in die Dick-und-Doof-Filme liefert die Antwort: das kuriose Fahrverhalten und der Zustand der Fahrzeuge. Daher wurden rasch Stimmen laut, die Fahraufgabe nach Möglichkeit den Menschen zu entziehen und an die Maschine zu übertragen. Zu dieser Zeit gab es bereits Kontrollsysteme, um Flugzeuge automatisch zu balancieren, und Autos konnten per Funk gesteuert werden. Allerdings brauchte es fast weitere 100 Jahre, bis die Technologie des autonomen Fahrens so weit war, dass man sie im Straßenverkehr tatsächlich nutzen konnte. Jetzt, so scheint es, ist die Zeit reif, um die Steuerung des Autos schrittweise an das System zu übergeben.

Was bedeutet autonomes Fahren eigentlich? Schauen wir dazu auf eine Skala des Verbands der Automobilingenieure.[3] Ein Fahrzeug von Level 0 hat keine automatisierten Fahrfunktionen. Die Fahrerin beschleunigt und bremst, lenkt und hält die Geschwindigkeit, da es keinerlei eingreifende, bestenfalls warnende Systeme gibt. Schrittweise gelangt immer mehr Technologie ins Fahrzeug. Bei Level 4 ist das Auto bereits in der Lage, in einem festgelegten Betriebsbereich, der beispielsweise eine gesamte Stadt bei bestimmten Witterungsbedingungen umfasst, die Fahraufgaben zu übernehmen. Bis zu Level 5: Hier kann das Fahrzeug auf allen Straßen und bei allen Geschwindigkeiten sich selbst steuern. Grundsätzlich muss der Mensch zu keinem Zeitpunkt und in keiner Verkehrssituation eingreifen. Allenfalls greift eine Verkehrsleitstelle ein, falls unvorhersehbare Situationen im Straßenverkehr auftreten. Ein Beispiel hierzu: Ein Auffahrunfall blockiert die Fahrspur. Da die Mittellinie durchgezogen ist, kann das Shuttle nicht ohne Weiteres auf die entgegenkommende Spur ausweichen. Die Leitstelle greift ein, unterstützt das Fahrzeug und gibt den Überholvorgang trotz Überholverbot frei.

Im Mittelpunkt des autonomen Fahrzeugs steht die zentrale Steuerungseinheit, deren Funktion sich etwa so verdeutlichen lässt: Hierzu übernimmt man am besten die Rolle des Beifahrers, der der Fahrerin alle notwendigen Anweisungen erteilt, um das Fahrzeug sicher an sein Ziel zu steuern. Drei Grundbefehle sind erlaubt: beschleunigen, bremsen und lenken sowie Variationen davon, zum Beispiel: langsam beschleunigen, schnell abbremsen oder im 60-Grad-Winkel abbiegen. Probieren Sie es einmal aus! Zumeist unterschätzt man die Geschwindigkeit, mit der die Kommandos erteilt werden müssen, damit die Fahrt flüssig verläuft. Ortskenntnisse und Fahrerfahrung helfen. Aber bereits bei gemütlicher Fahrt auf der Autobahn müssen so viele Befehle erteilt werden, dass sich der Beifahrer rasch überfordert fühlt. Bei hohem Tempo oder während der Stoßzeiten im Stadtverkehr ist es kaum noch möglich, alle Verkehrsbewegungen auf der Straße zu erfassen und die notwendigen Anweisungen zu geben.

Alle Personen, die sich bislang auf dieses Spiel eingelassen haben, sind sich einig: Die besondere Herausforderung besteht darin, die Umgebung des Fahrzeugs zu erfassen und das Verhalten anderer Verkehrsteilnehmer einzuschätzen. Je genauer, je schneller, je besser dies dem Beifahrer gelingt, desto präziser sind seine Kommandos. Genau vor dieser Schwierigkeit steht auch die zentrale Steuerungseinheit, und auch hier gilt: Je mehr Muster über das Verhalten der anderen Verkehrsteilnehmer vorliegen, umso besser kann sich das Auto in den Verkehr einfügen. Der Passagier merkt von all dem nichts. Er gibt das Ziel der Fahrt ein und entscheidet, ob er die schnellste, die kürzeste, die komfortabelste, eine landschaftlich besonders reizvolle Route wünscht oder beispielsweise eine Strecke, auf der keine Maut anfällt. Will die Reisende während der Fahrt schlafen, kann sie die bevorzugte Ankunftszeit eingeben, und das Fahrzeug wählt dazu passend einen harmonischen Fahrmodus. Damit die autonome Fahrt auch tatsächlich gelingt, braucht es drei Schritte: »sensing, mapping, planning«. Klingt technisch, ist aber halb so schlimm!

Sensoren

Soll ein Fahrzeug autonom unterwegs sein, benötigt es Sensoren, das alle Objekte im Umfeld erfasst.[4] Lidar, Radar und Kameras sind die wichtigsten. Lidar misst mit Laserlicht die Distanz zu allen Objekten, die das Auto umgeben und ermittelt sogar deren Geschwindigkeit. Dabei kann das Umfeld eines Fahrzeugs über 100 Meter in alle Richtungen erfasst und aus den Daten eine dreidimensionale Karte konstruiert werden. Radar nutzt Radiowellen, um die Geschwindigkeit, die Entfernung und die Winkel von Objekten in Bewegung festzustellen. Zwar ist Radar nicht sonderlich genau, funktioniert dafür in jeder Wettersituation und vermag durch Reflexionen sogar hinter Objekte zu sehen. Kameras agieren wie unsere Augen. Sie sind enorm leistungsfähig. Anders als Lidar und Radar können sie zudem Farben erkennen. Wichtig, um Verkehrssituationen einzuschätzen. Ist die Ampel grün, gelb oder rot? So gesehen könnte man allein mit Kameras eine autonome Fahrt unternehmen. Allerdings nach heutigem Stand nicht sicher genug! Daher setzt man alle drei Sensorarten parallel ein. Es braucht immer noch Redundanz, damit die Wahrscheinlichkeit eines Ausfalls des Gesamtsystems sehr, sehr gering ist.

Steuerungseinheit

In der zentralen Steuerungseinheit laufen alle Daten zusammen.[5] Die Fusion der Sensordaten ist aufwendig, weil jedes System mit einer eigenen Geschwindigkeit und Genauigkeit arbeitet und für ein Gesamtbild alle Daten synchronisiert werden müssen. Die zentrale Steuerungseinheit gleicht diese Daten ab und errechnet daraus ein aktuelles Umgebungsmodell, also ein Abbild des Verkehrs um das Fahrzeug herum. Und das alles in Echtzeit! Verzögerungen darf es nicht geben! Hinzu kommen die Daten von hochauflösenden Karten, die zentimetergenaue Lokalisierung des Fahrzeuges und die Echtzeitinformationen über die Verkehrslage. Auf Basis dieser Eingabewerte trifft die zentrale Steuerungseinheit bestimmte Entscheidungen, um im 40-Grad-Winkel nach links zu lenken, etwas Gas zu geben, danach gleich wieder abzubremsen und erteilt Befehle an die Steuergeräte von Lenkung, Motor und Bremssystem.

Mobileye hat bereits den Beweis erbracht: Die autonomen Fahrzeuge dieses Unternehmens sind im Dauerbetrieb in Jerusalem, Tel Aviv, München, Tokyo, Shanghai, Detroit, New York City und Paris. Weitere Städte kommen hinzu. Enge Gassen, spitze Kurven, Autos, die in der zweiten, manchmal dritten Reihe parken, hektische Autofahrer, überall Fahrräder, Roller und Motorräder und Fußgänger, die kreuz und quer laufen. Ampeln, Verkehrsschilder, Regen, Nebel, hin und wieder auch Eis und Schnee. Polizei- und Notarzteinsätze kommen hinzu. Manchmal auch die Feuerwehr. Es hat bislang bestens funktioniert!

Dabei verfolgt Mobileye eine spezielle Philosophie: Sie besteht im Kern darin, parallel drei Umgebungsmodelle zu berechnen. Das erste basiert auf Informationen, die allein aus den Kameras kommen. Dagegen verwendet das zweite ausschließlich die Daten der Lidar- und Radar- Sensoren. So lässt sich die Wahrscheinlichkeit eines Fehlers in der Rekonstruktion der Umgebung des Fahrzeugs um ein Vielfaches reduzieren. Dies ist in etwa so, als hätte man zwei Smartphones in der Tasche, eines mit einem Android Betriebssystem, das andere ist ein iPhone. Die Wahrscheinlichkeit, dass beide zum gleichen Zeitpunkt einen Absturz erleiden, ist sehr, sehr niedrig. Es gibt noch ein drittes Umgebungsmodell, das die Daten aus allen Sensoren nutzt und daher auch den weiter vom Auto entfernten Verkehr gut erfassen kann. Dieses dient dazu, das Fahrzeug vorausschauend zu steuern und damit die Fahrt möglichst komfortabel zu gestalten.

Zur Analyse dieser Daten dienen Algorithmen, die mithilfe künstlicher Intelligenz aus Beispielen lernen und danach in der Lage sind, die Beispiele zu verallgemeinern. Dabei geht es weniger um Besonderheiten, die in den Daten stecken, sondern vielmehr um generelle Muster und Gesetzmäßigkeiten. Ganz wichtig: Dadurch ist das System in der Lage, auch unbekannte Daten einordnen und beurteilen zu können. Beim autonomen Fahren spielen die Algorithmen dieses maschinellen Lernens eine zentrale Rolle zur Identifikation von Objekten. Die Sensoren liefern Millionen von Bildern etwa von Fußgängern, die sich verschieden kleiden, groß oder klein sind, gehen, rennen oder stehen und bei jedem Wetter aus allen Winkeln erfasst werden. Aus diesen Daten lernen die Algorithmen im Laufe der Zeit, folgende Fragen zu beantworten: Ist die Person am Straßenrand ein Kind oder ein Erwachsener? Will sie die Straße überqueren oder wartet sie auf andere Personen? Stürmt sie los oder nimmt sie die herannahenden Autos wahr? Je mehr Daten zur Verfügung stehen, desto schneller und genauer können die Algorithmen lernen, desto besser sind auch die Prognosen über das Verhalten der Fußgänger.

Digitale Karten

Digitale Karten spielen hierbei eine Schlüsselrolle. Sie sind erforderlich, damit sich ein autonomes Fahrzeug selbst lokalisieren kann, um alle weiteren Fahrmanöver einzuleiten.[6] Zudem müssen alle Informationen über den Straßenzustand, die Beschilderung und die Verkehrslage in die digitale Karte eingespielt werden. Daher überrascht es nicht, dass der Kartendienst HERE jeden Tag mehrere Millionen Änderungen in seiner globalen Datenbank durchführt. Eine gigantische Aufgabe! Bislang decken die Karten von HERE, Google oder TomTom nur eine begrenzte Zahl von Routen in nicht einmal allen Ländern ab. Kein Wunder, denn das weltweite Straßennetz umfasst etwa 31,7 Millionen Kilometer.

Wie ist eine digitale Karte eigentlich aufgebaut? Im Detail besteht der Kartendienst HERE aus drei Schichten: Die erste Schicht bildet ein hochaufgelöstes digitales Abbild der statischen Umwelt mit Straßen, Leitplanken, Ampeln und Verkehrsschildern. Also die klassische Landkarte. Die zweite Schicht enthält dynamische Informationen zu Baustellen, Unfällen und anderen Behinderungen, die von einem intelligenten Schwarm von Autos geliefert werden. Die dritte Schicht zielt darauf ab, das Fahrzeug harmonisch in den Verkehr zu integrieren. Insgesamt greift der Kartendienst HERE dabei auf über 80 000 verschiedene Datenquellen zurück, auf Satellitenaufnahmen, auf Leitzentralen und auf die eigene Fahrzeugflotte.

Wie komplex die Steuerung eines Autos auf Basis der digitalen Karte ist, verdeutlicht das folgende Beispiel: Ein selbstfahrendes Fahrzeug will ein anderes überholen. Vor diesem Manöver muss geprüft werden: Besteht ein Überholverbot? Gibt es überhaupt eine Überholspur? Ist sie breit und lang genug? Welche Beschleunigung und welche Höchstgeschwindigkeit sind erforderlich, um das Manöver vor der nächsten Kurve abschließen zu können? Besteht eine Geschwindigkeitsbegrenzung? Wir stellen fest: Das autonome Fahren erfordert ein detailliertes und ganzheitliches Fahrbahnmodell.

Autonomes Fahren steht und fällt mit den Echtzeitinformationen über die Verkehrslage und den Zustand der Straßen. Sensoren an den Autos erfassen alle möglichen Hindernisse, Baustellen, Staus, Unfälle, Schlaglöcher und speisen diese Daten im Sekundentakt in eine Cloud ein. Dort werden diese Informationen aggregiert, konsolidiert, ausgewertet, in das Kartenmaterial integriert und schließlich in Echtzeit in die Autos zurückgespielt. Hierzu ein Beispiel: Ein Fahrzeug erkennt Arbeiter, die auf einem Streckenabschnitt den Seitenstreifen neu markieren und stellt dadurch eine Verengung der Fahrbahn fest. Diese Information gelangt sofort in eine Cloud und wartet dort auf Bestätigung. Melden noch mehr Fahrzeuge dieses Hindernis, gibt es schon bald eine ausreichend hohe Wahrscheinlichkeit, dass diese Behinderung auch tatsächlich besteht. Sogleich kann der Hinweis auf die Fahrbahnverengung allen Autos bereitgestellt werden.

Planung

Das Umgebungsmodell fasst somit alle Daten zusammen, die die Sensoren erfassen, die Infrastruktur bereitstellt und andere Fahrzeuge übermitteln.[7] Dieses Bild über den Straßenzustand und die Verkehrslage, ergänzt um Informationen aus den Karten, entspricht dem, was der Beifahrer im zuvor beschriebenen Beispiel erlebt. Ziemlich komplex, aber unerlässlich, um die passenden Manöver abzuleiten. Auf dieser Basis lässt sich nun die Fahrt in drei Schritten planen: Zunächst berechnet das System ausgehend vom Startpunkt und dem eingegebenen Zielort die gewünschte oder beste Strecke. Der Reiseverlauf wird ständig überwacht, um gegebenenfalls alternative Strecken zu bestimmen, falls sich auf der ausgewählten Route zum Beispiel ein Stau gebildet hat.

Daraufhin wird die Geschwindigkeit auf den einzelnen Streckenabschnitten so festgelegt, dass die Insassen die Fahrt durch die Kurve noch als angenehm empfinden. Die Steuerungseinheit achtet natürlich darauf, dass alle Verkehrsregeln eingehalten werden. Schließlich wird die Verkehrslage bei der Entscheidung über einzelne Fahrmanöver berücksichtigt. Dabei bestimmt das System den Abstand zum vorausfahrenden Fahrzeug und legt fest, wann und mit welcher Geschwindigkeit überholt und auf eine andere Spur gewechselt werden soll. Selbstverständlich können die Insassen aus verschiedenen Fahrmodi, zum Beispiel sportlich, komfortabel, energiesparend, wählen, was sich auf die Fahrmanöver und die Geschwindigkeit auswirkt.

Für eine angenehme Fahrt reicht es nicht aus, allein den Straßenzustand und die Verkehrslage zu berücksichtigen. Vielmehr hängt das als angenehm empfundene Tempo auch vom Wetter, den Geschwindigkeiten anderer Autos, vom Straßenbelag, von den vorbeiziehenden Bäumen, von sozialen und kulturellen Normen sowie von persönlichen Vorlieben ab. Daher analysieren die Anbieter inzwischen Fahrmuster für bestimmte Straßenabschnitte, um Rückschlüsse über die als angenehm empfundene Geschwindigkeit zu ziehen. Diese kann bei der Planung der Fahrt beachtet werden. Zudem muss das Verhalten der Autos aufeinander abgestimmt sein. Idealerweise kennt jedes Fahrzeug die Geschwindigkeiten der anderen Wagen und kann deshalb deren Manöver abschätzen. So wie heutzutage der Mensch das Verhalten der Verkehrsteilnehmer erfasst und darauf reagiert, muss zukünftig die zentrale Steuerungseinheit sicherstellen, dass sich das Fahrzeug in den Verkehrsfluss einfügt.

Wir erkennen: Beim autonomen Fahren ist es mit dem »sensing« und »mapping« noch nicht getan. Die eigentliche Herausforderung bildet das »planning«, also die Art und Weise, wie sich das Auto in den Verkehr integriert, wie es Entscheidungen trifft und letztlich den eigenen Fahrstil auswählt. Das war ein gutes Stück Arbeit! Autonomes Fahren zu erläutern, ist nicht trivial. Es ist jedoch die entscheidende technologische Grundlage für Mobility-as-a-Service mit Pods und Shuttles.

Elektrisch

Der Junge fährt mit seinem Spielzeugauto auf dem Küchentisch umher, umkurvt Gläser, Teller und Besteck und, ganz wichtig, er imitiert den Sound des Fahrzeugs. Selbstverständlich besitzt sein Minisportwagen, es ist ein Porsche, einen Verbrennungsmotor, was auch sonst? Jetzt schaltet er auch noch in den zweiten, dritten und vierten Gang und macht das Geräusch des aufheulenden Motors dazu. Alle anderen Personen am Tisch denken wohl: Schade, dass sich damals vor über 100 Jahren der Elektroantrieb nicht durchsetzen konnte, es wäre jetzt bedeutend ruhiger.

Die Geschichte wäre um ein Haar ganz anders abgelaufen:[8] So neu, wie wir alle denken, ist die Elektromobilität gar nicht, ganz im Gegenteil. Verbürgt ist, dass der Franzose Gustave Trouvé bereits 1881 ein elektrisch angetriebenes Fahrzeug vorstellte. Seine Erfindung hinterließ Spuren und inspirierte andere: In den USA, in Deutschland, in England und Schottland, sogar in Russland griffen Pioniere diese Technologie auf und entwickelten sie weiter. Selbst Ferdinand Porsches allererstes Auto, 1898 in Wien präsentiert, war ein Elektrofahrzeug, das im selben Jahr gleich die Wettfahrt der Elektromobile in Berlin gewann. Die Vorteile des Elektroantriebs waren damals die gleichen wie heute: einfach im Umgang, sauber und leise. Auch der Nachteil hat sich nicht verändert: die Sorge der Menschen, die Reichweite der Batterie könnte nicht ausreichen.

So fuhren um 1910 in den USA etwa 40 Prozent der Fahrzeuge mit einem Elektroantrieb, nochmals 40 Prozent wurden mit Dampf betrieben und nur circa 20 Prozent der Autos waren mit einem Verbrennungsmotor ausgestattet. In dieser Zeit bauten 20 Hersteller etwa 34 000 Elektroautos pro Jahr. Trotz dieses vielversprechenden Starts kam alles anders: Der Niedergang des Elektroantriebs setzte schon ab 1912 ein. Immer mehr Ölquellen sprudelten, Tankstellen entstanden überall, die Batterien blieben anfällig und die Verbrennungsmotoren wurden leistungsfähiger und robuster. Zudem veränderte Henry Ford den Automobilbau. Sein Modell T kostete aufgrund der Fertigung am Fließband nur noch 370 US-Dollar, das Elektrofahrzeug der Detroit Electric Car Company 2 500 US-Dollar.

Ironie der Geschichte: Ausgerechnet ein Elektromotor drängte den Elektroantrieb endgültig in die Nische. Um 1911 entwickelte Charles Kettering den elektrischen Anlasser. Damit hatte die Kurbelei beim Anlassen des Motors ein Ende. Das Nischendasein der Elektrofahrzeuge reichte bis in unsere Zeit, genauer bis 2008, als Tesla mit dem elektrisch betriebenen Roadster die etablierten Automobilunternehmen erschreckte. Seit dieser Zeit hält der Siegeszug des Elektroantriebs an, die neuen Autoschmieden vor allem in China setzten von vornherein auf diese Technologie, und die vielen traditionellen Hersteller schwenken um, zwar mit Schmerzen, aber immerhin. Wenn jetzt eine Generation von Kindern heranwächst, die beim Spiel mit Matchbox-Autos nur noch das zarte Summen des Elektroantriebs wie selbstverständlich simulieren, ohne dass sie Schaltgeräusche und das Wummern der 12-Zylinder nachahmen, dann haben es elektrisch angetriebene Fahrzeuge doch noch geschafft.

Die Elektromobilität nimmt an Fahrt auf! Das Interesse der Kunden an diesen Fahrzeugen ist inzwischen beachtlich. 2020 waren weltweit etwa 10,9 Millionen Elektroautos (inklusive Hybrid-Fahrzeuge) zugelassen. Das sind 3 Millionen mehr als noch im Vorjahr. Und dies trotz auslaufender Förderung dieser Autos in China und in den USA. Der Siegeszug geht wohl weiter: Man erwartet bis 2030 steigende Zulassungszahlen. Die Automobilindustrie dürfte sich darüber freuen, schließlich gelten ab 2021 neue Grenzwerte für den Ausstoß von Kohlendioxid. Die mittleren Kohlendioxid-Emissionen der neu zugelassenen Fahrzeuge eines Autobauers dürfen ab diesem Zeitpunkt in Europa den Wert von 95 Gramm pro Kilometer nicht überschreiten. In den USA sind es 121 und in China 117. Zur Einhaltung der Vorgabe kommt es aus Sicht der Automobilunternehmen entscheidend auf die Elektroautos an, da sie mit einem Emissionswert von 0 in die Berechnungen eingehen. Wer unbedingt SUVs verkaufen will, muss auch Elektrofahrzeuge im Sortiment haben! Bis 2023 sollen weltweit etwa 400 neue Modelle mit Elektroantrieb auf den Markt kommen.[9]

Was hindert die Autobauer daran, mit Schwung ins elektromobile Zeitalter aufzubrechen? Ohne Zweifel investieren die etablierten Hersteller enorme Summe in die Entwicklung, Produktion und Vermarktung von E-Fahrzeugen. Man muss jedoch wissen, dass ein Verbrennungsmotor aus etwa 2 500 Teilen besteht, die allesamt entwickelt, gefertigt und montiert werden müssen. Beim Elektromotor sind es abhängig von Modell und Variante nicht einmal 250 Bauteile. Damit geht den Herstellern und natürlich auch ihren Zulieferern über 50 Prozent der Wertschöpfung verloren. Zudem benötigen Elektrofahrzeuge wesentlich weniger Wartung, da kein Motoröl, Harnstoff oder Getriebeöl gewechselt werden muss. Die Rückspeisung der Energie des Elektromotors mindert den Verschleiß der Bremsen, und auch der Verbrauch an Reifen dürfte geringer sein. Ferner steht beim Elektromotor das maximale Drehmoment schon bei einer geringen Drehzahl zur Verfügung. Daher benötigt diese Antriebsart in der Regel kein Getriebe mehr! Immerhin eine zentrale Komponente des Autobaus. Was bleibt den etablierten Fahrzeugherstellern eigentlich noch? Sie können als bestens organisierte Systemintegratoren die einzelnen Komponenten zusammenbauen. Sich allein auf diese Fähigkeit zu konzentrieren, macht sie jedoch angreifbar, da die neu in den Markt eintretenden Technologiefirmen das auch schon können. Eine andere Option wäre, den Fahrzeugbau auf Auftragshersteller abzuwälzen.

Aber es gibt noch einen wichtigeren Grund für die Zögerlichkeit der Hersteller: Bei einem Auto mit Verbrennungsmotor machen Motor und Getriebe etwa 16 Prozent der Wertschöpfung aus. Die bisherige Domäne der Autobauer. Beim Elektroantrieb fallen etwa 15 Prozent für den Motor, 25 Prozent für die Batteriezellen und 10 Prozent für die Batteriesteuerung an, also insgesamt etwa 50 Prozent.[10] Und diese Bauteile gehören nicht zur Kernkompetenz der Autobauer. Zudem stellt der Elektromotor keine besondere Herausforderung für die Entwickler dar und bietet damit auch kaum eine Möglichkeit, sich von anderen Anbietern abzuheben. Die Batteriezellen und die Software für die Steuerung werden nicht von den Fahrzeugherstellern erzeugt, sondern stammen von Zulieferern. Und zwar vor allem von bedeutenden asiatischen wie Panasonic, BYD, LG Chem, Samsung oder CATL.

Damit verbunden ist die Sorge, woher die Millionen von Kilowattstunden kommen sollen, die die vielen Elektrofahrzeuge antreiben. Hält man sich die globale Entwicklung vor Augen, müssten die Autobatterien 2023 etwa 964,8 Gigawattstunden (GWh) und fünf Jahre später schon 1 594 GWh Strom liefern.[11] Was es wohl braucht, sind Batteriewerke! Einer Studie der Europäischen Kommission zufolge entstehen bei der Batteriezellenfertigung etwa 140 Arbeitsplätze pro jährlich produzierter GWh.[12] Bei einer Produktion von 274 GWh im Jahr 2028 könnten allein in Europa zahlreiche neue Arbeitsplätze in der Batteriezellenindustrie geschaffen werden. Hinzu kommen Arbeitsplätze, die im Umfeld dieser Werke bei Logistik- und Bauunternehmen sowie im Maschinen- und Anlagebau angesiedelt sind. Es geht voran. Mitte 2021 zählen wir in Europa 20 geplante beziehungsweise bereits im Bau befindliche Produktionswerke für Batteriezellen.

Vordergründig geht es bei der Diskussion um Batterien und Steuerungssoftware immer um eine zum Verbrennungsmotor alternative Antriebstechnologie. Hintergründig kommt jedoch die Frage auf, wie wir Fahrzeuge nutzen und ob dieses Nutzungsverhalten noch zeitgemäß ist. Mit der Einführung von Elektrofahrzeugen könnte man doch gleich den Abschied vom Fahrzeugbesitz einläuten und das Zeitalter der Mobilität als Dienstleistung ausrufen. Die Chancen dazu stehen gut: Die potenziellen Kunden haben immer noch erhebliche Bedenken gegenüber den Verkaufspreisen für gebrauchte Elektroautos und den Kosten für die Entsorgung der Batterien. Umweltbewusste Kunden würden elektrisch fahren können, ohne dass sie die immer noch teuren Elektrofahrzeuge privat erwerben müssten. Die Stadtwerke, die Mietwagenfirmen, die Fahrzeughändler oder ganz neue Akteure, wer auch immer Mobilität als Dienstleistung offeriert, würden auch das technische und wirtschaftliche Risiko tragen.

Zudem könnte der Kunde abhängig von Anlass und Ziel seiner Reise stets das passende Fahrzeug auswählen, und die immer wieder vorgetragene Sorge, dass die Reichweite der Batterie nicht ausreiche, ließe sich entkräften. Diese Dienstleister würden im eigenen Interesse alles daransetzen, die Zahl der Ladestationen zu erhöhen und die Hersteller dazu zu drängen, die Reichweite der Batterien zu steigern. Auch dem häufig geäußerten Unmut, dass der Ladevorgang viel zu lange daure und deshalb Elektroautos nie in Frage kämen, könnte man mit Fahrzeugen, die zu einer Flotte gehören, begegnen. Beispielsweise ließen sich in den Städten oder entlang der wichtigsten Verkehrsachsen einige Stationen einrichten, wo die Kunden ihre »leeren« Autos nicht selbst aufladen müssten, sondern gegen »volle« Fahrzeuge eintauschen könnten. Wer sein Fahrzeug nicht abgeben möchte, tauscht lediglich die leere gegen eine volle Batterie. NIO bietet diesen Service in China bereits an.

Es geht doch. Schon mal etwas von Astypalea gehört? Man kennt Mykonos und Santorin, Kreta und Rhodos. Irgendwo dazwischen liegt Astypalea, knapp 100 Quadratkilometer groß mit etwas mehr als 1 300 Bewohnern, aber 72 000 Touristen jedes Jahr. Die Insel besteht aus zwei über eine Landbrücke verbundene Hauptinseln, um die sich weitere 45 zumeist unbewohnte Inseln scharen. Schluss mit dem Schattendasein: Jetzt könnte die Zeit kommen, in der Astypalea aus dem Schatten der anderen Inseln tritt. Gemeinsam mit Volkswagen will man alle Autos mit Verbrennungsmotor durch Elektrofahrzeuge ersetzen. Zudem sollen Car- und Ride-sharing-Angebote mit dem Ziel eingeführt werden, möglichst rasch eine klimaneutrale Mobilität bereitstellen zu können. Hierfür ist geplant, auch alle Lieferwagen zu elektrifizieren. Bislang kommt der Strom dafür aus fossilen Brennstoffen. Auch das soll sich sehr schnell ändern. Der Strom für die Fahrzeuge soll zukünftig aus Wind und Sonne erzeugt werden. Die grüne Insel im Mittelmeer! Im doppelten Sinne.

Eine Anmerkung sei uns noch erlaubt: Offenbar haben sich die Automobilhersteller für den batterieelektrischen Antrieb entschieden.[13] Ein gewisser Herdeneffekt ist nicht zu übersehen. Uns ist sehr wohl bewusst, dass der Elektroantrieb nicht nur viele Vorteile, sondern auch Nachteile mit sich bringt wie das zusätzliche Gewicht im Fahrzeug und Materialien, die unter kritischen Bedingungen abgebaut werden. Nach Jahrzehnten der Diskussionen um die beste Technologie scheint diese Schlacht um den besten Antrieb kurz- bis mittelfristig geschlagen. Allerdings lässt sich noch nicht endgültig absehen, ob auf lange Sicht auch Wasserstoff oder andere Antriebsarten in Betracht kommen. Bleiben wir offen! Unbestritten ist hingegen, dass null Emissionen an einem bestimmten Ort, etwa der Innenstadt, auf absehbare Zeit nur mit dem batterieelektrischen Antrieb erreicht werden können.

Vernetzt

Der Kampf um die Hoheit im Automobil ist entbrannt. Google, Netflix, Facebook, Amazon, Apple auf der einen Seite, die Automobilhersteller auf der anderen. Grund für diesen Konflikt ist die umfassende Vernetzung des Fahrzeugs. Nichts scheint mehr unmöglich zu sein im Auto: Filme schauen, Zeitung lesen, an Präsentationen arbeiten, aus dem Auto heraus im Haus die Heizung steuern und die Rollläden schließen, Termine koordinieren, im Internet surfen, Turnschuhe bestellen und T-Shirts einkaufen. Das alles kann man sich noch vorstellen. Aber es gibt noch mehr: Mit Sensoren kann der Gesundheitszustand der Insassen erfasst werden. Ist der Fahrer müde oder abgelenkt? Bräuchte er nicht dringend eine Pause? Deuten die Lenkbewegungen auf eine Erkrankung hin? Jetzt noch ein Datentransfer zum Arzt oder ins Krankenhaus und die total vernetzte Autowelt wäre perfekt.

Wer besitzt die Hoheit über diese Daten? Wer erhält Zugriff, um für jeden Insassen die passenden Produkte und Services anzubieten? Wer hat die Kreativität, mit Blick auf die 600 Milliarden Stunden, die wir alle pro Jahr in Autos verbringen, innovative Geschäftsmodelle zu entwickeln? Oft kann man lesen, dass das Auto der Zukunft ein Tablet auf Rädern sei. Das sagt eigentlich alles. Vernetzung, Daten, Transaktionen sind Trumpf! Die Hersteller Byton und NIO greifen diese Idee auf, indem ihr gesamtes Armaturenbrett einem Bildschirm gleicht. Eine Überlegung, die vielleicht schon bald umgesetzt werden könnte: Auf der Fahrt mit zehn anderen Passagieren in einem autonomen Shuttle erscheint plötzlich auf einer Windschutzscheibe eine Nachricht von Starbucks: »In drei Minuten erreicht ihr Shuttle die nächste Starbucks-Filiale. Wenn Sie dort aussteigen und uns besuchen, dann erhalten Sie auf alle Getränke einen Rabatt von 20 Prozent. Zudem übernehmen wir die Kosten für Ihre Fahrt.«

Wow, das wäre doch was! So könnte die Tour durch die Stadt zum Erlebnis werden. Gehen wir aber der Reihe nach vor und schauen auf die Möglichkeiten zur Vernetzung des Fahrzeugs mit seiner Umwelt: Bei der Fahrzeug-zu-Fahrzeug-Kommunikation stehen die Autos im Kontakt miteinander und stimmen ihr Fahrverhalten aufeinander ab.[14] Wie auf einer Perlenkette aufgereiht folgt ein Auto dem anderen. Bremst oder beschleunigt das erste, erhalten alle anderen in Echtzeit ein Signal. Dadurch ist eine besonders harmonische und vorausschauende Fahrweise möglich. Die Brems- und Beschleunigungsmanöver sind dosiert, was bei Elektrofahrzeugen der Reichweite enorm zuträglich ist. Natürlich trägt die Kommunikation zwischen den Fahrzeugen auch dazu bei, Auffahrunfälle zu vermeiden. Manuelles Fahren zeichnet sich hingegen oft durch hektische und abrupte Manöver aus. Autos fahren auf die vorausfahrenden Fahrzeuge auf oder ihre Geschwindigkeit fällt plötzlich wieder ab. Jeder fährt für sich allein, es gibt kein abgestimmtes Fahrverhalten. Die Folgen: hoher Energieverbrauch und viele Unfälle.

Darüber hinaus können sich die Fahrzeuge wechselseitig zum Beispiel vor Steinschlag, Regen, Eis, Nebel, Wildwechsel, Unfallstellen oder Bauarbeiten warnen. Man stelle sich hierzu eine Kurve vor, in der ein Lastwagen Öl verloren hat. Das unmittelbar nachfolgende Auto kann nur durch ein Ausweichmanöver auf die entgegenkommende Spur verhindern, dass es von der Fahrbahn abkommt. Sofort gelangt diese Information an alle herannahenden Autos, deren zentrale Steuerungssysteme ein aufeinander abgestimmtes Bremsmanöver einleiten. Ohne Auffahrunfälle, ohne harsche Brems- oder Beschleunigungsmanöver! Beim manuellen Fahren hätte diese Verkehrssituation brenzlig werden können. Sofern mehrere Fahrzeuge melden, dass Öl ausgelaufen ist, gelangt diese Information in die digitale Karte. Gleichzeitig ergeht ein Notruf an die Polizei und den Räumdienst.

Zudem kann zukünftig jedes Auto mit der Infrastruktur kommunizieren, zu der Parkhäuser, Parkplätze, Ampeln, Verkehrsschilder und die Verkehrsleitzentrale zählen.[15] Hierbei geht es darum, alle Daten über den Verkehrsfluss, über verfügbare Parkplätze und Ampelphasen zu erfassen, damit die zentrale Steuerungseinheit im Auto die beste Route auswählen und die passende Geschwindigkeit bestimmen kann. Verkehrszeichen sind mit Sender ausgestattet. So erhält das herannahende Fahrzeug zum Beispiel den Hinweis, dass das Tempolimit 80 Kilometer pro Stunde beträgt. Alle Autos, die in den Empfangsbereich des Verkehrszeichens kommen, passen ihre Geschwindigkeit entsprechend an. In einer digitalen Welt kann man sich auch Wechselschilder vorstellen, die abhängig von der Verkehrslage die zulässige Höchstgeschwindigkeit verändern oder Fahrspuren öffnen und wieder sperren. Diese Informationen lassen sich über die digitale Karte in Echtzeit an alle vernetzten Autos weitergeben. Damit können der Verkehrsfluss deutlich verbessert und Unfälle vermieden werden.

Stellen wir uns folgendes Beispiel vor: Ein Fahrzeug fährt auf eine Ampel zu, die zu diesem Zeitpunkt noch auf Grün steht. Die Ampel erfasst das herannahende Auto, stellt jedoch fest, dass die Grünphase zu kurz ist, sodass das Fahrzeug die Kreuzung nicht mehr überqueren kann. Daher setzt sie das Auto auf einen Gleitpfad. Was bedeutet das? Aufgrund des Signals der Ampel drosselt das Steuerungssystem im Fahrzeug den Motor. Das Fahrzeug gleitet dahin. Kurz bevor die Ampel wieder auf Grün schaltet, erreicht das Fahrzeug die Kreuzung, sodass es wieder beschleunigt werden kann. Entscheidend für den Energieverbrauch ist, dass es nicht zum Stillstand kommt, sondern auf dem Gleitpfad an die Ampel herangeführt wird. Es gibt Berechnungen, denen zufolge man allein in Deutschland pro Jahr mehrere Hundert Millionen Liter Kraftstoff oder Gigawatt Strom einsparen könnte, hätte man sprechende Ampeln und intelligente Verkehrszeichen.

Aufgrund der Fahrzeug-zu-Infrastruktur-Kommunikation können Parkhäuser anders als bislang gebaut werden. Hierzu ein Beispiel: Stellen wir uns vor, wir kämen mit einem autonomen Pod in die Stadt, um Einkäufe zu erledigen. Im Zentrum angekommen, steigen wir aus und überlassen den Pod sich selbst. Dieser sucht sich ein Parkhaus, parkt ein, wird geladen und wartet dort, bis wir ihn mit unserem Smartphone rufen. In diesem Parkhaus für autonome Fahrzeuge braucht es keine Treppenhäuser oder Aufzüge mehr. Schließlich geht niemand mehr ein und aus. Zudem können die Parklücken viel kleiner sein. Man muss die Türen nicht mehr öffnen. Hinzu kommt, obgleich man diese Erkenntnis nur ungern wahrhaben will, dass die Maschine viel besser ein- und ausparken kann als der Mensch. Einige Bauprojekte hierzu in Boston haben bereits gezeigt, dass sich Parkhäuser etwa 30 Prozent kleiner bauen lassen. Das sind zigtausend Quadratmeter und Millionen von Dollars, die man anderweitig nutzen und einsetzen kann. Eine Chance für die Neugestaltung der Innenstädte! Mit Mobility-as-a-Service könnten Parkhäuser in den Innenstädten sogar komplett entfallen.

Im Zeitalter des Internets gibt es keine Grenzen mehr für die Vernetzung von Objekten und den Austausch von Informationen zwischen ihnen. Das zeigt sich besonders deutlich in der Fahrzeug-zu-X-Kommunikation. Dabei steht das X für jedes Objekt oder jede Person, mit der grundsätzlich eine Vernetzung möglich ist.[16] Hierzu ein Beispiel: Tim, gerade eingeschult, spielt wie fast jeden Tag Fußball mit seinen Freunden. Der Bolzplatz befindet sich hinter der Schule neben einer mehrspurigen Hauptstraße. Die Jungs sind bei der Sache, Zweikämpfe gehören dazu, doch plötzlich ein missglückter Schuss und der Ball rollt auf die Straße. Tim spurtet hinterher, man befürchtet das Schlimmste. Tatsächlich haben die Fahrzeuge den auf sie zulaufenden Jungen bereits erkannt und die Geschwindigkeit gedrosselt. In dem Moment, in dem Tim mit dem Ball mitten auf der Straße steht, erinnert er sich daran, dass man eigentlich zuvor nach rechts und links schauen sollte. Kein Problem, die Autos standen bereits.

Was ist passiert? Tim trägt ein T-Shirt, das mit einem Chip ausgestattet ist. Daher kann es mit den Autos kommunizieren. Die Fahrzeuge erfassen die Laufrichtung und die Laufgeschwindigkeit des Jungen und passen ihre Fahrmanöver an. Das lässt sich grundsätzlich auch mit dem Smartphone machen. Jedoch nicht für Fußballer, in der Hosentasche würde das Handy nur stören. In jedem Fall sind die Fahrzeuge in der Lage, die Signale der Kleiderchips und der Smartphones über ein Ad-hoc-Netzwerk zu empfangen. Sie wissen daher, dass sich Personen in der Nähe befinden. Auch Roller, Fahrräder oder Kinderwagen könnte man mit dieser Technologie ausrüsten. Eine Chance, die Schwächsten im Verkehr noch besser zu schützen und der Forderung nach einem Straßenverkehr ohne Unfälle einen Schritt näher zu kommen.

Denken wir dabei aber auch immer an die elektromagnetische Strahlung. Eine Fahrt im E-Auto darf nicht zu einem gesundheitlichen Risiko führen. Deshalb müssen parallel zur Umsetzung all dieser Ideen auch Schutzkonzepte erarbeitet werden. Es wäre fatal, wenn wir durch die Elektromobilität zwar Emissionen senken, aber gleichzeitig den Elektrosmog erhöhen. Dies ist bereits erkannt: So tüfteln die Ingenieure des israelischen Technologieunternehmens Vhola daran, die Strahlung in Elektrofahrzeugen zu erfassen und danach zu reduzieren.

Wir erkennen: Das Automobil wird neu erfunden, kein Zweifel.[17] Wer jedoch welche Rolle und welche Aufgabe entlang der Wertschöpfungskette übernimmt, muss sich noch zeigen. Hierzu eine spannende Geschichte. Spricht man mit Managern aus der Automobilindustrie, ist eines völlig klar: Das Fahrzeug der Zukunft integriert alle Services rund um Kommunikation, Unterhaltung, Navigation etc. Der Hersteller entscheidet, ob Netflix, Amazon und andere überhaupt ins Fahrzeug gelangen. Ein Gespräch mit den Vertretern der Technologiefirmen vermittelt ein ganz anderes Bild: Das neue Auto ist ein Tablet mit Rädern, und Google oder andere liefern die Plattform dafür. Sie übernehmen im Kern die Steuerung des Fahrzeugs und die Kommunikation mit den Kunden. Die Autohersteller sind nur noch Zulieferer oder Auftragsfertiger. Ganz neue Autobauer wie NIO fertigen ihre Fahrzeuge gar nicht selbst, sondern beauftragen traditionelle Fahrzeughersteller wie JAC. Ein weiteres Beispiel: Baidu, ein Technologieunternehmen, hat ein Joint Venture mit Geely gegründet, um Sharing-Elektrofahrzeuge herstellen zu lassen. Es bleibt spannend!

KAPITEL 11

WIR FAHREN ZUSAMMEN

Weniger Verkehr durch Sharing

New York macht es vor. Mailand zieht nach, Paris sowieso, sogar Neapel ist dabei und Wien schließlich auch, nach ewigem Hin und Her. Autos müssen raus aus der Stadt, so die Ansage von Anne Hidalgo, der Bürgermeisterin von Paris. Viele Politiker in den Metropolen sehen in ihr eine Galionsfigur im Kampf gegen Autos, Lärm, Abgase, Asphalt, Parkplätze und Bordsteinkanten. Eine Überzeugungstäterin im Einsatz für eine neue Mobilität. Es muss weh tun, sonst verändert sich nichts, so ihr Credo. Es geht um nichts Geringeres als die Beendigung eines einzigartigen Liebesverhältnisses: das zwischen den Menschen und ihren Autos. Anne Hidalgo mutet uns einiges zu. Sich selbst aber auch: Nicht alle sehen die Zukunft der Mobilität so wie sie.

Städte gehen überaus verschwenderisch mit den wertvollen und knappen Flächen um. Zu viel dieses kostbaren Guts steht, so meinen viele, dem Individualverkehr zur Verfügung. Und trotzdem ist aus Sicht der Autofahrer nie genug Platz vorhanden. Zu viele Staus, nicht genug Parkplätze, zu wenig Fahrspuren. Die zu den sozialen Kosten der Mobilität (Teil 1, Kapitel 3) dargestellten Zahlen sprechen eine eindeutige Sprache. Aber der automobile Alltag hat noch viel mehr zu bieten: Fährt man mit dem Auto in die City von London, sucht man im Schnitt etwa 12 Minuten nach einem Parkplatz.[1] Bei acht Parkvorgängen pro Woche sind das auf ein Jahr gerechnet 83 Stunden. 83 Stunden pro Jahr Ärger, Frust und Wut. Muss das sein?

Jahrelang meinten Verkehrsplaner, die Lösung für dieses Problem zu kennen. Wo Stau herrscht, braucht es größere und breitere Straßen und wo zu wenig Parkplätze sind, braucht es eben mehr davon. Gesagt, getan! Aber überall dort, wo man das Straßennetz ausbaute und mehr Parkplätze schuf, gab es noch mehr Verkehr. Wir erinnern uns an das Paradoxon von Braess (Teil 1, Kapitel 4). Dieser Mechanismus ist mittlerweile bestens verstanden. So funktioniert Verkehrsplanung nicht mehr. Stattdessen gilt die von Anne Hidalgo immer wieder vertretene Überzeugung: Will man den Autoverkehr reduzieren, muss man Straßen und Parkplätze verknappen. Rückbau ist das Schlagwort der Stunde!

Dahinter steckt jedoch mehr. Ein gesellschaftlicher Sinneswandel, ein Umdenkprozess, an dessen Ende nicht mehr das Eigentum eines Fahrzeugs steht, sondern allein die Nutzung. Und dieser Wandel ist in vollem Gange: Teilen ist das neue Haben. Egal ob es um Ride-sharing, Ride-pooling, Ride-hailing oder Car-sharing geht. Teilen ist in Mode, zumindest in aller Munde. Allerdings gibt es verschiedene Varianten:[2]

Ride-sharing knüpft an die Idee der guten alten Fahrgemeinschaft an. Man kennt sich oder lässt sich über eine Plattform vermitteln und nutzt für eine bestimmte Strecke ein Fahrzeug gemeinsam, beispielsweise auf dem Weg zur Arbeit und zurück. Wir kennen das Ride-sharing von den vielen Trips zum Klettern, Bergsteigen und Skifahren während der Studienzeit. Man wechselt sich ab. Mal fährt man mit dem einen, mal mit dem anderen. Allerdings muss man sich vorab absprechen und kann sich nicht darauf verlassen, dass jemand unterwegs ist, wenn man spontan verreisen möchte. Auch über eine Plattform kann es eine Weile dauern, bis eine Mitfahrgelegenheit gefunden ist.

Beim Ride-pooling kommen Menschen zusammen, die in die gleiche Richtung fahren wollen. Apps und Mobilitätsplattformen steuern die Autos so, dass möglichst viele Nutzer und Fahrten gebündelt werden können. Der Fahrpreis wird durch die höhere Auslastung der Fahrzeuge günstiger. Allerdings muss man das Fahrzeug mit anderen Reisenden teilen und gelegentlich Umwege in Kauf nehmen. Dafür braucht man aber nicht umzusteigen. CleverShuttle, MOIA und myTaxi bieten diesen Dienst an.

Ride-hailing ist die Neuerfindung des Taxis, allerdings mit mehr Vorteilen für den Kunden: Man meldet sich beim Mobilitätsdienst in der App an und kann bereits nach wenigen Minuten von einem Fahrzeug abgeholt werden. Eine Plattform koordiniert die Autos und die Reisenden. Nach der Fahrt bewertet man den Fahrer und das Fahrzeug. Das hilft! In der Regel ist der Service sehr gut, und die Fahrzeuge sind sicher, sauber und bequem. Ride-hailing ist ein Tür-zu-Tür-Service ohne Umsteigen. Wir haben es in den USA oft erlebt. Man bestellt einen Wagen, und in nicht einmal fünf Minuten ist er schon da. Spontanes Reisen geht! Am Zielort angekommen, muss man keinen Parkplatz suchen, und der Fußmarsch vom Parkhaus in die City entfällt. Alles, was es dafür braucht, sind ein Smartphone und eine Kreditkarte. Oder man bezahlt digital via Apple Pay oder Paypal. Zu den Großen in diesem Markt zählen Uber, Lyft, Didi und Grab, die diesen Dienst sogar weltweit anbieten.

Beim Car-sharing teilen sich mehrere Nutzer ein Fahrzeug zeitlich getrennt: »Jetzt fährst du, nachher ich.« Man mietet sich ein Auto, wenn man es braucht, häufig für die kurzen Strecken in der Stadt. Gebucht, bezahlt und aufgeschlossen wird bequem per App. Zwei Spielarten sind zu unterscheiden: Von stationsbasiertem Car-sharing ist die Rede, wenn das Auto an bestimmten Stationen abgeholt und dort auch wieder abgestellt werden muss. Nach diesem Prinzip arbeiten Cambio, Flinkster oder Greenwheels. Beim Free Floating hingegen kann man die Autos praktisch überall übernehmen oder abstellen, wo man will. Welche Fahrzeuge sich gerade in der Nähe befinden, weiß die App. ShareNow und Sixt sind Firmen, die diesen Service offerieren. Trotz einer gewissen Verbreitung weist das Car-sharing einige Nachteile auf: Man muss immer noch selbst fahren, bis zum nächsten verfügbaren Fahrzeug laufen und man kann sich nie darauf verlassen, dass ein Auto genau dann zu haben ist, wenn man es benötigt.

Was eine Flotte von autonomen Fahrzeugen, die von den Nutzern geteilt werden, bewirken kann, lässt sich am Beispiel der Niederlande mit ihren 17 Millionen Einwohnern verdeutlichen. Für die acht Millionen Fahrzeuge stehen etwa 14 Millionen Parkplätze zur Verfügung, allein 8,2 Millionen davon am Straßenrand. Ausgehend von aktuellen Verkehrsdaten und Informationen über die geplanten Verkehrsprojekte, wurden für das Jahr 2040 Szenarien zum Einsatz von autonomen Flottenfahrzeugen entwickelt.[3] Dabei konnte gezeigt werden, dass die Zahl der benötigten Parkplätze von 14 auf 9 Millionen reduziert werden kann. Damit lassen sich etwa 50 Millionen Quadratmeter Parkfläche für andere Zwecke nutzen. Auf dieser frei werdenden Fläche sollen Wohnungen und Parkanlagen gebaut werden. Den Berechnungen zufolge etwa 45 000 Wohneinheiten. Zudem sollen 11,7 Millionen Bäume angepflanzt werden. Ob diese Zahlen nun exakt stimmen oder nicht, ist nicht das Entscheidende. Wichtiger ist die Erkenntnis, dass sich mit autonomen Fahrzeugen im Flottenbetrieb beachtliche Verkehrsflächen freispielen und anderweitig nutzen lassen.

Was sagen die Zahlen dazu? Studien aus den USA verdeutlichen, dass ein Sharing-Fahrzeug 9 bis 13 Autos ersetzen kann. Zudem fährt es im Schnitt 44 Prozent weniger Kilometer im Jahr als die 9 bis 13 Autos zusammen.[4] Das sind enorme Chancen für die Stadtentwicklung. Beim Car-sharing betrug der Umsatz 2020 weltweit etwa 6,2 Milliarden Euro. Für 2025 rechnen einige Institute sogar mit einem Volumen von 13 Milliarden Euro.[5] In den USA und China tut sich besonders viel. Die Mitgliederzahl von Car-sharing-Diensten stieg zwischen 2013 und 2018 von 3 auf 27 Millionen. Zum Vergleich: Im Jahr 2019 waren in Deutschland rund 2,1 Millionen Personen bei Car-sharing-Anbietern angemeldet. Die Zahl der

Autos, die die Betreiber einsetzten, erhöhte sich im selben Zeitraum von 71 000 auf 268 000.[6]

Jeden Tag nutzen weltweit etwa 50 Millionen Menschen einen Ride-hailing- oder Ride-pooling-Dienst, um von einem Ort zu einem anderen zu gelangen. Allein in China übernahm das Mitfahrunternehmen Didi Chuxing 2019 ungefähr 30 Millionen Fahrten pro Tag. Dabei decken die Mitfahrgelegenheiten 20 Prozent der gesamten automobilen Mobilität in diesem Land ab. Eine unglaubliche Zahl, sofern man bedenkt, dass im Jahr 2015 gerade mal ein Prozent der Pendler eine Mitfahrgelegenheit nutzten. Dieses eindrückliche Wachstum hat einen Grund: Es gibt viel zu wenig Autos, Busse, Züge, um mit der explodierenden Nachfrage nach Mobilität Schritt halten zu können.[7]

Lässt sich mit Ride-pooling, Ride-hailing und Ride-sharing das Verkehrsaufkommen reduzieren? Daten aus den sieben größten Städten der USA, aber auch von ländlichen Gebieten zeigen ein anderes Bild: Die Angebote von Uber, Lyft, Via und anderen Anbietern von Sammeltaxis führten in den letzten Jahren zu einem gravierenden Anstieg der mit Fahrzeugen zurückgelegten Strecken.[8] In allen betrachteten Ballungsräumen haben Uber, Lyft und Co etwa 9,2 Milliarden Kilometer zusätzlichen Autoverkehr verursacht. Für jeden bezahlten Personenkilometer mussten die Sammelfahrzeuge durchschnittlich 2,6 Kilometer Strecke zurücklegen. Zumeist befand sich nur ein Fahrgast im Auto. Damit stieg das Verkehrsaufkommen um 160 Prozent.

Erschreckend aus ökologischer Sicht ist, dass 60 Prozent der Kunden dieser Dienstleister ansonsten den öffentlichen Nahverkehr oder das Fahrrad genutzt hätten. Mit anderen Worten: Uber, Lyft und andere ergänzen den öffentlichen Verkehr nicht, sondern im Gegenteil: Sie ersetzen ihn. Die Konsequenzen überraschen daher nicht: Die New Yorker U-Bahn ist mittlerweile in finanziellen Schwierigkeiten. Der Fahrgastschwund ist kaum mehr aufzuhalten. Das Taxigewerbe leidet schon seit vielen Jahren. Im Stadtgebiet von San Francisco kamen 2017 auf 6 Millionen Taxifahrten etwa 75 Millionen Fahrten mit Uber, Lyft und Co. In den fünf Stadtteilen von New York City absolvierten die Mobilitätsdienstleister sogar 159 Millionen Fahrten. Zum Vergleich: Die Zahl der Taxifahrten lag bei 167 Millionen. Und 70 Prozent aller Fahrten von Uber, Lyft und anderen finden in den Städten statt, also genau dort, wo sich sowieso schon eine Blechlawine durch die Straßen quält.

Beim Car-sharing zeigt sich hingegen ein anderes Bild: Untersuchungen in den USA verdeutlichen, dass sich die zurückgelegte Wegstrecke um 40 bis 60 Prozent reduzieren lässt.[9] Allerdings neigen jüngere Personen eher zum Car-sharing als ältere. Stehen viel Transportmöglichkeiten zur Verfügung, ist die Bereitschaft zum Car-sharing eher gering. Eines wird deutlich: Ja, Sharing ist grundsätzlich eine gute Idee, Verkehrs- und Umweltprobleme anzugehen. Nein, es gibt keine simple Lösung. Ride-sharing, Ride-pooling, Ride-hailing oder Car-sharing müssen im Einzelfall betrachtet werden, damit die positiven Effekte die negativen ausstechen.

Schauen wir noch nach Asien: Seit 1980 hat sich die Bevölkerung in Indien verdoppelt. Das Sozialprodukt konnte sogar verfünffacht werden. Um mit diesem rasanten Wachstum Schritt halten zu können, hätte das Budget für die Verkehrsinfrastruktur um das Achtfache gesteigert werden müssen.[10] Da jedoch kein Geld bereitgestellt wurde, hat sich die Verkehrssituation in vielen indischen Städten dramatisch verschlechtert. Die Weltbank hat berechnet, dass Indien dadurch etwa 12 Prozent an Wirtschaftsleistung einbüßt. Bis 2040 müssten 4,5 Billionen US-Dollar investiert werden, um die Verkehrsinfrastruktur an das enorme Wachstum der Bevölkerung und der Wirtschaft anzupassen.

Können Sharing-Dienste helfen? Eine Studie der Boston Consulting Group, in der gemeinsame statt Einzelfahrten simuliert wurden, kam zu folgender Erkenntnis:[11] In Delhi, Mumbai, Bangalore und Kolkata könnten ungefähr die Hälfte der Fahrzeuge eingespart werden. Dies wäre eine deutliche Entlastung! Grund dafür ist die bessere Nutzung der Autos. Statt der üblichen 25 000 Kilometer wäre in Delhi jedes Fahrzeug bis zu 85 000 Kilometer pro Jahr unterwegs. Die Folgen liegen auf der Hand: weniger Staus und ein geringerer Schadstoffausstoß. Zudem könnten Verkehrsflächen von 90 Quadratkilometern zurückgebaut werden. Die aus den Staus resultierenden Kosten ließen sich von 9,6 auf 6,6 Milliarden US-Dollar senken. Allerdings müsste das Schienennetz ausgebaut werden, da gemeinsame Fahrten häufig an den Stationen der S- und U-Bahnen enden. Zudem gelangt man mit Ride-sharing und Ride-pooling auch in Vororte, die nicht an das Bahnnetz angeschlossen sind.

Beide Varianten könnten nicht nur in Indien, sondern auch in anderen asiatischen Metropolen die angespannte Verkehrssituation entlasten.[12] Gemeinsame statt Einzelfahrten bewirken abhängig von den Besonderheiten der jeweiligen Stadt Unterschiedliches: Die Auslastung der Fahrzeuge ist in Hanoi und Ho-Chi-Minh-Stadt gering. Daher könnte mit Sharing-Angeboten die Zahl der erforderlichen Autos deutlich reduziert werden. Weniger Staus wären die Folge. In Kuala Lumpur, Jakarta und Manila ließen sich hingegen beachtliche Flächen, die bislang für parkende Fahrzeuge bestimmt sind, freispielen. Bemerkenswert ist Bangkok. Dort könnte man durch geteilte Fahrten, so die Simulation, über 150 Quadratkilometer Fläche für die Einwohner zurückgewinnen.

Fazit aus dieser Diskussion: Grundsätzlich ist Sharing eine gute Idee. Es hängt jedoch von zwei Voraussetzungen ab, dass die Sharing-Konzepte das Verkehrsaufkommen senken und nicht noch erhöhen. Zunächst sollten die Menschen tatsächlich gemeinsam in einem Auto unterwegs sein. Ride-sharing und Ride-pooling helfen! Darüber hinaus müssen vor allem die Ride-hailing-Dienste ihr Angebot so gestalten, dass sie den öffentlichen Bus- und Bahnverkehr nicht ersetzen, sondern ergänzen. Koordination statt Konkurrenz! Genau so stellen wir uns Mobility-as-a-Service vor.

Wollen wir wirklich teilen?

Schon mal die Bohrmaschine oder die Heckenschere vom Nachbarn ausgeliehen? Natürlich! Also, Willkommen in der Sharing-Ökonomie.[13] Die Menschen teilen, tauschen, leihen, vermieten und verschenken ständig Hab und Gut. Die Idee ist nicht neu. Schon immer haben sich Individuen mit Autos, Werkzeugen, Kleider und Spielsachen und der Sportausrüstung ausgeholfen. Man kennt sich, findet sich über Anzeigen oder man kennt jemanden, der wiederum einen kennt, von dem man weiß, dass er eine Häckselmaschine besitzt, mit der sich die Gartenarbeit schneller und leichter erledigen lässt. Nachbarschaftshilfe, Freundschaftsdienste, darum geht es. Von Apps und Plattformen war damals noch nicht die Rede.

Mit mehr Wohlstand und forciert durch die sozialen Medien kam eine Zeit auf, in der sich vieles um den persönlichen Besitz und die damit zur Schau gestellte Persönlichkeit drehte. Man musste Produkte besitzen, um sich auf der Bühne des sozialen Lebens zu präsentieren, vielleicht auch zu inszenieren. Anerkennung, Respekt, Selbstachtung, Bewunderung, Akzeptanz, wohl auch Neid und Missgunst konnte man am besten durch den Besitz von Produkten erlangen. Das soziale Überleben hing am Eigentum. Zugegeben etwas drastisch formuliert. Gleichwohl, der Besitz von Produkten strahlt aus: Ich gehöre dazu. Ich habe es geschafft. Ich kann es mir leisten. Man ist geneigt zu sagen, das Credo dieser Zeit lautete: Ich besitze, also bin ich. Jede Familie besaß im Überfluss Spielsachen, Kleider und Schuhe für die Kinder. Kein Bedarf, etwas zu teilen.

Vielleicht gerade deswegen hat sich die Sharing-Ökonomie in den letzten Jahren herausgebildet. Es wachsen junge Menschen heran, die den Besitz von Erzeugnissen nicht nur positiv, sondern auch negativ erleben. Er nimmt ihnen Freiheit. Man muss sich darum kümmern. Er begrenzt ihre Möglichkeiten. Er bringt sie in Abhängigkeit. Offenbar gibt es ein Leiden am Überflüssigen. Der Wettlauf um das

Größte, Schnellste, Schönste erschöpft. Dagegen erfreuen sich viele Menschen am Minimalen. Sie wollen nachhaltigen und ressourcenschonenden Konsum leben. Ihr wahrer Luxus ist es, Produkte nicht mehr besitzen zu müssen. Sie sind fasziniert vom Ideal der modernen Zeit: Wichtig ist nicht, was man besitzt, sondern, was man nutzt.

Man mietet Skier, wohnt in der Airbnb-Wohnung, leiht sich das Kleid und den Anzug und besorgt sich das Auto zum Beispiel von Carvolution. Leihe statt Kauf. Zumindest in der neuen Generation bereits verbreitet. Der Unterschied zu früher? Man muss nicht mehr einen kennen, der einen kennt, von dem man weiß, dass ... wir kennen diese Geschichte. Heute gibt es Plattformen und Apps, die einem per Klick die ganze Welt der Möglichkeiten und Optionen eröffnen. Dabei können das Angebot und die Nachfrage nahezu kostenlos in Echtzeit abgeglichen werden. Die Bewertungen, Einstufungen und Rangreihungen der Akteure tragen dazu bei, rasch Vertrauen zum Gegenüber zu entwickeln. Fazit: Mit Internet, Smartphones und Plattformen können Angebot und Nachfrage zügig, bequem und global zusammengeführt werden. Das sind die »Enabling«-Technologien der Sharing-Ökonomie.

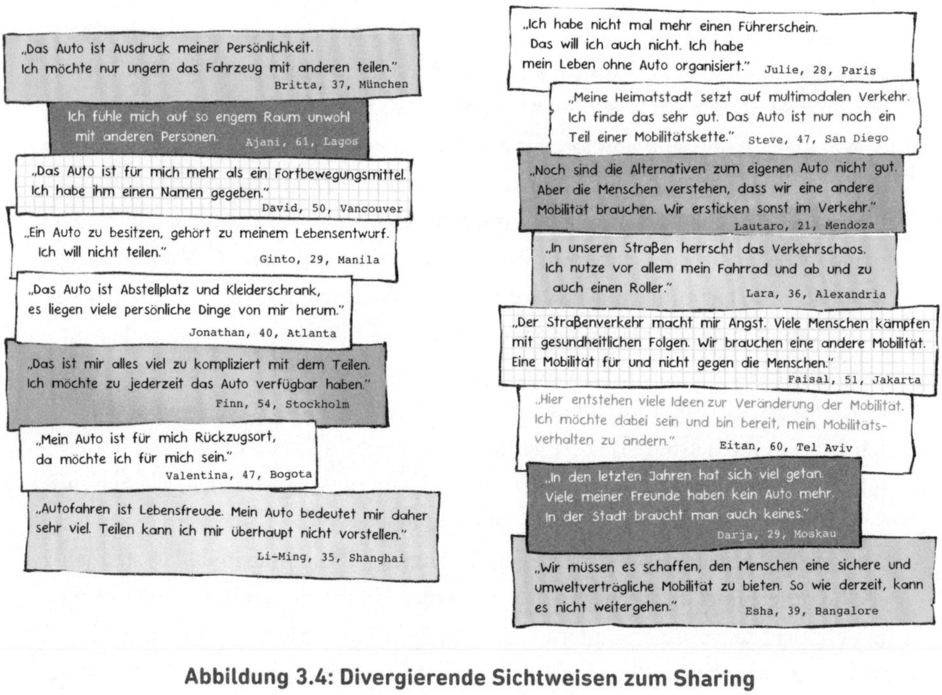

Abbildung 3.4: Divergierende Sichtweisen zum Sharing

Quelle: Eigene Darstellung

Eigentlich beste Voraussetzungen, Mobility-as-a-Service erfolgreich auf den Weg zu bringen! Allerdings ist die Sache noch nicht entschieden. Abbildung 3.4 fasst einige Stimmen hierzu aus der ganzen Welt zusammen. Nicht repräsentativ, aber anekdotisch. Dabei zeigt sich, dass die einen bereits in der Sharing-Ökonomie angekommen sind. Sie setzen auf multimodalen Verkehr, nutzen alle möglichen Fahrdienste und besitzen zumeist gar kein eigenes Fahrzeug mehr. Diese Menschen wollen den Mobilitätswandel und sind bereit, ihr Mobilitätsverhalten dafür zu ändern. Es gibt aber auch noch die anderen: Sie beharren auf dem Fahrzeugbesitz und berichten voller Freude von ihren Autofahrten.

TEIL 4

PERSPEKTIVEN VON MOBILITY-AS-A-SERVICE

KAPITEL 12

EINE BESSERE MOBILITÄT

Mobilität als Dienstleistung

Die Idee, Mobilität für die Menschen nicht an den Besitz eines Fahrzeugs zu knüpfen, sondern als Dienstleistung bereitzustellen, ist nicht neu. Schon immer gab es Akteure, die auf ihren Pferden, Kutschen, Karren und Wagen oder in ihren Autos und Bussen andere Menschen beförderten und dafür zumeist auch noch Geld verlangten. Die entscheidende Wendung hin zu einem modernen Verständnis von Mobility-as-a-Service ereignete sich im Jahr 2014 auf einer Konferenz in Helsinki. Dort wurde, so die Geschichte, zum ersten Mal ein Mobilitätsservice gefordert, der aus aufeinander abgestimmten Verkehrsmitteln besteht.[1] Fahrrad, Auto, Bus, Bahn, Roller, auch der Marsch zu Fuß. Alle zusammen sollen eine Mobilitätskette bilden. Dabei befinden sich diese Verkehrsmittel nicht mehr im Besitz der Kunden, sondern öffentliche und private Unternehmen stellen sie zur Verfügung.[2] Ein Leben ohne eigenes Auto, wie soll das gehen? Verfolgen wir diese Spur.

Wie bereits diskutiert, weist jedes Verkehrsmittel seine spezifischen Vor- und Nachteile auf. Züge und Busse eignen sich insbesondere für den Massentransport, während Fahrräder und Roller für die erste und letzte Meile und die Verteilung der Menschen in ihren Wohnquartieren in Betracht kommen. Auch das Auto hat seine besonderen Vorzüge: Es lässt sich flexibel nutzen, bietet eine Privatsphäre, und auch das Gepäck lässt sich komfortabel transportieren. Daher gilt: Jedes Transportmittel für seinen Zweck, jedes Transportmittel zu seiner Zeit. Es geht nicht darum, sich für das eine oder andere zu entscheiden. Es geht um eine intelligente Verknüpfung.

Die Idee von Mobility-as-a-Service besteht darin, alle diese Transportmittel in ein Angebot zu integrieren und den Kunden einen individuellen, auf ihre Bedürfnisse ausgerichteten, gleichwohl schnellen und einfachen Zugang in diese integrierte Mobilitätswelt zu ermöglichen (Abbildung 4.1). Dadurch soll die Reise kürzer, schneller und auch bequemer werden. Und, ganz wichtig: Wir wollen eine

Mobilität, mit der sich Staus und Unfälle vermindern sowie Abgase und Lärm senken lassen.[3] Wir wollen eine platzsparende, umweltschonende Mobilität mit lebenswerten Städten und ländlichen Regionen, die nicht um die Fahrzeuge, sondern um die Menschen gebaut sind. Und ganz wichtig: Alle Menschen sollen unterwegs sein. Deshalb braucht es einen Wechsel der Perspektive hin zu Mobility-as-a-Service.

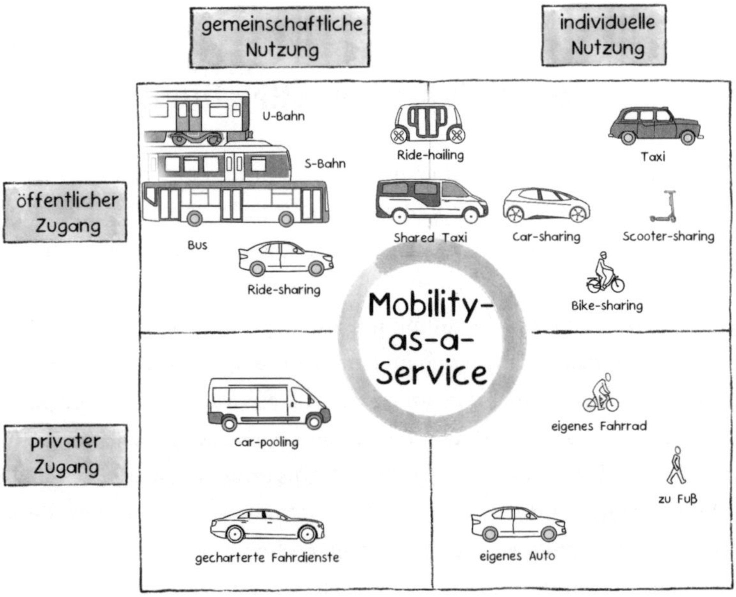

Abbildung 4.1: Mobility-as-a-Service als integrierte Dienstleistung
Quelle: Angelehnt an UITP – International Association of Public Transport (2019): Report on Mobility-as-a-Service

Hieran schließt der Gedanke an, dass sich Mobility-as-a-Service nur dann durchsetzen lässt, wenn die Vielfalt der Verkehrsmittel nicht durch den Kunden selbst, das wäre mühsam, sondern durch automatisierte Prozesse koordiniert wird.[4] Dafür kommen Mobilitätsplattformen ins Spiel, auf denen sich alle verfügbaren Informationen zu den Fahrplänen, Routen, Verfügbarkeiten etc. der betrachteten Verkehrsmittel befinden. Eine App bildet die Schnittstelle zu den Kunden, deren Funktion sich etwa so beschreiben lässt (Abbildung 4.2): Der Nutzer gibt das Reiseziel ein, der Abfahrtsort lässt sich als aktuelle Position automatisch erfassen, fügt bei Bedarf die gewünschten Reisezeiten hinzu und gibt, sofern erforderlich, alle Besonderheiten der Reise an. Also alle Zwischenziele und die Absicht, gemütlich oder zügig zum Ziel zu gelangen. Sogleich kombiniert der Algorithmus unter Rückgriff auf Fahrpläne, Routen, Verfügbarkeiten und die Verkehrslage alle Verkehrsmittel und unterbreitet dem Kunden in Echtzeit einen oder mehrere Reisevorschläge.[5] In der Regel reicht schon die Eingabe des Reiseziels und schon legt der Algorithmus los. Anhand von historischen Daten, persönlichen Präferenzen und optimalen Verknüpfungen der Verkehrsmittel berechnet er die beste multimodale Verbindung zum Ziel.

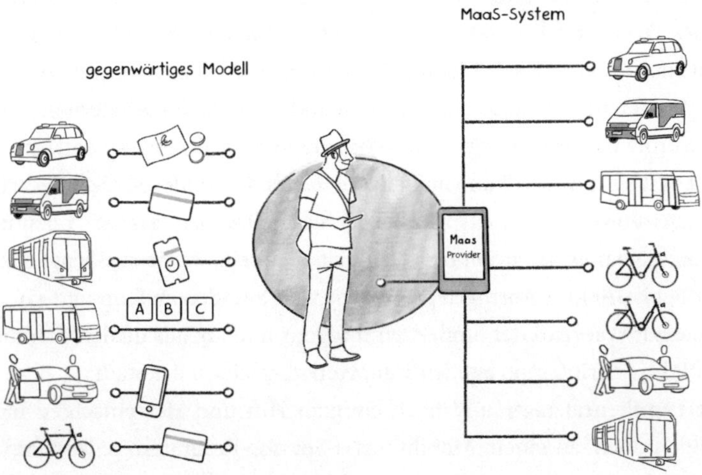

Abbildung 4.2: Grundidee von Mobility-as-a-Service
Quelle: Angelehnt an UITP – International Association of Public Transport (2019): Report on Mobility-as-a-Service

So gesehen umfasst Mobility-as-a-Service eine Vielfalt von Leistungen, die kein Anbieter allein erbringen kann. Soll dieser Service gelingen, müssen sich die zahlreichen etablierten Akteure, wie etwa die Bahn-, Taxi-, Mietwagen- und Busunternehmen, untereinander abstimmen oder zumindest alle Daten zur Verfügung stellen. Auch neue, junge Firmen kommen ins Spiel, um die Apps und die Mobilitätsplattformen zu erstellen und die Mikromobilität zu entwickeln. Dadurch entsteht ein Ökosystem, in dem jeder Spieler seine spezifische Aufgabe hat. Die Zeiten, in denen ein Akteur die gesamte Wertschöpfungskette beherrscht, sind vorbei! Interessant bleibt zu beobachten, wer welche Rolle in diesem Ökosystem übernimmt.[6] Das Kräftemessen hat begonnen!

Diese Idee eröffnet ganz neue Möglichkeiten! Man denke, vielleicht mit Schrecken, an die letzte Städtereise zurück. Am Flughafen angekommen. Wo ist der Zug zur Innenstadt? Nach einigem Hin und Her Bahnhof gefunden. Jetzt vor dem Automaten und die immer gleichen Fragen: Wo kann man die Sprache umstellen? Was ist das richtige Ticket? Gilt es auch für den Bus? Ist es nicht günstiger, gleich ein Mehrtagesticket zu lösen? Kann man mit diesem Ticket auch ein E-Fahrrad oder einen E-Roller bekommen? Was würden wir jetzt geben, hätten wir Zugriff auf einen Mobility-as-a-Service-Anbieter, der uns, wie in Abbildung 4.2 dargestellt, per Klick den besten Weg in unserer eigenen Sprache weist und auch gleich noch das Ticket erstellt, das automatisch via Kreditkarte bezahlt werden kann.

Jetzt zum Kunden: Kann Mobility-as-a-Service tatsächlich im Alltag einer Familie funktionieren? Valentina lebt mit Pablo und ihren beiden Kindern in Villaverde, einem Vorort von Madrid, etwa 10 Kilometer vom Stadtzentrum entfernt. Die Familie besitzt zwei Autos. Pablo nutzt das eine, um die Kinder zur Schule zu bringen und danach zu seinem Arbeitsplatz bei der Stadtpolizei zu gelangen. Valentina fährt das andere. Sie muss nach San Blas-Canillejas pendeln, wo sie in einem Supermarkt beschäftigt ist. Beide verbringen pro Woche viele Stunden im Stop-and-go-Verkehr von Madrid. Während der Stoßzeiten morgens und abends quälen sich die Fahrzeuge oft im Schritttempo auf den Hauptverkehrsachsen der Stadt.

Der Familienrat tagte und nach einigem Hin und Her entschied man sich schließlich doch, an einem Mobility-as-a-Service-Programm teilzunehmen. Valentina und Pablo laden sich die App auf ihre Smartphones und entdecken dabei, dass es ein Familienpaket gibt. Dieses umfasst alle Bahn- und Buslinien, einen On-demand-Minibus-Service sowie E-Fahrräder und E-Roller. Am nächsten Morgen gibt Pablo die Adressen der Schulen seiner Kinder und die Koordinaten der Polizeistation ein. Er bekommt den Standort des Busses in Echtzeit mitgeteilt und erfährt, dass dieser in 7 Minuten vor seinem Haus anhält. Jetzt aber flott, der Bus kommt pünktlich. Die Sitzplätze sind schon reserviert und das Ticket wird automatisch erstellt.

Valentina bestellt an diesem Morgen einen Minibus, der sie zu einem nahegelegenen Bahnhof bringt. Auch für sie hat der Algorithmus sofort ein Ticket für die gesamte Strecke und für alle benötigten Verkehrsmittel berechnet. Als sie im Bahnhof von San Blas-Canillejas ankommt und auf das bereitstehende E-Fahrrad umsteigen möchte, erhält sie folgende Nachricht: Aufgrund eines Unfalls ist die Straße zu ihrem Supermarkt vorläufig gesperrt. Der Algorithmus empfiehlt jedoch, nicht zu warten, sondern zu Fuß zu gehen. Trotz dieser Verzögerung erreicht Valentina ihren Arbeitsplatz fast eine halbe Stunde schneller als bislang.

Sie ist begeistert! Die App hat sie, besser als erwartet, sicher und zügig durch den Verkehr in Madrid gesteuert.

Aus Sicht der Stadt soll ein nachhaltiger, zuverlässiger und bezahlbarer Mobilitätsdienst dazu beitragen, dass die Menschen den Autobesitz aufgeben. Dies kann jedoch nur dann gelingen, wenn Mobility-as-a-Service ähnlich flexibel, bequem und spontan genutzt werden kann wie ein eigenes Fahrzeug.[7] Kunden betonen immer wieder und aus Überzeugung: Der entscheidende Vorzug des Autos besteht darin, zu jeder Zeit ohne Abstimmung oder Vorbereitung von Tür zu Tür zu gelangen. Diese Option ist für viele Menschen von enormem Wert, obgleich sie nur selten spontane Reisen antreten. Egal, sagen viele, die Option zählt. Dafür sind sie auch bereit, einen im Vergleich zu Mobility-as-a-Service beachtlichen Preis für den Fahrzeugbesitz zu bezahlen. Daher gilt: Das Mobilitätssystem muss so gestaltet sein, dass eine dem Fahrzeug ähnliche Verfügbarkeit und Zuverlässigkeit gewährleistet ist, sonst droht Mobilität als Dienstleistung zu scheitern.

Hierzu ein Beispiel: Pontevedra ist eine Stadt im Nordosten Spaniens mit über 80 000 Einwohnern und einer Fläche von etwa 120 Quadratkilometern. Die Stadtregierung beschloss, die Innenstadt in eine Fußgängerzone zu verwandeln und damit 10 000 Fahrzeuge pro Tag nicht mehr in die Stadt fahren zu lassen. Um den Stadtkern herum wurden zudem zahlreiche Tempo-30-Zonen eingerichtet, was nicht immer auf Begeisterung bei der Bevölkerung stieß. Doch die Stadtregierung blieb standhaft und konnte bereits nach einigen Wochen auf eindrückliche Erfolge verweisen: 90 Prozent weniger Unfälle, 70 Prozent weniger Emissionen. Inzwischen werden 75 Prozent der Trips mit dem Fahrrad oder zu Fuß erledigt. Offenbar ist es möglich, das Verhalten der Menschen zu verändern. Dazu braucht es eine gewisse Standhaftigkeit! Eine wichtige Lektion: Wenn Mobility-as-a-Service scheitert, dann nicht an der Technologie, sondern am beharrlichen Verhalten der Menschen.

Es könnte etwas bringen

Mobility-as-a-Service mit autonomen, elektrischen Shuttles und Pods trägt dazu bei, die Sicherheit auf den Straßen deutlich zu verbessern. Alkohol, Drogen, Medikamente, aber auch die Ablenkung durch das Smartphone oder durch Gespräche mit den anderen Insassen sind immer noch die häufigsten Ursachen von Verkehrsunfällen. Man mag es gar nicht glauben: Jedes Jahr verschütten Tausende Menschen am Steuer heißen Tee oder Kaffee, verlieren deswegen die Kontrolle über das Fahrzeug und verursachen einen Unfall. Wir erinnern uns: Über 90 Prozent der Unfälle im Straßenverkehr lassen sich auf menschliches Versagen zurückführen. Nicht die Maschine, sondern der Fahrer ist das Problem! Denken wir neben dem Leid der Unfallopfer auch an die enormen sozialen Kosten, die mit Unfällen einhergehen.

Wir erinnern uns: Viele Projekte mit selbstfahrenden Fahrzeugen, ob in Singapur, Israel, China, England oder in den USA, zeigen eindrücklich, dass gute Chancen bestehen, auch die Zahl und die Länge von Staus zu senken sowie Lärm und Abgase zu vermindern. Zudem eröffnet sich die Möglichkeit, Straßen und Parkplätze zurückzubauen und die gewonnenen Flächen für Spielplätze, Restaurants, Cafés, Läden oder Wohnungen zu nutzen. Zweifellos, es gab Rückschläge. Wir haben alle von den Unfällen mit fahrerlosen Fahrzeugen in den USA gehört. Gleichwohl schreitet die Entwicklung voran. Es gibt enorme Fortschritte: Man schaue sich dazu beispielsweise die Fahrten der autonomen Autos von Mobileye und anderen an. Funktioniert bereits sehr gut, sogar im Stadtverkehr.

Auch die finanzielle und wirtschaftliche Seite zählt: In den USA müssen die Menschen bis zu einem Drittel ihres Einkommens für die Mobilität aufwenden. Das eigene Auto oder die Tickets für die Busse und Bahnen kosten Geld! Die Beförderung lässt sich jedoch mit autonomen Pods und Shuttles kostengünstiger organisieren. Man erspart sich die teilweise verwegene Finanzierung des eigenen Fahrzeugs. Schon so mancher kam in Nöten, als plötzlich die Zinsen anzogen oder das Auto einen Totalschaden erlitt, obgleich es noch gar nicht abbezahlt war. Haben Sie sich schon einmal überlegt, wie viel Ihr Neufahrzeug an Wert verliert, sobald Sie es vom Hof des Händlers fahren? Sie wollen es gar nicht wissen.

Noch ein Gedanke: Fahrrad, Roller, Auto, Bus und Zug können im Hinblick auf ihre räumliche und zeitliche Effizienz gekennzeichnet werden.[8] Ersteres, die räumliche Effizienz, drückt die Personenzahl aus, die ein Verkehrsmittel, bezogen auf den benötigten Platz, befördern kann. Ohne Zweifel variiert die Lademenge eines Fahrzeugs oder Zugs mit der Tageszeit und dem Einsatzort erheblich. Letzteres, also die zeitliche Effizienz, gibt das Verhältnis von der tatsächlichen Einsatzzeit eines Fahrzeugs oder Zugs zu seiner Standzeit an. Auch dieses Maß ist nicht konstant, sondern hängt entscheidend davon ab, wo und wie das Verkehrsmittel eingesetzt wird (Abbildung 4.3).

Busse und Bahnen sind oben rechts im Diagramm angeordnet, weil sie mit Blick auf den benötigten Raum eine beachtliche Menge von Personen transportieren und rund um die Uhr eingesetzt werden können. Die oft überfüllten Züge und Busse, vor allem in asiatischen und afrikanischen Metropolen, bilden ein Beispiel für die enorme räumliche Effizienz dieser Verkehrsmittel. Das eigene Fahrzeug muss in der Abbildung genau gegenüber angesiedelt werden, weil es weder räumlich noch zeitlich effizient ist. Im Schnitt befinden sich zwischen 1,2 und 1,5 Personen im Auto, und es wird nur etwa eine Stunde pro Tag genutzt. Sobald Sharing ins Spiel kommt, erhöht sich die räumliche Effizienz, da man mehr Menschen im selben Fahrzeug befördert. Auch kann die zeitliche Effizienz gesteigert werden, sofern sich das Auto nicht mehr im Privatbesitz befindet, sondern zum Beispiel von einem Flottenbetreiber mehrere Stunden pro Tag oder rund um die Uhr bereitgestellt wird. Ein weiteres Argument für Mobility-as-a-Service.

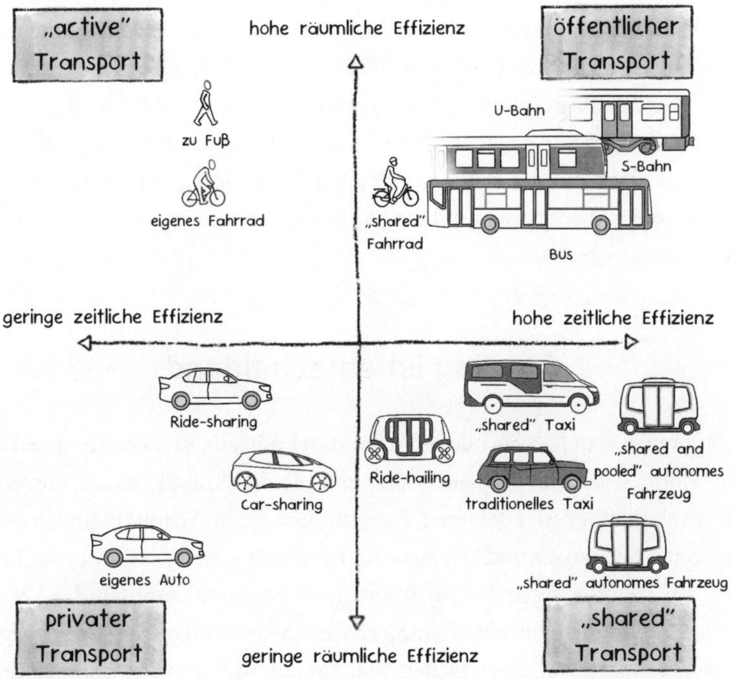

Abbildung 4.3: Räumliche und zeitliche Effizienz von Verkehrsmitteln

Quelle: Hensher, D., Ho, C. Q., Mulley, C., Nelson, J. D., Smith, G., Wong, Y. Z. (2020): Understanding Mobility-as-a-Service

Will man die in Teil 1, Kapitel 3 aufgeworfenen Verkehrsprobleme lösen, muss die räumliche und zeitliche Effizienz der Verkehrsmittel verbessert werden. Aus Abbildung 4.3 ergibt sich zumindest die Richtung zur Weiterentwicklung der Verkehrssysteme:[9] vom privaten Transport, das ist sehr schlecht, über den geteilten Transport, das ist schon besser, zu einer Kombination mit dem öffentlichen Verkehr, das ist am besten. Dabei ist es unerlässlich, die kulturellen und geografischen Besonderheiten in den Städten oder Regionen zu beachten. Schauen wir dazu auf zwei Extreme: In US-amerikanischen Metropolen dreht sich aufgrund der weitläufigen Besiedelung in den Vororten alles um das Fahrzeug. Der öffentliche Verkehr wäre hier nicht wirklich leistungsfähig. In zahlreichen asiatischen und europäischen Städten hingegen bilden öffentliche Busse und Bahnen das Rückgrat des Personenverkehrs. In vielen Innenstädten ist es fast unmöglich, das Auto loszuwerden. Die Parkplatzsuche ist ein Graus.

Insofern müssen Mobility-as-a-Service-Konzepte in den USA so angelegt sein, dass das eigene Auto schrittweise durch Flottenfahrzeuge, die mehrere Personen transportieren, ersetzt werden kann. In Europa und Asien besteht hingegen die Gefahr, dass die Flotte von Pods und Shuttles mit den öffentlichen Transportmitteln, also den Bussen und Bahnen, konkurrieren und am Ende nicht weniger, sondern mehr Verkehr entsteht. Der Weg besteht folglich darin, den öffentlichen Verkehr vor allem auf der ersten und letzten Meile zu ergänzen und Fahrdienste dort einzusetzen, wo Busse und Bahnen keinen Service anbieten, wie etwa in vielen ländlichen Gebieten.

Sharing ist entscheidend

Die Idee »teilen statt haben« oder »nutzen statt besitzen« ist nicht nur gesellschaftlich in Mode, sondern spielt auch eine entscheidende Rolle dabei, die sozialen Kosten der Mobilität zu reduzieren. Zur Erinnerung: Im Schnitt befinden sich nur 1,5 Personen oder sogar noch weniger im Fahrzeug. Gelänge es uns, zum Beispiel von 1,5 auf 1,8 oder sogar auf 2,0 Insassen zu kommen, könnten das Verkehrsaufkommen und die Umweltbelastung erheblich vermindert werden. Zugegeben, nicht sofort umsetzbar, aber mit der Zeit. Greifen wir dazu eine Berechnung aus Teil 1, Kapitel 3 nochmals auf: Derzeit sind in der Schweiz etwa 4,6 Millionen Autos registriert, die im Schnitt 1,5 Personen befördern. Rechnerisch wären bei durchschnittlich 2,0 Insassen nur noch 3,5 Millionen Fahrzeuge erforderlich. Man könnte auf etwa eine Million Autos verzichten, bräuchte weniger Straßen und Parkplätze und könnte somit die frei werdenden Flächen anderweitig nutzen. Ride-sharing, Ride-pooling, Ride-hailing oder Car-sharing sind wichtige Schritte auf diesem Weg. Allerdings braucht es passende Anreize, zur Not auch finanzielle, steuerliche oder sogar rechtliche Eingriffe, damit sich das Sharing positiv und nicht negativ auf das Verkehrsgeschehen auswirkt.[10]

Hierzu ein spannendes Unternehmen: BlaBlaCar. Bereits 2006 in Paris von Frédéric Mazzella, Nicolas Brusson und Francis Nappez mit dem Ziel gegründet, ein europaweites Netz aus Mitfahrzentralen für das Ride-sharing aufzubauen. Idee ist, dass Mitglieder eine Fahrt in ihrem Auto anbieten oder selbst nach einer Mitfahrgelegenheit Ausschau halten. Man kann sogar seine Vorlieben für die Mitfahrenden, aber auch die Fahrer angeben: nichts gegen Tiere, rauchen erlaubt, reger Austausch erwünscht. Inzwischen ist das Unternehmen in 22 Ländern zu Hause und hat weltweit über 70 Millionen Mitglieder.

BlaBlaCar besteht aus einer Reisesuchmaschine, die mit einem sozialen Netzwerk verbunden ist. Um den Dienst nutzen zu können, ist eine Registrierung erforderlich. Fahrerinnen, die eine Autofahrt planen, können ihre freien Plätze unter Angabe der Wegstrecke und des Preises anderen Mitgliedern offerieren. Interessierte Mitfahrer nehmen Kontakt auf. Wenn alles passt, reisen sie gemeinsam. Allerdings muss sich der Mitfahrer an den Fahrkosten beteiligen. Daher wird für jede Fahrt ein Preis vorgeschlagen, den jedoch die Beteiligten ändern können. Gleichwohl nicht beliebig! Damit die Fahrer fair bleiben und stets ihre Kosten im Blick haben, sind die Preise pro Fahrt gedeckelt.

Bei BlaBlaCar besitzen alle Mitglieder ein persönliches Profil. Das soll dazu beitragen, passende Fahrer oder Mitfahrer zu finden. Zudem lässt sich einschätzen, ob man dem anderen auch wirklich vertrauen kann. Die Mitglieder können Fotos von sich hochladen und Daten wie das Alter, den Musikgeschmack und sportliche oder kulturelle Interessen angeben. Man soll miteinander reden können! Wichtig auch: Wie gesprächsbereit bin ich? Hierzu gibt es eine Skala, auf der man sich selbst einstufen kann. Natürlich können die Fahrer auch ihre Autos beschreiben. Schließlich möchte man vorab wissen, ob die Fahrt eher komfortabel oder eher rasant verlaufen dürfte.

Schauen wir auf Peter. Seit 2017 Mitglied bei BlaBlaCar. Er ist 52 Jahre alt, verheiratet, hat drei Kinder, wohnt außerhalb von München und gelegentlich in seiner Ferienwohnung im Zillertal in Österreich. Er sucht stets Mitfahrende, die selbst gern Auto fahren, um sich mit ihnen abzuwechseln. Unterwegs ist er entweder im VW-Bus Multivan oder im MINI Clubman. Sein Profil ist vielversprechend: Er ist gesprächig und liebt Tiere, vor allem Hunde. Über Hunde kann er sich stundenlang unterhalten. Raucher mag er überhaupt nicht. Dafür geht gute Musik immer. Seit 2017 bot er über 80 Mitfahrgelegenheiten an und hatte allein 2018 auf genau 3 730 Kilometer einen Gast im Auto. Damit gehört er zu den besonders engagierten Mitgliedern. Sein Status ist daher weder Einsteiger noch Aufsteiger, weder Fortgeschrittener noch Experte. Peter ist inzwischen Botschafter!

Urbane Utopien

In der Diskussion um die Vor- und Nachteile der verschiedenen Transportmittel gibt es, man ahnt es, unterschiedliche Lager, die sich zumeist vehement bekämpfen. Die einen fordern dazu auf, die Mobilität zu einer Dienstleistung zu entwickeln und die Transportmittel zu einer Mobilitätskette zu verbinden. Dagegen hängen die anderen an ihrem Fahrrad oder Auto, geben es auf keinen Fall ab, und haben andere Vorstellungen, wie sie sich in der Stadt bewegen wollen. Das Thema begleitet uns schon immer! Und es gibt auch noch jene, die ihrem Fahrzeug sogar einen Namen geben, es hegen und pflegen, jedes Wochenende waschen und nur bei schönem Wetter ausfahren. Keine Chance, auch nur im Ansatz die Mobilitätswelt zu verändern.

Diese zumeist unversöhnlichen Sichtweisen lassen sich auf divergierende urbane Utopien zurückführen.[11] Erstere, also die Veränderer, wünschen sich eine »City of Speed«, in der der Verkehr günstig, einfach, sicher und schnell organsiert ist und alle verfügbaren Verkehrsmittel nahtlos ineinandergreifen. Diese Sichtweise knüpft an die Ideen des Visionärs Le Corbusier an, der eine Stadt als eine »machine of circulation« auffasste, die ihren Einwohnern Bewegung und Geschwindigkeit ermöglicht. Ein Verkehrssystem muss effizient sein und darf den Reisenden nur sehr wenig Geld, Zeit und Anstrengung kosten, wenn er von einem Ort zu einem anderen gelangen will. Alles muss reibungslos funktionieren.

Im Unterschied dazu träumen Letztere, also die Bewahrer, von einer »City of Play«, in der jede Reise auch immer ein sensuelles Erlebnis vermittelt. Die Menschen bewegen sich nicht nur innerhalb einer Stadt, sondern entdecken und bestaunen das pulsierende Leben. Auf einer Reise mit unerwarteten Stopps oder unbestimmten Wartezeiten entstehen immer wieder Situationen, in denen sie am Stadtleben teilnehmen und neue Eindrücke von der Vielfalt einer Metropole erhalten. Zugegeben: eine romantische Art, über Staus und Verkehrsbehinderungen zu reden. In jedem Fall gehört der Besitz eines Autos zu dieser Perspektive. Man braucht das vertraute Umfeld, das eigene Auto als Wohn-, Lebens- und Arbeitsraum.

Abhängig davon, ob man eine Reise als Lustgewinn versteht oder ob sie lediglich möglichst einfach, günstig und schnell abgewickelt werden muss, entstehen unterschiedliche Blicke auf die Transportmittel. Mobility-as-a-Service passt wohl eher in eine »City of Speed«, wohingegen die Fahrt im Cabrio, das einem auch noch selbst gehört, die Utopie einer »City of Play« reflektiert. Ein Verkehrssystem muss beiden Utopien gerecht werden. »Speed« am Montagmorgen mit dem

Fahrrad, der U-Bahn und zu Fuß auf dem Weg zur Arbeit. »Play« am Samstagnachmittag mit dem klapprigen Fahrrad oder dem Oldtimer zum Bummeln in die Innenstadt. Lasst uns diese divergierenden Zugänge bewahren. Es geht nicht um entweder oder, sondern um sowohl als auch.

Wir Autoren gehören in der Tat zu jenen Menschen, die eine Fahrt im Cabrio genießen können. Wir haben schon darüber berichtet. Allerdings wäre diese Ausfahrt noch schöner, noch genussvoller, wenn es uns gelänge, bei den Milliarden von täglichen Trips zur Arbeit, zur Schule, in den Park, zum Einkaufen oder zum Sport die sozialen Kosten der Bewegung (Teil 1, Kapitel 3) zu reduzieren. Es führt kein Weg daran vorbei: Wir müssen alles dafür tun, dass die Mobilität, so wie wir sie in den letzten Jahren gestaltet haben, nicht unsere Lebensgrundlagen zerstört. Sie muss so organisiert sein, dass sie sich einfügt, dass sie sich unterordnet, dass sie uns im besten Sinne dient. Erst dann macht auch Cabriofahren wieder richtig Spaß. Von uns aus gern im selbstgesteuerten Fahrzeug mit Handschaltung.

KAPITEL 13

OHNE APPS GEHT NICHTS

Mit der App durch die Mobilitätswelt

Immer wieder kommt das Argument auf, dass die Tarifsysteme vor allem im öffentlichen Verkehr zu kompliziert und nicht aufeinander abgestimmt sind. Wir kennen es: Jede Stadt hat ihre eigenen Ticketautomaten und ihr eignes Preissystem. Zudem, so berichten viele, würde der multimodale Verkehr, also das Zusammenspiel der verschiedenen Transportmittel wie Auto, Bahn, Fahrrad sowieso nicht funktionieren. Wenn schon, so fordern Reisende, dann müsste das Angebot aus einer Hand kommen, und eine App sollte die kürzeste, die günstigste oder die schnellste Verbindung anzeigen. Und was ganz besonders wichtig ist: Sobald die Verbindung ausgesucht ist, muss der Bezahlvorgang automatisch im Hintergrund ablaufen. Nur so geht es!

In Helsinki wurde die Idee einer solchen Mobilität als Alternative zum Privatbesitz von Fahrzeugen bereits umgesetzt. Die Menschen sind begeistert. Mit der Whim-App können die Nutzer ihre Wege über die einzelnen Verkehrsmittel hinweg planen. Dabei berücksichtigt die App Busse, Straßen-, U- und S-Bahnen, Carsharing, Mietwagen, Leihräder und Taxis. Das Preissystem basiert auf einer Flatrate: Für 49 Euro pro Monat kann man den öffentlichen Nahverkehr in Helsinki unbegrenzt nutzen und für 499 Euro im Monat kommen noch Leihrad, Mietauto und Taxi ohne Zuzahlung hinzu. Trotz Skepsis zu Beginn: Inzwischen hat sich diese App durchgesetzt und sie gilt weltweit als vorbildlich.[1]

Voraussetzung, dass diese App funktioniert, ist die Verfügbarkeit aller für die Reiseplanung erforderlichen Daten. Eine Verordnung der Regierung verpflichtet alle Transportunternehmen in Finnland dazu, ihre Daten offenzulegen. Öffentliche Nahverkehrsunternehmen übermitteln ihre Fahrpläne und Haltestellen und geben die Daten zu den Positionen ihrer Züge, Busse und Autos in Echtzeit weiter. Übrigens: Auch die Taxi- und Car-sharing-Unternehmen machen mit. Diese Daten gelangen in eine Cloud, das ist ein Speicher. Dort kann die App sie abrufen, um für jeden Fahrgast die Reisezeit und die Reisekosten zu optimieren.[2] Individuelle Reiseplanung auf Knopfdruck. Das ist ein zentrales Anliegen von Mobility-as-a-Service.

Nach Helsinki, Antwerpen und Birmingham startete die Mobilitäts-App Ende September 2019 in Wien, vorerst mit drei Partnern: den Wiener Linien mit fünf U-Bahn-Linien, 28 Straßenbahnlinien, 129 Buslinien, 5390 Haltestellen sowie 31300 Taxis und dem City-Airport-Zug. Ständig kommen weitere Partner hinzu wie das Mietwagenunternehmen Hertz und der E-Roller-Anbieter Tier. Darüber hinaus soll Whim auch in Japan und Singapur sowie in weiteren europäischen Städten eingeführt werden. Sampo Hietanen, CEO von MaaS Global, der Anbieter der Whim-App, sieht wie viele andere auch ein enormes Potenzial für seinen Dienst. Er hofft darauf, dass in Zukunft immer weniger Menschen ein Fahrzeug besitzen und stattdessen Mobility-as-a-Service nutzen. Ohne Zweifel, es gibt Anzeichen dafür.

Gleichwohl weiß auch Sampo Hietanen, dass der Besitz eines Fahrzeugs ein emotionales Erlebnis ist. Menschen verbinden mit dem Autobesitz insbesondere Freiheit und Unabhängigkeit. Viele könnten sich nur dann vorstellen, ihre Fahrzeuge aufzugeben, wenn es andere Optionen gäbe, Unabhängigkeit und Freiheit zu erhalten. Hinzu kommt, dass Autos auch Statussymbole sind und Sozialprestige vermitteln, was für viele Zeitgenossen sehr wichtig ist. Allerdings besitzen die meisten Menschen lediglich ein Fahrzeug, das sie für alle möglichen Zwecke einsetzen, wie etwa zum Einkaufen, für einen Ausflug, den Urlaub, um Kinder zur Schule und zum Sport zu bringen oder um Fahrräder und Snowboards zu transportieren. Hier könnte der Schlüssel liegen: Man bietet den Menschen Zugang zu einem Pool an Autos, ohne dass sie eines davon besitzen müssen. Für jeden Verwendungszweck und zur richtigen Zeit das passende Fahrzeug.

Hier kommt auch die Whim-App ins Spiel, mit der die Kunden nicht nur die Reise planen, sondern auch gleich das passende Auto bestellen können. Ein Klick, eine rasche Prüfung auf Verfügbarkeit und das Fahrzeug kann abgeholt werden. Auf Wunsch wird es einem sogar vorbeigebracht. Was könnte der Wert dieses besonderen Angebots sein? Der Kunde muss kein eigenes Fahrzeug mehr besitzen, spart sich damit die Finanzierung und hat stets Zugriff auf saubere und gewartete Autos. Man kann sich sogar ab und zu einen Traum erfüllen und für ein paar Stunden oder sogar ein paar Tage einen nicht erschwinglichen Sportwagen via Whim-App ausleihen. Das wäre doch etwas! Unter der Woche ist man mit dieser App umweltschonend und sparsam unterwegs und am Wochenende belohnt man sich dafür mit einer Tour im Cabrio. Auch die Autohersteller sind dabei, solche Angebote zu entwickeln.

Trafi, ein Unternehmen aus Litauen, stellt eine Plattform mit App bereit, über die Nutzer ihre Reisen planen, buchen und bezahlen können. Natürlich sind alle

Verkehrsmittel dabei. Bislang bietet Trafi seine Dienste in sieben europäischen Städten an. Nun wagt das Unternehmen den Schritt nach Bogota, bekanntlich eine Stadt, die vom Verkehr besonders gebeutelt ist. Dort führt die App alle öffentlichen Transportmittel sowie Taxis und E-Fahrräder zusammen. Martynas Gudonavicius, der Mitgründer und CEO, ließ verlauten, dass in Zukunft noch weitere Städte in Lateinamerika erschlossen werden sollen. Trafi sieht in den rasant wachsenden Metropolen mit vielen jungen Menschen eine gute Chance, Mobility-as-a-Service als das zentrale Mobilitätssystem zu etablieren.

Mit MinRejseplan lassen sich in Dänemark alle möglichen Trips, egal ob auf dem Land oder in der Stadt, planen. Diese im Jahr 2018 auf den Markt gebrachte App integriert die Fahrpläne aller Busse, Bahnen und Fähren. Zudem liefert sie Informationen über den Straßenverkehr und weist auf alle Möglichkeiten hin, Fahrräder und Roller zu nutzen oder sogar zu Fuß zu gehen. Dabei filtert der Algorithmus nicht nach einem Verkehrsmittel, sondern sucht die schnellste, bequemste oder billigste Verbindung. Selbstverständlich können mit dieser App auch gleich die Tickets bezahlt sowie E-Fahrräder und E-Roller reserviert werden. In Dänemark, Schweden und Finnland wird rund um die neue Mobilität mächtig Gas gegeben!

In den letzten Jahren entstanden zahlreiche weitere Apps, die allesamt darauf abzielen, die vielfältigen Verkehrsmittel für die Nutzer zu verknüpfen und ein schnelles und einfaches Reisen zu ermöglichen.[3] Einige dieser Initiativen, wie etwa Shift2MaaS, IoMob, UbiGo, MyCorridor, iMove, MaaS4EU, CityMapper, NaviGogo oder MobilityX konzentrieren sich auf einzelne Städte oder Regionen. Mit der Jelbi-App möchte die Berliner Verkehrsgesellschaft die Autofahrer dazu motivieren, alternative Verkehrsmittel, wie etwa das E-Fahrrad, den E-Roller, Busse oder Bahnen, zu nutzen. Andere Apps, zu denen beispielsweise Via, ReachNow, SkedGo, Justride, TimesUpp, eMaaS, HereMobility, myCicero und GoogleMaps gehören, sind so angelegt, dass sie zumindest einzelne Länder oder sogar die gesamte Welt abdecken. Jede App hat ihre besondere Geschichte, so auch Grab, die auf den Weg gebracht wurde, um die mitunter katastrophale Verkehrssituation in Thailand zu verbessern. Inzwischen planen Millionen von Menschen im südostasiatischen Raum ihre täglichen Trips mit Grab.

In Hamburg ist ein Unternehmen angesiedelt, das einen Marktplatz für alle diese Technologien bereitstellt: Wunder Mobility. Betreiber von Mobilitätsdiensten können sich dort bedienen und passgenaue Software-Pakete für ihre Mobilitätsangebote auswählen. Nicht jeder Anbieter muss jede Software selbst erfinden, das ist die Idee von Wunder Mobility. Vor allem für kleine und mittlere Städte könnte die bereitgestellte Plattform eine Möglichkeit sein, um rasch Mobility-as-a-Service-Optionen auf den Weg zu bringen.

Aber Vorsicht! Genau hier liegt auch ein Risiko, dass die vielen Mobility-as-a-Service-Konzepte scheitern könnten. Es sind allesamt lokale, bestenfalls regionale Initiativen, die sich zudem noch in besonders regulierten Märkten durchsetzen müssen. Es besteht ein Flickenteppich von Apps und Projekten, die bislang noch nicht zusammengeführt werden konnten. Überall auf der Welt entsteht etwas, aber nicht abgestimmt! Nir Erez, der CEO von Moovit, weist daher immer wieder darauf hin, dass die einzelnen Vorhaben konsolidiert werden müssten. Kein Pendler will für jede Stadt eine andere App nutzen. Kein Mensch möchte vor Antritt einer Reise die Besonderheiten der vielen regionalen und lokalen Mobility-as-a-Service-Angebote erlernen müssen.

Trotz dieses Einwands sind sich Anbieter und Nachfrager erstaunlicherweise einig: Die Apps mit den zugrunde liegenden Mobilitätsplattformen sind der Dreh- und Angelpunkt für Mobility-as-a-Service. Daher scheint es unerlässlich, dass die vielfältigen Initiativen zur App- und Plattformentwicklung abgestimmt und vielleicht sogar konsolidiert werden müssen. Nichts Schlimmeres als Kunden, die an der schieren Zahl der verfügbaren Apps verzweifeln und daher lieber mit dem eigenen Auto unterwegs sind. Auch ist zu beachten, dass Individuen, die bislang immobil sind, wie Menschen mit Behinderungen oder Einschränkungen, Kinder, alte und kranke Menschen, einen einfachen und schnellen Zugang in die Mobilitätswelt benötigen. Plug-and-play muss das Leitbild der App-Entwickler sein.

Eine Geschichte dazu: Wir stehen um 23 Uhr am Theater und möchten nach Hause. Die Vorstellung war übrigens beeindruckend. Don Giovanni mit Thomas Hampson. Ein Klick und die App auf dem Smartphone öffnet sich. Alle Transportoptionen sind sichtbar: U-Bahn, Bus, Straßenbahn, Taxi, Ride-hailing, Automiete und sogar die Stationen, an denen man sich einen E-Roller leihen kann. Dazu alle Fahrzeiten und Haltepunkte. Und natürlich auch die Fahrpreise. Und gleich noch eine Empfehlung für den Weg nach Hause. Der E-Roller wäre das Beste. Ist allerdings heute nicht gefragt: Es nieselt, und wir sind festlich angezogen. Also doch ein Wagen auf Knopfdruck. Traum oder Fiktion? Überhaupt nicht. Genauso funktioniert eine gute Mobilitäts-App. Und sie wird jeden Tag besser, da die zugrunde liegenden Algorithmen vom Mobilitätsverhalten der Nutzer lernen. So kann es sein, dass die App zwei Personen, die sich zur gleichen Zeit am gleichen Ort befinden und das identische Ziel eingeben, unterschiedliche Vorschläge unterbreitet. Wie geht das? Die App berücksichtigt natürlich auch die Präferenzen und Vorlieben der beiden Reisenden.

Apps wirken! Das verdeutlicht eine Studie aus der Metropolregion Manchester, in der die Nutzer einer App aus sieben Verkehrsmitteln wählen konnten. Nach der Eingewöhnung entschieden sich immerhin 26 Prozent der Beteiligten, den öffentlichen Verkehr intensiver als bislang zu nutzen, was sie auch taten. Etwa 21 Prozent der Probanden gingen viel häufiger zu Fuß, und auch 6 Monate später konnte dieser Wechsel vom eigenen Fahrzeug zum öffentlichen Verkehr noch nachgewiesen werden.[4] Offenbar stehen die Chancen gut, mit einer intuitiv zugänglichen App das Mobilitätsverhalten der Menschen zu verändern.

Die Nutzer einer Mobility-as-a-Service-App kennen es: Man hat sich beim Shoppen verausgabt und möchte zurück ins Hotel. Statt der erhofften gemütlichen Taxifahrt empfiehlt die App, doch bitte zu Fuß zum Hotel zu marschieren. Es seien nur 18 Minuten. Viel schneller und viel kürzer als mit dem Taxi und vor allem umweltschonend! Zudem könne man entlang des Weges noch einige Sehenswürdigkeiten bestaunen. Wir lernen: Aufgepasst mit Mobility-as-a-Service, der Fußmarsch ist stets eine Option. Hat auch seine guten Gründe, immerhin reduziert diese spezielle Variante der Mikromobilität die Luftverschmutzung und ist der Gesundheit zuträglich.

Das ist erkannt! Deshalb wurden die fußgängerfreundlichsten, aber auch -unfreundlichsten Städte der Welt identifiziert.[5] Das Fazit ist ernüchternd: Nur in wenigen Metropolen berücksichtigen die Verantwortlichen die Interessen der Fußgänger bei der Stadtentwicklung. Häufig dreht sich alles um den Autoverkehr. Vor allem die US-amerikanischen Zentren schneiden aufgrund ihrer enormen räumlichen Ausdehnung besonders schlecht ab: Kaum eine Chance, auch nur ein Restaurant oder einen Laden zu Fuß zu erreichen. Es braucht immer das Auto! Da kann die App nur helfen, um Ride-hailing oder Ride-pooling zu nutzen.

Zu den fußgängerfreundlichen Städten zählen London, Paris, Bogota und Hongkong. Dort leben die Menschen in der Nähe von autofreien Zonen. Krankenhäuser sind nicht weit entfernt und die Blocks sind nicht allzu breit und lang, sodass die Fußgänger immer einen Weg zwischen den Gebäuden finden. Indianapolis gehört zu den fußgängerunfreundlichsten Städten, da nur 4 Prozent der Einwohner Schulen und Krankenhäuser rasch erreichen können und nur 9 Prozent in Reichweite einer autofreien Zone leben.

App-Design

Schauen wir auf die Moovit-App. Sie ist sehr weit verbreitet, deckt mehr oder weniger die gesamte Welt ab und wurde schon mehrmals für ihre Benutzerfreundlichkeit ausgezeichnet. Hierzu einige eindrückliche Zahlen: Im Frühjahr 2021 wurde diese App von etwa einer Milliarde Menschen genutzt. Daher kommen jeden Tag mehr als 6 Milliarden Daten über die Reisen der Nutzer hinzu. Anonymisiert wohlgemerkt! Diese App kann in 3 400 Städten in 112 Ländern genutzt werden und ist in 45 Sprachen verfügbar. Allein das Angebot an Mikromobilität ist bemerkenswert: Circa 300 Betreiber in 270 Metropolen. Wussten Sie, dass es weltweit inzwischen über 700 000 Mooviters gibt? Das sind alles Menschen, die ständig auf der Suche nach neusten Informationen über die Verkehrsmittel, die Ticketpreise, die Fahrpläne, die Reiseverbindungen und vieles mehr sind. Sie sind wie die Wikipedia-Enthusiasten bereit, einen Teil ihrer Zeit aufzubringen, um die Moovit-Plattform jeden Tag etwas besser zu machen. Sie braucht es unbedingt, damit die App ihre Reiseempfehlungen auf Basis neuster Informationen ermitteln kann. Wir halten fest: Jede App ist nur so gut, wie die von ihr verarbeiteten Reiseinformationen.

Welche Informationen erhält die Reisende?[6] Betrachten wir dazu Jennifer, die in Chicago lebt und dort als Architektin bei einem Designstudio beschäftigt ist. Endlich, ein Wochenende in Big Apple! Vor wenigen Minuten ist sie am John-F.-Kennedy-Flughafen in New York sogar vor der Zeit gelandet, hat ihr Gepäck bereits entgegengenommen und jetzt befindet sie sich auf dem Weg zu »Ground Transportation«. Ein Blick auf die Moovit-App zeigt ihr die vielen Möglichkeiten, zur Radio City Music Hall zu gelangen (Abbildung 4.4). Der größte Konzertsaal der Welt! Musical- und Film-Premieren. Alles, was Rang und Namen hat, war schon dort. Er ist zentral gelegen zwischen dem Time Square und dem Central Park. Insofern überrascht es nicht, dass Jennifer zahleiche Optionen aufgelistet bekommt, um vom Flughafen in die Innenstadt zu reisen. Mit dem Bus, mit der U-Bahn, mit Uber oder Lyft, aber auch die Mikromobilität ist inzwischen in New York vertreten. Intelligent kombiniert von einer App! Es gibt viele Wege zur Radio City Music Hall.

Gehen wir noch einen Schritt weiter. Dass eine App nutzerfreundlich sein muss, schnell und leicht bedienbar sein sollte, aktuelle und zuverlässige Informationen zu liefern hat, ist unbestritten. Man kann sich aber noch viel mehr vorstellen: Wenn zu jedem Verkehrsmittel nicht nur die Preise und Fahrzeiten, sondern beispielsweise auch die damit verbundenen Emissionen von Kohlendioxid, Stickoxiden oder Feinstaub erfasst wären, könnte man auch mit Blick auf die Umwelt die passende Reisekette wählen. Fällt die Entscheidung für ein umweltfreundliches Transportmittel, könnte es sogar Punkte geben, um vergünstigt in die Radio City Music Hall zu gelangen. Zudem ließe sich das Verkehrsaufkommen auf den besonders belasteten Straßen über die Punktevergabe reduzieren. Zu be-

Abbildung 4.4: Von der Moovit-App vorgeschlagene Reiseoptionen
Quelle: Moovit

stimmten Zeiten gibt es unterschiedliche Punkte, abhängig von der Route. Man findet sicherlich zahlreiche Bürgermeister, die auf diesem Wege gern den Verkehr steuern würden.

App oder Lenkrad?

Eine Episode: Viele Jahre gingen sie zusammen durch dick und dünn. Doch dann kam die Zeit für eine Trennung. Es ging beim besten Willen nicht mehr. Sie weinte, als er abgeholt wurde und fühlte sich danach einsam und verlassen. Das jähe Ende einer großen Liebe. Er war ein Auto und wurde gerade vom Schrotthändler abgeholt, der der Frau mitfühlend empfahl: Sie gehen besser ins Haus. Diese und andere Geschichten zur Liebesbeziehung zwischen Mensch und Fahrzeug gibt es zuhauf. Alle ähneln sich, sind geprägt von Leidenschaft, Intimität und letztlich dem Wunsch, dass erst der Tod uns scheidet. Kein Wunder, sagen die Gehirnforscher, jede Auseinandersetzung mit Autos wird im Belohnungszentrum des Gehirns verarbeitet. Das ist so wie Schokolade essen.

Wir erinnern uns: Das Fahrzeug erfüllt das fundamentale menschliche Bedürfnis nach Bewegung. Und je einfacher, schneller, komfortabler, aufregender diese Bewegung ermöglicht wird, desto attraktiver ist das Auto. Darüber hinaus lässt sich das Fahrzeug auch als Spiegel auffassen, der den Selbstwert des Besitzers reflektiert. Es geht um Zuwendung, Bewunderung, auch um Neid. Das Auto als Mittel der Selbstdarstellung. Ich bin was. Ich kann was. Ich habe es geschafft, sonst hätte ich dieses Fahrzeug nicht. Autos schmücken uns auf der Bühne des sozialen Lebens. Sie entscheiden über den Applaus, den wir bekommen. Vielleicht auch manchmal über die Rolle, die wir spielen dürfen.

Allein schon deshalb lässt sich der Besitz von Fahrzeugen nicht ohne Weiteres zurückdrängen und durch Mobility-as-a-Service ersetzen: Der Fahrzeugbesitz spielt auch in den nächsten Jahren eine wichtige Rolle. Daher müssen wohl flankierende Maßnahmen hinzukommen: weniger Stellplätze in den Innenstädten, breitere Geh- und Fahrradwege, engere Straßen oder auch die Sperrung ganzer Viertel für den Autoverkehr. Interessanterweise haben Fahrräder in diesem Wettstreit um das Sozialprestige enorm aufgeholt. Auch schon vor der Coronapandemie. Mountainbikes, Rennräder, Gravelbikes, aber auch E-Fahrräder dienen inzwischen dazu, sich damit in seinem sozialen Umfeld sehen zu lassen. Das ist auch keine Überraschung: Ab 2000 Euro ist man dabei. Man kann aber auch gut und gern bis zu 10000 Euro für ein besonderes Stück ausgeben. Eine gute Nachricht für die Mikromobilität.

Zurück zum Auto: All jene, die auf Mobility-as-a-Service setzen, das sind inzwischen viele, wir Autoren gehören natürlich auch dazu, bemühen gern die folgende Metapher: Zukünftig weist uns das Smartphone den Weg.[7] Es ist wie ein Steuerrad im Gewirr der vielen Verkehrsmittel. Wir können damit Fahrdienste bestellen, die schnellsten oder kürzesten Routen finden und schließlich auch noch bezahlen. Ohne Smartphone geht nichts mehr, es ist das Steuerrad, mit dem Mobility-as-a-Service zu nutzen und alle seine Möglichkeiten zu erleben sind. Das Lenkrad im Fahrzeug hingegen hat seine Pflicht getan, es hat ausgedient, seine Zeit ist vorbei! Nur die Ewiggestrigen beharren darauf und wollen mit ihm auch in Zukunft unterwegs sein. Schauen wir, ob es so kommt.

Vielleicht liegt die Wahrheit in der Mitte: Täglich ärgern wir uns. Staus morgens auf dem Weg zur Arbeit und abends nach Hause. Stop-and-go, Stillstand. Immer mehr Straßen und Parkplätze. Autos, wohin man schaut. Lärm, Abgase, Unfälle und Städte, die um das Auto herum gebaut sind. Metropolen, die im Verkehr ersticken. Menschen, die trotz der vielen Autos nicht mehr unterwegs sein können. Und dann auch noch die »Gefangenen der Städte«, die gar keinen Zugang zu Mobilität haben, obwohl sie ihn dringend bräuchten. Spricht man mit den Menschen überall auf der Welt, so ist oft der Wunsch nach einer anderen Mobilität zu hören. Hier kann Mobility-as-a-Service tatsächlich Abhilfe schaffen: der kürzeste, der schnellste Weg für jeden Reisenden, eine bessere Auslastung der Verkehrsmittel. Jedes Verkehrsmittel wird dort eingesetzt, wo es mit Blick auf die Emissionen, die Transportleistung, den Platzverbrauch, den Reisekomfort und natürlich auch die Kosten besonders gut abschneidet. Und, nicht zu vergessen, eine Verkehrsleitzentrale oder Mobilitätsplattform, die den Einsatz der Verkehrsmittel koordiniert und optimiert. Das ist die eine Welt.

In der anderen Welt geht es um Faszination. Um das Auto als Inbegriff des technisch Machbaren, aber auch des gesellschaftlich Wünschenswerten. Um die Begeisterung für Motoren, Design und Materialien. Um die Errungenschaften aus Elektronik, Informatik, Maschinenbau und anderen Disziplinen. Das Auto reflektiert mit allen seinen Funktionen, seiner Anmut und Ästhetik die Vorstellung vieler Menschen davon, was eine Gesellschaft zu leisten imstande ist. Die Faszination für dieses Wunderwerk resultiert aber auch aus den Möglichkeiten, die es den Menschen bietet. Bewegung, Mobilität, Freiheit, Unabhängigkeit, Selbstbestimmung, aber auch sozialer Aufstieg und gesellschaftliche Anerkennung. Kein Wunder, dass man Autos unbedingt besitzen will.

Gleichwohl wollen wir uns mit der anderen Welt befassen. Sie interessiert uns. Einen bescheidenen Beitrag leisten, dass sich die Welt zum Besseren wandelt. Dass Menschen überall auf der Welt Chancen erhalten. In Arbeit kommen, medizinisch versorgt werden, Bildung erfahren. Dass sich Städte zu lebenswerten Plätzen entwickeln. Dass die Menschen im Mittelpunkt stehen und nicht die Autos. Dass alle Menschen, auch die kranken, jungen, behinderten und alten, unterwegs sein können. Dass auch die Mobilitätsindustrie ihren Beitrag zum »green deal« der Europäischen Union und zum Pariser Klimaschutzabkommen leistet.[8] All das liegt uns am Herzen. All das wollen wir erreichen. Und dafür wollen wir den Besitz von manuell betriebenen Fahrzeugen im Alltag überflüssig machen. Vielleicht zu Beginn als Mischmodell, wie von Tesla im Master Plan bis 2026 beschrieben. Dieser sieht vor, dass die Menschen ihre Fahrzeuge noch kaufen und nutzen, sie aber als Flottenfahrzeuge zur Verfügung stellen, wenn sie gerade nicht benötigt werden. Immerhin sind es etwa 23 Stunden pro Tag, an denen ein Auto auf Knopfdruck für ein Ride-hailing oder Ride-pooling gebucht werden kann. Das wäre doch ein Anfang!

KAPITEL 14

WERTSCHÖPFUNGSKETTE 2.0

Die Elemente

Wir erinnern uns noch an Teil 3, Kapitel 9: Dort wurden die gravierenden Veränderungen in der Automobilindustrie besprochen. Also der Wandel von der Hardware zur Software. Er hat die Kraft, die Wertschöpfungskette regelrecht zu zerschlagen. Warum nochmals? Henry Ford musste sich noch um alles selbst kümmern. Er unterhielt Kautschukplantagen, Sojafelder und Erzgruben. Um diese Rohstoffe zu den Werken zu bringen, hatte er eigene Schiffe, Flugzeuge, Lastwagen und Traktoren. Heute gibt es für jedes Glied der Wertschöpfungskette einen oder mehrere Spezialisten. Der Austausch zwischen den Firmen funktioniert schnell und einfach. Je mehr Software im Spiel ist, desto besser. Oder mit anderen Worten: Die Kosten der einzelnen Transaktionen haben sich enorm reduziert. Der Spezialist setzt sich gegen den Generalisten durch. Die gesamte Wertschöpfungskette muss nicht mehr in einer Hand sein. Ganz im Gegenteil: Spezialisierte Technologieunternehmen stürmen den Markt und übernehmen immer mehr Aufgaben.

Was sind Elemente dieser neuen Wertschöpfungskette? Also einer Kette, die nicht mehr auf den Fahrzeugbesitz abzielt, sondern Mobility-as-a-Service in den Mittelpunkt stellt. Schauen wir dazu auf Abbildung 4.5, die an Abbildung 3.1 anknüpft. Die Technologie des autonomen Fahrens, die erste Ebene, bildet das Herz, vielleicht besser das Gehirn der Shuttles und Pods. Wie in Teil 3, Kapitel 10 erläutert, besteht dieses System aus zahlreichen Sensoren und der Steuerungssoftware. Sie basiert auf Technologien der künstlichen Intelligenz und vor allem des maschinellen Lernens und ist somit in der Lage, Objekte zu erfassen und auch zu erkennen. Darüber hinaus können Routen geplant, Entscheidungen über Fahrmanöver getroffen und Informationen in Echtzeit verarbeitet werden. Technologieunternehmen wie Mobileye, Nvidia und Intel bauen Chips für eine immer schnellere und genauere Verarbeitung der Informationen. Hersteller von Sensoren wie Luminar, Aptiv, ZF und Continental sind dabei, die Erfassung und Erkennung von Objekten ständig zu verbessern, sodass den Autos nichts mehr entgeht. Mobileye, Aurora, Waymo, pony.ai, aber auch einige Fahrzeughersteller arbeiten engagiert an den Steuerungssystemen, damit die Autos zukünftig möglichst viele Fahrsituationen meistern können.[1] Und zwar eigenständig!

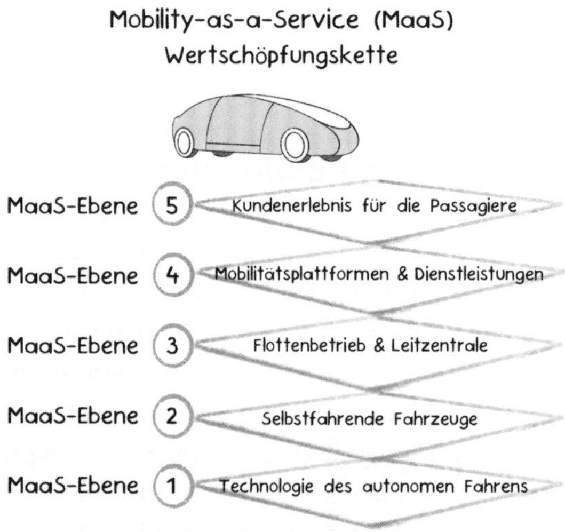

Abbildung 4.5: Das Fünf-Ebenen-Modell der neuen Wertschöpfungskette
Quelle: Eigene Darstellung

Die selbstfahrenden Fahrzeuge, die zweite Ebene, sind das eigentliche Kerngeschäft der Autobauer. Schon immer sind sie für die Integration der einzelnen Komponenten zuständig: Chassis, Motor und Getriebe, Steuerungselektronik, Navigationssystem, Räder und Reifen, Lichter und vieles mehr. Je nach Fertigungstiefe bauen einige Fahrzeughersteller die von Zulieferern erstellten Komponenten lediglich zusammen, während andere tatsächlich noch selbst fertigen. In jedem Fall haben die Autohersteller die Kompetenz, Fahrzeugmodelle für diverse Anwendungen zu entwickeln wie etwa Cabrio, Multivan, Limousine, SUV und einige mehr. Neben der Technologie bestimmen die Autobauer bislang auch das Fahrzeugdesign und pflegen die Marken. Da beim autonomen Fahren zukünftig Lenkräder und Pedale wegfallen, ergeben sich ganz neue Chancen für die Gestaltung des Innenraums. Das Fahrzeug lässt sich zu einem Lebensraum entwickeln und beispielsweise zu einem Konzert- und Kinosaal oder zu einem Arbeitszimmer oder Fitnessraum umbauen. Das Interieur ist das neue Exterieur im Autobau! Des Weiteren können Shuttles und Pods zu mobilen Läden umgebaut werden, die

Lebensmittel, Medikamente und alle möglichen Dienste in den ländlichen Raum bringen.

Beim Flottenmanagement, der Leitzentrale und technischen Aufsicht, der dritten Ebene, geht es um den Betrieb einer Flotte von autonomen Shuttles und Pods. Hier könnten sich zahlreiche Akteure tummeln: Automobilhersteller, Mietwagenbetreiber, Stadtwerke oder auch die großen Händler sowie Bus-, Bahn- und Postgesellschaften. Selbst ganze neue Spieler, wie die schon mehrmals erwähnten Technologieunternehmen, könnten das Flottenmanagement übernehmen. Bestmile[2] wäre hierfür ein Beispiel. Daneben besteht die Möglichkeit, einige mobilitätsbezogene Dienstleistungen zu offerieren. Schließlich müssen die autonomen Fahrzeuge geparkt, geladen, gereinigt und repariert werden.

Man könnte noch einen Schritt weitergehen und einen innovativen Betriebshof, einen Servicehub, aufbauen. Dort sind alle Arbeitsschritte automatisiert. Damit lassen sich die Betriebskosten und die Fahrpreise für die Kunden erheblich reduzieren. Hierzu gehört auch eine Plattform, das Fleet-Management-System, das die Fahrzeuge optimal durch das Verkehrsgeschehen leitet. Mittels künstlicher Intelligenz lernt die Plattform im Zeitverlauf, die Verkehrslage zu deuten, den Mobilitätsbedarf vorherzusehen und Fahrzeuge entsprechend einzusetzen.[3] Dann können die Shuttles und Pods Staus umgehen, Leerfahrten vermeiden und die Wartezeiten für die Reisenden minimieren. Da die Abholorte und Reisezeiten aller Passagiere dem Steuerungssystem bekannt sind, lassen sich für die autonomen Fahrzeuge optimale Parkplätze, verteilt über eine Stadt oder Region, bestimmen.

Mobilitätsplattformen und Mobilitätsdienste, auf der vierten Ebene, sind neben der ersten Ebene ebenfalls ganz neu in der Wertschöpfungskette 2.0. Firmen aus diversen Industrien, wie etwa Telekommunikation und Mobilität, sowie zahlreiche Start-ups und Spin-offs stellen Mobilitätsplattformen, Apps und die daraus resultierenden Dienste bereit.[4] Im Kern geht es darum, die Vielfalt der Informationen über die Verkehrsmittel wie etwa die Fahrpläne, Fahrpreise und Haltestellen von Zügen, Bussen, U- und S-Bahnen sowie Fähren auf einer Plattform zu vereinen. Hinzu kommen die Ride-hailing- und Ride-pooling-Optionen und alle Angebote zum Mieten von Fahrzeugen, Rollern und Fahrrädern. Täglich kann diese Liste der Mobilitätsdienstleistungen um weitere Optionen ergänzt werden.

Man muss nicht einmal in einer Metropole leben, um in Anbetracht dieser Vielfalt der Angebote rasch den Überblick zu verlieren. Deshalb gibt es Apps, die den Reisenden nach Eingabe des Zielorts und einigen weiteren Angaben die schnellsten, kürzesten oder besonders sehenswerten Routen zeigen. Zudem kann mit diesen Apps auch gleich noch bezahlt werden. Das alles Entscheidende dabei ist, den

Kunden einen schnellen, einfachen und aktuellen Zugang in die Mobilitätswelt zu bieten. Die Apps von Whim, Citymapper, Moovit, Uber, Didi und anderen eröffnen genau diesen Zugang. Dabei sind sie so komfortabel, dass die Menschen ihr eigenes Auto stehen lassen und die angezeigten Mobilitätsdienste auch tatsächlich nutzen.

Selbst Kunden und nicht nur Firmen können Mobilitätsdienste anbieten. Schauen wir dazu auf eine Reihenhaussiedlung in der Nähe einer Messe oder eines Fußballstadions. Dort finden immer wieder Veranstaltungen statt, bei denen die Besucher händeringend nach Parkplätzen Ausschau halten und womöglich nach endlosen Schleifen entnervt aufgeben. Hier könnten die Anwohner Abhilfe schaffen und Parkplatzflächen auf ihren Grundstücken für eine bestimmte Zeit bereitstellen. Ein Messebesucher würde mit einer App vorab einen Parkplatz reservieren und auch gleich bezahlen. Die Koordinaten könnten automatisch ans Navigationssystem gelangen, sodass eine entspannte Anreise möglich wäre. Für beide Seiten eine gute Sache: Der eine hat einen Parkplatz, und der andere damit sogar noch Geld verdient.

Was machen die Passagiere eigentlich im autonomen Fahrzeug? Damit sind wir bei der Gestaltung des Fahrerlebnisses für die Insassen, also auf der fünften Ebene. Hier geht es um die Bereitstellung von Medien aller Art. Spiele, Zeitungen, Filme, alles natürlich digital auf Bildschirmen oder auf dem Smartphone. Die Verdächtigen stehen schon bereit: Google, Netflix, Twitter, Amazon, Apple, aber auch lokale und regionale Medienhäuser. Ein gigantischer Markt! Man halte sich vor Augen, dass die Menschheit derzeit etwa 600 Milliarden Stunden pro Jahr in Fahrzeugen verbringt.

Schauen wir auf Apple: Von der Hardware kommend, offeriert dieser Anbieter inzwischen Pakete aus Hardware, Software und Dienstleistungen wie Filmen, Musik und Spielen. Das sind die Produkte, die zukünftig in Shuttles und Pods gefragt sind! Zudem dürfte Werbung in den Fahrzeugen eine wichtige Rolle spielen. So könnte McDonald's die Fahrt in die Filiale bezahlen, um den neusten Burger zu präsentieren. Wir hatten über diese Idee schon am Beispiel von Starbucks gesprochen. Noch ein Gedanke: Mit der Reservierung eines Tisches beim Lieblingsitaliener könnte doch auch gleich die Fahrt inbegriffen sein. Ebenso zum Kino, zum Frisör, Bahnhof oder zum Flughafen. Nimmt man die Idee einer Mobilität als Grundrecht ernst, müsste die Fahrt zum Arzt, zur Apotheke oder zum Lebensmittelmarkt für die Menschen kostenfrei sein und im Sinne einer Grundmobilität vom Staat finanziert werden.

Die entscheidende Frage lautet: Wer bringt diese Elemente zusammen? Wer integriert sie zu einer Gesamtleistung? Nun, die Antwort scheint auf der Hand zu liegen. Natürlich die Großen und Starken der Automobilindustrie, wie Toyota, Mercedes, GM, Volkswagen oder Ford, vielleicht auch einige der wichtigsten Zulieferer. Also Bosch, Denso, Magna, Continental, Michelin, Aisin oder Johnson Controls. Vielleicht auch die ganz großen Verkehrsbetriebe, wie etwa Transport for London. Tatsächlich übernimmt zum Beispiel Softbank diese Aufgabe. Schon einmal gehört? Hierbei handelt es sich um einen japanischen Telekommunikations- und Medienkonzern, der zahlreiche Anteile an Robotik-, Internet- und E-Commerce-Firmen hält. Gegründet wurde das Unternehmen im Jahr 1981 von Masayoshi Son, der es über die Jahre zu einem Weltkonzern entwickeln konnte.

Softbank gilt als der Königsmacher unter den Tech-Investoren. Als einem der führenden Fonds geht es ihm darum, vielversprechende Unternehmen mit seinen Multimillionen-Investments aufzubauen. Das Portfolio von Softbank umfasst zahlreiche Firmen entlang der in Abbildung 4.6 dargestellten Wertschöpfungskette: zum Beispiel Nvidia und Nauto, zwei amerikanische Firmen, die beide Technologien für das autonome Fahren entwickeln. Uber, Didi und Grab betreiben jeweils eine App für das Ride-hailing. Global Mobility Service ist eine japanische Organisation, die Menschen Kredite gewährt und Leasing-Optionen bietet, damit sie sich zum Beispiel ein Auto oder eine Jahreskarte für den öffentlichen Verkehr leisten können.

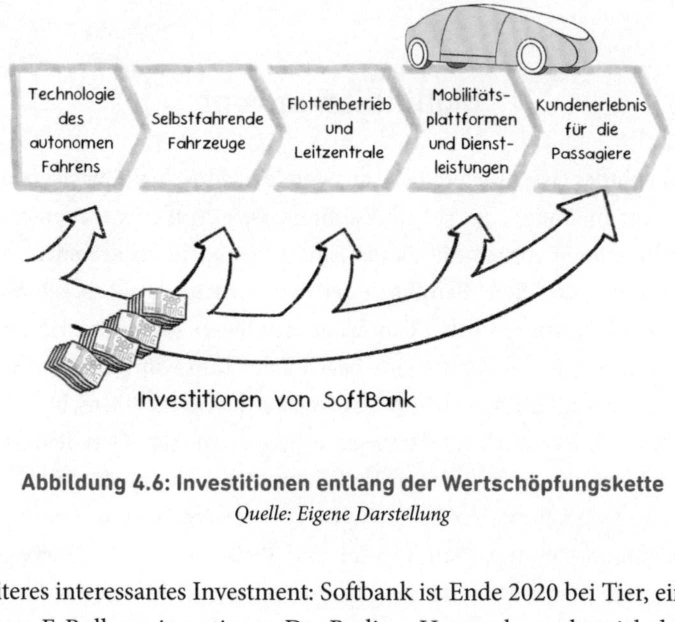

Abbildung 4.6: Investitionen entlang der Wertschöpfungskette
Quelle: Eigene Darstellung

Ein weiteres interessantes Investment: Softbank ist Ende 2020 bei Tier, einem Betreiber von E-Rollern eingestiegen. Das Berliner Unternehmen hat sich damit eine

Finanzierung von 250 Millionen US-Dollar gesichert. Damit ist Tier fast 1 Milliarde US-Dollar wert. Zwar noch hinter Bird, aber bereits vor Lime. Offenbar glaubt der Investor an die Mikromobilität und möchte dabei sein, falls sich vor allem E-Fahrräder und E-Roller als Transportmittel für die erste und letzte Meile durchsetzen. Anzeichen dafür gibt es genug! Bei allen Betreibern fing es mit der Ausleihe von Fahrrädern an, rasch kamen Roller dazu, inzwischen beides elektrisch. Neuerdings gilt das Augenmerk den Plattformen, die den Kunden ein umfassendes Mobilitätserlebnis anbieten, das neben der Mikromobilität auch andere Verkehrsmittel umfasst.

Diese Diskussion zeigt uns eines: Der Mobilitätsmarkt ist in Bewegung. Wer übernimmt zukünftig welche Rolle entlang der Wertschöpfungskette? Gibt es noch andere Unternehmen, die in diesen Markt eintreten wollen? Was passiert mit den Automobilherstellern? Ohne Zweifel, der Markt für Mobilitätsleistungen ist riesig, er bietet Raum für viele Firmen, aber nicht für alle. Insbesondere für die Autobauer ist jetzt der Zeitpunkt gekommen, in zwei Richtungen vorzustoßen: Sie müssen ihr Geschäft digitalisieren und Partnerschaften entwickeln. Beides mussten und konnten sie in den letzten Jahrzehnten nicht lernen. Umso wichtiger, mit Entschlossenheit und Mut an diese Themen heranzugehen. Es ist noch nicht zu spät, um die Weichen zu stellen. Es gilt das oft zitierte Wort: Wer zuletzt kommt, den bestraft das Leben.

Mobilitätskonzept

Pods und Shuttles lassen sich in ein umfassendes städtisches oder regionales Verkehrskonzept einbinden, das auf ein Zusammenspiel von öffentlichen und privaten Verkehrsmitteln abzielt. Mit diesen Fahrzeugen kann insbesondere zwischen dem Wohnhaus und dem Bahnhof oder dem Arbeitsplatz gependelt werden. Studien, die die Nutzung solcher Fahrzeuge simulieren, gelangen zu der Erkenntnis, dass sich mit jedem Shuttle eine beachtliche Zahl von traditionellen Autos ersetzen lassen.[5] Allerdings nur im Sharing-Betrieb! Dies gilt nicht nur für die Metropolen, sondern auch für die vielen Agglomerationen. Gerade dort besteht die Möglichkeit, die verschiedenen Verkehrsmittel so zu kombinieren, dass der klassische Autoverkehr zumindest teilweise ersetzt werden kann.

Selbstfahrende Shuttles, Transporter und Pods und nicht Mehrzweckautos bilden die eigentliche Mobilitätsrevolution, weil sie nicht nur die Technologie des Fahrens, sondern auch die Kosten des Transports von Menschen und Fracht radikal verändern. Da diese Fahrzeuge 24 Stunden im Einsatz sind, Leerfahrten vermeiden und vorausschauend gewartet werden können, bestehen gute Chancen, dass sich die Kosten pro gefahrenem Kilometer deutlich reduzieren lassen. Derzeit machen die Personalkosten, die durch den Einsatz solcher Fahrzeuge komplett wegfallen würden, etwa 60 bis 80 Prozent der Gesamtkosten einer Taxifahrt aus. Eine Nutzung dieser Autos über den gesamten Tag hinweg führt zudem zu deutlich verminderten Kosten für Wartung und Instandhaltung, Finanzierung und Abschreibung sowie den Versicherungsschutz.

Schätzungen zufolge dürften sich die Transportkosten von fahrerlosen Autos im Vergleich zu den bisherigen Fahrzeugkosten deutlich senken lassen.[6] Manche sprechen von bis zu 50 Prozent. Hierzu ein Rechenbeispiel: Eine amerikanische Familie, die in der Agglomeration einer Metropole lebt, muss derzeit pro Jahr etwa 9 000 US-Dollar für die Mobilität aufwenden. Für den eigenen Fuhrpark und die Tickets für Busse und Bahnen. Der Betrieb von Shuttles in diesem städtischen Umfeld könnte zu einer jährlichen Ersparnis von über 3 000 US-Dollar führen, was einer Lohnerhöhung von etwa 10 Prozent entspräche. In Anbetracht dieser Perspektiven ist zu erwarten, dass sich zukünftig ganz neue Kooperationen zwischen öffentlichem und privatem Verkehr herausbilden.

Auch dürften sich die Pods und Shuttles im Hinblick auf Größe und Reichweite voneinander unterscheiden: Zwei-, Vier- und Achtsitzer sowie Busse für 16, 20 oder 40 Passagiere könnten schon bald die Flotte bilden. In jedem Fall ist mit ganz neuen Bezahlmodellen zu rechnen, da der Preis pro Fahrgast und gefahrenem Kilometer bei einem Shuttle mit zehn Passagieren deutlich unter 10 Cents liegen dürfte. Städte und Gemeinden könnten zumindest teilweise die Transportkosten übernehmen, um auf diesem Wege die durch Staus und Emissionen verursachten Verkehrsprobleme zu lösen. Ober aber Unternehmen springen, so wie zuvor schon spekuliert, als Sponsoren ein, um auf den Bildschirmen in den Fahrzeugen ihre Produkte und Services zu präsentieren. Daher scheint die Vision vom kostenlosen Transport durch Pods und Shuttles zumindest in einigen Regionen umsetzbar zu sein. Kostenfreier Transport zahlt aber auch zurück, da er den Menschen Zugang zu Arbeitsplätzen, Bildung, Gesundheit, Unterhaltung und vieles mehr ermöglicht. So gesehen könnte die kostenlose Nutzung dieser Fahrzeuge nicht nur die Attraktivität, sondern auch die Wirtschaftskraft einer Region erheblich verbessern.

Mobility-as-a-Service kann jedoch nur dann gelingen, wenn das Geschäftsmodell als ein System angelegt ist, das viele Akteure umfasst. Die Betreiber müssen mit Städten und Gemeinden kooperieren, die Fahrzeuge in den Verkehr integrieren, Ladestationen und Verkehrsleitzentralen aufbauen und vielleicht sogar noch Verkehrsregeln definieren. Darüber hinaus sind Modalitäten rund um die Abrechnung zu klären. Es braucht eine intuitiv zugängliche multimodale App. Zudem muss man die Routen der Fahrzeuge mit den Laufwegen der anderen Verkehrsmittel, vor allem der Busse und Bahnen, aber auch der Mikromobilität, koordinieren. Eine Herausforderung! Von daher lässt sich Mobility-as-a-Service als ein Prozess beschreiben, der über mehrere Ausbaustufen schreitet.

Wie könnten diese Stufen aussehen? In der ersten Phase verkehren die Fahrzeuge auf definierten Routen. Zudem ist vorstellbar, dass man diesen Service nur bei normalen Witterungsbedingungen aufrechterhält. In Phase zwei sind diese Pods und Shuttles auf den wichtigsten Straßen einer Stadt oder einer Region unterwegs und können bei Bedarf gerufen werden. Sie bieten ihren Fahrservice rund um die Uhr in Abstimmung mit allen anderen Transportmitteln an. In der dritten Phase sind die Fahrzeuge in der Lage, auf allen Straßen bei jedem Wetter zu fahren. Da eine Verkehrsleitzentrale den Einsatz und die Wege optimiert, sind die Fahrtkosten gravierend gesunken. Spätestens jetzt müssten einige Pendler erkennen: Es ist an der Zeit, das eigene Fahrzeuge aufzugeben. Mobility-as-a-Service funktioniert. Auch dürften sich die Fahr- und Zeitpläne der diversen Verkehrsmittel aufeinander eingeschwungen haben. Der schnelle und einfache Übergang von einem Verkehrsmittel auf ein anderes gelingt.

KAPITEL 15
VERKEHR IST MULTIMODAL

Hauptsache nahtlos

Wie bereits angedeutet, basiert Mobility-as-a-Service auf der Idee, Auto, Zug, Bus, Fahrrad, Roller und womöglich auch den Marsch zu Fuß miteinander zu kombinieren. Natürlich kommt man mit dem Auto fast überall hin. Es ist aber weder ökonomisch noch ökologisch sinnvoll, jede Distanz mit dem Fahrzeug zu bewältigen. Genauso unsinnig wäre es, jedes Wohngebiet an das Netz der Straßenbahn anzubinden. Es gibt bessere Möglichkeiten, die erste und letzte Meile im Transport von Personen, aber auch Gütern zu überwinden. Daher zielt Mobility-as-a-Service immer auf die Gestaltung einer Transportkette ab, indem man Zug, Bus, Auto und die anderen Verkehrsmittel bestmöglich aneinanderreiht. Wenn von einer bestmöglichen Kette die Rede ist, dann geht es immer um eine ökologisch, aber auch ökonomisch ausgerichtete Mobilität.[1] Einige Zahlen sollen verdeutlichen, dass es dringend einen Blick über die Verkehrsmittel hinweg braucht.

E-Fahrräder und E-Roller wären eigentlich zeitgemäße Verkehrsmittel, da sie nahezu keinen Lärm machen und keine Schadstoffe ausstoßen. Allerdings taugen sie bestenfalls für die ganz kurze Distanz und zum Transport von sperrigem Gepäck schon gar nicht. Bei Regen und Schnee dürften sie für viele Reisende auch nicht die allererste Wahl sein. Mit dem Auto kommt man mit der ganzen Familie und sehr viel Gepäck dagegen fast überall hin. Jedoch sind die Fahrzeuge, wir wissen es bereits, im Durchschnitt nur mit 1,5 Personen besetzt. Die Folge: Es braucht sehr viele Flächen für Straßen und Parkplätze. Zudem muss bei einem Auto, das 1 500 Kilogramm wiegt, etwa eine Tonne Fahrzeug für einen Fahrgast bewegt werden. Eine Tonne Material bewegen, um kurz zum Einkaufen oder schnell ins Fitnessstudio zu fahren. Geht das nicht besser?

Ist die Fahrt mit der Bahn die bessere Option? Hierzu sei ein Zug im Fernverkehr betrachtet, der etwa 400 Tonnen wiegt. Mit circa 420 Sitzplätzen und einer Auslastung von 60 Prozent, was schon beachtlich ist, müssen sogar 1 600 Kilogramm Zug pro Passagier bewegt werden. Nicht selten sind Nahverkehrszüge, die etwa 60 Tonnen schwer sind, mit nur 20 Reisenden unterwegs, was 3 Tonnen Zug pro Fahrgast bedeutet. Da diese Züge oft anhalten und wieder beschleunigen, sind beachtliche Energiemengen für den Antrieb erforderlich. Rechnet man noch die Tunnel, Brücken und Bahnhöfe hinzu, so sind enorme Anstrengungen notwendig, bevor eine Bahn zum ersten Mal fährt.

Fazit aus dieser Diskussion: Jedes Verkehrsmittel hat seine spezifischen Vorzüge, die in einem multimodalen Verkehrskonzept, also im Verbund, ausgespielt werden können. Beim Auto ist es die Flexibilität, fast zu jeder Zeit an fast jeden Ort zu kommen. Züge im Fernverkehr können große Mengen von Personen über lange Distanzen befördern. Mit den Bahnen im Nahverkehr lassen sich die verschiedenen Zentren einer Stadt verbinden. Die Mikromobilität kommt für die Verteilung der Reisenden und Pendler auf der ersten und letzten Meile in Betracht. Und jetzt noch die selbstfahrenden Pods und Shuttles! Sie tragen entscheidend dazu bei, den Verkehr umweltschonender zu machen und die Transportkosten zu reduzieren.

Häufig gehen die Begriffe intermodale und multimodale Mobilität durcheinander. Deshalb kurz und knapp eine Erläuterung dazu: Multimodaler Verkehr ist ein Überbegriff, der die Nutzung verschiedener Verkehrsmittel zum Beispiel im Verlauf einer Reise, eines Tages oder einer Woche beschreibt. Also am Montag das Auto, am Dienstag das Fahrrad und an den anderen Tagen wieder andere Verkehrsmittel.[2] Intermodales Fortkommen ist eine Variante davon: Auf dem Weg zur Arbeit nimmt ein Pendler zunächst das Fahrrad, wechselt danach auf den Bus und geht die letzte Strecke zu Fuß. Obgleich Definitionen erfahrungsgemäß langweilen, ist diese Unterscheidung für die weitere Diskussion hilfreich. Aber keine Sorge: In der Alltagssprache verwendet man für alle Reiseketten zumeist nur den Begriff der multimodalen Mobilität.

Wie sieht intermodales Reisen eigentlich aus? Hierzu zwei Beispiele: Francesca und Alessandro leben in Muratello, Italien, nicht weit vom Gardasee entfernt. Heute wollen sie nach Chambly reisen, eine kleine Stadt, etwa 30 Kilometer außerhalb von Paris gelegen, um Verwandte zu besuchen. Hierzu nutzen sie zunächst E-Fahrräder, um von zu Hause nach Brescia zu kommen, wo sie auf einen Zug umsteigen. Eines der Fahrräder hat einen Anhänger für die Koffer. Der Zug fährt auf direktem Weg zum Hauptbahnhof nach Mailand, Umsteigen unterwegs nicht erforderlich. Dort wechseln Alessandro und Francesca auf einen Bus, der sie zum Flughafen nach Malpensa bringt. Mit dem Flugzeug geht es nach Paris, Landung auf dem Flughafen Charles de Gaulle. Jetzt noch den Mietwagen abholen, möglichst zügig auf die Autobahn, um rechtzeitig bei den Verwandten in Chambly einzutreffen.

Ein Pendler befindet sich auf dem Weg zur Arbeit und möchte das Verkehrsangebot seiner Stadt nutzen. Die dazugehörige App kombiniert die Verkehrsmittel so, dass er möglichst zügig ins Gewerbegebiet gelangt. So weit, so gut. Da die App aber für alle Nutzer die schnellste Verbindung anzeigt, dürften einige Stadtteile vom Berufsverkehr besonders betroffen sein. Alle Pendler müssen durch diese Wohngebiete, um möglichst rasch am Arbeitsplatz einzutreffen. Daher könnte man sich auch eine Steuerung vorstellen, die den Verkehr gleichmäßig über die Stadtteile verteilt, um einige Wohnquartiere von Lärm und Schadstoffen zu entlasten. Kurzum: Optimiert die App den Weg des Einzelnen oder den Verkehr in der gesamten Stadt? Ein schönes Beispiel für die Wegeplanung via App unter Berücksichtigung der Verkehrslage in der Stadt sind die Angebote von Transport for London. Am besten mal draufschauen!

Ein weiterer Aspekt bei der Gestaltung inter- und multimodaler Reiseketten betrifft die Rolle der Stadtregierungen. Lassen sie private Akteure, wie die Anbieter von E-Rollern oder E-Fahrrädern, überhaupt zu? Dürfen diese Unternehmen eigenständig neue Routen erschließen? Im Leben gibt es bekanntlich alles, so auch in diesem Fall: In Singapur ist es vor allem die Stadtregierung, die das multimodale Verkehrsangebot gestaltet. Es gibt einen Masterplan! Dagegen treiben in Tel Aviv viele junge Technologiefirmen die Entwicklung voran. Beides funktioniert! Beide Ansätze liefern herausragende Mobilität für die Menschen und sind weltweit immer wieder zitierte Beispiele. Offenbar lässt sich nicht generell sagen, ob mehr Staat oder mehr Markt der richtige Weg ist. In jedem Fall sind nur sehr wenige Unternehmen in der Lage, das gesamte Spektrum der Verkehrsmittel zu offerieren. Es braucht Partnerschaften!

Häufig taucht die Frage auf, wie die zahlreichen kleinen privaten Firmen in das von öffentlichen Unternehmen gelenkte Netzwerk zur Bereitstellung multimodaler Angebote am besten eingebunden werden können. Wie lassen sich die divergierenden Interessen vereinen und welche Freiheit sollte man den einzelnen Akteuren bei der Gestaltung ihrer Leistungen erlauben?[3] In Lissabon beispielsweise werden private Firmen, die Mikromobilität offerieren, mit offenen Armen und zunächst »weichen« Regeln empfangen: Man gibt ihnen Freiraum bei der Auswahl von Routen und der Festlegung von Preisen. Sofern diese Firmen ihre Marktstellung ausnutzen, zu hohe Preise verlangen und das Angebot einschränken, können sofort »harte« Regeln erlassen werden.

Kann ein multimodales Verkehrssystem in einer Megacity überhaupt funktionieren? Schauen wir dazu auf Tokyo. Das Verkehrsnetz dieser Metropolregion mit ihren fast 40 Millionen Einwohnern steht jeden Tag vor der enormen Herausforderung, den nicht enden wollenden Strom der Pendler bewältigen zu müssen. Hierzu entstand über die Jahre ein verzweigtes System von S- und U-Bahnen, das von mehr als 30 privaten und öffentlichen Verkehrsunternehmen betrieben wird. Ein gigantisches Netz! Gleichwohl ist es in einigen Bezirken nach wie vor mühsam, von den Bahnhöfen zu den Arbeitsplätzen zu gelangen, sodass das Auto immer noch eine bedeutende Rolle im Verkehrsmix von Tokyo spielt. Die erste und die letzte Meile sind das zentrale Problem dieser Stadt. Multimodale Mobilität die ausgerufene Lösung!

Mit zwei Mobilitätskarten gelang es inzwischen, den Umstieg von einem Verkehrsmittel auf ein anderes ohne Schwierigkeiten zu ermöglichen. Darüber hinaus kommen immer wieder neue Apps auf den Markt, die den Menschen den schnellsten, günstigsten oder bequemsten Weg in diesem Gewirr der Verkehrssysteme zeigen sollen. Seit zwei Jahren fördert die Stadtregierung vor allem junge, private Firmen, die im Rahmen von Pilotprojekten neue Ideen zur Verbesserung der Verkehrssituation testen können. Hierbei sollen Umsteigeplätze eingerichtet werden, die den Wechsel von einem Verkehrsmittel auf ein anderes beschleunigen. Wichtig ist dabei auch die Analyse von Verkehrsdaten, um die Empfehlungen der Apps ständig zu verbessern. Sofern sich diese Pilotprojekte bewähren, werden sie von den Verkehrsbetrieben übernommen.

Tel Aviv zeichnet sich durch eine besonders lebhafte Szene neuer, junger Unternehmen aus. Viele von ihnen befassen sich vor allem mit Software für Mobilitätsplattformen und das autonome Fahren sowie mit dem multimodalen Verkehr. Über 600 Mobilitätsfirmen wurden hier in den letzten fünf Jahren gegründet. Start-ups, aber auch Spin-offs aus etablierten Technologieunternehmen heraus. Daher sprechen manche mit Blick auf Tel Aviv schon vom Silicon Valley der Mobilitätsindustrie. Diese beeindruckende unternehmerische Kraft geht einher mit dem ehrgeizigen Ziel der Regierung, den Ölverbrauch landesweit bis 2025 um 60 Prozent zu senken. Tel Aviv selbst leidet aufgrund einer wachsenden Zahl von Pendlern an Staus, Lärm und Abgasen. Daher ist man dabei, zahlreiche Initiativen zur Verbesserung der Verkehrssituation auf den Weg zu bringen. Eine davon ist ein neues U-Bahn-Netz, das in den nächsten Jahren täglich etwa 50 000 Reisende befördern wird. Viele von ihnen werden zusätzliche Mobilitätsservices benötigen, um von den Bahnhöfen zu ihren Arbeitsplätzen zu gelangen.

Daher soll die Mikromobilität deutlich ausgebaut werden. Die Lage am Meer, das schöne Wetter, das flache Gelände begünstigen den Einsatz von E-Fahrrädern und E-Rollern. Weiterhin erweitert die Stadtregierung das Netz der Straßenbahnen und Busse, um den Autoverkehr schrittweise zurückzudrängen und das

Pendeln in die Stadt und damit bessere Jobchancen und eine höhere Lebensqualität zu ermöglichen. Mit einem multimodalen Verkehrssystem, das den nahtlosen Übergang von einem Verkehrsmittel auf ein anderes erlaubt, soll Tel Aviv die Rolle einer Vorzeigestadt für die moderne Mobilität übernehmen. Um diese Absicht zu unterstreichen, sollen die Mobilitätsdaten allen interessierten Technologiefirmen frei zugänglich sein. Die Software-Entwickler stehen jedenfalls bereit, viele davon ausgestattet mit Geld aus der ganzen Welt. An technologischer Expertise fehlt es in Tel Aviv sicher nicht.

London, das wirtschaftliche Zentrum von England, konnte in den letzten Jahren einen enormen Anstieg der Bevölkerung verzeichnen. Um das damit verbundene Wachstum des Verkehrs noch bewältigen zu können, wurde mit Transport for London ein Verkehrsverbund geschaffen, der private und öffentliche Transportunternehmen zusammenschließt. Sie alle betreiben S- und U-Bahnen, Busse, Taxis, Fähren über die Themse, E-Fahrräder und E-Roller. Aus bestens aufeinander abgestimmten Fahrplänen, einer Mobilitätskarte, mit der man für alle diese Services bezahlen kann, mehreren Mobilitäts-Apps, preislichen Anreizen, das Auto stehen zu lassen und vielen baulichen Maßnahmen, die diesen Verbund gegenüber Fahrzeugen begünstigen, entstand ein weltweit führendes multimodales Verkehrssystem. Transport for London ist zudem bereit, viele der gesammelten Verkehrsdaten mit anderen Firmen zu teilen, sodass immer wieder neue Dienste entstehen, mit denen sich das Gesamtsystem verbessern lässt.

Bemerkenswert sind die Maßnahmen in San Diego. Eine Stadt, die in der Verkehrspolitik schon immer als innovativ galt. Bereits vor 40 Jahren nahm San Diego eine Straßenbahn in Betrieb, während alle anderen US-amerikanischen Metropolen noch auf das Auto setzten. Um den Sprung ins multimodale Zeitalter zu schaffen, wurde eine Verkehrsbehörde eingerichtet, die ganzheitlich die Entwicklung der Infrastruktur plant und umsetzt. Hieraus entstand eine Mobilitätsinitiative: Zunächst sollen parallel zu den Straßen und Schienen Korridore für Fußgänger, Fahrrad- und Rollerfahrer angelegt werden. Dadurch lassen sich die Verkehrsmittel fast beliebig miteinander kombinieren. Ferner ist beabsichtigt, die wichtigsten Zentren und Vororte der Stadt mit Transitstrecken zu verbinden, um den Pendelverkehr zu beschleunigen. Auf diesen Strecken gibt es möglichst keine Ampeln oder Kreuzungen, sodass Züge und Autos mit konstanter Geschwindigkeit unterwegs sein können.

Zentrale Plätze sollen ausgebaut werden, um ein rasches Umsteigen von einem Verkehrsmittel auf ein anderes zu ermöglichen. Von dort aus lassen sich auch On-demand-Dienste anbieten, vielleicht schon bald mit selbstfahrenden Fahrzeugen.

Um den Besitz von Autos überflüssig zu machen, sollen Flotten von Fahrzeugen, Bussen, Fahrrädern und Rollern eingerichtet werden. Diese stehen an markanten Orten in der Stadt bereit oder können via App bestellt werden. Eine Datenplattform bildet das Gehirn dieses Mobilitätssystems und stellt sicher, dass die Fahrpläne der Verkehrsmittel aufeinander abgestimmt sind. Hierzu müssen alle Mobilitätsservices in den fahrplangesteuerten Verkehr eingebunden werden, damit alle Kunden möglichst gute Transportleistungen erhalten. Das hört sich nach einem durchdachten Konzept an!

Mobility-Hubs

Was ist das, ein Mobility-Hub? Schon mehrmals war davon die Rede.[4] Im Kern handelt es sich um einen Knotenpunkt, an dem sich die vielfältigen Verkehrsmittel treffen. Zum Beispiel ein Bahnhof, ein Flughafen, ein Parkhaus oder jeder andere Ort im Zentrum der Stadt. Für die inter- und multimodale Mobilität sind diese Hubs entscheidend, weil sie den einfachen und schnellen Umstieg von einem Verkehrsmittel auf ein anderes ermöglichen müssen. Nur so funktioniert Verkehr! Es braucht kurze Wege, eine übersichtliche Beschilderung, selbsterklärende Zonen.

Abbildung 4.7: Erstes Beispiel für einen Mobility-Hub
Quelle: Eigene Darstellung

Man muss sich, ohne lange zu überlegen, sofort zurechtfinden. Die gesamte Architektur des Mobility-Hub muss auf den reibungslosen Wechsel der Verkehrsmittel ausgerichtet sein. Und es braucht wohl auch die richtigen Geschäfte. Wir haben es alle schon erlebt: Auf dem Weg vom E-Fahrrad zum Zug möchte man noch rasch ein Getränk und eine Zeitung mitnehmen.

Mobility-Hubs sind aber noch mehr. Inzwischen gehören Ladestationen für E-Autos ebenso dazu wie ein umfassender Reparaturdienst für Fahrräder und Roller. Diese Knotenpunkte sind aber auch Orte, an denen sich Menschen treffen. Cafés, Lounges, Restaurants entstehen. Man begegnet sich privat oder geschäftlich. Der Hub als ein Platz zum Verweilen, zum Beobachten, aber auch zum Beobachtetwerden, zum Sich-Unterhalten und zum Neues-Entdecken. Bahnhöfe eignen sich aufgrund ihrer Lage in der Innenstadt dafür. Sie könnten die Rolle von Mobility-Hubs übernehmen. So auch in den Abbildungen 4.7 und 4.8. Dort sind verschiedene Konzepte für solche Knotenpunkte zu sehen.

Übrigens, einige schweizerische Bahnhöfe sind gute Beispiele dafür. Jeden Morgen treffen über 100 000 Menschen mit ihren Fahrrädern an den Bahnhöfen ein. Von dort geht es auf die Züge, die in der Schweiz pünktlich abfahren! Verzögerungen gibt es nur selten. Um den Pendlern einen zügigen Umstieg zu ermöglichen, wurden modernste Staplersysteme eingerichtet. Die Fahrräder können schnell

Abbildung 4.8: Zweites Beispiel für einen Mobility-Hub
Quelle: Eigene Darstellung

und sicher geparkt werden. Zudem gibt es ausgewiesene Sharing-Zonen für den Wechsel zum Beispiel vom Zug auf den E-Roller. Bemerkenswert ist die Green-Class: Hierbei kann sich der Kunde ein Mobilitätspaket selbst zusammenstellen. Beispielsweise ein Jahresticket für den Zug, einen Parkplatz am Bahnhof inklusive einer Ladestation, falls erforderlich auch ein Auto. Gelebte Multimodalität!

Multimodale Verkehrssysteme liefern enorme Datenmengen, die genutzt werden können, um die Angebote für die Bevölkerung ständig zu verbessern.[5] So weit, so gut. Allerdings steht einer auf Daten basierenden Optimierung des Verkehrs die Sorge vieler Nutzer entgegen, dass die Privatsphäre verletzt werden könnte. Somit müssen die Betreiber der Verkehrsmittel ständig zwischen den Befindlichkeiten der Kunden und den Ansprüchen der Verkehrsplaner abwägen. Daher hat sich in den USA ein Konsortium von Städten und Verkehrsbetrieben gebildet, das unter Beachtung der Datenschutzbestimmungen aus dem Austausch von multimodalen Mobilitätsdaten gemeinsam lernt. Folgende Fragen sollen beantwortet werden: Welche Transportmittel werden miteinander kombiniert? Wie lange und für welche Strecke wird das jeweilige Transportmittel genutzt? Wo sind die Hürden für einen Wechsel der Transportmittel? Genau diese Fragen müssen beantwortet werden, damit sich die Mobility-Hubs entwickeln können und stets auf die Wünsche der Reisenden ausgerichtet sind.

KAPITEL 16

PODS UND SHUTTLES

Es geht auch ohne eigenes Auto

Autonome Pods und Shuttles verkörpern für die einen den Aufbruch in ein neues Zeitalter der Mobilität. Die anderen stehen diesen Fahrzeugen noch skeptisch gegenüber. Man wartet lieber ab. Die Technologie des autonomen Fahrens muss sich erst noch bewähren. Man traut der Sache noch nicht wirklich. Gleichwohl befinden sich bereits zahlreiche selbstfahrende Minibusse überall auf der Welt im Einsatz. Beispielsweise auf Flughäfen, wo sie die Passagiere zwischen den Terminals befördern. Auch in Industriegebieten, zwischen den Gebäuden von Krankenhäusern und Universitäten, in Shopping-Zentren, auf Messen. Sogar in einigen Innenstädten übernehmen fahrerlose Fahrzeuge den Transport von Menschen und Fracht.

Ein Blick hinter die Kulissen verdeutlich, dass die Technologie des autonomen Fahrens derzeit in vielerlei Richtungen vorangetrieben wird.[1] Da es nur noch Insassen und keinen Fahrer mehr gibt, kommen neue Ideen für die Gestaltung des Innenraums auf. So entstehen Konzepte für Innenräume, die rollenden Wohn-, Arbeits-, Spiel- und Konferenzzimmern gleichen und mit bester Informations- und Kommunikationstechnologie ausgestattet sind. Bei anderen Ideen steht der innerstädtische Transport im Mittelpunkt, vor allem die Anbindung der Pods und Shuttles an den öffentlichen Bus- und Zugverkehr. Die autonome Mobilität bietet die Chance, die Transportmittel intelligent miteinander zu verknüpfen. Den selbstfahrenden Fahrzeugen kommt dabei die Aufgabe zu, die Beförderung der Reisenden vor allem auf der Kurz- und Mittelstrecke sowie der ersten und letzten Meile zu übernehmen. Also von zu Hause oder vom Arbeitsplatz zum Bahnhof und wieder zurück, aber auch von Punkt zu Punkt im Stadtgebiet oder vom Land in die Stadt und wieder zurück. Um die Idee von Mobility-as-a Service auch tatsächlich umzusetzen, braucht es vor allem zwei Typen autonomer Fahrzeuge (Abbildung 4.9).

Fahrerlose Pods sind keine Abwandlung von bestehenden Fahrzeugmodellen, sondern werden von vornherein als autonome Autos angelegt.[2] Diese Fahrzeuge

Abbildung 4.9: Beispiele für einen Pod und ein Shuttle
Quelle: Herrmann, A., Brenner, W., Stadler, R. (2018): Autonomous Driving. How the Driverless Revolution will Change the World

verkehren zunächst nur in den Innenstädten in einem definierten Einzugsbereich. Später sollen sie das gesamte Straßennetz nutzen und auch den ländlichen Raum abdecken können. Sie gehören zu einer Flotte, die zum Beispiel von einem Unternehmen, einer Bahn- oder Busgesellschaft oder einem Stadtwerk betrieben wird. Der Kunde besitzt den Pod nicht, sondern bezahlt nur die Nutzung, hat ein Abonnement oder eine Flatrate. Diese Fahrzeuge lassen sich mit einer App reservieren und anfordern, wobei eine Verkehrsleitzentrale sie unter Berücksichtigung der Verkehrslage und der Fahrtziele navigiert. Pods sind klein und wendig und daher für den Stadtverkehr geeignet. Zudem bieten sie den wenigen Passagieren eine gewisse Privatsphäre.

Auch ist davon auszugehen, dass in den nächsten Jahren immer mehr selbstfahrende Shuttles zum Einsatz kommen. Keine großen Reisebusse, sondern kleine Stadtbusse mit Platz für 8 bis 20 Passagiere. Bereits heute nutzen einige Städte diese Shuttles, allerdings nur auf festgelegten Routen und mit wenigen Haltestellen. On-demand-Stopps mit variabler Routenwahl dürften aber schon in den nächsten Jahren möglich sein. Den Auftakt bildete das von der Europäischen Union initiierte und finanzierte Projekt CityMobil. Es sollte die Möglichkeiten für einen automatisierten Personenverkehr in ausgewählten Städten aufzeigen. Dabei ging es nicht nur um technologische Aspekte, sondern man wollte wissen, was zu tun ist, damit sich die Passagiere in diesen Fahrzeugen wohlfühlen.

Egal ob man Pods oder Shuttles betrachtet, die Vielfalt der Fahrzeuge ist beachtlich: Manche sind allein für den Transport von Fahrgästen geeignet, wohingegen andere neben den Passagieren auch noch Fracht befördern.[3] Wieder andere sind dafür entwickelt worden, Lebensmittel und Medikamente oder alle möglichen

Services fahrerlos in entlegene Gebiete zu transportieren. Dabei fällt auf, dass die bislang übliche Unterscheidung in Personen- und Frachtverkehr verschmilzt. Einige Anwendungen sehen sogar vor, dass ein Fahrzeug tagsüber im Personenverkehr eingesetzt ist und nachts zum Beispiel Waren von einem Zentrallager in einzelne Geschäfte ausliefert (Abbildung 4.10).

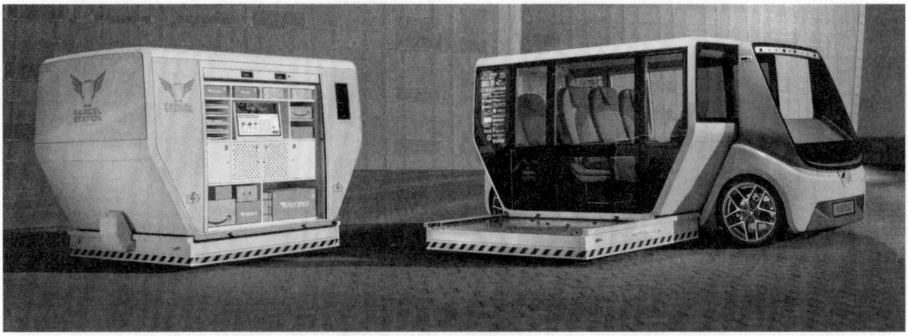

Abbildung 4.10: Das variable Shuttle von Rinspeed
Quelle: Rinspeed

Im Folgenden sollen einige wegweisende Konzepte autonomer Pods und Shuttles dargestellt werden (Abbildung 4.11). Bemerkenswert ist, dass kein bislang etablierter Automobilhersteller in diesem Markt vertreten ist. Ganz im Gegenteil, viele haben sich nach anfänglichem Interesse von der Entwicklung und Produktion solcher Fahrzeuge zurückgezogen. Sie sehen kein Geschäftsmodell! Ob dies eine gute Entscheidung war, dürfte sich erst in einigen Jahren zeigen. In jedem Fall sind es die Technologiefirmen, die eine wichtige Rolle übernehmen und für Einsatzmöglichkeiten dieser Fahrzeuge vor allem in den Städten sorgen.

Nuro ist in San Francisco angesiedelt und stellt autonome Fahrzeuge vor allem für den Transport von Produkten her. Neuerdings übernehmen diese Shuttles die Warenlieferungen für die Filialen der Handelskette Kroger und die Restaurants von Domino's Pizza. Udelv besitzt bereits zwei prominente Kunden: die Warenhauskette Walmart und den Internetgiganten Baidu. Diese ebenfalls in San Francisco ansässige Firma stellt autonome Fahrzeuge für den Gütertransport her und übernimmt zudem auch die Planung und Steuerung der Logistikkette. Coast Autonomous aus Los Angeles konzentriert sich nicht nur auf die Fertigung von Shuttles, sondern bietet ein Software-Paket an, das in andere Autos eingebaut werden kann. Ein weiteres Fahrzeugkonzept stammt von Next, einem in San Jose beheimateten Unternehmen. Hierbei handelt es sich um ein modulares System,

Abbildung 4.11: Autonome Shuttles im Überblick
Quellen: Nuro, Navy, EasyMile, 2GetThere, Coast Autonomous, Yutong

das aus einem Fahrwerk und verschiedenen Aufbauten besteht. Daher kann es sowohl für den Personen- als auch den Güterverkehr eingesetzt und sogar in der Größe variiert werden.

Ein weltweit bekanntes Shuttle stammt von Navya, einem französischen Unternehmen, das seit Jahren vor allem mit Stadtregierungen und Stadtwerken zusammenarbeitet. Das Vorzeigeprojekt dieses Unternehmens ist Masdar City, wo eine Stadt der Zukunft mit selbstfahrenden Fahrzeugen entsteht. Easymile ist ein weiterer französischer Anbieter, an dem Continental, einer der größten Automobilzulieferer der Welt, beteiligt ist. ZF, ein anderer großer Zulieferer, ist bei 2GetThere, einer niederländischen Firma, engagiert. Sie baut fahrerlose Fahrzeuge für den Personenverkehr. 2GetThere ist schon seit vielen Jahren im Markt, bislang mit Shuttles, die den Gütertransport in Fabriken und Warenhäusern übernehmen. Lohr, im Elsass in Frankreich angesiedelt, kooperiert mit Transdev und Mobileye, um in Kürze selbstfahrende Shuttles namens i-Cristal mit Rampe und Rollstuhlzugang für 16 Passagiere auf den Markt zu bringen.

Der chinesische Technologiekonzern Baidu nutzt seine Kompetenz in künstlicher Intelligenz, um fahrerlose Fahrzeuge zu bauen. Vor Kurzem hat dieser Anbieter einen selbstfahrenden Taxiservice in Peking gestartet und beschäftigt sich damit, einen autonomen Bus zu entwickeln. YoTong ist ebenfalls ein in China beheimateter Hersteller von Transportern und Bussen, der jedoch bislang mit Projekten zum autonomen Fahren nicht auffiel. Allerdings hat YoTong angekündigt, sehr bald schon fahrerlose Busse auf den Markt zu bringen, die dreimal mehr Personen Platz bieten als die bekannten selbstfahrenden Minibusse.

Neben den genannten Herstellern gibt es noch viele weitere, wie etwa Ohmio aus Neuseeland, Milla Pod aus Frankreich, Neolix aus China sowie Polaris, May Mobility, Optimus Ride, Local Motors aus den USA. Aber auch Firmen in Israel, Taiwan, Schweden, Finnland und den baltischen Staaten wollen autonome Pods und Shuttles auf den Markt bringen. Uber und Arrival verfolgen die Idee, ein Fahrzeug speziell für das Ride-hailing zu entwickeln. Da diese Autos 40 000 bis 50 000 Kilometer pro Jahr absolvieren, steht der Fahrkomfort im Mittelpunkt. Zudem dürfte auch die Unterhaltung der Passagiere eine wichtige Rolle spielen. Bereits 2025 soll dieses Fahrzeug in London zum Einsatz kommen.

Noch ist nicht absehbar, wie sich der Markt für diese Fahrzeuge entwickeln wird. Eines scheint jedoch sicher: Einige dieser Firmen werden sich durchsetzen, andere werden übernommen oder arbeiten zusammen, wieder andere werden verschwinden. Entscheidend dürfte die Leistungsfähigkeit des Systems für das autonome Fahren sein. Viele dieser Eigenentwicklungen sind zum Scheitern verurteilt, da es mehrere Milliarden Dollar braucht, bis das System einsatzfähig und damit marktreif ist. Vieles hängt auch davon ab, ob und inwieweit Stadtregierungen und Stadtwerke bereit sind, diese Fahrzeuge in ihr Mobilitätssystem zu integrieren.[4]

Einige Städte gehen voran und erkennen die Chance, um die erste und letzte Meile sowie den innerstädtischen Verkehr viel besser als bislang bewältigen zu können. Die fahrerlosen Fahrzeuge entfalten ihre Leistungsfähigkeit jedoch nur dann, wenn sie in das System des Nahverkehrs integriert sind. Dies ist in vielen Projekten noch nicht der Fall. Andere Städte sind aus vielerlei Gründen bislang noch nicht in der Lage, ihr Mobilitätsangebot um autonome Fahrzeuge zu ergänzen. In einigen Fällen wollen die Stadtwerke nicht mitmachen, da sie Konkurrenz für ihre Busse und Bahnen befürchten. In anderen Städten scheut man die Investitionen in Fahrzeuge und Infrastruktur. Wieder anderen fehlt der Glaube, dass sich die Technologie des autonomen Fahrens tatsächlich durchsetzen kann.

Lieferdienste

Haben Sie schon einmal etwas im Internet bestellt? Diese Frage beantworten inzwischen fast alle Menschen in den USA, Kanada, Europa und Teilen Asiens mit Ja. Und täglich werden es mehr. Der Boom, im Internet zu shoppen, ist ungebrochen. Übrigens auch schon vor der Coronapandemie. Allein zwischen 2014 und 2019 hat sich der Umsatz im Online-Handel verdreifacht.[5] Allerdings wurde diesem Trend durch das Virus ein zusätzlicher Schub verliehen. In einigen Ländern bis zu 30 Prozent. So verzeichnete der chinesische Lieferservice für Nahrungsmittel Meituan Dianping im März und April 2020, als die Pandemie einen Höhepunkt erreichte, einen Umsatzzuwachs von etwa 400 Prozent gegenüber dem Vorjahr.

Diese Entwicklung geht munter weiter: Zwischen 2019 und 2023 wird ein jährliches Wachstum des Online-Handels von 17 Prozent erwartet. Insbesondere in China. Alibaba und JD.com drücken auf das Tempo, und die Chinesen machen freudig mit. Dass Sportartikel, Kleidung, Elektrogeräte und Bücher im Internet erworben werden, ist nichts Neues. Fast schon im Wochentakt kommen weitere Produkte hinzu. Für den Online-Handel scheint es keine Grenzen mehr zu geben. Deshalb verlagern auch immer mehr stationäre Händler, beispielsweise Walmart, ihr Geschäft ins Internet.

Für die Kunden spielen beim Online-Einkauf nicht nur die Produkte selbst, sondern immer mehr auch die Lieferbedingungen eine wichtige Rolle. Hierbei geht es nicht nur um den kostenfreien Versand, das ist oft der Standard! Vielmehr wollen die Besteller die Sendung online verfolgen und das Zeitfenster der Belieferung bestimmen: zuverlässig, nachvollziehbar, kostenlos und vor allem schnell. Die Lieferzeit hat sich in den letzten Jahren rasant verkürzt. Normalerweise beträgt sie 1 bis 3 Tage. Allerdings wünschen immer mehr Kunden einen Versand am gleichen Tag. Dafür muss Amazon weltweit 390 Zentrallager betreiben und 20 000 Lieferwagen unterhalten. So gelingt es, die meisten Kunden in 24 Stunden zu beliefern. Es geht aber noch besser: Eine Kundin bestellt eine Jacke, die sofort zugestellt werden soll. Nicht erst am nächsten Tag! Das Kleidungsstück wird so schnell wie möglich verpackt und vom Zentrallager über mehrere Zwischenlager ohne Umwege zur Haustür gebracht.

Schauen wir zurück: Vor der Zeit des Online-Handels wurden die Einzelhändler in der Innenstadt und die Handelszentren am Stadtrand aus den Zentrallagern regelmäßig beliefert. Bis vor einigen Jahren waren zwei bis drei Lieferungen pro Woche üblich. Das gilt nicht mehr: Inzwischen werden Kaufhäuser bis zu zehnmal, Cafés um die sechsmal und Apotheken sogar bis zu 15-mal pro Tag angefahren.

Manchmal nur wegen eines Kleidungsstücks oder eines Medikaments. Die Straße ist das Lager, nicht mehr das Warenhaus. Und jetzt noch der Online-Handel: Zusätzlich zu den Lieferungen an die Händler kommen die vielen Sendungen an die privaten Haushalte verteilt über das gesamte Stadtgebiet hinzu.[6] Kleine Mengen, wenige Pakete, unregelmäßige, unplanbare Fahrten überall hin, in alle entlegenen Ecken der Stadt und stets die Sorge, der Empfänger könnte nicht zu Hause sein. Kein Wunder, dass sich die Zahl der Lieferwagen seit Mitte der 1990er Jahre versiebenfacht hat und diese Transporte inzwischen 30 Prozent des innerstädtischen Verkehrs ausmachen.

Als hätte man es nicht schon immer geahnt. Nun also doch! Auch Amazon bereitet sich darauf vor, ins Geschäft mit Mobility-as-a-Service einzusteigen. Sowohl für den Transport von Menschen als auch für die Auslieferung von Paketen. Man entwickelte nicht selbst, sondern übernahm Zoox, ein Unternehmen, das ein autonomes Taxi fertiggestellt hat. Ein gelungenes Fahrzeug, wie viele Beobachter meinen. Es bietet Platz für vier Personen, hat ein Sonnendach und erreicht eine Geschwindigkeit von 120 Stundenkilometern. Der Hersteller verspricht eine Betriebsdauer von 16 Stunden ohne Aufladung. In jedem Fall ein besonderes Design: sportlich, markant, fast etwas grimmig und frech. Derzeit befindet sich dieses selbstfahrende Taxi in Las Vegas und San Francisco im Test. Interessante Information: Amazon hat in Aurora investiert, in eine Firma, die fahrerlose Lastwagen testet.

Zurück zum Online-Handel: Es braucht nicht viel Fantasie, um sich vorzustellen, was dies für die Städte bedeutet. Täglich rollt die Karawane der Lieferwagen zu den privaten Haushalten. Ebenso zu den Lebensmittelhändlern, den Bau- und Drogeriemärkten und zu den Möbelhäusern. Hierzu einige Zahlen: Das Weltwirtschaftsforum rechnet mit einem Anstieg dieser Transporte auf der letzten Meile bis 2030 um knapp 80 Prozent mit gravierenden Auswirkungen: Die Zahl der Lieferwagen dürfte von 5,3 Millionen auf 7,2 Millionen ansteigen, das sind 36 Prozent! Der Kohlenstoffdioxid-Ausstoß würde sich dadurch um 6 Millionen Tonnen erhöhen und die Zeit im Stau könnte um 21 Prozent anwachsen.[7] Keine guten Aussichten. Es braucht Alternativen!

Eines ist unbestritten: Es gibt nicht die eine Lösung für das Problem. Stattdessen kommen mehrere Wege in Betracht. Lieferung der Sendungen in Paketläden, Paketstationen und Paketboxen. Oder Lastenfahrräder, die möglichst nah an die Kunden herankommen. Aber auch diverse Varianten für die Paketabgabe sind vorstellbar: bei der Nachbarin, in der Kneipe oder beim Frisör um die Ecke. Es braucht dringend mehr Flexibilität für den Lieferservice. Oder einen Container mit bis zu 1 000 Sendungen, die zu Fuß oder mit dem Lastenrad verteilt werden.

Man könnte die Sendungen auch an den Arbeitsplatz liefern. Erste Projekte hierzu gibt es bereits. Auch eine Zustellung im Kofferraum ist denkbar. Der Zusteller ortet das geparkte Fahrzeug mittels einer App, öffnet den Kofferraum, verstaut die Sendung und informiert den Besteller. Immerhin befindet sich auch diese Option bereits in der Testphase.

Auch die zuvor dargestellten autonomen Transport-Shuttles könnten einen wichtigen Beitrag leisten, um die Verkehrsbelastung durch die vielen Lieferwagen zu reduzieren. Hierzu die folgende Überlegung: Lastwagen, von überallher kommend, liefern die für eine Stadt bestimmten Waren in mehrere Verteilzentren, die sich außerhalb der City befinden. Dort werden die Produkte auf selbstfahrende Transport-Shuttles umgeladen. Und zwar so, dass deren Wege durch die Stadt minimiert werden. Die Idee ist eine zentrale, durch Algorithmen optimierte Verteilung der Waren in der Stadt. Man bedenke: Bislang gibt es zahlreiche Logistikdienstleister, die alle ihre eigenen Lieferwagen ohne Abstimmung untereinander zur Auslieferung von Waren einsetzen. Also mehrere Zustellungen pro Tag an die gleiche Adresse durch verschiedene Zusteller. Das ist ein weiterer Grund für die nur geringe Auslastung dieser Fahrzeuge. Das muss doch besser gehen! Würde man alle Lieferwagen in ein gemeinsames Steuerungssystem einbinden, ließe sich das Verkehrsaufkommen deutlich senken. Hierfür käme eine Flotte von fahrerlosen Transport-Shuttles in Betracht. Da keine Fahrer mehr benötigt werden, dürften sich die Transportkosten erheblich vermindern. Auch die Sicherheit im Straßenverkehr könnte erhöht werden, da der Lieferverkehr jeden Tag für zahlreiche Unfälle verantwortlich ist.

Projekte hierzu gibt es bereits: Ford und Walmart testen bereits in Miami, Pittsburgh und Detroit den Einsatz von autonomen Udlev-Fahrzeugen für den Lieferverkehr. Diese Firma hat angekündigt, 2023 einen Transporter auf den Markt zu bringen, der mit dem Selbstfahrsystem von Mobileye ausgerüstet ist. Wie zuvor erläutert, spielt dabei die schnelle, zuverlässige und kostengünstige Lieferung eine wichtige Rolle im Handel. Daher sucht Walmart neue Wege, um gegen Konkurrenten wie Amazon bestehen zu können. Im Rahmen dieses Projekts mit Ford sollen die technischen Anforderungen an ein selbstfahrendes Transport-Shuttle erarbeitet werden. Darüber hinaus interessiert, ob sich die Kunden auf diesen fahrerlosen Lieferdienst einlassen. Vertrauen sie dem Fahrzeug? Funktioniert die Übergabe der Pakete? Gelingt die Abwicklung der Zahlungen? Lässt sich das Shuttle so steuern, dass es stets zur vereinbarten Zeit bei den Kunden eintrifft? Gibt es genug Parkmöglichkeiten am Straßenrand zum Entladen der Waren? Es tut sich etwas, und die Coronapandemie beschleunigt diesen Prozess.

KAPITEL 17

RECHNET SICH DAS GANZE?

Nach so viel Begeisterung für Mobility-as-a-Service muss, daran führt kein Weg vorbei, die Frage beantwortet werden, ob sich das Ganze überhaupt rechnet. Haben Fahrdienste, die ein zentrales Element von Mobility-as-a-Service darstellen, eine Chance, sich im Wettbewerb mit den privaten Fahrzeugen und dem öffentlichen Verkehr behaupten zu können? Könnte die Idee von Mobility-as-a-Service zum Schluss an finanziellen Erwägungen scheitern? Bislang haben wir nur am Rande über die Kosten und Preise gesprochen, die mit Mobility-as-a-Service einhergehen. In vielen Ländern geben die Haushalte 10 bis 30 Prozent des verfügbaren Einkommens für die Mobilität aus.[1] Allein schon daran kann man erkennen, dass die Kosten der Mobilität eine wichtige Rolle spielen.

In den Augen vieler Menschen schneidet das Auto gegenüber anderen Verkehrsmitteln mit Blick auf die Kosten stets sehr gut ab. Das verwundert nicht, da zumeist nur die Spritkosten betrachtet werden. Die anderen Kosten wie Wartung und Reparatur, regelmäßiger Service, Versicherung, Finanzierung und Abschreibung bleiben oft unberücksichtigt. Wer hat es nicht schon einmal erlebt? Die Fahrzeugübergabe beim Händler wird von den meisten Kunden als Fest gefeiert. Den wenigsten ist bewusst, dass der Neuwagen mehr als 10 Prozent seines Werts verliert, sobald er den Hof des Händlers verlässt.

Das Ticket für eine Zugfahrt scheint im Vergleich zu den Kosten für das Fahrzeug teuer. Was soll die Eisenbahn auch tun? Sie muss alle ihre Kosten in den Ticketpreisen an die Reisenden weitergeben. Nicht ganz. In vielen Ländern unterstützt der Staat die Bahngesellschaften aus Steuermitteln. In Deutschland sind es etwa 10 Milliarden Euro pro Jahr. Natürlich werden auch die Straßen aus Steuergeldern bezahlt. Aber was nutzt diese Diskussion. Realität ist das, was die Menschen wahrnehmen.

Wie auch immer man argumentiert, bekanntlich zählt nicht das Objektive, sondern das subjektiv Erlebte. Daher dürfte sich Mobility-as-a-Service nur dann im Markt durchsetzen, wenn sich der Preis pro Kilometer in der Nähe der von den Menschen wahrgenommenen Kosten pro Kilometer für das eigene Fahrzeug bewegt.

Besser noch darunter! Die Kalkulation in Abbildung 4.12 zeigt den Preis pro Kilometer für autonome Flottenfahrzeuge. Dabei ist zweierlei zu beachten:[2] Aus heutiger Sicht lässt sich die Entwicklung der Kosten insbesondere zwischen 2025 und 2035 nicht genau bestimmen. Von daher kann bestenfalls das erwartete Spektrum der Kosten aufgezeigt werden. Darüber hinaus liegt es nahe, die Kosten der einzelnen Leistungen nach Regionen zu betrachten. Zumindest zwei, vielleicht bald auch mehrere Regionen variieren deutlich im Hinblick auf die Entwicklung der Kosten.

Machen wir hierzu eine simple Berechnung: Ein Kilometer mit einem autonomen Fahrzeug kostet etwa 1,07 US-Dollar. Mit dem eigenen Auto geht es derzeit noch günstiger, zweifellos. Unter Berücksichtigung aller zuvor aufgelisteten Kosten muss man für einen Kilometer mit einem Mittelklassefahrzeug etwa 0,50 bis 0,70 US-Dollar rechnen. Schlägt das private Auto tatsächlich ein selbstfahrendes Flottenfahrzeug? Nun, im Auto befinden sich durchschnittlich 1,5 Personen. Folglich kostet der Personenkilometer 0,47 US-Dollar (= 0,70 ÷ 1,5). Genau hier liegt die Chance für den fahrerlosen Fahrdienst: Wenn es gelingt, ein zwölf Personen fassendes Shuttle zur Hälfte, mit sechs Personen, auszulasten, dann reduzieren sich die Kosten pro Personenkilometer auf 0,16 US-Dollar. Dies könnte man im Fahrpreis an die Kunden weitergeben. Und schon sieht der Vergleich zwischen eigenem Auto und selbstfahrendem Shuttle anders aus.

Diese Berechnung verdeutlicht, dass der Hebel für einen günstigen Fahrdienst darin besteht, eine gute Auslastung der Shuttles sicherzustellen. Die Möglichkeiten dafür stehen nicht schlecht: Mit der App sind die Start- und Zielorte der Nutzer bereits vor Antritt der Reise bekannt. Diese Informationen kann die Verkehrsleitzentrale nutzen, um die Fahrzeuge so einzusetzen, dass nur wenige Leerfahrten erforderlich sind und jedes Shuttle zahlreiche Passagiere transportiert. Damit sollte es möglich sein, das private Auto bei den Kosten deutlich zu unterbieten. Fazit: Mit Mobility-as-a-Service könnte es durchaus gelingen, die Kosten der Mobilität zu reduzieren. Aber die Auslastung der Shuttles muss stimmen!

Andere Forscher haben sich ebenfalls mit den Kosten und Preisen befasst, die Mobility-as-a-Service mit sich bringen. Die Spannweite ist beachtlich und reicht von 0,20 bis 1,50 US-Dollar pro Kilometer.[3] Alles hängt von den Annahmen über die Größe der Shuttles, der Passagierzahl im Fahrzeug, den gefahrenen Kilometern, den Zeitraum der Fahrzeugnutzung und den Beginn des Fahrservices ab. Reden wir über 2025 oder 2035? Hierzu bestehen unterschiedliche Vorstellungen. Schaut man beispielsweise auf die Kosten pro Personenkilometer, so liegt der mittlere Wert etwa bei 0,30 US-Dollar. Ein weiterer Hinweis, dass Mobility-as-a-Service mit Blick auf Kosten und Preisen funktionieren könnte.

Kosten & Preise für autonome Flottenfahrzeuge pro Meile (Kilometer) nach Regionen

	USA, Westeuropa, Japan, Kanada, Australien, Indonesien und Singapur		China, Indien, Südamerika, Afrika und andere asiatische Staaten	
	von	bis	von	bis
Anschaffung & Finanzierung	$ 0,30	$ 0,45	$ 0,18	$ 0,32
Parken & Laden	$ 0,09	$ 0,15	$ 0,04	$ 0,08
Unterhalt & Reinigung	$ 0,15	$ 0,19	$ 0,07	$ 0,11
Versicherung	$ 0,09	$ 0,17	$ 0,06	$ 0,12
Mobilitätsplattform	$ 0,05	$ 0,11	$ 0,04	$ 0,09
Steuern & Abgaben	$ 0,10	$ 0,21	$ 0,06	$ 0,14
Leerfahrten	$ 0,29	$ 0,47	$ 0,16	$ 0,32
Kosten pro Meile	$ 1,07	$ 1,76	$ 0,61	$ 1,18
(Kosten pro Kilometer)	$0,66	$ 1,09	$ 0,28	$ 0,73
Flottenmarge	$ 0,19	$ 0,42	$ 0,11	$ 0,28
Preis pro Meile (Spektrum)	$ 1,26	$ 2,18	$ 0,72	$ 1,46
(Preis pro Kilometer)	$ 0,78	$ 1,35	$ 0,45	$ 0,91
Preis pro Meile (Mittelwert)	$ 1,72		$ 1,09	
(Preis pro Kilometer)	$ 1,07		$ 0,68	

Abbildung 4.12: Erwarteter Preis pro Kilometer für autonome Flottenfahrzeuge nach Regionen
Quelle: Eigene Berechnungen

Will man solide Prognosen über die Chancen von Mobility-as-a-Service abgeben, braucht es auch eine Einschätzung über die Entwicklung der Nachfrage. Alles hängt davon ab, wie die Kosten der Fahrdienste mit autonomen Fahrzeugen skaliert werden können: Je mehr Menschen diesen Service nachfragen, desto deutlicher lassen sich die Kosten senken. Sowohl GM Cruise als auch Wolfe Research kommen für die USA zu der Einschätzung, dass die Kosten pro gefahrenem Kilometer auf unter 0,40 US-Dollar fallen, sofern der Markt für Mobility-as-a-Service gegen die 1 Billion US-Dollar Schwelle strebt.[4] Mobility-as-a-Service könnte gelingen!

KAPITEL 18

EINE WETTE AUF DIE ZUKUNFT?

Die etwas andere Fahrt

Lohnt es sich wirklich, auf Mobility-as-a-Service zu setzen? Wir glauben schon. Nicht nur die im letzten Kapitel betrachteten Kosten und Preise geben Anlass dazu. Es ist das neue, das andere Erlebnis, und es sind die vielfältigen Möglichkeiten, die dieses Mobilitätskonzept bietet. Betrachten wir dazu zwei Beispiele, die zeigen, dass Mobility-as-a-Service durchaus Chancen eröffnet, um Umsätze und Gewinne zu erwirtschaften. Man muss aber anders auf Mobilität schauen. Eine neue Perspektive einnehmen. Einen anderen Blick wagen.

Serge, 29, lebt in Woronesch, Russland. Er arbeitet als Koch in der Kantine eines großen Maschinenbauers. Für die Fahrt von zu Hause zu seinem Arbeitsplatz nutzt er einen Fahrdienst. Gern bestellt er sich einen autonomen Pod, um noch etwas schlafen zu können. Heute hat Serge jedoch keine Zeit für ein Nickerchen (Abbildung 4.13). Als begeisterter Läufer braucht er neue Laufschuhe. Der nächste Marathon steht an. Er gibt diesen Suchbegriff in das Informations- und Kommunikationssystem des Fahrzeugs ein. Das System fordert Serge zunächst auf, eine Reihe von Fragen zu beantworten, um mehr über seine Laufgewohnheiten und die beabsichtigte Nutzung der Schuhe zu erfahren. Dann empfiehlt der Rechner einige Modelle und schlägt auf Wunsch auch noch ein Geschäft in der Nähe vor. Serge stimmt dem vom Pod vorgeschlagenen Umweg zu, probiert die Schuhe an und entscheidet sich, sie sofort zu kaufen. Die Fahrtkosten übernimmt natürlich das Geschäft. Die Mittagspause nutzt er bereits für das nächste Training.

Olivia, 43, lebt in Edmonton, Kanada. Wie viele andere pendelt sie mit einem Fahrdienst täglich von zu Hause zu ihrem Arbeitsplatz bei einem Möbelhersteller. Dort ist sie für die Sicherung der Qualität zuständig. Auch sie liebt es zu laufen. Deshalb nutzt sie die 40 Minuten im fahrerlosen Pod dazu, um mehr über die neueste Laufbekleidung von Nike zu erfahren. Hierzu ruft sie die Homepage auf und lässt sich die Shirts und Hosen zeigen (Abbildung 4.13). Und dann noch die

Kommentare der anderen Läufer. Diese liest Olivia besonders gern. Ein T-Shirt bestellt sie sofort online, bei den Hosen ist sie hingegen unsicher. Lieber im Geschäft anprobieren, man weiß nie. Deshalb vereinbart sie dort einen Termin. Nach der Arbeit bringt sie der selbstfahrende Pod zu diesem Geschäft. Die zur Auswahl stehenden Hosen liegen schon bereit.

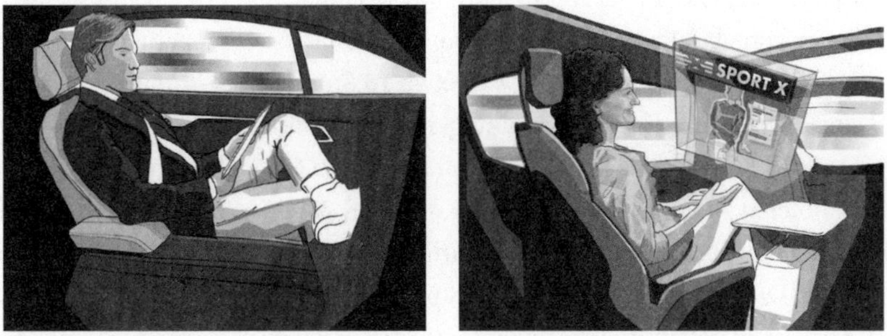

Abbildung 4.13: Zwei Pendler beim Shoppen im autonomen Pod
Quelle: Herrmann, A., Brenner, W., Stadler, R. (2018): Autonomous Driving. How the Driverless Revolution will Change the World

Beide Beispiele zeigen: Fahrzeuge werden zu Orten, an denen Menschen Produkte erleben können. Der Kunde hat Zeit und Muße, sich mit allen Details von Erzeugnissen zu befassen und zu vergleichen. Wo sonst erhält ein Produkt so viel Aufmerksamkeit? Wer bringt ansonsten 40 Minuten auf, um sich beispielsweise mit Sportmode zu befassen? Wo sonst kann man in Ruhe nach neuer Mode stöbern? Beeindruckt vom Markenerlebnis, können die Kunden entweder sofort bestellen oder zu einem Geschäft gebracht werden. Gut möglich, dass sich diese einzigartige Auseinandersetzung mit einer Marke erheblich auf den Umsatz auswirkt. Allerdings bleibt noch zu klären, welcher Akteur welche Rolle einnehmen wird. Viele Interessen sind hier im Spiel: Autohersteller, Fahrdienstbetreiber, Sportartikelhersteller, die Händler sowieso, aber auch Google. Sie alle wollen in dieser neuen Welt ihren Anteil. Es ist sogar denkbar, dass Geschäfte die Fahrtkosten übernehmen werden, damit Kunden vorbeikommen.

Besonders spannend wäre die Antwort auf die Frage, wie sich die schöne, neue Mobilitätswelt auf das Wohlbefinden der Menschen auswirkt. Schaffen wir es überhaupt noch, den Stand-by-Modus einzulegen und den Müßiggang zu wählen? Oder ist es gar nicht mehr möglich, nichts zu tun? Können wir den Verlockungen des ständigen Zugangs ins Internet überhaupt widerstehen? Die Zeit wird es zeigen. Aber schon heute ist zu beobachten, dass alle diese Entwicklungen nicht spurlos an den Menschen vorbeigehen.

Geschäftsmodelle entstehen

Wie so oft. Tesla marschiert wieder einmal voran. Offenbar hat dieses Unternehmen den Markt für Fahrdienste mit autonomen Fahrzeugen bereits im Blick. Dazu geht Tesla von einigen wenigen prägnanten Annahmen für das Jahr 2035 aus.[1] Ein selbstfahrendes Taxi kostet um die 40 000 US-Dollar und erreicht über eine Lebensdauer von elf Jahren etwa 1,6 Millionen Kilometer. Ohne einen Wechsel der Batterie wohlgemerkt. Hierzu muss es etwa 16 Stunden pro Tag im Einsatz sein und eine durchschnittliche Geschwindigkeit von 26 Stundenkilometern erreichen. Man ist davon überzeugt, einen Preis von unter 0,20 US-Dollar pro Personenkilometer anbieten zu können. Da sich die Kosten bis 2035 weiter reduzieren dürften, geht das Unternehmen von einem jährlichen Gewinn pro Fahrzeug von etwa 30 000 US-Dollar aus. Viele Details sind noch nicht bekannt. Einige Zahlen wohl auch noch nicht gesichert. Gleichwohl zeigt dieses Beispiel, dass es nicht mehr nur um Technologien geht, sondern bereits um Geschäftsmodelle.

Auch Intel erschließt sich über seine Tochterfirmen Mobileye und Moovit den Markt für Mobility-as-a-Service schrittweise. Man erwartet für die Nachfrage nach Fahrdiensten einen typischen S-Kurvenverlauf. Die ersten Projekte starten in den nächsten ein bis zwei Jahren. Ab 2035 ist mit einem Boom für Fahrdienste mit autonomen Pods und Shuttles zu rechnen.[2] Einmal gestartet, dürfte sich der Markt bis 2050 immer weiter ausdehnen. Intel spricht sogar von einem 7-Billionen-US-Dollar-Geschäft im Jahr 2050! Man schätzt, dass zu diesem Zeitpunkt jedes zweite Auto bereits ein autonomes Taxi ist. Vor allem in Asien ist mit einem erheblichen Wachstum zu rechnen. Bis 2035 braucht es allerdings weitere Investitionen, einerseits in die Fahrzeuge und in die Infrastruktur für das autonome Fahren. Andererseits, und das ist wohl der wichtigere Aspekt, müssen Kunden, Politiker, Architekten und Verkehrsplaner davon überzeugt werden, dass Mobility-as-a-Service tatsächlich kommt. Hierzu braucht es überall Pilotprojekte, damit sich die Skeptiker und die Zweifler vom Nutzen dieses Mobilitätskonzepts überzeugen können. Wir erinnern uns: Aus diesem Grund bringt Mobileye 2022 die ersten Mobility-as-a-Service-Anwendungen mit selbstfahrenden Fahrzeugen in mehreren Städten auf die Straße.

Interessant dabei ist, dass Intel drei Quellen für dieses 7-Billionen-US-Dollar-Geschäft sieht (Abbildung 4.14).[3] Etwa 3,7 Billionen US-Dollar sollten aus der Beförderung von Menschen in selbstfahrenden Pods und Shuttles kommen. Weitere 3,0 Billionen US-Dollar dürften sich aus dem Transport von Fracht und Paketen sowie aus dem Einsatz autonomer Fahrzeuge in Minen und in der Landwirtschaft ergeben. Zudem spielen auch die fahrerlosen Logistikdienste für die produzierende Industrie eine wichtige Rolle. Letztere funktionieren bereits! 2016 wurde ein selbstfahrender Lastwagen von Otto, einem Unternehmen (aus dem Mobilitätsbereich ohne Verbindung zum gleichnamigen Versandhändler), das von Uber übernommen wurde und nun zu Aurora gehört, mit 2000 Kisten Budweiser beladen. Das Fahrzeug fuhr entlang der Rocky Mountains etwa 200 Kilometer von Ford Collins nach Colorado Springs. Der einzige Mensch an Bord war Walter, der sich während der gesamten Fahrt in der Schlafkabine aufhielt. Im Frachtgewerbe belaufen sich die Personalkosten auf 40 bis 60 Prozent der Gesamtkosten. Dies ist das Potenzial, mit Mobility-as-a-Service die Transportkosten zu reduzieren.

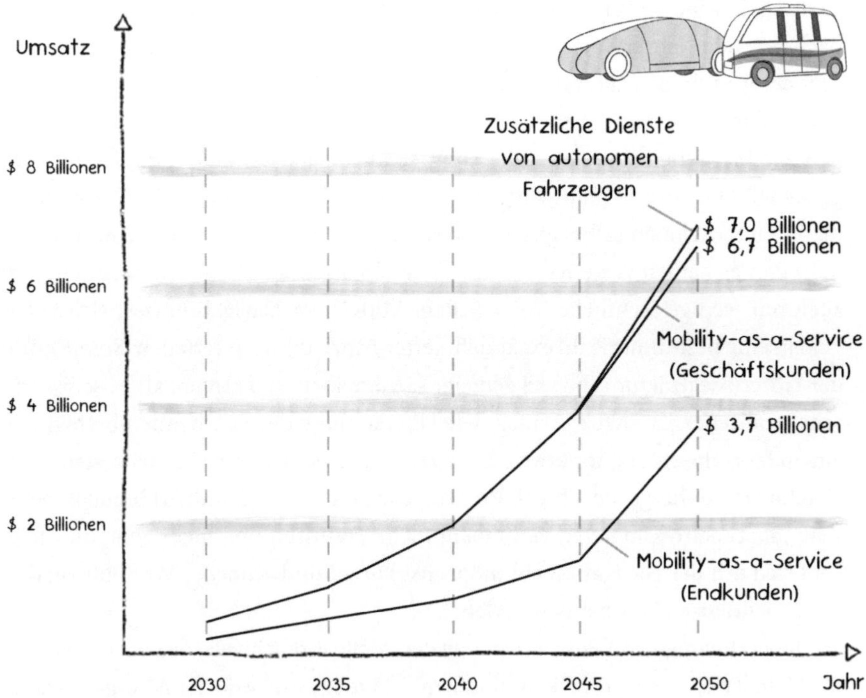

Abbildung 4.14: Mögliche Entwicklung von Mobility-as-a-Service
Quelle: Strategy Analytics (2017): Accelerating the Future. The Economic Impact of the Emerging Passenger Economy

Eine weitere Möglichkeit besteht darin, mehrere Lastwagen zu einem Konvoi zu verbinden. Bei diesem als Platooning bezeichneten Steuerungssystem fahren mehrere Fahrzeuge im Grunde ohne großen Abstand hintereinander her. Der Fahrer im ersten Lastwagen hat die Kontrolle, er steuert, beschleunigt und bremst, während sich die Kollegen in den folgenden Lastwagen zur Ruhe legen können.[4] Der Tross fährt von einer Servicestation zur nächsten, entkoppelt einzelne Fahrzeuge und nimmt andere auf. Gerade in Flächenstaaten wie Australien, USA, Kanada und Russland dürfte das Platooning künftig eine wichtige Rolle im Frachtverkehr spielen. Zukünftig mit einem autonomen Lastwagen an der Spitze.

Hierzu eine interessante Information: Der Gewerbeverband von England berichtet, dass bereits heute über 100 000 Lastwagenfahrer fehlen. Auch in den USA schlagen die Verbände Alarm: 2025 können nicht mehr alle Lastwagen eingesetzt werden. Es fehlen 200 000 Fahrer. Ähnliche Nachrichten kommen aus Deutschland, Japan, Australien, Kanada und Brasilien. In Indien stehen 10 Prozent aller Lastwagen still, weil nicht genügend Fahrer gefunden werden können. In den nächsten zehn Jahren müssen ohne selbstfahrende Fahrzeuge etwa 17 Millionen Männer und Frauen gefunden werden, die das Lastwagenfahren als Beruf ergreifen wollen.

Viele Menschen sind der Auffassung, Google habe das autonome Fahren angestoßen. Das stimmt jedoch nicht. Es war John Deere. Schon seit Jahren bietet dieses Unternehmen selbstfahrende Traktoren an. Das überrascht nicht. Auf Feldern gibt es keinen Gegenverkehr, keine Fußgänger, keine Verkehrszeichen und auch nur wenige rechtliche Vorschriften. Mittels der Navigation lässt sich jedes Feld in eine bestimmte Zahl exakt definierter Fahrbahnen unterteilen. Somit kann der fahrerlose Traktor sehr viel genauer säen, mähen und ernten, als es selbst ein sehr erfahrener Landwirt vermag. Die Überlappung der Fahrbahnen beträgt bei einem fahrerlosen Traktor etwa ein Prozent, bei einem vom Landwirt gesteuerten Traktor sind es hingegen 5 bis 10 Prozent. Die Folgen: Der Landwirt braucht mehr Zeit, fährt mehr Kilometer, verbraucht mehr Treibstoff und mehr Saatgut. Auch lässt sich mit der Navigation ein möglichst kurzer und schneller Weg entlang der vorab definierten Fahrbahnen finden.

Die Verteilung von Waren auf der letzten Meile erscheint als ideale Anwendung für Mobility-as-a-Service. Die autonomen Fahrzeuge sind jedoch im Vergleich zum Speditionsgeschäft kaum zu kontrollierenden Verkehrssituationen ausgesetzt. Die Lage in den Innenstädten ist oft komplex, da sich Lastwagen, Autos, Fahrradfahrer und Fußgänger mit unterschiedlichen Geschwindigkeiten in verschiedene Richtungen bewegen. Für die Verteilung auf der letzten Meile gibt es weltweit zahlreiche Anwendungen, von denen die meisten den Transport von Paketen und Briefen betreffen. In Innenstädten muss der Bote sein Fahrzeug aufgrund mangelnder Parkplätze häufig sehr weit vom Ort des Empfängers abstellen. Fahrerlose Fahrzeuge könnten den Boten begleiten, sehr nahe an die Häuser und Wohnungen der Empfänger gelangen und immer wieder selbstständig zur Paketstation fahren. Auch ist denkbar, dass solche Fahrzeuge lokale Verteilstationen anfahren, wo die Empfänger ihre Pakete abholen können, ohne dass ein Bote erforderlich ist.

Mehr als 200 Milliarden US-Dollar Umsatz könnten sich zukünftig aus ganz neuen Services ergeben. Eine Idee dabei ist, dass der Kunde nicht mehr zum Dienstleister geht, sondern die Dienstleistung zum Kunden gelangt. Sie steckt schon im Fahrzeug selbst. Eine kühne Überlegung, gleichwohl schon bald umsetzbar: Das Auto könnte die Planung, Steuerung und Organisation des Tagesablaufes übernehmen und damit sicherstellen, dass man zur richtigen Zeit am richtigen Ort ist. Auch die Unterhaltung der Insassen mit Musik, Filmen, Nachrichten, Spielen und vielem mehr könnte sich zu einem interessanten Geschäftsmodell entwickeln. Wir sprachen bereits darüber. Manche sehen sogar die Möglichkeit, dass die Sensoren im Fahrzeug den Gesundheitszustand der Passagiere überprüfen und bei Bedarf vorschlagen, einen Arzt zu kontaktieren oder aufzusuchen. Vieles ist in Bewegung, viele Projekte sind initiiert. Aber erst muss sich noch zeigen, was die Menschen letztlich akzeptieren. Zudem gibt es auch andere Geräte, wie zum Beispiel das Smartphone, die den Anspruch erheben, uns durch den Tag zu führen und ständiger Lebensbegleiter zu sein.

Wo die Zukunft schon begann

William Gibson, ein kanadisch-amerikanischer Schriftsteller, hat es auf den Punkt gebracht: »The future is already here. It's just not very evenly distributed.«[5] Dies trifft ohne Zweifel auch auf Mobility-as-a-Service mit selbstfahrenden Fahrzeugen zu. Schauen wir auf einige Beispiele: willkommen in The Villages, Florida! Die Homepage verspricht die erste, die größte, die lebendigste, die vielfältigste Community mitten in Florida. Wunderschön gelegen, am Golf von Mexiko, mit dem besonderen Country-Club-Flair, sicher und gepflegt, zahllosen Sport- und Freizeitmöglichkeiten, ideal für die »golden ager«. Etwa 103 Quadratkilometer Fläche, 125 000 Bewohner, 1 200 Straßenkilometer, 100 Restaurants, 40 Golfplätze, drei Kinos, 80 Tennisplätze und fast 300 Krankenbetten.

Und mittendrin die autonomen Shuttles. Fahrzeuge von Chrysler und Ford, die mit Sensoren und Steuerungssystemen ausgestattet sind. Ein ideales Testfeld: räumlich abgegrenzt mit Straßen in sehr gutem Zustand, stets strahlendem Sonnenschein, nur gelegentlich ein Schauer und mit Passanten, die sich an die

Verkehrsregeln halten. Derzeit ist noch ein Fahrer zur Sicherheit am Steuer, der im Notfall eingreifen könnte. Schon bald sollen diese Autos per App bestellt werden können, noch dazu mit einem Tür-zu-Tür-Service. Die Fahrgäste sind begeistert, was nicht überrascht: Es gibt im Sonnenstaat der USA im Grunde keinen öffentlichen Verkehr, dafür aber brütende Hitze, sodass der Ausflug von zu Hause zum Supermarkt und vor allem der Rückweg, beladen mit den Einkäufen, für viele Bewohner nicht besonders angenehm ist. Das gilt auch für die Fahrt zum Arzt, zum Frisör, ins Restaurant und natürlich zum Golfplatz. Egal was man machen will, ohne eigenes Auto ist man fast immer aufgeschmissen. Hinzu kommt, dass mit zunehmendem Alter das Autofahren zur Herausforderung werden kann. Kein besserer Ort also, um eine Flotte fahrerloser Fahrzeuge einzusetzen.

Die Bewohner einer Siedlung in Coffs Harbour, New South Wales, Australien, müssen schon seit einiger Zeit nicht mehr auf den Bus warten. Stattdessen gibt es einen On-demand-Service. Dieser Bus, der per App bestellt werden kann, folgt keiner vorgegebenen Route mehr. Ausgehend von den Fahrzielen der Reisenden berechnet ein Algorithmus den besten Weg. Insbesondere bei älteren und behinderten Menschen kommt der Shuttle-Service gut an. Man erspart sich den oft mühsamen Weg bis zur nächsten Bushaltestelle. Noch verkehrt dieser Bus nur im Marina Grove Retirement Village in Toormina. Es ist aber bereits geplant, das Einsatzgebiet auszuweiten und weitere Busse einzusetzen, die die Wohngebiete mit dem Hafen verbinden.

Volle Kraft voraus, hinein ins Zeitalter des autonomen Fahrens! So könnte man den Service von Waymo in Phoenix, Arizona, umschreiben. Dort bietet das Unternehmen im Stadtteil Chandler einen Fahrservice mit selbstfahrenden Fahrzeugen an. Zunächst mit Sicherheitsfahrer, inzwischen verkehren die Autos auch ohne menschliche Unterstützung. Allerdings müssen sich die Kunden registrieren und eine Unterschrift leisten. Den Notknopf gibt es natürlich auch. Wird er gedrückt, steuert das Fahrzeug einen sicheren Haltepunkt an. Immerhin wurden 2020 etwa 10 Prozent der Fahrten ohne Sicherheitsfahrer absolviert. Es scheint genug Menschen zu geben, die sich trauen.

Es geht hektisch zu im Stadtverkehr von Tel Aviv. Die Fahrzeuge überholen links und rechts und wechseln ständig die Fahrspur. Natürlich gibt es auch Verkehrsregeln. Gleichwohl, man fährt sehr nah auf, hupt, schimpft und gestikuliert, gelegentlich sehr wild. Ein beschaulicher Ort ist Tel Aviv wirklich nicht. Man kann den ungeduldigen, rastlosen Geist des Aufbruchs, der diese Stadt so prägt, sogar im Straßenverkehr spüren. Zeit, so scheint es, ist vielleicht nicht unbedingt Geld, aber zumindest entgangene Chance. Vielleicht gerade deshalb hat sich Mobileye dazu entschieden, dort das autonome Fahren auszurollen nach intensivem Testbetrieb in Jerusalem, München und an anderen Orten. Einige der Testfahrten sind auf Videos festgehalten. Man kann sich also davon überzeugen, dass die fahrerlosen Autos unübersichtliche Kreuzungen, Spielstraßen, mehrspurige Kreisverkehre ohne Probleme meistern. Selbst das Überholen von Fahrzeugen, die in zweiter Reihe parken, um zum Beispiel Pakete zu entladen oder Müll aufzunehmen, gelingt. Mobileye möchte den Nachweis erbringen: Es funktioniert. Das autonome Fahren als Basis für Mobility-as-a-Service hat eine Zukunft.

Das weltweit erste selbstfahrende Taxi ist seit 2016 im Universitätsviertel von Singapur in Betrieb. Es lässt sich über eine App buchen und steuert ausgewählte Haltepunkte an. Der Stadtstaat gilt als ideales Testgelände für fahrerlose Autos: Das Wetter ist stets gut, weder Nebel noch Schnee beeinträchtigen die Orientierung. Allenfalls ab und zu heftiger Regen, der für besondere Verkehrsbedingungen sorgt. Zudem existiert eine herausragende Infrastruktur, und die Leute halten sich an die Verkehrsregeln. Singapur versteht sich als ein Testlabor für die Verbesserung autonomer Fahrzeuge und der dafür erforderlichen Infrastruktur. Die Regierung ist sich bewusst, dass diese Technologie die klassische Automobilindustrie bedroht, vielleicht sogar eine neue Industrie hervorbringt und damit auch einen Wettbewerb der Nationen initiiert: Man hat erkannt, dass es um die Arbeitsplätze und den Wohlstand von morgen geht. Inzwischen umfasst das Testfeld etwa 1 000 Kilometer öffentliche Straßen, das die autonomen Fahrzeuge möglichst vielen Verkehrssituationen aussetzt.

Geplant ist, ab 2022 Flotten von autonomen Fahrzeugen in drei Bezirken einzusetzen. Hierfür müssen sich die Firmen bewerben und im Wettbewerb durchsetzen. Um den Zuschlag zu erhalten, sollten sie nicht nur funktionsfähige Fahrzeuge nachweisen. Ebenso wichtig ist ein überzeugender Geschäftsplan und die Einbindung der selbstfahrenden Fahrservices in das bestehende öffentliche Transportsystem. Die zum Einsatz kommenden Autos sollen mit einer Black Box ausgerüstet werden, die permanent Daten über die Geschwindigkeit, den Lenkwinkel und vieles mehr erfasst. Dazu noch die Informationen über die Fahrpreise, die Fahrzeiten und die zurückgelegten Strecken. Damit gewinnt das Land einen Überblick über die Möglichkeiten zur kommerziellen Nutzung des autonomen Fahrens. Zweifellos werden derzeit in vielen Ländern fahrerlose Fahrzeuge getestet. Aber Singapur ist wieder einmal einen Schritt weiter und überprüft bereits Geschäftsmodelle rund um autonome Fahrdienste.

Auch in China tut sich einiges: Beispielsweise ist Didi Chuxing daran, rund um Shanghai einen Fahrdienst mit autonomen Shuttles und Pods aufzubauen. Obgleich in China beheimatet, betreibt dieses Unternehmen Car-sharing- und Ride-hailing-Dienste in Australien, Brasilien, Kolumbien, Chile, Japan und Mexiko. Die über 550 Millionen Kunden absolvieren mehr als 10 Milliarden Trips pro Jahr. Eine gigantische Datenmenge, um das Reiseverhalten zu untersuchen. Demnächst sollen 30 selbstfahrende Fahrzeuge im Jiading-Distrikt von Shanghai eingesetzt werden. Zunächst noch mit Sicherheitsfahrer, bald schon ohne. Bis 2030 will Didi über eine Million fahrerlose Autos in Betrieb nehmen und über eine zentrale Plattform steuern.

Die Hyundai Motor Group verfolgt ein ehrgeiziges Ziel: Man will in der Champions League spielen. Daher will sie in den nächsten fünf Jahren über 35 Milliarden US-Dollar investieren, um die kommerzielle Nutzung autonomer Fahrzeugflotten zu entwickeln. Mit der Millionenmetropole Seoul wurde bereits vereinbart, ab 2021 selbstfahrende Fahrzeug in Gangnam-gu einzusetzen. Dieser Stadtteil mit seiner modernen Infrastruktur, den Wolkenkratzern, der technikaffinen und weltoffenen Bevölkerung scheint der ideale Platz zu sein, um Fahrdienste mit fahrerlosen Fahrzeugen zu testen. Die aus diesen Fahrten gewonnenen Daten sollen den vielen Start-ups und Spin-offs bereitgestellt werden, damit sie daraus möglichst viele neue Ideen für eine bessere Mobilität ableiten können.

Mobility-as-a-Service und die Pandemie

Die Pandemie hat die Welt auch 2021 noch im Würgegriff. Dieses Virus hat neben all dem persönlichen Leid, den politischen Turbulenzen und den wirtschaftlichen Verwerfungen einige bemerkenswerte Veränderungen im Verhalten der Menschen hervorgebracht. Abstand halten, zu Hause bleiben, Masken tragen, andere Menschen meiden. Wir kennen das. Mit Blick auf das Mobilitätsverhalten gilt jedoch: Was bislang unmöglich schien, ist plötzlich möglich. Die Städte schaffen es kaum, ausreichend Fußgängerwege und Fahrradspuren einzurichten. »Biken« und zu Fuß gehen sind in Mode. Allerdings ist im Zuge der Pandemie auch das eigene Auto wieder gefragt. Dort fühlen sich viele Pendler offenbar am sichersten. Es leiden der öffentliche Verkehr und alle Sharing-Dienste.

Geschlossene Läden, Baumärkte, Sportanlagen und Restaurants haben wiederum dazu geführt, dass die Paket- und Lieferdienste enorm wachsen. Kurzum: Die Mobilitätswelt wurde so richtig durchgeschüttelt. Ist das alles das Ende von Mobility-as-a-Service? Ja, die Pandemie behindert die weitere Verbreitung dieses Mobilitätskonzepts. Der Individualverkehr mit dem eigenen Auto und die Mikromobilität sind die Gewinner. Hinzu kommt, dass Städte plötzlich andere Sorgen haben. Sinkende Steuereinnahmen, steigende Wirtschaftshilfen und jetzt auch noch die Investitionen für den Umbau der Verkehrsinfrastruktur? Für viele ist das eindeutig zu viel!

Eine Untersuchung von McKinsey zeigt, dass das wahrgenommene Risiko einer Ansteckung mit dem Coronavirus die Wahl des Verkehrsmittels beeinflusst.[6] Keine wirkliche Überraschung. Alle anderen Entscheidungskriterien wie Bequemlichkeit, Geschwindigkeit, Nachhaltigkeit oder Preis treten in den Hintergrund. Zumindest zeitweise. Dabei tun die Betreiber von Fahrdiensten schon einiges, um den Kunden die Sorge vor der Ansteckung zu nehmen: verbesserte Luftzirkulation, Trennscheibe zwischen Fahrer und Fahrgästen, häufige Reinigung der Fahrzeuge, bargeldloses Bezahlen und natürlich Maskenpflicht.

Nein, Mobility-as-a-Service wird trotz Corona nicht scheitern. Sobald die Pandemie überwunden ist und die meisten Menschen geimpft sind, steht ein viel größeres, ein viel wichtigeres Thema wieder auf der Tagesordnung. Eine Herausforderung, die sich nicht so schnell und auch nicht so leicht meistern lässt: der Klimawandel mit allen seinen dramatischen Auswirkungen für die Natur, die Menschen, die Gesellschaft und die Wirtschaft. Das wird die Stunde sein, in der wir wieder die vielen und langen Staus, den Lärm und die Abgase, den Flächenbedarf der vielen Fahrzeuge und die Unfälle beklagen. Spätestens dann dürfte Mobility-as-a-Service wieder intensiv als alternatives Mobilitätskonzept diskutiert werden.

TEIL 5

WAS KUNDEN WOLLEN

KAPITEL 19

WÜNSCHE GIBT ES VIELE

Hoffnungen aus aller Welt

Überall auf der Welt leiden Menschen unter der Verkehrssituation. Viele wünschen sich eine Mobilität, die ihnen Chancen und Optionen im Leben eröffnet, statt sie zu verbauen. Sie hoffen darauf, dass Mobilität sie weiterbringt und nicht einschränkt. Wir haben mit diesen Menschen gesprochen, in Italien, in Peru, in Japan und in Polen. Wie stehen sie zu Mobility-as-a-Service? Warum wollen sie anders unterwegs sein? Was sind ihre Hoffnungen und Wünsche? Sie alle haben ihre Geschichte, ihren besonderen Blick auf die Welt. Lassen wir sie zu Wort kommen:

Gianna, 33, arbeitet als Innenarchitektin in einem Designstudio in Mailand, Italien. Sie wohnt mit ihrem Mann außerhalb der Stadt in der Nähe des Comer Sees: »Mobility-as-a-Service käme mir schon gelegen. Ich benötige derzeit etwa 50 Minuten, um von zu Hause zur Arbeit zu kommen. Abends wieder zurück, oje, da bin ich auch schon mal die doppelte Zeit unterwegs. Gern würde ich im Fahrzeug arbeiten. Das wäre cool! Allerdings brauche ich Platz. Ich muss mich ausbreiten können, möchte einen Tisch haben. Trotz Laptop zeichne ich noch immer sehr gern mit dem Bleistift. Wichtig ist, dass die Fahrweise verträglich ist. Das ist schon entscheidend, sonst nützt mir die Zeit im Fahrzeug nichts. Marke, Modell, das ist mir alles egal. Vielmehr muss das Auto sanft fahren und komfortabel sein. Auch wäre es mir wichtig, dass ich eine gewisse Privatsphäre habe. Ich muss Projekte für Kunden bearbeiten. Die Details sollte nicht jeder mitbekommen. Ob ich bereit wäre, umzusteigen und vielleicht sogar auf den Bus oder den Zug zu wechseln? Also, wenn ich privat unterwegs bin, macht mir das überhaupt nichts aus. Morgens auf der Fahrt ins Büro und abends wieder nach Hause eher nicht.«

Haruto, 26, ist bei einem Bauunternehmen in Tokyo, Japan, als Ingenieur beschäftigt. Er ist alleinstehend und lebt mitten in dieser Metropole: »Ich liebe es, mit dem E-Roller durch die Stadt zu düsen. Einige Male konnte ich dem entgegenkommenden Verkehr gerade noch ausweichen. Das war knapp. Das kommt davon. Ich bin häufig zu schnell und zu unvorsichtig unterwegs. Gleichwohl, mir macht das sehr viel Spaß. Habe deswegen auch mein Fahrzeug aufgegeben. Daher käme Mobility-as-a-Service für mich durchaus in Betracht. Ich muss kein Auto, kein Fahrrad und natürlich auch keinen Roller mehr selbst besitzen. Allein schon die Anschaffungskosten! Ich möchte flexibel sein, immer wieder Neues ausprobieren. Wichtig ist natürlich schon, dass ich mich auf die Verkehrsmittel verlassen kann. Der Zug und der Bus müssen pünktlich, sauber und sicher sein. An jeder Ecke möchte ich einen E-Roller ausleihen können. Es ist mir wichtig, dass unsere Stadt mehr autofreie Zonen einrichtet. Von mir aus könnte man in der Innenstadt Fahrzeuge verbieten. Ich mag gar nicht daran denken, wo ich überall mit dem E-Roller fahren könnte, gäbe es keine Autos mehr. Ich freue mich darauf.«

Carlos, 43, arbeitet als Pfleger in einem Krankenhaus in Lima, Peru. Er wohnt mit seiner Frau und den vier Kindern außerhalb der Stadt: »Unsere Stadt erstickt im Verkehr. Jedes Jahr kommen viele weitere Autos hinzu. Daher stehen wir nur noch im Stau. Von den Abgasen und dem Lärm ganz zu schweigen. Es ist furchtbar und macht mich wütend. Mobility-as-a-Service könnte ein wichtiger Schritt sein für eine bessere und gerechtere Mobilität. Allerdings muss die Zahl der Fahrzeuge sinken und darf sich nicht noch erhöhen. Ich wäre bereit, zum Beispiel mit einem autonomen Shuttle oder anderen Ride-hailing-Diensten von zu Hause zu einer Bahnstation zu pendeln und dort auf den Zug in die Innenstadt umzusteigen. Für viele Fahrten würde mir auch ein Fahrrad oder ein Roller ausreichen. Ich nutze viel zu oft das Auto. Bin manchmal auch zu faul, mich nach Alternativen umzuschauen. Daher stehe ich derzeit wie viele andere auch morgens und abends im Stau. Man müsste jedoch sicherstellen, dass es funktioniert. Ich möchte mich auf Mobility-as-a-Service verlassen können. Die Fahrkosten sind für mich natürlich besonders wichtig. Wir müssen sparsam mit unserem Geld umgehen.«

Daria, 52, ist Kindergärtnerin und lebt mit ihrem Mann und den beiden Kindern in Jablowo, einem Dorf mit 800 Einwohnern etwa 50 Kilometer von Danzig, Polen, entfernt: »Ich wohne mit meiner Familie auf dem Land. Zwei- oder dreimal pro Tag kommt ein Bus vorbei. Das ist manchmal schon ziemlich öde. Ohne Auto kommen wir nirgends hin. Das ist besonders ärgerlich für unsere Kinder, die inzwischen 17 und 20 Jahre alt sind. Sie wollen raus, unterwegs sein, sich mit Freunden treffen. So ganz ohne Auto kann ich mir unser Leben hier draußen nicht vorstellen. Allerdings schon, dass wir kein Auto mehr besitzen. Per App das passende Fahrzeug bestellen, wäre super. Wichtig wäre, dass die Fahrzeuge verfügbar sind, schnell bereitstehen und einfach bestellt werden können. Autonome Autos wären ideal, damit nicht noch Fahrer benötigt werden. Alle, die in unserem Dorf keinen

Führerschein haben, müssten nicht immer darauf hoffen, dass sie von anderen gefahren werden. Ich würde mitmachen! Uns würde es schon ausreichen, wenn wir mit diesem Service zu einem Bahnhof kämen. Von dort aus gibt es regelmäßig Anschluss nach Danzig. Vielleicht könnte ich dann eine besser bezahlte Stelle in Danzig annehmen.«

Man sollte und man müsste

Man kann es erahnen. Wenn der Konjunktiv ins Spiel kommt, dann wenden wir uns dem Kern von allem zu. Oder mit anderen Worten: Das Leid mit der Verhaltensänderung steht im Blickpunkt. Hierzu wollen wir mit einem spannenden Experiment loslegen:[1] Es geht um den Flughafen einer europäischen Hauptstadt. Über 70 000 Menschen sind dort beschäftigt. Mehr als die Hälfte kommt mit dem Auto. Und zwar allein. Ein enormes Verkehrsaufkommen während der Stoßzeiten. Dazu noch die vielen Fluggäste, von denen die meisten ebenfalls mit dem eigenen Fahrzeug an- und wieder abreisen. Die Flughafengesellschaft sah nur noch eine Möglichkeit, um die Verkehrslage zu verbessern: Die Beschäftigten sollten dazu bewegt werden, den öffentlichen Verkehr zu nutzen, mit dem Fahrrad oder Roller zur Arbeit zu kommen oder Fahrgemeinschaften einzurichten. Gesagt, getan.

Man sprach mit vielen Tausend Mitarbeitenden. Viele erweckten den Eindruck, dass Ride-sharing für sie eine interessante Option sei. Also wurde diese Idee umgesetzt. Alle waren begeistert. Einziges Hindernis: Man müsse jemanden finden, der in der gleichen Schicht arbeitet und auch noch die gleiche Strecke zurücklegt. Sonst ginge das nicht. Auch kein Problem! Eine Plattform wurde eingerichtet, um für alle Beschäftigten einen Abgleich der Arbeitszeiten und der Wegstrecken vorzunehmen. Sogar noch mehr: Die Flughafengesellschaft versprach allen Fahrgemeinschaften einen Parkplatz gleich am Haupteingang und ein Taxi, wenn jemand dringend nach Hause oder zum Arzt muss und nicht auf die anderen Personen der Fahrgemeinschaft warten kann.

Schöne Anreize, möchte man meinen. Ein tolles Angebot, meinten viele! Tatsächlich haben sich aber weniger als 100 Personen für das Ride-sharing registriert und lediglich drei davon konnten sich zu einer Fahrgemeinschaft zusammenfinden. Enttäuschend für die Flughafengesellschaft. Aber man wollte nicht aufgeben. Andere Maßnahmen mussten her: ein Preisnachlass für den öffentlichen Verkehr. Und ein Service, der für die Mitarbeitenden den schnellsten, kürzesten und vor allem günstigsten Weg zur Arbeit bestimmt. Aber auch diese Angebote und noch weitere nahmen die Beschäftigten nicht an. Alle fanden die Initiativen toll, nur hatte keiner Lust darauf. Kommt einem bekannt vor. Alle sind von Neuerungen begeistert, aber niemand will sie umsetzen.

Warum kamen alle diese Optionen bei den Mitarbeitenden nicht an? Warum diese Diskrepanz zwischen der Absicht, das Mobilitätsverhalten zu ändern und der Bereitschaft, es auch tatsächlich zu tun? Was hätte die Flughafengesellschaft eigentlich noch alles offerieren müssen? Es ist schon erstaunlich. Schließlich ist jeder von uns für den Schutz der Umwelt. Jeder will die natürlichen Ressourcen schonen. Jeder ist für eine Reduzierung von Abgasen und Lärm. Jeder möchte Staus vermeiden und ist betroffen von den vielen Straßen und Parkplätzen, die für den Autoverkehr gebaut werden müssen. Jeder meint, man müsse nun endlich etwas tun, um die Verkehrssituation zu verbessern. Es sei allerhöchste Zeit. Nicht fünf vor zwölf, sondern bereits fünf nach.

Konkret fehlt aber zumeist der Wille, das eigene Verhalten zu überprüfen und zu verändern. Die anderen können damit anfangen! Ob ich mit dem Auto fahre oder mit dem Zug, das macht doch keinen Unterschied für das Klima! Meine Fahrt mit dem Auto hat nur minimale Auswirkungen! Wenn ich nicht mehr mit dem Auto fahre, ändert sich an den Staus trotzdem nichts! Wir stellen fest: Überall dort, wo eine persönliche Anstrengung, zum Beispiel der Wechsel vom eigenen Auto zum öffentlichen Verkehr, nicht mit einer erlebbaren Belohnung einhergeht, scheint eine Verhaltensänderung aussichtslos. Menschen sind in der Regel nur dann bereit, ihr Verhalten zu ändern, wenn sie auch die Konsequenzen daraus spüren, im Positiven wie im Negativen.[2]

Hinzu kommt, dass viele Pendler sich vor Augen führen, dass ihnen der Wechsel vom eigenen Auto auf den Bus oder Zug nicht viel bringt und anstrengend ist. Der Nutzen daraus kommt allein der Gesellschaft zugute. Jeder einzelne Beschäftigte am Flughafen hat nichts davon, auf andere Verkehrsmittel umzusteigen, die Fluggäste hingegen schon. Das ist eine weitere Herausforderung, will man ins Mobilitätsverhalten der Menschen eingreifen.[3] Warum soll ich einen Nachteil hinnehmen, und die Vorteile kommen allein der Gesellschaft zugute? Wenn andere mitmachen, dann bin ich auch dabei, ansonsten nicht! Wir lernen daraus: Es ist kaum möglich, Verhalten zu ändern, sofern nur die Gesellschaft und nicht der Einzelne von den Verbesserungen profitiert.

Außerdem treffen viele Menschen ihre Entscheidung für oder gegen ein Verkehrsmittel mit Blick auf eine außergewöhnliche Reise, die aber nur sehr selten unternommen wird. Man hat zum Beispiel die Fahrt in die Skiferien vor Augen, wenn man davon spricht, dass es ohne eigenes Auto nicht geht. Gepäck, Skiausrüstung, Kinder, Hund, vielleicht sogar noch Verpflegung. In der Tat, eine Bahnfahrt mit dreimal Umsteigen und Wartezeiten könnte mühsam sein. Dass diese Reise aber nur einmal pro Jahr stattfindet und es genug Möglichkeiten gibt, ein passendes Fahrzeug zu mieten, geht zumeist unter. Wir wollen stets für den Ernstfall gerüstet sein! Hinzu kommt die Macht der Gewohnheit.

So verhält es sich auch bei der Diskussion rund um die Elektromobilität. Soll man tatsächlich von einem Fahrzeug mit Verbrennungsmotor auf eines mit Elektroantrieb umsteigen? Kann man das Risiko tatsächlich eingehen? Schließlich ist die Reichweite immer noch begrenzt. Wer weiß jetzt schon, wohin man noch

Abbildung 5.1: Anforderung an die Reichweite von E-Autos und tatsächliches Fahrverhalten

Quelle: https://energiewende.eu/kurzinfo-verkehrswende-reichweite/

hinreisen muss? Abbildung 5.1 verdeutlicht die Ansprüche der Kunden an die Reichweite von Elektroautos. Diese Anforderungen stehen oft im Gegensatz zur tatsächlich gefahrenen Distanz. Offenbar schätzen wir unser Fahrverhalten nicht richtig ein, was zu falschen Erwartungen an die Leistungsfähigkeit von Verkehrsmitteln führt.

Und dann kommen uns noch die Emotionen in die Quere. Greifen wir nochmals das Beispiel der E-Fahrzeuge auf: Viele Menschen lehnen diese Autos ab, weil die Reichweite nicht ausreicht, zu wenige Ladesäulen bereitstehen und der Wertverfall des Fahrzeugs zu groß ist. Alles nur vordergründige Argumente, wie unsere Untersuchung zeigte: Vor allem ältere Männer lehnen E-Autos deswegen ab, weil sie ihnen weiblich zu sein scheinen. Der Sound des Motors, die Größe der Reifen und des Auspuffs vermitteln vielen Fahrern das Gefühl von Männlichkeit. Man sieht daran, es sind die hintergründigen Gefühle, die Verhalten beeinflussen.

Allen Beispielen gemeinsam ist die Erkenntnis, dass es nicht ohne Weiteres möglich ist, das Verhalten der Menschen zu verändern. Gerade das bestens verankerte Mobilitätsverhalten. Es ist nicht die Technologie, die den vorgeschlagenen Mobilitätswandel zum Scheitern bringen könnte. Schon bald werden vernetzte, autonome E-Fahrzeuge alle Fahraufgaben besser erfüllen als die Menschen. Daran haben wir Autoren keinen Zweifel! Kritischer sehen wir die für den Wandel erforderliche Veränderung im Mobilitätsverhalten der Individuen. Es ist noch nicht ausgemacht, dass dies gelingt. Bedeutende Hürden sind noch zu nehmen. Verhaltensmuster zu verändern, ist eine besondere Herausforderung.

Will man dieses Verhalten tatsächlich drehen, reichen gute Worte nicht aus. Es braucht wohl oder übel »carrots and sticks«. Es dürfte kein Weg an Ge- und Verboten sowie finanziellen und steuerlichen Anreize vorbeiführen, um die Verkehrssituation in vielen Metropolen zu verbessern. Beispiele hierfür gibt es zuhauf. Man denke nur an die Maut für die Fahrt in der Londoner Innenstadt, an die separaten Fahrspuren für Fahrzeuge mit drei und mehr Insassen in Tel Aviv. Oder an die Eingriffe in die Straßenführung in Paris, Barcelona, Kopenhagen und in anderen Städten: engere Fahrbahnen, weniger Parkplätze! Natürlich im Gespräch mit den Menschen, aber zur Not auch mit Ge- und Verboten. Es braucht beides, sonst geht es nicht voran.

Abschließend noch ein Beispiel, wie es gehen könnte: Battery-as-a-Service! Eine Offerte von Nio, dem chinesischen Hersteller von E-Autos. Die Kunden können drei Fahrzeugmodelle von Nio ohne Akku kaufen und diesen stattdessen mieten. Damit kann der Fahrzeugpreis um etwa 8 500 Euro gesenkt werden. Allerdings kommt eine monatliche Gebühr von etwas über 100 Euro für die 70-kWh-

Batterie dazu. Hierzu wurde zusammen mit Partnern eine Firma gegründet, die den Kunden verschiedene Battery-as-a-Service-Optionen anbietet. Damit soll eine besonders teure Komponente eines E-Autos vom eigentlichen Fahrzeugkauf entkoppelt werden. Eine gute Idee, um die Menschen für diese neue Antriebstechnologie zu begeistern. Zudem muss der Kunde nicht 30 Minuten warten, bis die Batterie geladen ist, sondern kann die leere Batterie an einer Tauschstation in 3 Minuten gegen eine volle tauschen.

KAPITEL 20

UNTERWEGS SEIN, ABER ANDERS

Ansprüche an Mobility-as-a-Service

Bleiben wir nicht missmutig. Es gibt genug Signale, dass der Mobilitätswandel gelingen kann. Allerdings dürfte sich Mobility-as-a-Service nur dann durchsetzen, wenn die Menschen dadurch eine bessere Mobilität erleben. Diese neue, andere Mobilität muss ihr Leben und ihren Alltag verbessern, im Kleinen wie im Großen. Wenn die Reisenden diese Vorzüge erleben können, dann werden sie auch bereit sein, ihr Verhalten zu ändern. Schauen wir daher genau hin und versuchen die Vorstellungen und Erwartungen der Menschen zu verstehen. Es hilft nichts. Es braucht etwas Marktforschung. Keine Zahlen, keine Statistiken, dafür einige Geschichten. Mobility-as-a-Service muss so ausgestaltet sein, dass es nicht nur den Wünschen der Reisenden entspricht, sondern sie immer wieder überrascht und begeistert.

Schauen wir auf Joe, der über 40 Jahre für eine Versicherung im Zentrum von Denver, Colorado, arbeitete. Nach der Pensionierung vor fünf Jahren zog er auf eine Ranch in der Nähe von Boulder. Da Joe an einer chronischen Erkrankung leidet, muss er immer wieder in eine Spezialklinik nach Denver. Am Morgen des Behandlungstages erhält er vom Krankenhaus eine Textnachricht mit dem Hinweis, wo und wann ihn ein Shuttle-Dienst abholt. Nach dem Aufenthalt im Krankenhaus bringt ihn das Fahrzeug in die Innenstadt, wo er noch einige Einkäufe erledigt. Um anschließend nach Hause zu kommen, empfiehlt ihm die App, den Zug bis Boulder zu nehmen und die letzten 4 Kilometer zu seiner Ranch mit dem E-Fahrrad zurückzulegen, sofern er dazu noch in der Lage ist. Ansonsten nutzt er einen Ride-hailing-Service.

Shiyan, die in Shenzhen lebt, befindet sich auf dem Weg nach Guangzhou, um dort Verwandte zu besuchen. Nachdem sie am Flughafen ankommt, schlägt ihr die App vor, mit einem Taxi in einen Vorort zu fahren und dort auf den Zug umzusteigen. Aufgrund des Verkehrsaufkommens zu dieser Tageszeit rät die App wenige Minuten später, einen anderen Bahnhof anzufahren, um doch noch rechtzeitig bei ihren Verwandten einzutreffen. Nach der Zugfahrt muss Shiyan auf einen Bus wechseln, den sie bereits drei Haltestellen früher als geplant verlässt. Die App hat ihr einen Fußmarsch vorgeschlagen, damit sie Bonuspunkte erhält, die sie bei der Buchung von Reisen einsetzen kann.

Anders pendelt jeden Werktag zunächst mit dem Zug und danach mit dem E-Fahrrad von zu Hause zur Universität von Stockholm. Gelegentlich nutzt er ein Lastenfahrrad, um nebenbei Pakete zu transportieren. Das ist für ihn schnell und leicht verdientes Geld. Nach der Vorlesung lässt er das E-Fahrrad auf dem Mobility-Hub der Universität stehen, da ihm die App für den Weg in die Innenstadt den Bus empfiehlt. Er feiert mit Freunden bis spät in die Nacht. Um nach Hause zu kommen, bietet sich zu dieser Stunde ein Shuttle-Dienst an. Einige Kollegen fahren auch mit, da sie in der Nähe wohnen. Automatisch wird der Fahrpreis auf alle Passagiere aufgeteilt.

So unterschiedlich die Lebensumstände dieser drei Personen sind, so einheitlich sind doch ihre Ansprüche an Mobility-as-a-Service (Abbildung 5.2): Ein solches System muss, egal ob es in Asien, Amerika, Europa oder sonst wo auf der Welt zum Einsatz kommt, stets zuverlässig und sicher sein, möglichst viele Verkehrsmittel einbeziehen, Informationen in Echtzeit bereitstellen und rasch Anpassungen vornehmen, wenn sich die Verkehrssituation oder die Reisepläne ändern. Zudem erwarten die Nutzer einen schnellen und einfachen Zugang, eine automatische Abwicklung aller Bezahlvorgänge und ein System, das nicht diskriminiert und möglichst allen Menschen Mobilität ermöglicht. Einen Rundum-Service.[1]

Wichtig ist außerdem, dass dieses System immer besser wird. Was sind die üblichen Strecken der Nutzerin? Welche Verkehrsmittel bevorzugt sie? Kommt für sie ein Umsteigen in Betracht? Um welche Zeit ist sie morgens und abends unterwegs? Reist sie allein oder mit anderen zusammen? Wechselt sie das Verkehrsmittel bei Preisänderungen? Gibt es Verkehrsmittel, die sie ablehnt? Je mehr Beobachtungen hierzu vorliegen, desto besser sind die Reiseempfehlungen, die das System liefert. Maschinelles Lernen ist das Stichwort.[2] Also ein System, das aus sehr vielen Beispielen lernt und daher mit der Zeit Reisehinweise vermitteln kann, die genau den Reisegewohnheiten der Nutzerin entsprechen. Hinzu kommen Bonusprogramme wie Miles & More, Nutzerbewertungen und Kundenrezensionen, die allesamt dazu beitragen, die Kunden zu binden.

Gehen wir noch einen Schritt weiter und werfen einen Blick in die Zukunft. Was wollen die Reisenden im Fahrzeug tun? Wie soll diese Zeit genutzt werden?

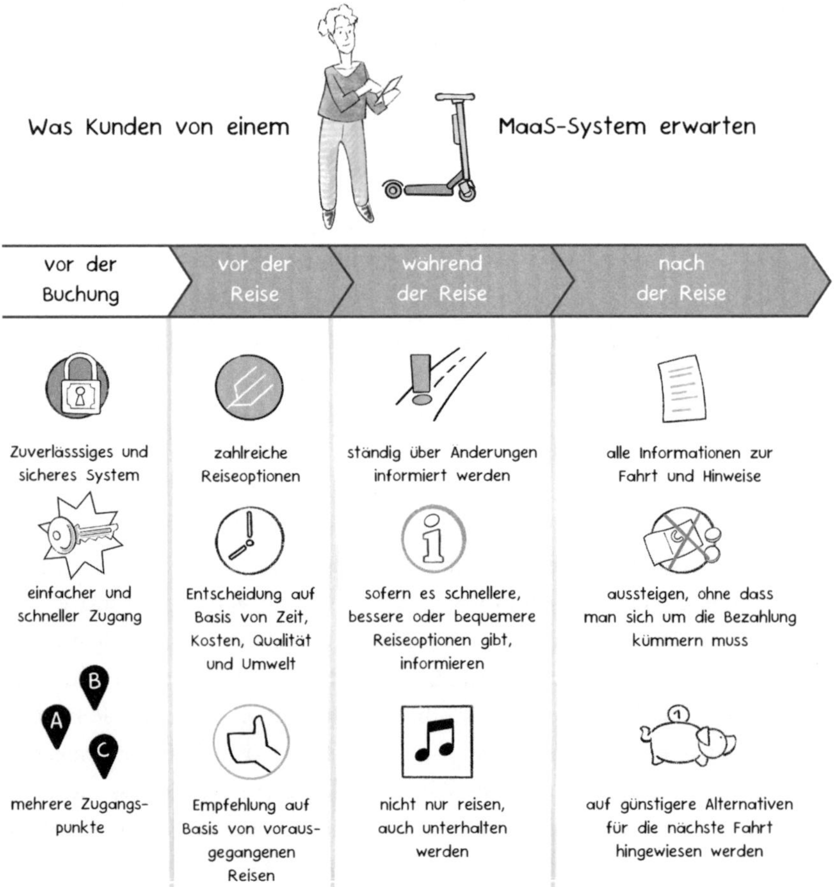

Abbildung 5.2: Ansprüche der Kunden an Mobility-as-a-Service
Quelle: Eigene Darstellung

Hierzu haben wir mit Digital Natives und »emergent nature consumers« gesprochen.[3] Erstere sind Personen, denen digitale Produkte besonders nah sind. Wir kennen diese Nerds. Sie sind immer am Smartphone und stets über alle Neuerungen informiert. Letztere können innovative Produkte entwickeln. Ihre Ideen sind neu und frech und darauf ausgerichtet, neue Anwendungen zu entdecken.

Viele dieser Gesprächspartner möchten im Fahrzeug abschalten, ausruhen und auftanken etwa bei guter Musik oder einem spannenden Buch. Wichtig ist eine entspannte und komfortable Atmosphäre im Innenraum, die den Insassen das

Gefühl der Ruhe und Geborgenheit vermittelt. Andere ticken ganz anders, wollen sich unterhalten und natürlich Videos schauen, am besten auf Bildschirmen, aber auch Spielekonsolen sind gewünscht. Wieder anderen steht der Sinn nach Gaming. Hierfür braucht es natürlich ganz schnelles Internet in den Fahrzeugen. Es gibt auch eine Gruppe, die im Fahrzeug arbeiten möchte: Termine koordinieren, Telefonate führen, E-Mails checken, Akten aufarbeiten oder Texte und Grafiken erstellen. Das autonome Auto als Büro. Die Vorstellungen divergieren, sogar erheblich! Vielleicht braucht es schon bald Pods und Shuttles für verschiedene Anwendungen.

Schöne neue virtuelle Welt

Krieg der Sterne spielen während einer rasanten Autofahrt? Das wäre doch was. Eine Spielerei für Computer-Nerds? Tatsächlich kann man so etwas bereits erleben. Schon jetzt als Beifahrer, zukünftig im autonomen Fahrzeug. Man setzt die Virtual-Reality-Brille auf und schon geht es los. Allerdings nicht so, wie wir es kennen: Kinder auf den Rücksitz, Computerspiel in die Hände gedrückt, damit sie Ruhe geben und die Eltern die Reise überstehen. Diese Spiele meinen wir nicht. Stattdessen passt sich der Spielverlauf an die Fahrstrecke und die Fahrweise an. Gibt die Fahrerin Gas, beschleunigt sich auch die Handlung im Spiel. Durchfährt sie eine Kurve, verlagert sich das Geschehen in die entsprechende Richtung. Hält das Auto vor einem Zebrastreifen, so ist das Raumschiff im Krieg der Sterne von gegnerischen Armeen zu einem Stopp gezwungen worden. Meldet der Regensensor Niederschlag, prasselt ein Schauer von Meteoriten auf das Raumschiff nieder. Kling ziemlich kompliziert? Ist es auch.

Die Idee besteht darin, die Virtual-Reality-Brille mit den Sensoren zu koppeln, die im Fahrzeug alle Beschleunigungs-, Brems- und Lenkdaten messen. Hinzu kommen Informationen über die Position des Fahrzeugs, seine Route und die Geschwindigkeit. Mit künstlicher Intelligenz gelingt es, das Fahrverhalten des Autos und das Spielgeschehen aufeinander abzustimmen. Da dieser Datenabgleich in Echtzeit erfolgt, interpretiert das Gehirn die virtuelle Bewegung im Spiel und die tatsächliche Bewegung des Fahrzeugs als eine Bewegung. Somit lässt sich auch die bei Virtual-Reality-Anwendungen gefürchtete Reiseübelkeit vermeiden.

»Wir hatten in der Vergangenheit immer nur den Fahrer im Blick, nie den Beifahrer«, erklärt Nils Wollny, CEO von Holoride. Schätzungen zufolge werden weltweit täglich mehr als eine Milliarde Fahrten in Privatfahrzeugen absolviert, bei denen neben dem Fahrer zumindest ein Passagier mit an Bord ist. Man kann nicht viel tun im Auto, die Möglichkeiten sind begrenzt. Daher sind diese Fahrten für die meisten Passagiere ungenutzte Zeit und notwendiges Übel. Zudem können die heutigen Medieninhalte kaum im Auto erlebt werden. Die Bildschirme sind zu klein, oder die Formate passen nicht zur Reisezeit. Mobility-as-a-Service mit selbstfahrenden Fahrzeugen könnte den Durchbruch bringen. Das sieht offenbar das TIME-Magazin auch so: Holoride wurde 2020 als eine der 100 besten Erfindungen ausgezeichnet.

Die Idee, die Virtual-Reality-Spiele mit der Bewegung des Autos abzugleichen, hat einen simplen, aber einleuchtenden Grund: Die Mitfahrer sollen die Zeit im Fahrzeug für Spaß und Spiel nutzen können. Aus dem Fenster schauen gilt nicht mehr! Dafür ist Spielen, aber auch Lernen angesagt. Grenzenlose Möglichkeiten. Uns Autoren begeistert noch eine andere Vorstellung: Man befindet sich in einem autonomen Shuttle, die Virtual-Reality-Brille bereits aufgesetzt, zum Beispiel auf der Fahrt von Canary Wharf nach Chelsea mitten durch London. Jetzt hat man die Wahl: Entweder lässt man sich ins Jahr 1851 versetzen oder man wird in die Zukunft befördert, und zwar ins Jahr 2191. Wir entscheiden uns für die Vergangenheit. Und schon geht die virtuelle Reise los: durch verwinkelte, enge Gassen, vorbei an den überbevölkerten und unhygienischen Slums. Charles Dickens beschrieb diese Zustände in seinem Roman Oliver Twist. Erschreckend und faszinierend zugleich, plötzlich mittendrin zu sein. Schon bald erleben wir die andere Seite Londons in dieser viktorianischen Zeit. Den Hyde Park, wo gerade die Weltausstellung stattfindet. Endlich taucht der Crystal Palace auf, die gläserne Ausstellungshalle, die zu dieser Zeit Weltruhm erlangte. Science-Fiction? Nein, das ist schon bald Realität. Wir freuen uns darauf.

Vom Umgang mit der Zeit

Ein Blick in die Autos: Viele Fahrer tippen bei einem Stopp an der Ampel ihre Chat-Nachrichten, hören nebenbei Musik oder telefonieren und rufen bei jeder Gelegenheit ihre E-Mails oder Streams in den sozialen Netzwerken ab. Offenbar löst sich die Linearität der Zeit mit einem organisierten Tagesablauf und festgelegten Zeitfenstern für einzelne Tätigkeiten auf. Stattdessen dominiert die Gleichzeitigkeit unser Leben. Alles andere wäre auch langweilig, nicht inspirierend und würde dem Drang widersprechen, stets Neues zu erleben. Smartphones erlauben es den Menschen, sich immer und überall möglichst gegenwärtig zu sein, allerdings zu einem beachtlichen Preis: Die Zeit zerfällt in immer kleinere Einheiten, die man für völlig unterschiedliche Tätigkeiten nutzt. Dabei wechseln wir zwischen diesen Aktivitäten teilweise im Sekundentakt hin und her. Wo früher Zeitblöcke zur Verfügung standen, sind es heute nur noch Augenblicke. Eine Smartphone-Nutzerin greift etwa 250-mal am Tag zu ihrem Gerät, beschäftigt sich etwa 50 Sekunden lang damit, bevor sie es wieder weglegt. Pro Tag verbringt sie fast 200 Minuten mit dem Gerät. Einige sogar bis zu 8 Stunden.

Das Hin und Her zwischen verschiedenen Tätigkeiten vermittelt den Menschen das Gefühl, die Zeit intensiv zu nutzen, keine Eintönigkeit aufkommen zu lassen und den Tagesablauf selbst zu gestalten. Daher bearbeitet man auf dem Weg ins Theater noch schnell die geschäftlichen E-Mails und telefoniert in der Pause kurz mit dem Büro. Eines wird dabei jedoch vergessen: Es ist stets eine Übergangszeit erforderlich, um von einer Tätigkeit (Nachrichten schreiben) in eine andere (Film schauen) zu wechseln. Diese Übergangszeit wird als solche nicht erlebt, sondern zeigt sich allenfalls in dem Gefühl, gestresst zu sein. Sind die im Hin und Her verrichteten Tätigkeiten sehr komplex oder womöglich sogar emotional bewegend, nimmt diese Übergangsphase sogar den größten Teil der Zeit in Anspruch.

Kein Wunder also, dass das Leben vieler Menschen durch ein Immer-Mehr, ein Immer-Schneller, ein Immer-Besser gekennzeichnet ist, sei es im Privaten oder Geschäftlichen. Überall To-do-Listen, die abgearbeitet werden müssen und keine Möglichkeit, auf Stand-by-Modus zu schalten und sich zurückzuziehen. Bislang bietet das Autofahren die Möglichkeit, sich eine Auszeit zu gönnen. Allerdings nur dann, wenn man sich an die Verkehrsregeln hält und nicht nebenbei allen möglichen Ablenkungen nachgeht. Nicht umsonst berichten viele Menschen davon, dass das Fahrzeug ihr Rückzugsort sei und Auto fahren immer etwas zu tun habe mit ausklinken, abschalten und nicht verfügbar sein. Diese erzwungene Entschleunigung erleben viele beruhigend und wohltuend. Wie in einem Flugzeug, wo nicht telefoniert werden kann und kein WLAN verfügbar ist.

Warum diese Geschichte vom Umgang mit der Zeit?[4] Jetzt kommt Mobility-as-a-Service und bietet die Möglichkeit, nicht mehr selbst fahren zu müssen. Stattdessen können wir E-Mails checken und im Internet surfen, mit anderen Worten: an der To-do-Liste arbeiten. Die eine Fahrstunde im Auto morgens auf dem Weg zur Arbeit und abends nach Hause war für viele bislang Rückzug und Entschleunigung. Zwar entlasten die selbstfahrenden Shuttles und Pods vom mühsamen Fahren im Stop-and-go-Verkehr, allerdings dürften künftig nur wenige Pendler diese Zeit für Ruhe und Erholung nutzen. Ganz im Gegenteil: Firmen könnten darauf drängen, während der Fahrt im fahrerlosen Bus zu arbeiten. Ein Klick, und man ist mit der To-do-Liste verbunden, egal wo man sich gerade befindet. Es gibt kein Entkommen. Bei aller Begeisterung für Mobility-as-a-Service bleibt zu hoffen, dass die Passagiere die Kraft finden, sich von Verpflichtungen zu befreien und die gewonnene Freiheit dazu verwenden, um sich zumindest hin und wieder zurückzulehnen und zu entspannen.

TEIL 6

WAS UNTERNEHMEN KÖNNEN (MÜSSEN)

KAPITEL 21

WORAUF ES ANKOMMT

Wir wollten es genau wissen und fragten daher einige Topmanager von Automobilunternehmen: Worauf kommt es an, damit ein Unternehmen im Auto- und Mobilitätsmarkt bestehen kann? Die Antworten waren erstaunlich einheitlich: eine starke Marke und ein überzeugendes Design, das große Emotionen vermittelt. Und natürlich eine herausragende Antriebstechnologie. Bislang Motor und Getriebe, zukünftig der Elektroantrieb. Selbstverständlich spielen auch die Assistenzsysteme und die gesamte Informations- und Kommunikationstechnologie eine immer wichtigere Rolle. Und auch der Vertrieb mit den Händlern und Reparaturwerkstätten. Klingt überzeugend, aber gilt das auch in Zukunft?

Werfen wir einen Blick auf Mobility-as-a-Service mit autonomen Pods und Shuttles. Gelten die Antworten der Autobosse wohl auch in dieser Welt? Oder sind es ganz andere Aspekte, die die Attraktivität eines selbstfahrenden Fahrzeugs ausmachen? Ist uns die Marke des Busses wohl wichtig? Vielleicht eher die des Betreibers? Was ist mit dem Design? Muss es beim Betrachter Emotionen wecken? Interessieren wir uns überhaupt für die Technologie von Pods und Shuttles? So genau scheint das derzeit noch niemand zu wissen. Gleichwohl wollen wir diese Spur verfolgen und zumindest auf drei neue Aspekte bei der Gestaltung von fahrerlosen Fahrzeugen eingehen.

Mobilität als soziale Interaktion

Es mag überraschen, aber verglichen mit dem Luft- oder Schiffsverkehr ist der Straßenverkehr ein chaotisches System. Es gibt zwar Regeln, jedoch muss sich das Verkehrssystem immer wieder selbst organisieren. Der Grund liegt auf der Hand: Die unendlich vielen Verkehrssituationen können gar nicht in allen ihren Details geregelt werden. Das wäre gar nicht machbar. Deshalb steht in Paragraf 1 der deutschen Straßenverkehrsordnung, dass die Teilnahme am Straßenverkehr ständige

Vorsicht und gegenseitige Rücksichtnahme erfordert. Fußgänger, Rad-, Motorrad- und Autofahrer müssen daher in vielen Verkehrssituationen miteinander Kontakt aufnehmen. Durch Blicke und Gesten, gelegentlich auch mit Worten. Allerdings bedeuten diese Zeichen und Signale nicht in allen Ländern das Gleiche.

Der Verkehr in Nordamerika, Nord- und Mitteleuropa ist durch ein geordnetes, regelbasiertes und auf die eigene Spur bezogenes Fahren gekennzeichnet. Somit müssen die Menschen am Steuer nur selten miteinander kommunizieren. Aber auch in diesen Ländern nimmt eine Fußgängerin, die eine Straße überqueren will, Blickkontakt zu den Autofahrern auf, um sicher zu sein, dass man sie gesehen hat. In China, Südeuropa, Afrika und Südamerika ist die Bereitschaft, sich an Regeln zu halten, nicht besonders ausgeprägt. Deshalb sind Hupen oder Handzeichen erforderlich. In vielen chinesischen Städten ist es für Fußgänger ratsam, eine Straße nur im Pulk zu passieren, weil sie so von den Autofahrern gesehen werden. In einigen brasilianischen Megacitys fährt man an einer roten Ampel am besten weiter, weil sonst die Gefahr besteht, überfallen zu werden.

Um die kulturellen Unterschiede zu verdeutlichen, schauen wir auf eine Fußgängerin, die eine gut befahrene, zweispurige Straße in einer Innenstadt auf dem Zebrastreifen überqueren möchte.[1] In London werden die Fahrer bremsen, zumindest die meisten, sobald sie sich dem Zebrastreifen nähert. Die Autos kommen zu einem kompletten Stopp, dann überquert sie die Straße. Erst wenn sie auf der anderen Straßenseite angelangt ist, fahren die Autos wieder los. In Teheran dagegen marschiert die Fußgängerin auf den Zebrastreifen, ohne vorher nach rechts und links zu schauen oder sogar anzuhalten. Bestenfalls weicht sie aus, beschleunigt oder verlangsamt die Schritte, um sich zwischen den Fahrzeugen durchzuschlängeln. Die Fahrer halten nicht an, allenfalls bremsen sie etwas ab oder führen kleine Ausweichmanöver durch, um die Fußgängerin nicht zu verletzen. Es ist schon erstaunlich: Trotz dichten Verkehrs und vieler Fußgänger muss niemand anhalten, weder Fahrzeuge noch Fußgänger. Offenbar hat sich in Teheran, aber auch in Saigon, Manila, Kairo und anderen Metropolen ein funktionierendes Wechselspiel entwickelt. Die Fußgänger sind in der Lage, das Verhalten der herannahenden Autos einzuschätzen, umgekehrt können die Fahrer am Verhalten der Fußgänger erkennen, welche Manöver notwendig sind, damit der Verkehr fließt. Es wirkt wie Chaos, aber es überqueren deutlich mehr Fußgänger und Fahrzeuge die Kreuzung als im regelkonformen Verkehr von London.

Für die Kommunikation der autonomen Shuttles und Pods mit ihrer Umgebung könnte man auf standardisierte Signale zurückgreifen, die auf einer Anzeige in der Fahrzeugfront erscheinen. Damit ließen sich wichtige Hinweise für die Fußgänger und Fahrradfahrer vermitteln, wie etwa: Bitte gehen! Bitte warten! Einige Automobilhersteller verfolgen diese Idee bereits. Ein Bildschirm in der Windschutzscheibe kann den anderen Verkehrsteilnehmern Botschaften mitteilen. Auch die Fahrzeugoberfläche lässt sich dazu nutzen, durch Leuchtstreifen Signale auszusenden. Schwenkbare und blinkende LEDs, die einem Auge gleichen, wenden sich den Fußgängern und Fahrradfahrern zu und übermitteln Nachrichten. Zum Beispiel: Ich habe dich gesehen! Du kannst jetzt gehen! Zusätzlich schwenken Lautsprecher aus und teilen den Passanten mit, dass sie nun die Straße überqueren können.

Mithilfe von Sensoren könnte man sogar noch einen Schritt weitergehen. Wir erinnern uns: Das Fahrzeug und beispielsweise das Smartphone der Fußgängerin nehmen miteinander Kontakt auf. Kommen sich Mensch und Maschine zu nahe, ertönt ein Alarm und das Fahrzeug bremst ab. Man müsste sich nicht mehr darauf verlassen, dass die anderen Verkehrsteilnehmer die Botschaften des autonomen Fahrzeugs auch tatsächlich wahrnehmen. In diesem Fall könnte ein Passant den Zebrastreifen sogar betreten, ohne nach rechts und links schauen zu müssen. Die beiden Maschinen, das Auto und das Smartphone, regeln die Verkehrssituation miteinander.

Die Maschine denkt mit

In diesem Buch ist stets die Rede davon, dass Mobility-as-a-Service mit autonomen Fahrzeugen angeboten werden soll. Das ist auch richtig: Die Maschine lenkt, beschleunigt und bremst, der Mensch fährt nur mit. Gleichwohl lohnt sich ein Blick auf die technologischen Entwicklungen bei den Automobilherstellern. In deren Welt sitzt zwar nach wie vor der Mensch am Steuer. Allerdings verändert sich auch dort das Zusammenspiel von Mensch und Maschine. Einige dieser neuen Funktionen kann man sich durchaus in selbstfahrenden Pods und Shuttles vorstellen. Lassen wir uns daher von den Ideen und Plänen der Automobilbauer etwas inspirieren.

Nur Autofahren? Das war früher. Inzwischen hat sich das Auto zu einem multimedialen Gerät entwickelt.[2] Es fährt zwar immer noch, aber daneben kann es sehr viel mehr. Heutzutage sind die Fahrzeuge voll mit Sensoren, die alles Mögliche erfassen. Nicht nur die Umgebung, das kennt man bereits von den Assistenzsystemen, die die Spur halten oder den Abstand messen. Jetzt geht es darum, die Gemütslage und den Gesundheitszustand des Fahrers zu erkennen. So lässt sich aus den Lenkbewegungen, der Atemluft oder dem Blickverlauf ableiten, ob die Person am Steuer beispielsweise alkoholisiert ist, Drogen oder Medikamente eingenommen hat oder von anderen Insassen abgelenkt wird.

Wenn bestimmte Richtwerte nicht mehr eingehalten werden, kann die Maschine die Steuerung des Autos übernehmen und im schlimmsten Fall die Fahrt abbrechen. Mit zunehmendem Grad der Fahrzeugautomatisierung erfolgt sowieso ein Wechselspiel zwischen Mensch und Maschine: Mal steuert der Mensch das Auto, mal die Maschine. Am besten die Reisende entscheidet vor der Fahrt, ob sie selbst fährt oder den Autopiloten einschalten möchte. Neueste Forschung zeigt, dass insbesondere aus den Lenkbewegungen Rückschlüsse auf bestimmte Erkrankungen wie etwa Demenz möglich sind.[3] Das Auto als Diagnostikinstrument. Wir erinnern uns. Mit den Sensoren und der entsprechenden Software zur Verarbeitung dieser Lenkdaten können nicht nur körperliche Leiden, sondern auch psychische Erkrankungen festgestellt werden: Depressive Menschen weisen ein anderes Lenkverhalten als gesunde Menschen auf.[4] Indem das intelligente Auto sogar Krankheitsbilder erfasst, kann es dazu beitragen, die Sicherheit im Straßenverkehr zu verbessern.

Das ist aber noch nicht alles! Moderne Fahrzeuge sind vielfältig vernetzt, können alle möglichen Einstellungen in der Cloud abspeichern und bei Bedarf abrufen. Sobald das Auto die Fahrerin erkannt hat, zum Beispiel durch Augenkontakt mit einem Sensor oder aufgrund des Smartphone-Profils, können das Lenkrad und der Sitz auf ihre Position eingestellt werden. Zudem hat der Algorithmus im Laufe der Zeit gelernt, dass sie am liebsten Rockmusik hört, und zwar richtig laut. Sind hingegen weitere Personen im Fahrzeug, die das System als die Kinder der Fahrerin erkennt, gilt: Rockmusik geht gar nicht, sonst gibt es Stress. Jetzt muss Hiphop oder House gespielt werden. Um die Mutter zu schützen, werden nur die hinteren Lautsprecher eingeschaltet, die vorderen bleiben stumm. Das Auto als Freund und Begleiter, der uns versteht und regelrecht Wünsche von unseren Lippen abliest.

Darüber hinaus soll das Auto der Zukunft auf das Wort gehorchen! Einige Hersteller sind bereits daran, Alexa in ihre Fahrzeuge einzubauen. Wofür ist das gut? Es ist wohl die natürliche Art und Weise mit anderen, in diesem Fall mit einem Auto, zu kommunizieren. Mit Alexa sollen nicht nur alle Funktionen verändert werden können: lauter, leiser, wärmer, kälter, vielleicht sogar langsamer oder schneller. Vielmehr lassen sich mit diesem Sprachassistenten alle Geräte und Instrumente im Büro oder Haus anweisen. Befindet sich die Fahrerin auf dem Weg nach Hause, kann sie aus dem Auto heraus die Rollläden öffnen und die Heizung einschalten. Umgekehrt lässt sich aus dem Haus heraus das Auto ansteuern. So können bereits vor der Reise der Ladezustand der Batterien überprüft und der Zielort eingeben werden. Steigt man ins Fahrzeug ein, ist bereits alles für die Fahrt vorbereitet.

In den nächsten Jahren dürften noch viele weitere Funktionen die Interaktion zwischen Mensch und Maschine bereichern. Die Steuerung des Fahrzeugs mit Gesten oder durch die Bewegung der Lippen sind derzeit wichtige Themen in den Forschungs- und Entwicklungsabteilungen. Alle von Sensoren erfassten Daten werden in der Steuerungseinheit des Fahrzeugs gesammelt, gespeichert, ausgewertet und in Befehle an das Auto umgesetzt. Diese Einheit entwickelt sich immer mehr zu einem smarten Kopiloten, der den Fahrer bei den Fahraufgaben unterstützt und einspringt, sofern dieser die Steuerung des Autos abgeben möchte oder in einer Notsituation überfordert ist. Fast wie ein Schutzengel!

Der smarte Kopilot kann jedoch noch sehr viel mehr Aufgaben übernehmen. Beispielsweise könnte er die Fahrerin daran erinnern, dass ihr Mann heute Geburtstag hat und mit Blick auf die Interessen des Geburtstagskindes bereits passende Geschenkvorschläge unterbreiten. Sich nie mehr den Kopf zerbrechen, was man den Liebsten schenken soll! Das wäre ein Fortschritt! Der Kopilot weiß, wo diese Geschenke erhältlich sind und könnte sie auf Wunsch der Fahrerin bestellen und bezahlen. Wenn sie keine Zeit hat, es selbst abzuholen, würde der Kopilot einen Paketdienst beauftragen. Vielleicht ist Kopilot hierfür der falsche Begriff. Man müsste eigentlich von einem automatisierten Butler sprechen.

Schon bald dürfte auch das von Google entwickelte Prinzip Einzug in Fahrzeuge halten: aktuelle, individualisierte Werbung! Zum Beispiel hat der Kopilot erkannt, dass der Fahrer am Wochenende immer wieder in die Berge fährt und sich zuvor die Wege zu den Berghütten auf sein Handy lädt. Diese Erkenntnis könnte genutzt werden, um regelmäßig Wanderschuhe und Bergbekleidung auf dem Bildschirm im Fahrzeug erscheinen zu lassen. Entscheidend dabei ist, wer alles Zugriff auf diese Daten des Fahrers hat. Ist es Google, der Automobilhersteller oder der Fahrdienst? Oder mit anderen Worten: Auf welcher Seite steht eigentlich der smarte Kopilot? Zwar versprechen alle Akteure, dass der Kunde die Kontrolle über die Daten behält und die umworbenen Produkte und Dienste selbst ein- und ausschalten kann, aber das erfordert ein gewisses Maß an Kundenvertrauen.

Damit der automatisierte Butler funktioniert, muss Mercedes das Fahrzeug mit möglichst vielen Online-Diensten vernetzen: »Hey Mercedes, bestell mir mein Lieblingsessen nach Hause.« Hierzu muss der Autobauer bereits Lieferando als Partner ausgewählt haben. Zudem hat der Nutzer seine Lieblingsspeise, seinen

Wohnort und alle Bezahldaten preisgegeben. Mitunter sensible Daten! Insofern sollten alle Mobilitätsunternehmen die von den Kunden bereitgestellten Daten nur für die vereinbarten Zwecke verwenden. Datenschutz ist das entscheidende Thema! Es ist sorgfältig zwischen den Interessen der Reisenden und der Mobilitätsfirmen abzuwägen. Letztere benötigen gewisse Reise- und Verhaltensdaten. Nur so sind sie in der Lage, für jedes Individuum einen möglichst einfachen und schnellen Transport zu organisieren. Dies darf jedoch nicht dazu führen, dass Daten sogar noch gegen Geld an Dritte weitergeleitet werden. Aus eigenem Interesse sollten die Mobilitätsfirmen klare und eindeutige Standards für den Umgang mit den Daten der Reisenden entwickeln.

Das Interieur ist das neue Exterieur

Bereits heute befassen sich die Designer mit der Gestaltung autonomer Pods und Shuttles.[5] Wie sollen diese Fahrzeuge aussehen? Welche Funktionen müssen sie bieten? Welche Materialien lassen sich einsetzen? Wie wollen die Menschen im

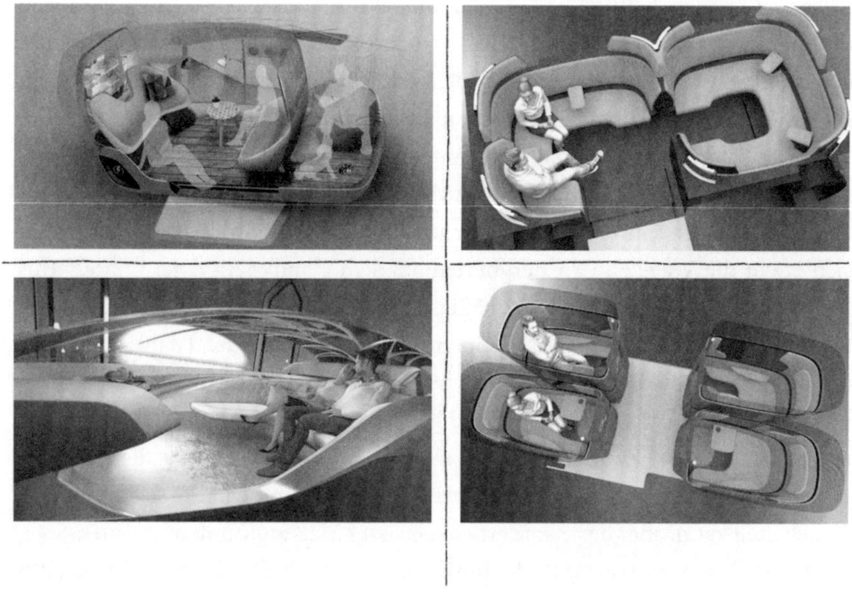

Abbildung 6.1: Entwürfe zum Interieur von Pods und Shuttles
Quelle: Volkswagen Konzern Design

Auto sitzen? Was wollen sie während der Fahrt tun? Wie wichtig ist Privatsphäre? Diese und weitere Fragen sind in den nächsten Jahren zu beantworten und in Entwürfe und Skizzen umzusetzen. Obgleich vieles hierzu noch nicht entschieden ist, scheint eines sicher zu sein: Allein die Tatsache, dass es in diesen Autos keine Fahrer, sondern nur noch Insassen gibt, eröffnet ganz neue Möglichkeiten für die Gestaltung des Interieurs. Manche Designer sprechen schon vom Fahrzeug als drittem Lebensraum, neben der Wohnung und dem Arbeitsplatz (Abbildung 6.1).

Vieles von dem, was seit 140 Jahren beim Design eines Fahrzeugs wichtig und richtig ist, dürfte zukünftig nicht mehr gelten. Derzeit ist das Autodesign geprägt durch die Richtung der Fahrt. Aus der Silhouette eines Fahrzeugs lässt sich erkennen, wo hinten und wo vorn ist und in welche Richtung es sich bewegt. Künftig ergeben sich neue Freiheiten bei der Gestaltung des Designs. Man kann sich Formen vorstellen, die keine Rücksicht mehr nehmen müssen auf die Blicke und die Haltung des Fahrers. Zudem fällt mit der weiteren Verbreitung von Elektromotoren auch die für viele Autos typische Frontpartie mit der Motorhaube und dem Kühlergrill weg. Sofern die autonomen Fahrzeuge vernetzt im Pulk unterwegs sind, spielen die Aerodynamik und die vielen Sicherheitsvorschriften keine wichtige Rolle mehr. Man kann diese Autos anders bauen und zum Beispiel den Insassen viel mehr Raum, vor allem Erlebnisraum, zugestehen.

Das bisherige Interieur ist für eine Kommunikation zwischen den Passagieren ungeeignet, weil alle in Fahrtrichtung sitzen. Zukünftig kann man sich eine Anordnung der Sitze vorstellen, die eine angenehme Atmosphäre für Gespräche und Spiele schafft. Bislang dürfen sich die Insassen jedoch nur angeschnallt im Fahrzeug aufhalten. Mit fallenden Unfallzahlen ist damit zu rechnen, dass sich die Rechtsprechung zu den Sicherheitsstandards ändert. Die Passagiere könnten sich künftig wie in einem Bus bewegen. Darüber hinaus sind die bisher unerlässliche Mittelkonsole sowie das Armaturenbrett ebenso verzichtbar wie die Ausrichtung aller Instrumente auf den Fahrer. Viele neue Freiheiten für die Designer!

Vieles ist noch nicht entschieden, vieles muss noch erprobt werden. Gleichwohl lässt sich an den vorgestellten Konzepten bereits erkennen, dass die Gestalter gewillt sind, die neuen Freiheiten für mutige Entwürfe zu nutzen. In einigen Prototypen lassen sich die Sitze um 180 Grad drehen und per Knopfdruck kippen. Die Tische können nach Bedarf ein- und ausgeklappt werden. Schlafkojen auf Rädern, fahrende Wohnzimmer, rollende Büros, Privatkinos oder Spielzimmer. Vieles scheint möglich. So auch die Idee, die Scheiben als Bildschirme zu nutzen. Man stelle sich hierfür einen spannenden Film vor! Nicht nur zusehen, sondern eintauchen und das Gefühl erleben, Teil der Handlung zu sein. Surround Entertainment!

Für das perfekte Erlebnis testen die Designer derzeit Materialien, die bislang im Automobilbau noch nicht verwendet wurden. Ob biobasierte Rohstoffe, Lichtelemente, sensorische Garne. Mit leichten und hochwertigen Materialien soll ein entspanntes Fahren ermöglicht werden. Ein Sitz, der den Passagier antippt, sobald er müde wird oder eine Heizung, die nur dort wärmt, wo es eine Berührung mit den Insassen gibt. Hanf und Leinen sind ein wichtiges Thema: Diese besonders nachhaltigen Materialien sollen ins Auto. Allerdings gibt es noch Probleme mit der Akzeptanz, berichten die Designer. Ein Auto soll bitteschön nach Leder riechen und nicht nach Natur. Aber auch daran wird gearbeitet.

Entwickler betonen es immer wieder: Bei der Gestaltung des Interieurs spielen die Schnittstelle zwischen Mensch und Maschine sowie das Kundenerlebnis eine wichtige Rolle. Einerseits fallen viele bisher unerlässliche Instrumente, Schalter und Regler weg, wie etwa das Lenkrad, der Schalthebel sowie die Anzeigen für Geschwindigkeit und Motordrehzahl. Andererseits braucht es eine Kommunikation zwischen Maschine und Mensch, um das Gefühl von Sicherheit, Kontrolle und Komfort zu vermitteln. Nur wenn die Passagiere Vertrauen zur Technologie entwickeln und sich im Auto wohlfühlen, sind sie auch bereit, sich zurückzulehnen, Musik zu hören, Videos zu schauen oder im Internet zu surfen.

Innovative Konzepte hierzu sind bereits in der Erprobung: Einige Firmen testen Systeme, die selbstständig die Gewohnheiten und Vorlieben der Insassen erkennen. Dadurch reduzieren sich die notwendigen Bedienschritte auf ein Minimum. Andere arbeiten an unsichtbaren Displays. Dabei sieht man nur eine mit Stoff bezogene Armatur, die sich während der Fahrt als Display entpuppt. Sobald das Fahrzeug steht, ist wieder der Stoff zu erkennen. Befehle an die Maschine können auch gesprochen werden. Manchmal reicht allein schon der Blick aus: Hierzu erfasst ein Gerät den Blickverlauf entlang des Displays. Dort, wo der Blick verharrt, wird die entsprechende Funktion ein- oder ausgeschaltet. Wieder andere bauen mit Sensoren bespickte Sitze in die Fahrzeuge ein. Die damit erfasste Körperspannung der Insassen liefert der Maschine Hinweise darauf, was die Passagiere gerade vorhaben und wie es ihnen geht.

Machen wir eine Probefahrt: Der per App bestellte Pod wartet schon vor dem Haus. Wir gönnen uns heute ein Fahrzeug der Luxusklasse. Der Innenraum ist mit edlen Materialien ausgestaltet. Es duftet gut, feine Frühlingsdüfte. Sofort fällt die schöne Lichtstimmung auf, die sich abhängig von der Tageszeit verändert. Wir nehmen Platz auf eleganten Sesseln, die man beliebig verstellen kann. Das Getränk steht bereit und los geht die Fahrt. Das Auto weiß um die Gemütslage der Insassen und lässt Rockmusik der 70er Jahre spielen. Wow, was für ein Erlebnis!

Wenn der Blick durch das Fenster langweilt, kann es per Sprachbefehl zu einem Mixed-Reality-Display verwandelt werden. Statt an Häusern fahren wir zuerst an einer Berglandschaft vorbei, an steilen Wänden und an klaren Seen. Danach geht es zum Tauchen. Die Autos um uns herum verwandeln sich zu Delfinen und die Gebäude zu Korallenriffen. Den Motiven sind keine Grenzen gesetzt. Willkommen in der Welt von Mobility-as-a-Service.

KAPITEL 22

EIN GESCHÄFTSMODELL MUSS HER

Wandel kostet Kraft

Es ist schon erstaunlich, dass sich die Geschäftslogik von Automobilunternehmen seit Carl Benz und Henry Ford im Grunde nicht verändert hat: Schon immer ging es darum, herausragende Fahrzeuge zu entwerfen, zu entwickeln, zu produzieren und auf den Markt zu bringen. Allerdings stets verstanden als das beste Design, das beste Chassis, der beste Motor oder das beste Getriebe. Diese Sichtweise dürfte sich in den nächsten Jahren wandeln: Schon jetzt verschwimmen die Grenzen zwischen den Industrien. Barrieren für den Markteintritt fallen, und die Wertschöpfungskette zerfällt. Es geht um Algorithmen, Sensoren, Steuerungssysteme, kurzum: Software ist die neue Währung, die die Wertschöpfung dominiert! Man denke an das vernetzte, autonome, elektrische Auto, das auch noch geteilt wird. Im Kern eine Neuerfindung des Automobils.

Eine neue Epoche bricht an:[1] Ohne Zweifel sind überzeugende Fahrzeuge nach wie vor wichtig, das stellt niemand in Abrede. Aber für den zukünftigen Markterfolg braucht es neben der Neuerfindung des Automobils vor allem Innovationen im Geschäftsmodell. Software ist das eine Thema, aber der Blick muss auch alternativen Mobilitätskonzepten auf Basis digitaler Plattformen gelten. Nur so können sich die Hersteller gegen die in den Markt drängenden Technologiefirmen behaupten. Ansonsten droht ihnen das Schicksal, zu Blechbiegern zu verkommen, die austauschbare Produkte, Komponenten und Bauteile fertigen. Das ist nicht gut für die Wertschöpfung! Der Wert eines Autos liegt zukünftig nicht mehr in der Hardware, sondern in der Software und in einer neuen Geschäftslogik. Das ist der Kern aller Veränderungen in dieser Branche.

Wie rasch sich die Welt verändert, zeigt das folgende Beispiel: Léa Miggiano hatte mit Carvolution eine clevere Geschäftsidee. Autos einfach, schnell, flexibel und preiswert im Abo anzubieten. Das Konzept ist simpel. Immer mehr Kunden greifen anstelle eines Barkaufs oder Leasings auf ein Auto-Abo zurück. Im Unterschied zur Fahrzeugmiete oder zum Car-sharing geht es beim Auto-Abo nicht um die Bereitstellung eines Fahrzeugs für Tage oder Stunden, sondern für Wochen oder Monate. Je nach Abo-Vertrag kann der Kunde für unterschiedliche Reiseanlässe das Auto wechseln und sogar zwischen Typen und Marken variieren. Warum ist das interessant? Man muss das Auto nicht finanzieren, erhält stets das passende Fahrzeug und kann immer wieder ein neues Modell erleben. Zahlreiche Firmen wie Clyde, like2drive, ViveLaCar, Juicar und viele Autovermieter sind in diesem Markt vertreten. Und die Automobilhersteller? Inzwischen auch. Aber eigentlich hätte diese Idee von ihnen kommen müssen. Zumal in der Plattform-Ökonomie die Regel gilt: »The winner takes it all.« Es gibt keinen Platz für den Zweitbesten. Ein zweites Facebook, ein zweites LinkedIn braucht im Grunde niemand.

Einige in der Automobilindustrie wehren sich gegen den Wandel, ohne jeden Zweifel. Man wirkt auf Politiker ein. Man versucht alle errungenen Kompromisse zum Beispiel zur Reduzierung von Emissionen zu verhindern. Man droht mit Verlagerungen von Fabriken und dem Abbau von Arbeitsplätzen. Man fordert finanzielle Unterstützung vom Staat, obwohl man in den letzten Jahren Milliarden verdient hat. Projekte zu Mobility-as-a-Service geht man halbherzig und mutlos an, um an ihrem Scheitern zu zeigen: Das sind Spinnereien, die sich niemals durchsetzen werden. Offenbar haben sich einige festgelegt, den Wandel mit allen Mitteln zu verhindern, statt ihn mit Mut anzugehen.

Die gute Nachricht ist: All das Getöse wird nicht helfen. Der Geist ist aus der Flasche. Die Idee einer neuen Mobilität lässt sich nicht mehr einfangen. Allerdings besteht jetzt noch die Chance, den Wandel zu gestalten. Und, wichtiger noch: tragfähige und nachhaltige Geschäftsmodelle zu entwickeln. Dafür müsste man die Zeichen der Zeit erkennen, statt die Augen zu verschließen und darauf zu bauen, dass es sowieso niemand wagt, sich mit der mächtigen Automobilindustrie anzulegen. Hoffentlich täuschen sich die Damen und Herren in den Führungsetagen nicht. Die Geschichte liefert genug Beispiele, was alles passieren kann, wenn Selbstgefälligkeit und das Gefühl von Macht, Stärke und Unverwundbarkeit regieren.

Schauen wir auf Erfolgsgeschichten: Diese haben überraschend wenig mit Produkten und Prozessen, sondern vielmehr mit innovativen Geschäftsmodellen zu tun. Amazon ist der bedeutendste Buchhändler der Welt, ohne einen eigenen Laden zu führen. Netflix hat das Geschäft mit Videos neu erfunden, ohne eine einzige Videothek zu besitzen. Uber und Airbnb bewegen und beherbergen Menschen, ohne eigene Taxis oder eigene Hotels zu betreiben. Firmen müssen immer häufiger und immer schneller ihr in der Vergangenheit erfolgreiches Geschäftsmodell auf den Prüfstand stellen. Im Grunde ist die Haltung eines Steve Jobs erforderlich: Er war stets in Sorge, ein anderes Unternehmen könne das Geschäft von Apple zerstören. Da es Erfolg nur noch temporär gibt, lautet die Devise: Am besten man konkurriert gleich mit sich selbst, bevor es ein anderer tut, und ersetzt immer wieder das Alte durch das Neue. So hat Apple mit dem iPhone den iPod abgeschafft und ganz nebenbei auch gleich noch die Foto- und Videokamera, den mobilen Terminkalender, das Adressbuch und vieles mehr.

Ein großes Hindernis auf dem Weg zu neuen Geschäftsmodellen in der Automobilindustrie ist die vorherrschende Industrielogik. Jeder Hersteller ist ein Teil einer eingespielten Industriestruktur, die sich aus den Handlungen der Wettbewerber und der Zusammenarbeit mit den Zulieferern ergibt. Alle Unternehmen in dieser Industrie haben sich damit abgefunden und entwickeln ihre Produkte und Prozesse so, wie sie es schon immer taten und wie es auch die Konkurrenten tun. Wir bauen Autos und wir verkaufen Autos! Diese Logik ist so dominant, dass viele Führungskräfte trotz Google, Apple, Tesla und der damit verbundenen Disruption die Notwendigkeit zur Veränderung nicht sehen, sondern am Bekannten festhalten.

Es gibt noch ein weiteres Hindernis: Die Geschichte der Automobilindustrie ist eine Geschichte des Erfolgs, daran gibt es keinen Zweifel. Nochmals zur Erinnerung: Wurden im Jahr 1950 noch 10 Millionen Fahrzeuge weltweit produziert und abgesetzt, waren es 1980 bereits 38 Millionen und 2010 schon 77 Millionen. Ohne die Coronakrise wäre wohl 2020 die 100-Millionen-Hürde übersprungen worden. Warum sollte man ein Geschäftsmodell aufgeben, das sich bewährt hat? Selbst während des Diesel-Skandals verzeichneten viele Fahrzeughersteller immer wieder Rekordgewinne. Wieso also verändern? Niemand vermag derzeit überzeugend zu vermitteln, wie die Billionen-Umsätze aus dem Autoverkauf durch alternative Geschäftsmodelle etwa aus Mobility-as-a-Service ersetzt werden können. Dem Erfolgreichen den Wandel zu erläutern, scheint nahezu aussichtslos.

Das vielleicht entscheidende Problem besteht darin, dass der klassische Automobilbau, der sich um Bleche, Motoren und Antriebe dreht, an Bedeutung einbüßt. Im Grunde zählt die Expertise, Autos bauen zu können, nicht mehr so viel, obgleich sie in über 100 Jahren erworben wurde und vielen Herstellern eine komfortable Stellung im Markt beschert hat. Diese Expertise muss zügig und mit Nachdruck durch neues Wissen über Software und alternative Mobilitätskonzepte ersetzt werden. Ein für diese Branche noch nie dagewesener Transformationsprozess![2] Dieser Wandel ist deshalb so einschneidend, weil sich das Machtgefüge bei den Autobauern verschieben dürfte und die Kultur und die Organisation auf den

Kopf gestellt werden müssen. Jene Manager, die stets mehr PS, breitere Reifen, einen dickeren Auspuff und noch mehr SUVs fordern, könnten an Einfluss verlieren. Was es jetzt braucht, sind neue Fähigkeiten und einen anderen Führungsstil. Und, nicht zu vergessen, Anregungen aus anderen Industrien.

Auf die Perspektive kommt es an

Rufen wir uns zwei Zahlen in Erinnerung: Etwa 100 Millionen Fahrzeuge, die pro Jahr abgesetzt werden, bringen etwa 2,5 Billionen US-Dollar Umsatz.[3] Über 9 Millionen Menschen sind bei den Automobilherstellern angestellt. Da zudem auf jeden direkten Arbeitsplatz noch fünf weitere indirekte Jobs hinzukommen, beschäftigt diese Industrie weltweit etwa 55 Millionen Menschen. Fazit: ein gigantisches Geschäft, ein gigantischer Markt. Eigentlich naheliegend, dass die Taktiken und Strategien der Autobauer auf den Verkauf von Fahrzeugen ausgerichtet sind. Worauf auch sonst?

Blicken wir auf den Gewinn: Ein Autobauer verdient an einem durchschnittlichen Fahrzeug, das 250 000 Kilometer absolviert, etwa 2 500 Euro. Dies entspricht ungefähr 1 Cent pro gefahrenem Kilometer. Nicht besonders eindrücklich! Man kann die Welt aber auch anders sehen: Setzen wir uns dazu die Mobility-as-a-Service-Brille auf. Bekanntlich geht es jetzt nicht mehr um den Absatz von Fahrzeugen. Vielmehr interessiert der Verkauf von gefahrenen Kilometern. Ist das ein Unterschied? In der Tat, da der Gesamtmarkt sich wie folgt errechnet: Pro Jahr werden weltweit etwa 16 Billionen Kilometer in Fahrzeugen absolviert. Nimmt man einen Preis von 0,3 US-Dollar, 0,4 US-Dollar oder sogar 0,5 US-Dollar pro gefahrenem Kilometer an, ergibt sich ein Gesamtmarkt von 4,8 Billionen US-Dollar, 6,4 Billionen US-Dollar oder vielleicht sogar 8,0 Billionen US-Dollar. Niemand weiß das so genau!

Eines zeigt dieser Zugang sehr wohl: Ride-hailing-Firmen wie Uber, Gett, Didi und Lyft, aber auch Unternehmen, die Mobilitätsplattformen betreiben, wie Moovit, Whim, Waze und UbiGo, haben eine andere Vorstellung vom Markt als die etablierten Automobilbauer. Der Markt ist größer, er entwickelt sich schneller, ist vielfältiger, er bringt neue Kunden und bietet mehr Möglichkeiten, sich durch innovative Dienstleistungen auszuzeichnen als der alleinige Verkauf von Fahrzeugen. Wir stellen fest: Allein ein auf dem Gewinn pro Fahrzeug beruhenden Geschäftsmodell durch ein Denken in Gewinn pro Fahrt zu ersetzen, eröffnet neue und andere Perspektiven.

Es gibt noch andere Spieler, die die Welt wieder anders betrachten: Nehmen wir Amazon. Dieses Unternehmen könnte sich für den Mobilitätsmarkt interessieren, weil die Menschen pro Jahr etwa 600 Milliarden Stunden in Fahrzeugen verbringen. In den autonomen Shuttles und Pods dürfen sich die Passagiere vom Verkehrsgeschehen abwenden und können die Zeit anderweitig verbringen. Nur rechnerisch, das ist unbestritten, kommen 600 Milliarden Stunden hinzu, in denen Passagiere bei Amazon nach Büchern, Schmuck, Spielzeug, Bekleidung und vielem anderen Ausschau halten können. Eine beachtliche Chance! Was ist Amazon dieser Markt wohl wert? Das Sozialprodukt, das pro Person in einer Stunde erwirtschaftet wird, variiert enorm über die Kontinente und Länder. In einigen Regionen nicht einmal 10 Cent, in anderen 20 US-Dollar. Im Mittel zwischen 3 und 4 US-Dollar. Folglich weist der Gesamtmarkt, wiederum allein rechnerisch, einen Wert von 1,8 Billionen bis 2,4 Billionen US-Dollar auf. Wir erkennen: nochmals eine andere Perspektive!

Und jetzt noch Google:[4] Wie schätzt dieses Unternehmen den Mobilitätsmarkt ein? Nun, man muss nicht unbedingt zu Amazon, man kann die Zeit im Auto auch dazu nutzen, um kreuz und quer durchs Internet zu surfen, Spiele herunterzuladen und Filme zu schauen. Immer wäre Google dabei! Insofern hat auch diese Firma, wie übrigens Netflix, Twitter, Facebook und einige andere auch, ein Auge auf die 600 Milliarden Stunden geworfen. Zudem ist die Google-Tochter Waymo dabei, die zentrale Steuerungseinheit für autonome Fahrzeuge zu entwickeln. Wir erinnern uns. Auch dahinter steht ein gigantischer Markt, dessen Ausmaß sich derzeit noch gar nicht genau abschätzen lässt. Hinzu kommt die Navigation auf Basis von Google Maps. Fügt man alle Daten zusammen, auf die Google Zugriff hat, braucht es nicht viel Phantasie, um Ideen für neue Geschäftsmodelle zu entwickeln: Google weiß, wer sich im Fahrzeug befindet, kennt die Abfahrt- und Zielorte sowie die Reiserouten, erfasst die Mediennutzung der Insassen in allen Details und kann auflisten, welches Produkt zu welchem Zeitpunkt betrachtet oder gekauft wurde.

Wie wäre es mit folgender Idee? Google bietet allen Kunden kostenlose Mobilität. Auch jetzt schon sind die meisten Dienstleistungen dieses Unternehmens kostenfrei: Google Suche, Google Maps, Gmail, Übersetzungsdienst, Google Chrome, YouTube. Wie das gehen kann? Man könnte den Fahrservice über Werbung finanzieren, oder die Läden, Einkaufszentren, Restaurants, Hotels, Kinos und Bars bezahlen die Fahrten ihrer Kunden. Damit würden für viele Menschen beachtliche Ausgaben entfallen, es sei denn, die Kosten werden auf die Preise der Produkte und Dienstleistungen aufgeschlagen. Alphabet mit seinen Töchtern

Google und Waymo verfügt über die technologischen Plattformen und die notwendigen Bargeldreserven, um das Geschäftsmodell völlig neu zu gestalten. Das wäre in der Tat eine Revolution! Was bliebe Automobilherstellern anderes übrig, außer als Auftragsfertiger für Google oder andere Technologiekonzerne die Fahrzeuge zu produzieren? Man stelle sich vor: Waymo, Baidu oder DiDi gestaltet und das von Audi gefertigte Chassis ist mit dem Waymo-, Apple- oder Moovit-Logo ausgestattet.

Eine brisante Gemengelage! Die alten Unternehmen treffen auf die neuen, die schnellen auf die langsamen. Derzeit ist noch nicht absehbar, wessen Pläne aufgehen werden und wer zukünftig welche Rolle im Mobilitätsmarkt einnehmen wird. Was geschieht mit den Autobauern, falls die Mobilitäts- und Technologieunternehmen die Schnittstelle zu den Kunden übernehmen? Für einige Hersteller bliebe nur noch die Rolle des Zulieferers, vergleichbar jener von Foxconn in der Elektronik- und Computerindustrie. Kaum einer kann sich sicher sein. Es gibt mehr Fragen als Antworten. Politik, Hersteller, Zulieferer, Technologie- und Mobilitätsunternehmen, Städte und andere Betroffene beobachten sich wechselseitig. Wer investiert wo? Welche Projekte zu Mobility-as-a-Service werden von wem angestoßen? Welche Kooperationen entstehen? Was will überhaupt der Kunde? Städte und Regionen haben sich auch noch nicht entschieden. Und die wichtigste Frage von allen ist bislang auch noch nicht beantwortet: Was sind die richtigen Geschäftsmodelle für morgen, welche sind erfolgreich und welche dürften scheitern?

Unterwegs mit Pod und Shuttle

Machen wir uns auf und nutzen Mobility-as-a-Service. Dazu müssen wir ins Jahr 2025 oder 2030 springen. Schauen wir auf zwei ausgewählte Orte, wo man heute schon dabei ist, ganz anders als bislang über Mobilität nachzudenken: Perth, Australien, und Busan, Südkorea. Zugegeben, noch ist nicht alles umgesetzt, ein paar Träume, Wünsche und Hoffnungen sind dabei. Gleichwohl, diese Vorstellungen dürfen nicht nur skizziert, sondern müssen ausgemalt werden. Nur so lassen sich neue Geschäftsmodelle entwickeln. Gehen wir auf die Reise!

Werktags pünktlich um 6.40 Uhr fährt ein Pod in einem Wohnviertel in Perth, Australien, vor. Auf die Minute genau hält das Auto vor dem Eingangstor. James kommt schon die Treppe herunter. Im Fahrzeug läuft bereits seine Lieblingsmusik, die Titel von Kylie Minogue. Mit einem Lächeln steigt er ein und macht es sich dort bequem. Der Sitz ist bereits passend für ihn eingestellt. Wo bei anderen Fahrzeugen das Lenkrad ist, öffnet sich die Bar. Der Duft von heißem Kaffee kommt ihm entgegen. Auch Säfte und Mineralwasser könnte er zu sich nehmen. Auf Wunsch gibt es auch Croissants mit Butter und Marmelade, fast wie in einem französischen Café.

Natürlich hätte James auch ein Shuttle bestellen können. Aber für diesen Luxus am Morgen bezahlt er gern etwas mehr. Nochmals die Augen schließen, mit niemandem sprechen müssen, die Musik genießen und sich auf den Arbeitstag einstellen. Diese 40 Minuten sind für James wertvolle Zeit für sich selbst. Zuvor musste er sich um die beiden Kinder kümmern, da seine Frau schon vor 6 Uhr das Haus verlassen hat. Kleider aus dem Schrank holen, Frühstück zubereiten, die Pausenbrote schmieren, den Schulranzen packen und all die Sorgen und Nöte besprechen, die der Schulalltag so mit sich bringt.

Selbstverständlich kennt das Fahrzeug den Weg zum Arbeitsplatz. Die Steuerungseinheit sammelt alle Informationen über die Verkehrssituation und wählt abhängig vom Verkehrsaufkommen die beste Route aus. James vertraut dem Auto, schläft abends auf der Fahrt nach Hause schon mal ein, denn er weiß: Die Verkehrsleitzentrale greift ein, falls das Fahrzeug nicht mehr weiterkommt. In all den Jahren musste er bislang nur eine brenzlige Situation überstehen: Ein Fahrradfahrer stürzte vor das Auto, alles ging so schnell, es kam zur Kollision. Aber der Radfahrer hatte Glück und kam mit dem Schrecken davon.

Noch verkehren diese Pods nur in der Innenstadt, aber die Technologie ist inzwischen so weit, dass das Einzugsgebiet in nächster Zeit schrittweise erweitert werden kann. Was James schätzt, ist die Zuverlässigkeit dieser neuen Mobilität, fast keine Staus, fast keine Unfälle und besonders das harmonische Fahren. Er leitet die Buchhaltung in einem Verlagshaus. Während der Fahrt kann er am Laptop arbeiten und die Windschutzscheibe als Bildschirm nutzen. Oder er schaut sich einen Film an, der auf allen Scheiben spielt, quasi ein Surround-Erlebnis. Und James mittendrin. Schaut er aus dem Fenster, sieht er, wie sich seine Stadt verändert hat. Dieses neue Mobilitätskonzept hat einiges bewirkt. Weniger Straßen, weniger Parkplätze, aber mehr Parkanlagen und Spielplätze.

Der Sound ist grandios, die Schärfe der Bilder beeindruckend, manchmal hat James das Gefühl, nicht nur Zuschauer, sondern selbst Akteur im Film zu sein. Das wäre was! Zudem kann er stets mit dem Fahrzeug in Kontakt treten, über Sprache oder Gesten, wie es ihm gefällt. James bekommt alle Informationen zur Fahrt, alle Daten über das Auto und hat das Gefühl, mit der ganzen Welt vernetzt zu sein: Internet, Streaming-Dienste, Videokonferenzen, alle möglichen Schlagzeilen werden in Echtzeit eingeblendet.

Im Gewerbegebiet von Busan, Südkorea, herrscht hektische Betriebsamkeit. Es ist 19 Uhr. Endlich Feierabend. Sumi, die als Ingenieurin im Schiffbau arbeitet, will schnell nach Hause, um ihre beiden Kinder noch ins Bett bringen zu können. Deshalb hat sie bereits vor einer halben Stunde ein Shuttle bestellt, das pünktlich um 19 Uhr am Werkstor hält. Sie steigt ein, leider sind schon alle Sitzplätze besetzt. Etwa zwölf Personen befinden sich im Shuttle, die meisten auf dem Weg zu ihren Familien, einige unterwegs zur Spätschicht. Man arbeitet rund um die Uhr in den Fabriken von Busan.

Das Shuttle steuert weitere Betriebe an, Menschen steigen zu oder verlassen den Bus. Zwar folgt er einer vorgegebenen Route, allerdings sind On-demand-Stopps zu jeder Zeit möglich. Auch erlaubt der Fahrplan kleinere Umwege, damit die Pendler nicht allzu weit laufen müssen. Nach einigen Stopps erreicht der Bus einen Umsteigebahnhof, wo Sumi auf ein Shuttle in Richtung Innenstadt wechseln muss. Die Nummer dieses Shuttles und des bereits reservierten Sitzplatzes sowie der Plattform, auf der sich der Bus befindet, wurden ihr bereits vor wenigen Minuten auf ihr Handy gesendet.

Damit das alles funktioniert, haben Sumi und alle anderen Pendler in Busan im Laufe des Tages die Abfahrtsorte, Abfahrtszeiten und die Zielorte in die App eingegeben. Mit diesen Daten können die Shuttles so gesteuert werden, dass die Gesamtreisezeit aller Pendler möglichst kurz ist. Zudem sollen nur noch wenige Umstiege erforderlich sein. Nicht unbedingt für den Einzelnen, aber in der Summe für alle! Es ist beeindruckend, wie sich dadurch die Verkehrssituation selbst in dieser geschäftigen Millionenmetropole verbessert hat. Keine Staus, fließender Verkehr selbst während der Stoßzeiten, keine Hektik an den Bahnhöfen, jeder bekommt sein Shuttle zugewiesen.

Inzwischen befindet sich Sumi im Bus auf dem Weg in die Innenstadt. Er ist größer als die anderen, bietet etwa 30 Personen Platz und fährt vor allem auf den Hauptverkehrsachsen zwischen dem Zentrum und den Gewerbegebieten. Auf den Windschutzscheiben, die sich während der Fahrt zu Bildschirmen verwandeln, laufen Videos und Nachrichtensendungen. Sofern Sumi daran Interesse hat, nimmt sie ihre Kopfhörer und drückt auf eine App. Doch zuvor noch rasch die soeben eingetroffene Nachricht lesen: Die bestellten Lebensmittel stehen am nächsten Umsteigebahnhof bereit. Dort gibt es Schließfächer dafür, die mit einem Code, der auf ihr Handy gesendet wurde, geöffnet werden können.

Neuerdings gibt es in der Kantine ihres Betriebs einen großen Bildschirm, der alle Waren, die der Supermarkt führt, darstellt. Sumi hat die gewünschten Produkte angeklickt und ihre Pendelzeiten hinzugefügt. Die Waren werden entweder an einem der Umsteigebahnhöfe übergeben oder nach Hause geliefert. Jetzt noch auf ein kleineres Shuttle umsteigen, das in ihr Wohngebiet fährt und gleich ist sie zu Hause. In diesem Bus wird viel geredet, man kennt sich, freut sich zu sehen, wohnt man doch im gleichen Bezirk. Etwa 47 Minuten braucht Sumi für die gesamte Strecke. Früher, als es diese Shuttles noch nicht gab, war sie fast 3 Stunden unterwegs.

Das Ökosystem ist der Schlüssel

Die Automobilindustrie ist das wirtschaftliche Rückgrat, zumindest in einigen Ländern. Diesen Satz hört man oft, und zwar aus gutem Grund: Es ist nicht allein nur der Umsatz, den diese Branche erzielt. Um das Automobil haben sich in den letzten Jahrzehnten zahlreiche Industrien angesiedelt (Abbildung 6.2). Man denke an die vielen Autohändler und Reparaturbetriebe. Millionen von Arbeitsplätzen! Oder an die Mineralölindustrie mit Tausenden Tankstellen oder neuerdings mit Ladesäulen für die Elektromobilität. Zudem müssen Fahrzeuge finanziert und versichert werden. Hierzu sind spezialisierte Banken und Versicherungen entstanden. Ein Milliardengeschäft! In den USA um die 2 Billionen US-Dollar alles zusammen.[5] Auch der Staat hat sich seinen Anteil gesichert. Steuern, Gebühren und Abgaben rund um die Nutzung von Fahrzeugen.

Dazu gehört auch die Crash-Industrie. Hierzu zählen die Rettungsdienste, die Notfallkliniken und die Rehabilitationszentren, kurzum: die gesamte medizinische Versorgung der im Straßenverkehr Verunglückten. Aber auch die Abschleppdienste und die Reparaturbetriebe gehören dazu. Man weiß es nicht genau, aber Schätzungen zufolge kommt diese Industrie in den USA pro Jahr auf einen Umsatz von 800 Milliarden US-Dollar. Es geht noch weiter: Auch heute schon spielen Unterhaltung und Information der Insassen eine wichtige Rolle: Immer mehr Firmen drängen in die Fahrzeuge, um Filme, Nachrichten und andere Produkte und Dienste anbieten zu können. Mit zunehmender Fahrzeugautomation und in einer Welt von Mobility-as-a-Service mit selbstfahrenden Fahrzeugen gewinnen Medien noch an Bedeutung. Wir kennen diese Geschichte bereits.

Kennzeichen dieses Zusammenspiels der Industrien ist, dass jeder Akteur in Abstimmung mit anderen, aber doch eigenständig seine Leistung erbringt: Die Fahrzeughersteller bauen die Autos, die Banken kümmern sich um die Finanzierung, die Versicherer bieten Autoversicherungen an, die Mineralölfirmen betreiben Tankstellen. Die Diskussion in Teil 3, Kapitel 9 hat jedoch gezeigt, dass

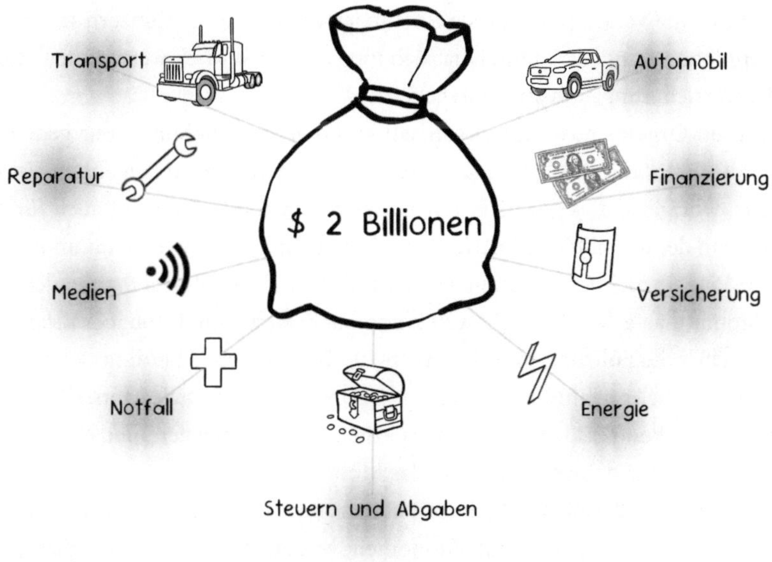

Abbildung 6.2: Das Ökosystem der Automobilindustrie
(Schätzungen zufolge dürfte sich das Geschäft dieser Industrien in den USA auf etwa 2 Billionen US-Dollar belaufen)
Quelle: Eigene Darstellung.

im Zuge der Digitalisierung die Wertschöpfungsketten zerfallen (Abbildung 3.1). Tausende von spezialisierten Firmen drängen in den Mobilitätsmarkt, die jeweils nur noch einzelne Module offerieren. Da viele dieser Module digital sind, lassen sie sich leicht und schnell zusammenfügen. Allerdings ist durch die Modularisierung keines dieser Unternehmen mehr allein in der Lage, die vielfältigen Bedürfnisse der Reisenden zu befriedigen.

Ökosystem ist das Schlagwort![6] Hierbei sollen die Leistungen der Unternehmen so miteinander verknüpft werden, dass für den Kunden ein besonderes Produkterlebnis entsteht. Firmen arbeiten in einem Ökosystem also nicht nur zusammen, wie bislang schon, sondern ihre Aktivitäten ergänzen sich. Das Ganze, so die Idee, ist mehr als die Summe der einzelnen Leistungen. Der Kunde bemerkt gar nicht, dass das Gesamtprodukt aus einzelnen Erzeugnissen verschiedener Firmen besteht. Das ist der entscheidende Unterschied! Die Koordination dieser Aktivitäten übernimmt zumeist ein zentraler Akteur, der Orchestrator. Beispielweise orchestriert der chinesische Versicherer Ping An über eine zentrale Plattform Gesundheitsberatung, Automobilhandel, Immobiliengeschäfte und Finanzdienstleistungen. Durch die Verknüpfung dieser Leistungen erreicht dieser Konzern schon bald 400 Millionen Kunden. Dadurch hat sich Ping An zur weltweit wertvollsten Marke in der Versicherungsindustrie entwickelt.

Egal ob Organismus oder Organisation: Ökosysteme können nur gedeihen, wenn die Grenzen offen sind. Das Talent zur Kooperation auf Augenhöhe ist gefordert. Übrigens, dies gilt nicht nur in der Natur, sondern derzeit auch für alle Akteure in der Mobilitätsindustrie. Wir alle kennen das Credo der Automobilhersteller: Was sie nicht erfunden haben, taugt nichts. Damit dürfte man in der Welt von Mobility-as-a-Service nicht weit kommen. Zwar haben Autobauer Erfahrung darin, selbst die Führung in Netzwerken zu übernehmen. Allerdings zumeist im Zusammenspiel mit ihren Zulieferern. Dennoch zögern viele Hersteller noch, sich auf branchenfremde Partner und spezialisierte Modullieferanten einzulassen. Schuster bleib bei deinen Leisten. So das Motto!

Ob man will oder nicht: Die Informations- und Kommunikationstechnologie, die das multimodale Reisen mit autonomen, vernetzten Shuttles ermöglicht, verändert das Wesen eines Autos.[7] So wie wir es kennen, taugt es für Mobility-as-a-Service nicht, es muss neu erfunden werden! Abbildung 6.3 zeigt ein mögliches Ökosystem, dessen Konturen sich bereits heute absehen lassen. Schauen wir dazu

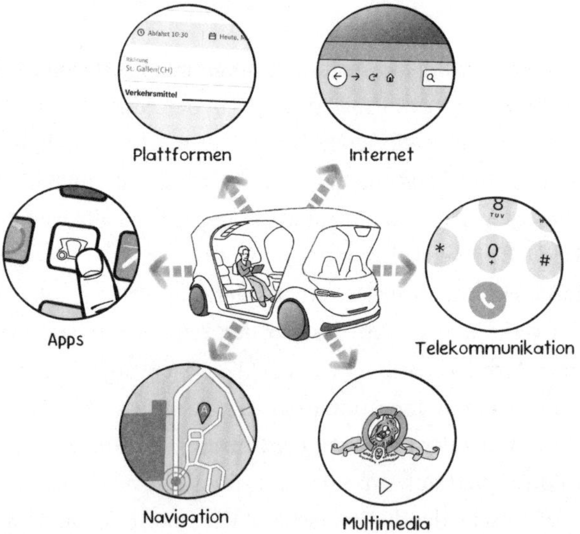

Abbildung 6.3: Das Ökosystem der Mobilitätsindustrie
Quelle: Eigene Darstellung

auf ein Beispiel: ein Stadtwerk betreibt eine Flotte von autonomen Fahrzeugen, die in der Innenstadt verkehren. Hierzu orchestriert es die Aktivitäten zahlreicher Firmen zu einem Ökosystem: Navya liefert die Shuttles, Mobileye die Sensoren und die Steuerungseinheit, Moovel entwickelt die App, Wunder Mobility betreibt die Plattform, auf der alle erforderlichen Mobilitätsdaten zusammenkommen, Netflix sorgt für die Unterhaltung und CNN informiert. Der Kunde genießt die Fahrt und merkt vom Ineinandergreifen der Zahnräder nichts. So könnte eines dieser Ökosysteme im Mobilitätsmarkt aussehen. Aus einem Fahrzeug ist ein intelligentes Produkt geworden. Ein intelligentes System, das sich selbst überwacht, steuert und sogar seine Nutzung optimiert. Weitere werden folgen.

Shuttles und Pods können aber noch mehr: Beispielweise treten sie mit dem Händler oder der Werkstatt in Kontakt, sei es, um eine Software aufzuspielen oder eine Inspektion zu vereinbaren. Hinzu kommen viele weitere Dienste, so etwa das Auffinden, Ansteuern und Bezahlen eines Parkplatzes. Kein lästiges Kreisen mehr in der Innenstadt. Viele Fahrzeuge können schon heute via Bluetooth oder WiFi mit jedem smarten Gerät kommunizieren. Beispiele sind der CarPlay von Apple oder das Android-Auto von Google. Smartphones, Tablets oder auch Wearables, also Kleidung, die mit Chips ausgestattet ist, können mit dem Infotainmentsystem eines Fahrzeugs interagieren. Daran lässt sich erkennen, dass der Kampf um die Vorherrschaft im Auto in vollem Gange ist. Wer beherrscht und gestaltet die Schnittstelle zu den Passagieren? Die Automobilhersteller? Oder doch Google, Apple, Netflix, Amazon, Facebook und wie sie alle heißen? Das Rennen ist eröffnet.

TEIL 7

DIE STÄDTE GEHEN VORAN

KAPITEL 23

IDEEN, PROJEKTE, VISIONEN

Während der Coronapandemie verzeichnete der öffentliche Verkehr einen dramatischen Rückgang von Pendlern. Diese gingen, sofern möglich, zu Fuß, fuhren mit dem Fahrrad oder stiegen auf den Roller um. Die Weltgesundheitsorganisation begrüßte diese Entwicklung. Diese Transportmittel ermöglichen nicht nur ausreichend Abstand zwischen den Menschen, sondern erfordern auch körperliche Betätigung. Gemäß dem Ratschlag von Winston Churchill »never let a good crisis go to waste« sind viele Städte daran, die Gunst der Stunde zu nutzen, um die Mikromobilität und die dafür erforderliche Infrastruktur zu fördern.

Es kommt darauf an

Alles für das Fahrrad, so könnte man das Jahr 2021 umschreiben: In Rom, Berlin, Wien, Budapest, Manchester oder Barcelona etwa wurden sehr viele Kilometer neue Radwege geschaffen.[1] Paris sticht durch die Pläne der Bürgermeisterin Anne Hidalgo wieder einmal heraus. Es sollen zügig 650 Kilometer Radwege angelegt werden, damit das Ziel, eine Stadt der 15 Minuten zu schaffen, rasch erreicht werden kann. Im Folgenden sollen einige Beispiel für den Umbau von Metropolen skizziert werden. Allen voran Paris, aber auch in Songdo, Daegu City oder Barcelona ist man dabei, eine völlig neue Stadt zu gestalten. Allen Initiativen gemeinsam ist die Idee, dass auch gleich das Verkehrssystem grundlegend zu erneuern ist. Dabei spielt Mobility-as-a-Service stets eine zentrale Rolle, allerdings in unterschiedlichen Ausprägungen.

Ohne Zweifel, Fahrräder sind in Mode. Aber auch die alternativen Verkehrsmittel spielen in den Überlegungen der Architekten und Städteplaner eine wichtige Rolle: Pods, Shuttles, aber auch Seilbahnen und natürlich die Mikromobilität in allen Varianten. Interessant dabei ist, dass nicht jedes Verkehrsmittel in jede Metropole passt. Worauf kommt es an? Aus Abbildung 7.1 geht hervor, dass ei-

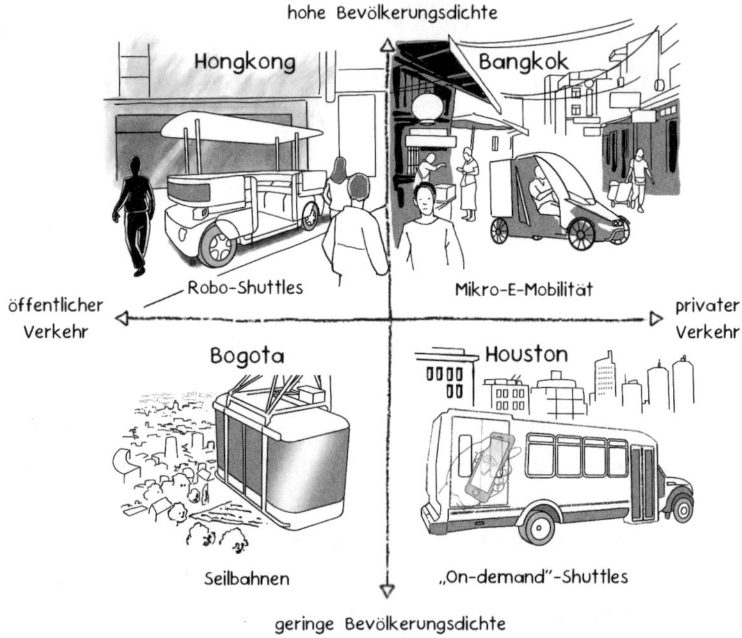

Abbildung 7.1: Verschiedene Verkehrsmittel für unterschiedliche Städte
Quelle: Eigene Darstellung

nige Städte eher auf den privaten Verkehr, andere vor allem auf den öffentlichen Transport setzen. Betrachtet man zudem noch die Dichte der City, ergeben sich mögliche Stoßrichtungen für die Verkehrsentwicklung. So kommen in dicht besiedelten Zentren, in denen der private Verkehr vorherrscht, alle Varianten der Mikromobilität in Betracht. Dagegen spielen in dünn besiedelten Städten mit vielen öffentlichen Transportmöglichkeiten sogar Seilbahnen eine Rolle. Fazit: Die Optionen sind vielfältig. Es braucht jedoch eine gute Abstimmung zwischen den Verkehrsoptionen und den Besonderheiten der Metropole.

Die 15-Minuten-Stadt

Die Idee der 15-Minuten-Metropole geht auf Carlos Moreno zurück. Er will einen Ort schaffen, an dem der Rhythmus der Stadt der Geschwindigkeit der Menschen entspricht. Dabei kann jeder Quadratmeter vielfältig genutzt werden, für Freizeit,

Sport, Spiel, Bewegung und für das Zusammentreffen der Menschen. Die sterile, abweisende, manchmal sogar Furcht einflößende Atmosphäre vieler Zentren soll, so der Wunsch vieler Städteplaner, endlich überwunden werden. Übrigens, 15 Minuten deshalb, weil man in dieser Zeit zu Fuß einen Kilometer und mit dem Fahrrad 5 Kilometer weit kommt.[2] Die Vorstellungen von Carlos Moreno für eine ganz neue Stadt dürften durch die Coronapandemie besonderen Anklang finden: Schließung von Schulen, Geschäften und Sportzentren, dazu Ausgangssperren und Homeoffice. Das alles begünstigt das kleine, überschaubare Quartier, in dem sich die Menschen kennen, miteinander sprechen und aufeinander achten.

Anne Hidalgo, die Bürgermeisterin von Paris, ließ sich von dieser Vision leiten und verspricht, eine Metropole für die Menschen und nicht für die Autos zu bauen. Hierzu soll die Innenstadt umgestaltet werden, sodass alle für die Bewohner wichtigen Anlaufstellen, wie Supermärkte, Schulen, Behörden, Arztpraxen, in etwa 15 Minuten erreichbar sind. Es entstehen Viertel mit Arbeitsplätzen, Restaurants, Parkanlagen sowie Sport- und Spielplätzen. Jedes dieser Quartiere funktioniert wie eine eigene kleine Stadt. Die meisten Straßen sollen nur noch Fußgängern und Fahrradfahrern Platz bieten, und die Innenstadt soll autofrei werden.

Etwa 70 Prozent der öffentlichen Parkplätze dürften in den nächsten Jahren verschwinden, stattdessen entstehen Stadtgärten, Grünflächen und Spielplätze. Paris soll neu erfunden werden (Abbildung 7.2). In der Mitte der Wohnstraßen bleibt eine Zone für alle Verkehrsteilnehmer. Wer mit dem Auto kommt, muss damit rechnen, hinter einem Kind auf dem Dreirad herzufahren. Überholen? Geht kaum. Der Lieferverkehr in die Viertel soll, wie bereits heute in asiatischen Metropolen üblich, auf elektrische Lastkarren oder Lastfahrräder umsatteln. Sobald das Netz an Radwegen ausgebaut ist, werden die meisten Autos verschwinden. Hidalgo verspricht, bis 2024 alle Autos mit Dieselantrieb zu verbannen. Die Benziner folgen 2030.

Die Idee, Paris neu zu erfinden, macht auch vor den Champs-Élysées nicht halt. Hier ist es übrigens so geschäftig wie auf dem Times Square in New York: mehr als 64 000 Fahrzeuge täglich und eine Luftverschmutzung jenseits aller Schwellenwerte. Daher kommen die Olympischen Spiele 2024 gerade recht. Sie bilden den Auftakt zur Neugestaltung dieser Prachtstraße: breitere Fußwege, engere Fahrbahn, dazwischen Grünzonen, und das vom Arc de Triomphe über den Place de la Concorde bis zum Jardin des Tuileries. 250 Millionen Euro stehen dafür bereit. Einmal umgebaut, sollen nur noch halb so viele Fahrzeuge wie heute die Champs-Élysées passieren. Die Betreiber der Luxusläden entlang der Straße freuen sich schon.

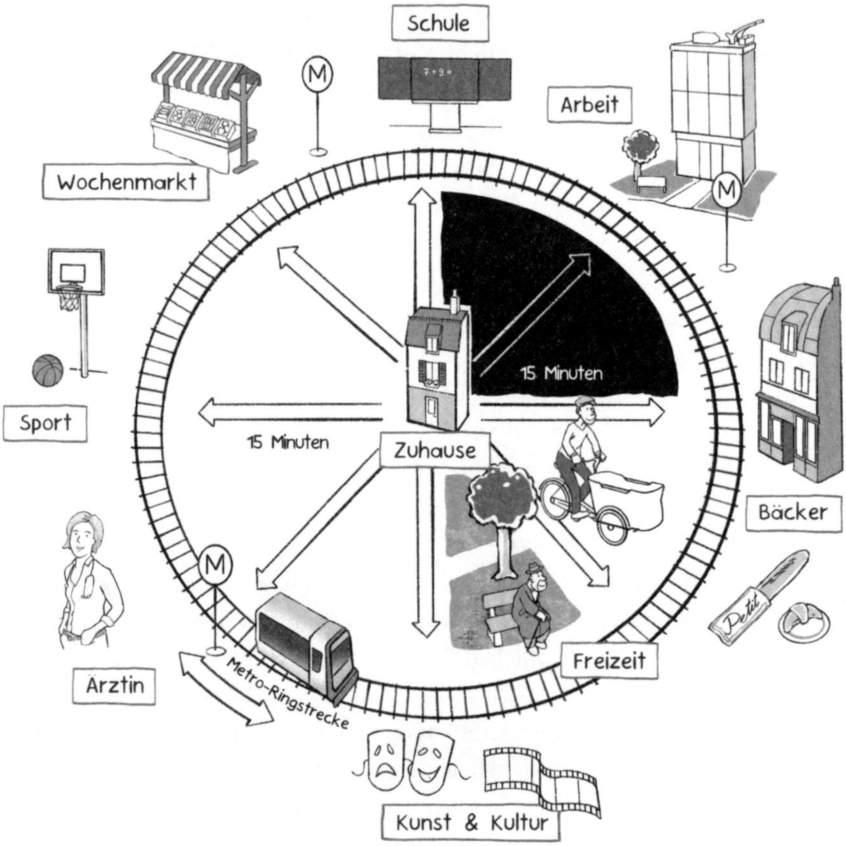

Abbildung 7.2: Grundstruktur der 15-Minuten-Stadt
Quelle: Angelehnt an https://tomorrow.city/a/paris-the-15-minute-city

Auch in Helsinki hat die Idee der 15-Minuten-Stadt verfangen. Dort zielt man darauf ab, die Innen- und Altstadt durch Umbauten zu verdichten. Hierzu sollen mehrere 15-Minuten-Quartiere entstehen, die sich überlappen. In jedem Viertel dürften schon bald zwischen 30 000 und 100 000 Menschen leben. Innerhalb eines 15-Minuten-Areals sollen die Bewohner mit Fahrrädern und Rollern unterwegs sein. Zwischen den Zentren verkehren Bahnen. Autos spielen keine große Rolle mehr. Ganz im Gegenteil: Man möchte Parkplätze und Straßen zurückbauen. Der gewonnene Raum soll allen Einwohnern der Stadt zugutekommen.[3] Zwar gilt Paris als Vorreiter, aber skandinavische Städte arbeiten parallel an ähnlichen Initiativen, nicht nur Helsinki, auch Oslo und Stockholm.

Superblocks, offene Straßen und Plätze

Morgens und abends quält sich der Verkehr auf der Calle Valencia durch Barcelona. Meter für Meter schieben sich die Autos voran, es dauert! Kein Wunder, inzwischen gibt es nur noch zwei Fahrspuren, rechts ein Fahrradweg, links die Busspur und dazu noch ein Bürgersteig. Wie in vielen anderen Städten auch, sind in letzter Zeit immer mehr Pop-up-Radwege entstanden. 30 000 Quadratmeter zusätzlich für die Fußgänger, 20 Kilometer neue Radwege, 60 Nebenstraßen, die für den Autoverkehr gesperrt wurden. Die Coronapandemie tat ihr Übriges. Dahinter steckt System. Die Bürgermeisterin Ada Colau hat ein Team von umweltbewussten Politikern und Städteplanern um sich geschart mit einem Ziel: Der öffentliche Raum soll zurückerobert werden.[4]

Die Zeit drängt, die Menschen sind ungeduldig. Barcelona leidet seit Jahren schon unter hoher Luftverschmutzung und großer Lärmbelastung, alle Schadstoffgrenzwerte werden regelmäßig überschritten. Daher entschloss sich die Stadtregierung, Superinseln zur Verkehrsberuhigung einzurichten. Hierbei werden zwei mal zwei oder drei mal drei Häuserblöcke zu einem Superblock zusammengefasst. Die Autos müssen draußen bleiben. Hinein dürfen nur die Fahrzeuge der

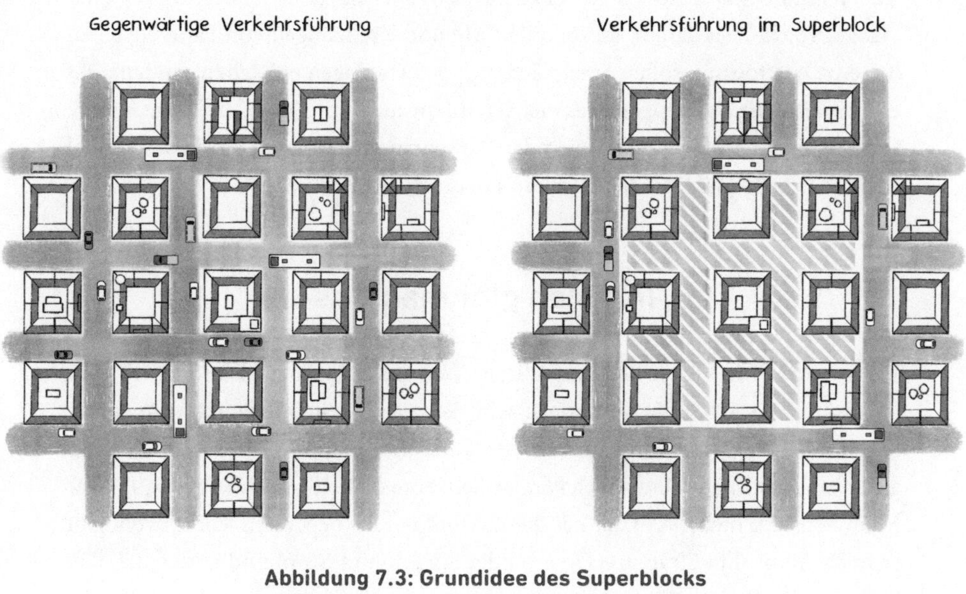

Abbildung 7.3: Grundidee des Superblocks
Quelle: Angelehnt an https://www.bloomberg.com/news/articles/2020-11-11/barcelona-s-new-car-free-superblock-will-be-big

Anwohner und der Lieferverkehr zu festgelegten Zeiten. Den Daten des Navigationsdienstes TomTom zufolge hat sich der Verkehr ohne zusätzliche Staus auf andere Straßen verlagert. Im Superblock sieht man kaum noch Autos, stattdessen prägen die Fahrradfahrer und Fußgänger das Stadtbild (Abbildung 7.3).

Einige Bewohner nutzten die Gunst der Stunde und stellten in den Blocks bereits Parkbänke auf. Die Menschen treffen sich dort, Kinder toben, Musiker spielen. Grünflächen, Spielplätze, Fußballfelder entstehen. Fakten schaffen! Die Uhr, so sagen viele Einwohner, darf jetzt nicht mehr zurückgedreht werden. Weitere Superblocks sind schon geplant, was am Ende dazu führen könnte, dass Barcelona ein ganz neues Gesicht erhält. Janet Sanz, im Stadtrat für Ökologie, Urbanismus und Mobilität zuständig, ist fest entschlossen: Es soll ein neues Barcelona entstehen, für die Menschen, nicht für die Autos.

In Mailand macht man aus der Not gleich eine Tugend.[5] Wir erinnern uns noch an die Bilder aus der Coronapandemie und die Erkenntnis, dass die Luftverschmutzung in dieser Region viel zu hoch ist. Jetzt macht die Stadt Ernst, sperrt Straßen und gibt sie den Menschen für Spiel und Spaß zurück. Offene Straßen lautet das Motto dieser Initiative. Mit vielen neuen Fahrradspuren und Fußgängerwegen soll der private Autoverkehr schrittweise zurückgedrängt werden. Zudem ist beabsichtigt, die Höchstgeschwindigkeit auf den meisten Verkehrsachsen auf 30 Stundenkilometer zu begrenzen. Das ist aber noch nicht alles! Das Offene-Plätze-Projekt zielt darauf ab, zentrale Orte und Kreuzungen von Fahrzeugen zu befreien. Stattdessen sollen Spielplätze und Sportanlagen entstehen. Zudem gibt es immer mehr Fußgängerzonen in der Innenstadt. Im Kampf um eine höhere Lebensqualität schlagen die Mailänder Verkehrspolitiker somit ein neues Kapitel auf. Die Lebensqualität soll schnell und deutlich erhöht werden.

In Asien gibt man Gas

Während man in vielen Regionen dieser Welt noch darüber diskutiert, ob man überhaupt die Mobilität verändern will, ist man in Südkorea schon mehrere Schritte weiter. Man hat nicht nur die Verkehrssituation verbessern, sondern gleich eine ganz neue Stadt erschaffen wollen. Songdo heißt die Smart City, Teil der Millionenstadt Incheon.[6] Hier hat die Zukunft bereits begonnen. Gleichwohl gibt es noch Autos. Ein Straßennetz verbindet Songdo mit Seoul und anderen Teilen Südkoreas sowie dem Flughafen. Allerdings treibt die Stadtregierung den Wandel der Mobilität mit aller Kraft voran. Ladestationen für die Elektrofahrzeuge findet man an jeder Ecke, und der öffentliche Bahn- und Busverkehr funktioniert bestens. Alles Nötige ist zu Fuß erreichbar. Man ist in Songdo nicht mehr auf das Auto angewiesen. Zudem gibt es ein sehr gut ausgebautes Netz an Radwegen. Immer wieder ruft die Stadtregierung autofreie Tage aus, um das Bewusstsein der Bewohner zu schärfen, dass man sich auch ohne Fahrzeug gut in der Stadt bewegen kann.

Daegu City ist die drittgrößte Metropolregion in Südkorea. Sie leidet wie viele andere Städte auch an einem stetig wachsenden Verkehrsaufkommen. Daher beschloss die Stadtregierung, mit autonomen Fahrzeugen den Transport der Menschen in die Innenstadt zu bewältigen. Zunächst kommen vier Fahrzeuge zum Einsatz, später sollen weitere dazukommen.[7] Diese Fahrzeuge verkehren auf einer definierten Route mit festgelegten Haltepunkten. Im Laufe der Zeit sollen die Routen und die Haltestellen flexibilisiert und an die Wünsche der Kunden angepasst werden. Seung Won Kim, der Leiter der Smart-City-Initiative von Daegu betont: »Die Menschen sollen mit den autonomen, vernetzten Bussen für Mobility-as-a-Service begeistert werden. Damit erhofft sich Daegu City eine deutliche Reduktion des Verkehrsaufkommens in der Innenstadt. Die Metropole sieht sich als Vorreiter für Smart-Mobility-Anwendungen.« Neben diesem Projekt in Daegu City gibt es in Südkorea noch weitere. Dieses Land versteht sich als weltweit führender Ort für die Umsetzung der Idee weg vom eigenen Auto, hin zu einer intelligenten und geteilten Mobilität.

Man mag es gar nicht vermutet haben: Das längste, sicherste, pünktlichste U-Bahn-System der Welt befindet sich in Shanghai. Kein anderes System befördert so viele Passagiere. Trotz enormer Investitionen scheint die Stadt aus ihren Nähten zu platzen. Immer noch gibt es viele und lange Staus. Die Qualität der Luft ist trotz vieler Bemühungen der Regierung schlecht. Daher ist ein ganzer Strauß von Maßnahmen geplant: Die privaten Car-sharing-Betreiber müssen ihre Dienste in das öffentliche Verkehrssystem einbinden. Auch soll eine Ladetechnologie eingesetzt werden, damit die Elektrobusse in 10 Sekunden für eine 5-Kilometer-Strecke aufgeladen werden können. Die Versteigerung von Autolizenzen[8] ist bereits eingeschränkt und mehr als 160 000 Autos, die die strengen Emissionsstandards nicht erfüllen, wurden bereits aus dem Verkehr gezogen. Das U-Bahn-Netz soll zügig auf 800 Kilometer erweitert werden. Ziel ist es, die Provinzen Zhejiang und Jiangsu mit einem Stundentakt an die Metropolregion Shanghai anzubinden.

Bei den Mitarbeitern flossen Tränen, als Toyota zum ersten Mal seit Jahrzehnten ein Werk schloss. Aber weder die Konkurrenz noch die Coronapandemie brachten das Aus für die Fabrik nahe dem heiligen Berg Fuji. Vielmehr baut Toyota auf dieser Erhebung eine Stadt der Zukunft. Mittendrin autonome Pods und Shuttles. Schon bald sollen etwa 360 Menschen in dieser Woven City leben, in den nächsten Jahren sogar bis zu 2000. Kein anderes Projekt signalisiert die Entschlossenheit von Toyota besser, sich vom Autobauer zum Mobilitätsanbieter zu wandeln. Hier erkundet das Unternehmen, wie sich fahrerlose Fahrzeuge in die urbane Lebensweise einbauen lassen und wie man mit Fahrdiensten Geld verdienen kann. Immer wieder hämmert der Konzernchef Akio Toyoda den Mitarbeitenden die Parole ein: »Software first, hardware second.« Früher, so sein Credo, wurden die Fahrzeuge anhand der Fahreigenschaften, der Zuverlässigkeit und der Verarbeitung bewertet. Heutzutage kommt der Mehrwert vor allem aus der Software. Tesla hat es vorgemacht: Die zentrale Steuerung aller Funktionen im Fahrzeug ist der Schlüssel. Akio Toyoda folgt aus Überzeugung einem Rat seiner Eltern: jede Generation ein neues Unternehmen.

Die Mikromobilität kommt

Alles begann Anfang September 2017 in einer launigen Nacht am Strand von Santa Monica. Ein Lastwagen fuhr vor. Einige E-Roller wurden auf den Gehwegen rund um Venice Beach abgeladen. Gibt es einen besseren Ort dafür? Dazu Hinweise zur App, damit diese Roller freigeschaltet und gefahren werden konnten. Dort, wo sonst immer Fahrradfahrer, Inlineskater, Skateboarder und Lebenskünstler unterwegs sind, standen die Menschen Schlange, um diese E-Roller auszuprobieren. Das Interesse übertraf alle Erwartungen. Bereits nach wenigen Stunden waren alle 250 bereitgestellten Roller im Einsatz.

Schon 8 Monate später verzeichnete Bird bereits über 5 Millionen Fahrten. Keine Überraschung, dass dieses Unternehmen wenige Jahre später mit 1 Milliarde US-Dollar bewertet wurde. Beeindruckt vom eigenen Erfolg, ließ der Chef von Bird, Travis VanderZanden, den Bürgermeister von Santa Monica wissen, dass man die Verkehrsprobleme dieser Stadt nun mit E-Rollern lösen möchte. Der war nicht wirklich begeistert von dieser Idee und schrieb zurück, dass die Zulassung dieses neuen Transportmittels erst noch geprüft werden müssen. Zu spät! Die Menschen an den Stränden von Santa Monica hatten sich bereits entschieden. Etwa 14 Monate später waren die Roller von Bird bereits in 120 Städten verfügbar.

In den USA entwickelte sich der Markt für E-Roller rasant. 2020 waren bereits 150000 in 177 Städten im Einsatz. Man ist sich sicher: Mikromobilität hat ein enormes Potenzial. Allein schon deshalb, weil 50 Prozent aller Trips in den bedeutenden amerikanischen Städten kürzer als 5 Kilometer (3 Meilen) sind. Auch in China gibt es ein beachtliches Interesse am Fahrrad-sharing. Dort bieten um die 70 Unternehmen mehr als 16 Millionen Fahrräder zur Ausleihe an. Über 130 Millionen Menschen, das sind 10 Prozent der Bevölkerung, nutzen dieses Angebot regelmäßig. Kein Wunder, dass Investoren zwischen 2015 und 2020 mehr als 5,7 Milliarden US-Dollar für den Ausbau der Mikromobilität einschossen. Bei Bird, Bold, Circ, Dott, Hive, Jump, Lime, Mobike, Obike, Ofo, Tier und vielen anderen. Eine Studie von McKinsey gelangt zu der Einschätzung, dass der Markt für Fahrräder und Roller 2030 weltweit etwa 300 bis 500 Milliarden US-Dollar umfassen dürfte.[9]

Nochmals zurück ins Jahr 2017. Eine Konferenz in Kopenhagen gilt als die Geburtsstunde der Mikromobilität. Obgleich man diesen Begriff vielfältig verwendet, herrscht zumindest über den Kern große Einigkeit. Es geht um private oder geteilte Fahrräder und Roller, die auch elektrisch angetrieben werden können. Sie weisen eine Höchstgeschwindigkeit von circa 30 Stundenkilometern auf und werden für Trips von bis zu 8 Kilometern eingesetzt. Einige Autoren zählen inzwischen auch Klein- und Leichtfahrzeuge dazu.

Ohne Zweifel. Die Mikromobilität ist auf dem Vormarsch. Paris, Manchester, Lissabon, Mailand und andere Zentren gehen voran. Fahrräder und Roller müssten eigentlich dort gefragt sein, wo das Wetter gut ist, die Menschen nur kurze Trips unternehmen, die Straßen eng und durch den Autoverkehr stets blockiert sind. Aloha Honolulu! Auf Hawaii scheint immer die Sonne, und sehr viele Reisen sind kürzer als 5 Kilometer. Ideal für die Mikromobilität! Zudem sind zahlreiche Hawaiianer übergewichtig. Das Gesundheitssystem leidet an den Folgen. Den Autofahrern auf der Insel das Fahrradfahren oder den Fußmarsch nahezubringen, würde nicht nur den Verkehr, sondern auch die Krankenkassen entlasten.

Schauen wir hierzu nach München. Dort dürfte sich die Förderung der Mikromobilität schon bald auszahlen. Wenn der Ausbau der Radwege und der Rückbau der Straßen so weitergeht, dann könnten 2030 bereits 250 Millionen Trips mit Fahrrädern und Rollern unternommen werden. Das wären immerhin 8 bis 10 Prozent aller Reisen in München.[10] Und wichtiger noch: Dadurch ließen sich etwa 30 Prozent der Autofahrten einsparen mit erheblichen Folgen für die Umwelt: Es würde weniger Kohlendioxid ausgestoßen, und zwar 80 000 Tonnen weniger pro Jahr als derzeit. Zudem könnte Parkplatzfläche anders genutzt werden, insgesamt in der Größe von 180 Fußballfeldern.

Trotz der verbreiteten Euphorie um die Mikromobilität scheint dieses Konzept noch einige Geburtsfehler aufzuweisen. Wer hat es nicht schon erlebt: Bird, Lime, Tier und andere stellen ihre Roller und Fahrräder auf den Gehwegen der Städte ab und hoffen darauf, dass die Einwohner sie auch tatsächlich nutzen. Dieses Vorgehen hilft den Metropolen jedoch nicht weiter: Die Fahrräder und Roller sind zumeist nicht in das System des öffentlichen Nahverkehrs integriert und befinden sich oft dort, wo es sowieso schon gute Bus-, U- und S-Bahn-Verbindungen gibt. Darüber hinaus haben nur wenige Anbieter ein tragfähiges und nachhaltiges Geschäftsmodell. Aufgrund der geringen Eintrittsbarrieren tummeln sich inzwischen sehr viele Firmen in diesem Markt. Manche können nur überleben, indem sie die Kosten für ihr Personal sehr niedrig halten. Gleichwohl gibt es hoffnungsvolle Ansätze, mutige und wegweisende Projekte. Einige davon sollen im Folgenden skizziert werden, jeweils eingeleitet mit einem Schlagwort.[11]

Fahrräder haben stets Vorfahrt! In den Niederlanden spielen die Fahrradfahrer bei der Planung des Verkehrs eine besondere Rolle. Ein eindrückliches Beispiel hierfür ist Groningen. Dort nutzen inzwischen die Hälfte der Einwohner das Fahrrad. Grund dafür ist die Unterteilung der Altstadt in vier Quadranten. Autos ist es nicht erlaubt, von einem Quadranten in einen anderen zu fahren. Stattdessen müssen sie zunächst auf eine Ringstraße gelangen, um von dort aus den gewünschten Quadranten anzusteuern. Mit dem Fahrrad geht es viel schneller, da man beliebig zwischen den Quadranten hin- und herfahren darf.

Autos dürfen nicht hinein! Das Thema vieler Städteplaner: Einzelne Fahrspuren, Zufahrtstraßen oder ganze Innenstädte zumindest zeitweise für den Autoverkehr sperren. Die Mikromobilität soll dadurch gefördert werden. Wie in Barcelona mit den bereits erläuterten Superblocks. Dort sind Fahrzeuge nur zu bestimmten Zeiten zugelassen. Damit ergeben sich Freiflächen für Sport und Spiel, aber auch für den Fahrrad- und Rollerverkehr. Ein interessanter Nebeneffekt: Die Krankenkassen berichtet über eine bessere körperliche und seelische Gesundheit der Menschen.

Raum schaffen für Fahrräder! Viele Metropolen sind dabei, den Raum für die Mikromobilität zu erweitern, indem sie Straßen und Parkplätze zurückbauen und diese Flächen für Fahrrad- und Gehwege nutzen. In Oslo wurden schon über 1 000 Parkplätze in der Innenstadt entfernt und zahlreiche Straßen für den Autoverkehr gesperrt. Stattdessen entstanden 9 000 Parkplätze außerhalb des Zentrums. Parallel dazu wurde ein Netz von Leihfahrrädern aufgebaut, damit die Menschen zwischen der Innenstadt und den Parkplätzen draußen pendeln können. Zudem werden die Einwohner von Oslo beim Erwerb von E-Fahrrädern finanziell unterstützt.

Multimodal reisen! Wie schon mehrmals betont, kommt die Mikromobilität vor allem auf der ersten und letzten Meile in Betracht. Damit decken Fahrräder und Roller oft nur einen Teil der Mobilitätskette ab. Den anderen Teil übernehmen bekanntlich Busse, Bahnen und Autos. Um den Kunden trotzdem ein umfassendes Mobilitätserlebnis zu bieten, ist das Zusammenspiel der verschiedenen

Verkehrsmittel entscheidend. So ist beispielweise Berlin dabei, mit der Jelbi-App das Netz des öffentlichen Verkehrs mit allen privaten Mobilitätsdiensten zu verknüpfen. Die Reisenden können damit über die unterschiedlichen Verkehrsmittel hinweg buchen und bezahlen.

Suburbs anbinden! In vielen Städten besteht die wichtigste verkehrspolitische Herausforderung darin, die Außenbezirke an das Verkehrsnetz anzubinden. Häufig lohnt es sich nicht, mit Bussen und Bahnen in diese weithin verstreuten Wohngebiete zu fahren. Hier kann die Mikromobilität Abhilfe schaffen, wie in Kopenhagen, wo eine »Schnellstraße« für Fahrräder und Roller geschaffen wurde. Diese doppelspurigen Fahrbahnen gehen über Brücken und durch Tunnel und umfassen inzwischen etwa 200 Kilometer. Die Dänen nutzen diese Radwege intensiv. So können pro Jahr viele Millionen Autokilometer eingespart werden.

Regeln erlassen! Der Markt für Mikromobilität boomt. Viele Firmen stürmen in diesen Markt. In einigen Metropolen, wie zum Beispiel in Paris, stolpert man an vielen Ecken über Fahrräder und Roller. Anwohner beklagen sich zu Recht. Die Bürgermeisterin von Paris hat angekündigt, diesem Wildwuchs Einhalt zu gebieten und die Zahl der Betreiber auf drei zu begrenzen. Zukünftig braucht jeder von ihnen eine Lizenz, um bis zu 5 000 Roller betreiben zu dürfen. Außerdem baut die Stadt spezielle Parkplätze, damit diese Gefährte nicht mehr die Gehwege blockieren. Auch gilt das Augenmerk der steigenden Unfallzahlen vor allem mit E-Rollern und E-Fahrrädern. Nicht nur die Behörden in Paris, sondern auch in anderen Städten sehen hier raschen Handlungsbedarf.

Braucht es Regeln?

Wettbewerb belebt das Geschäft! Sollte man meinen. Tatsächlich gilt diese Weisheit offenbar nicht immer. Hierzu ein Beispiel: In den meisten US-amerikanischen Städten wurde das Taxigewerbe in den späten 1920er und frühen 1930er Jahre staatlich reguliert. Grund dafür war die wirtschaftliche und soziale Lage nach dem Ende der Weltwirtschaftskrise. Viele Arbeitslose, niedrige Einkommen. Dann doch ein Silberstreif am Horizont: Die geringen regulatorischen Hürden luden dazu ein, einen Taxibetrieb zu eröffnen. Viele entschieden sich dazu. Auto mieten, Taxi-Schild anbringen und schon ging es los. Rasch entstand jedoch ein enormer Preiswettbewerb. Jeder wollte der günstigste sein. In der Washington Post war 1933 zu lesen, dass Hunderte von unerfahrenen Fahrern alle möglichen Autos mieteten, um Taxidienste zu offerieren. Ein Fahrer gab zu, dass er seit vielen Jahren nicht mehr hinter dem Steuer eines Autos gesessen hatte. Die Konsequenzen waren absehbar: Viele Fußgänger und Radfahrer wurden verletzt, weil sich Taxifahrer im Kampf um Fahrgäste Wettrennen lieferten. Zudem verschlechterten sich die Arbeitsbedingungen für die Fahrer, und ihre Einkommen sanken.

In der Folge mussten Taxiunternehmen daher Lizenzen erwerben. Bis in die 1980er Jahre. Der Verlockung, es noch einmal zu probieren, konnten einige Städte nicht widerstehen. Getreu dem marktwirtschaftlichen Credo: Wenn Preiskontrollen und Marktbarrieren fallen, dann weitet sich der Markt aus, die Preise sinken, die Wartezeiten für die Kunden gehen zurück, die Leistungen der Taxibetriebe steigen. Klingt nachvollziehbar. Wenn sich aber die Zahl der Taxis erhöht, ohne dass die Nachfrage nach Taxifahrten steigt, sinkt die Zahl der Fahrten pro Fahrer und Fahrzeug. Die wirtschaftlichen Folgen waren harsch: In der Not mussten die ehemals angestellten Fahrer in die Selbstständigkeit. Trotz mehr Arbeitsstunden verdienten sie weniger. Also Kommando zurück: Viele Städte führten wieder Lizenzen ein, um die bestehenden Taxiunternehmen zu schützen.

Was lernen wir daraus? Die Deregulierung hat in diesem Fall keine Verbesserung für die Kunden gebracht. Ganz im Gegenteil: In allen Städten waren die Preise für die Taxifahrten sogar höher als in Zeiten der Regulierung. Diese Erkenntnis ist wichtig für die derzeitige Diskussion um die Frage, wie wir die Mikromobilität in den Städten gestalten wollen. Wir haben berichtet, dass Paris Lizenzen vergibt, um zweierlei zu bewirken: den Wildwuchs an Anbietern von Fahrrädern und Rollern einzudämmen und den verbleibenden Firmen eine Chance auf Umsatz und Gewinn zu geben. Vielleicht ist das der Zugang: Regeln schaffen, Wettbewerbe für befristete Lizenzen ausloben und nach nützlicher Frist die Lizenzen erneut ausschreiben. Damit kein Missverständnis entsteht: Es geht nicht um ein Plädoyer für eine staatlich gelenkte Planwirtschaft. Aber ein zügelloser Markt könnte die aufkommende Mikromobilität von vornherein zunichtemachen. Das darf nicht geschehen, wir brauchen sie. Nur mit ihr lassen sich Lärm und Abgase reduzieren und Verkehrsflächen zurückgewinnen.

Zur Wahrheit gehört aber auch, dass zu strenge Regeln eine Entfaltung des Marktes verhindern, das Aufkommen von Konkurrenz einschränken und damit das Erlebnis für den Kunden begrenzen. Uber, Lyft, Grab und einige andere konnten sich aufgrund der Regulierungen über die Ride-hailing-Dienste in Europa nicht ausbreiten. Man muss nur in die USA schauen: Dort bieten vor allem Uber und Lyft einen besseren Service an. Die Wartezeiten sind kürzer, und die automatische Abrechnung in der App steigert das Kundenerlebnis. Zudem sind die Fahrzeuge der privaten Fahrer oft neuer, sicherer und sauberer als Taxis.

KAPITEL 24

ES GEHT AUCH ANDERS

Auf die Anreize kommt es an

Jetzt geht es um eine wichtige Frage: Ist Mobility-as-a-Service mit selbstfahrenden Fahrzeugen tatsächlich in der Lage, die gravierenden Verkehrsprobleme vieler Städte zu lösen? Hierzu liegen inzwischen zahlreiche Untersuchungen vor, die abhängig von Anliegen und Zweck der Studie sowie den zugrunde liegenden Annahmen zu divergierenden Ergebnissen gelangen.[1] Während die einen zusätzliches Verkehrsaufkommen durch den Einsatz von selbstfahrenden Pods und Shuttles erwarten, argumentieren die anderen mit einer Reduktion der Zahl der Fahrzeuge.

Wie so oft im Leben, ist auch hier, wie die folgenden Ausführungen zeigen, ein differenzierter Blick erforderlich. Halten wir uns hierfür die schöne, neue Mobilitätswelt nochmals vor Augen: Elektrische, autonome Shuttles und Pods fahren in der Stadt und im ländlichen Raum umher. Sie gehören uns nicht. Das Stadtwerk oder ein anderer Betreiber stellt diese Fahrzeuge bereit. Wir nutzen eine App, um die Autos zu bestellen. Eine Mobilitätsplattform vernetzt die Pods und Shuttles mit dem öffentlichen Bus- und Zugverkehr. Eine Leitzentrale optimiert intelligent den Verkehrsfluss durch Steuerung dieser Fahrzeuge. Bringt das mehr oder weniger Verkehr?

Man kann noch so vehement für das eine oder andere Resultat werben, entscheidend sind stets die Prämissen: Die einen gehen davon aus, dass sich unser Mobilitätsverhalten nicht ändert. Man fährt, so wie jetzt, oft allein im Fahrzeug.[2] Und nutzt insbesondere Pods. Hinzu kommen jene Menschen, die bislang gar nicht Auto fahren konnten oder durften: die Jungen, die Alten und die Menschen mit Behinderungen. Folge: mehr Verkehr! Die anderen sagen, lasst uns mit der Einführung von Mobility-as-a-Service auch gleich die richtigen Anreize setzen, damit möglichst viele Reisende in die Shuttles und eben nicht in die Pods steigen. In Abhängigkeit von den gesetzten Anreizen, die zu einer Änderung der Reisegewohnheiten führen, kann man zeigen, dass deutlich weniger Fahrzeuge als bislang benötigt werden, um die Menschen zu befördern. Folge: weniger Verkehr!

Diese Diskussion liefert eine wichtige Erkenntnis: Damit Mobility-as-a-Service nicht zu mehr, sondern zu weniger Verkehr führt, muss sich das Mobilitätsverhalten der Menschen wandeln. Ja, es soll Pods für eine oder zwei Personen oder für die ganze Familie geben. Es gibt Reiseanlässe, die eine gewisse Privatsphäre erfordern. Etwa zum Bewerbungsgespräch, für ein allererstes Kennenlernen, zum Theater, um alte, kranke oder behinderte Menschen zu transportieren, um Präsentationen vorzubereiten oder um in Ruhe mit dem Lebenspartner oder den Kindern zu sprechen. Nein, Pods dürfen nicht das zentrale Verkehrsmittel werden. Shuttles mit acht, zehn, zwölf oder 16 Personen müssen die Hauptverkehrslast tragen. Vergleichbar dem Bus- und Zugverkehr aber mit viel mehr Flexibilität, was den Fahrplan und die Haltestellen betrifft und bequemer für die Nutzer mit kürzeren Laufwegen, kürzeren Wartezeiten und möglichst ohne umsteigen. Mit den Shuttles sollte das Gros der Menschen befördert werden: die perfekte Ergänzung des öffentlichen Nahverkehrs. Sonst droht tatsächlich zusätzlicher Verkehr. Mobility-as-a-Service, da sind sich alle einig, dürfte sich nur dann voll entfalten und alle gesellschaftlichen Vorzüge ausspielen können, wenn sich das Verkehrsaufkommen damit reduzieren lässt.

Sofern die Menschen nicht freiwillig auf diese Verkehrsmittel wechseln, muss man auch über Anreize nachdenken. Finanzielle und steuerliche sowieso, aber auch eine Bevorzugung von Shuttles im Verkehr. Zudem könnten Firmen einzelne Fahrten von Shuttles bezahlen, um so auf sich aufmerksam zu machen. An Ideen für mögliche Anreize scheitert es nicht! Es geht aber auch anders: Einige Städte sind mit Vehemenz daran, den Menschen ihre privaten Autos zu verdrießen. Fahrbahnbegrenzungen, Straßensperrungen, Rückbau von Parkplätzen und noch einiges mehr. Wir haben darüber schon berichtet. In jedem Fall ist Mobility-as-a-Service nicht nur eine technische Herausforderung rund um Apps, Mobilitätsplattformen und autonome Fahrzeuge. Wohl vielmehr eine soziale. Es muss uns gelingen, mit Produkten und Dienstleistungen, die begeistern, mit Innovationen und Anreizen, die überzeugen, das Mobilitätsverhalten zu verändern!

Stadttypen und Verkehrskonzepte

Kann Mobility-as-a-Service in jeder Metropole gleich gut funktionieren? Ist dieses Konzept die universelle Lösung für alle Verkehrsprobleme dieser Welt? Wohl kaum. Daher sollen Archetypen von Städten betrachtet werden. Jeder Typ zeichnet sich durch bestimmte Merkmale aus wie Bevölkerungsdichte, Einwohnerzahl, Flächenausdehnung und andere. Von ihnen hängt es ab, ob Mobility-as-a-Service das geeignete Konzept sein könnte, das die Verkehrssituation verbessert. Vielleicht stellt sich für einige Typen von Städten auch heraus, dass der öffentliche Bus- und Bahnverkehr ausgebaut werden müsste und autonome Pods und Shuttles nicht wirklich helfen. Die im Folgenden diskutierten Erkenntnisse stammen aus einer gemeinsamen Studie der Boston Consulting Group, München, und des Instituts für Mobilität der Universität St. Gallen.[3]

Archetypen

Ausgangspunkt war die Idee, 44 Metropolen hinsichtlich zahlreicher Kriterien zu beschreiben wie Topologie, Dichte, Größe, Lage, Alter, Straßen- und Trassenführung. Daraus konnten mit mathematisch-statistischen Verfahren bestimmte Typen von Städten erkannt werden. Es haben sich fünf Typen von Ballungszentren herauskristallisiert, die im Hinblick auf die Stadtstruktur charakterisiert sind. Die fünf Cluster (Archetypen von Städten) lassen sich wie folgt beschreiben:[4]

Kompakte mittelgroße Städte zeichnen sich dadurch aus, dass ihre Einwohner zentrumsnah leben und viele von ihnen in der Innenstadt arbeiten. Daher nutzen die Menschen alle zur Verfügung stehenden Verkehrsmittel: mal das Auto, dann wieder den Bus, ein anderes Mal die Bahn. Aber auch die Mikromobilität, vor allem das Fahrrad, oder der Marsch zu Fuß spielen eine immer wichtigere Rolle. Als Beispiele lassen sich Berlin, St. Petersburg, Vancouver, Wien, Seattle und Montreal aufführen.

Die autozentrierten Metropolen weisen ein verdichtetes Zentrum und weit verstreute Arbeits- und Wohnquartiere auf. Der öffentliche Verkehr ist nicht gut ausgebaut, weil die sehr weit verzweigten Wohngebiete mit Bussen und Bahnen kaum zu erreichen sind. Insofern bildet das Fahrzeug das zentrale Verkehrsmittel mit der Folge, dass die Zufahrtstraßen ins Zentrum morgens und abends stets überlastet sind. Beispiele dafür bilden Atlanta, Riad, Melbourne, Toronto, Los Angeles und Dubai.

Zu den florierenden Innovationszentren zählen Städte, die mehrere mittelgroße Zentren mit einem beachtlichen wirtschaftlichen Wachstum aufweisen. Zudem gibt es in einigen dieser Metropolen historische Stadtteile mit engen, verwinkelten Gassen, die eine Herausforderung für die moderne Verkehrsführung darstellen. Aufgrund der über Jahrhunderte gewachsenen Stadtstruktur finden sich private und öffentliche Transportoptionen. Beispiele hierfür sind Tel Aviv, San Francisco, Barcelona, London, Singapur und Boston.

Städte, die zu den aufstrebenden urbanen Zentren gehören, weisen ein enormes Bevölkerungs- und Wirtschaftswachstum auf. Zudem sind ihre Innenstädte besonders dicht besiedelt, was die Entwicklung der Verkehrsinfrastruktur einschränkt. Häufig sind Subzentren dieser Metropolen an Flüssen oder an der Küste angesiedelt. Aufgrund der schwierigen, oftmals auch chaotischen Verkehrssituation nutzen die Menschen vor allem den öffentlichen Bus- und Zugverkehr. Beispiele sind Moskau, Mumbai, Shenzhen, Bangkok, Buenos Aires und Mexico City.

Hochverdichtete Metropolen sind junge, moderne Städte mit enormem Wachstum. Jeden Tag strömen Tausende von Menschen hinein. Um den sehr dicht bewohnten Stadtkern sind einige Außenzentren angesiedelt. Weil diese Städte noch relativ jung sind, verlaufen ihre Straßen oft rechtwinklig zueinander. Gleichwohl vermögen die Transportoptionen mit dem Verkehrsaufkommen kaum Schritt zu halten. So in Shanghai, Istanbul, São Paulo, Jakarta, New York und New Delhi.

Noch ein Blick auf diese Muster: Allein schon die Art der Ausdehnung einer Stadt und ihre Siedlungsstruktur bestimmen die Vor- und Nachteile der verschiedenen Transportmittel. Für eine kompakte mittelgroße Stadt bietet sich ein sternförmiges Verkehrssystem aus Schienen und Straßen an. Dieses sollte den Einwohnern ein einfaches und schnelles Pendeln zwischen den Arbeitsplätzen in der Innenstadt und den Wohngebieten am Standrand erlauben. Dagegen besteht ein florierendes Innovationszentrum aus mehreren Stadtkernen, die in sich wie eigenständige Städte funktionieren. Viele Distanzen innerhalb dieser Subzentren können mit E-Rollern und E-Fahrrädern oder sogar zu Fuß bewältigt werden. Zwischen den Subzentren könnten Bahnen zum Beispiel auf einem Ring verkehren. Man erkennt, dass unterschiedliche Typen von Ballungszentren wohl verschiedene Verkehrskonzepte, bestehend aus einem Mix aus Auto, Bahn, Mikromobilität und autonomen Fahrzeugen, benötigen.

Simulation

Will man den Verkehr in den 44 ausgewählten Metropolen simulieren, braucht es Daten. Möglichst viele Verkehrsdaten. Damit lässt sich unter anderem der Modalsplit, also die Intensität der Nutzung der einzelnen Verkehrsmittel, für die fünf Typen bestimmen. Das Bild ist klar:[5] In den autozentrierten Metropolen unternehmen die Menschen fast 60 Prozent ihrer Reisen mit dem Fahrzeug. Alles dreht sich um das

Auto. Dagegen sind es in den aufstrebenden urbanen Zentren und in den hochverdichteten Metropolen unter 30 Prozent (Abbildung 7.4). Was für ein Unterschied!

Kann die Verkehrssituation durch Mobility-as-a-Service mit selbstfahrenden Autos verbessert werden? Was ist wohl der beste Mix von Verkehrsmitteln für jeden Städtetyp? Um diese Fragen zu beantworten, braucht es Kriterien! Hierbei wollen wir das Verkehrsaufkommen senken, die Zahl der tödlichen Unfälle, die Reisezeit und die Transportkosten reduzieren, Parkplatzflächen zurückgewinnen sowie den Benzin- oder Stromverbrauch mindern. Dazu sollen drei Typen von fahrerlosen Fahrzeugen berücksichtigt werden: Pods für maximal zwei Personen, Taxis für bis zu fünf Fahrgäste und Shuttles, die sogar 15 Insassen befördern können.

Alle diese Daten und vieles mehr gelangten in eine Simulation, ergänzt um weitere Informationen über die Verkehrssituation und die Infrastruktur in den einzelnen Metropolen. So wurden die durchschnittliche Geschwindigkeit der Fahrzeuge, die Routen des öffentlichen Verkehrs, die Zahl und die Lage der Parkplätze, die mittlere Auslastung der Autos, Busse und Bahnen, der Zugang zu Mi-

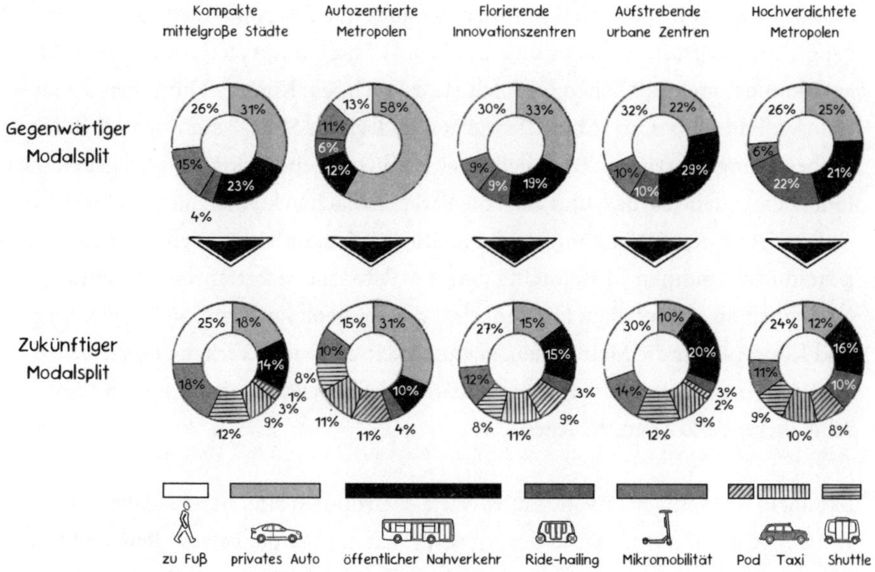

Abbildung 7.4: Veränderung des Modalsplits durch den Einsatz von autonomen Fahrzeugen

Quelle: Angelehnt an Boston Consulting Group, University of St. Gallen (2020): Can Self-Driving Cars Stop the Urban Mobility Meltdown?

kromobilität und einiges mehr erfasst. Wichtig: Die Simulation zur Bestimmung des zukünftigen Modalsplits wurde so durchgeführt, dass die genannten Kriterien verbessert werden können.

Genug der Erläuterungen. Was kam bei der Simulation heraus? Beispielsweise übernehmen Pods, Taxis und Shuttles in den hochverdichteten Metropolen zusammen 27 Prozent der Fahrten. Damit kann die Nutzung der privaten Fahrzeuge von bislang 25 Prozent auf 12 Prozent aller Reisen zurückgedrängt werden (Abbildung 7.4). Es fällt auf, dass der Bus- und Zugverkehr in allen Städten nach wie vor eine zentrale Rolle spielt. Die gute Nachricht: Es ist vor allem das eigene Auto, das durch das Aufkommen der autonomen Fahrzeuge in Bedrängnis gerät.

Szenarien

Viel wichtiger noch: Lässt sich die Verkehrssituation mit selbstfahrenden Fahrzeugen tatsächlich verbessern?[6] Abbildung 7.5 zeigt die erwarteten Veränderungen anhand von zwei Szenarien, die ausgehend von heute bis ins Jahr 2030 reichen. Sofern sich der gegenwärtige Modalsplit nicht verändert, ist in Anbetracht des Bevölkerungs- und Wirtschaftswachstums in allen 44 Städten mit steigendem Verkehrsaufkommen, mehr tödlichen Unfällen etc. zu rechnen. Kommen hingegen die fahrerlosen Pods, Taxis und Shuttles, wie geschildert, ins Spiel, lassen sich erhebliche Verbesserungen erzielen. Trotz der gravierend wachsenden Reisezahlen gehen die tödlichen Unfälle zurück, und auch die Parkplatzflächen können reduziert werden.

Was ist zu tun? Wie könnten die Städte der Zukunft aussehen? Welche Verkehrsmittel kommen in Betracht? Um das Potenzial selbstfahrender Fahrzeuge tatsächlich ausschöpfen zu können, sind die Städteplaner herausgefordert, Ideen und Konzepte für die Metropolen zu entwickeln und neue Verkehrskonzepte umzusetzen. Im Folgenden sind vier Szenarien dargestellt, die den Fokus auf unterschiedliche Verkehrsmittel legen.

Szenario 1: Weniger private Autos. Viele Metropolen sind bereits dabei, private Fahrzeuge aus ihren Innenstädten zu verdrängen. Man denke vor allem an Skandinavien. Dort setzt man vor allem auf den öffentlichen Bahn- und Busverkehr, bis autonome Shuttles und Pods einsatzfähig sind. Neben allen möglichen Fahrverboten oder Gebühren fördern zahlreiche Städte inzwischen auch Plattformen mit den dazugehörigen Apps, um die Verkehrsmittel für die Reisenden bestmöglich miteinander zu verzahnen.

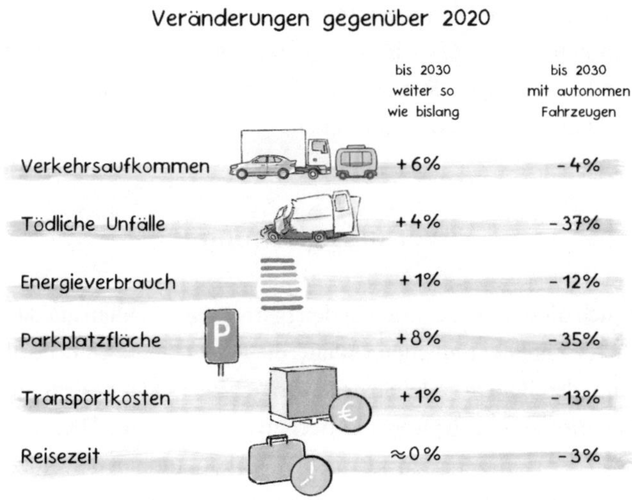

Abbildung 7.5: Erwartete Verkehrssituation in zwei Szenarien
Quelle: Eigene Darstellung

Szenario 2: Mehr Mikromobilität. Kopenhagen, Stockholm, Oslo und andere Städte setzen in den innerstädtischen Wohn- und Geschäftsvierteln schon seit Jahren auf den Ausbau von Fahrspuren für die Mikromobilität. Hierzu muss jedoch die Bereitschaft der Menschen gefördert werden, E-Fahrräder und E-Roller zu teilen und für Reisen außerhalb der Stadt mehrere Verkehrsmittel miteinander zu kombinieren. Parallel dazu treten Regulierungen in Kraft, die den Autoverkehr in den Stadtgebieten eindämmen.

Szenario 3: Fokus auf Shuttles. Diese Fahrzeuge dürften in den nächsten Jahren eine wichtige Rolle im innerstädtischen Verkehr der besonders fortschrittlichen Städte übernehmen. Sie gelten als hybrid, da sie weniger Passagiere als Busse und Bahnen, aber deutlich mehr als private Autos transportieren können. Hinzu kommt, dass die Shuttles zwar bestimmte Haltepunkte ansteuern, aber auch die individuellen Haltewünsche der Passagiere berücksichtigen können. Ein wichtiger Schritt in die Zukunft.

Szenario 4: Fokus auf Pods. Auch diese Autos könnten schon bald das Stadtbild einiger Metropolen prägen, da sie wie Taxis oder Ride-hailing-Fahrzeuge auf flexiblen Routen ohne festgelegte Haltestellen verkehren. Die Menschen fahren allein oder zu zweit in privater Atmosphäre und müssen keine Rücksicht auf andere Reisende nehmen. In den Entwürfen von Städteplanern über die Städte der Zukunft spielen die Pods eine wichtige Rolle. Sie ergänzen die Shuttles, die vor allem die Hauptverkehrsströme bewältigen sollen.

Verkehrsplanung

Wie wirken sich diese vier Szenarien in den betrachteten Städten auf das Verkehrsaufkommen, die Zahl der tödlichen Unfälle, die Reisezeit, die Transportkosten, die Parkfläche und den Benzin- oder Stromverbrauch aus? Oder mit anderen Worten: Welches Szenario kommt für welchen Archetyp in Betracht? Hierzu wurden die Auswirkungen der vier Szenarien auf die Verkehrssituation in den einzelnen Städten simuliert. Es ergaben sich die folgenden Resultate (Abbildung 7.6):[7]

Für die kompakten mittelgroßen Städte wie Wien oder Seattle bietet sich Szenario 1 (weniger private Autos) an. Diese Zentren verfügen bereits heute über ein ausgebautes Netz aus Bussen und Bahnen, das erweitert und durch E-Fahrräder und E-Roller ergänzt werden könnte. Damit lassen sich insbesondere das Verkehrsaufkommen, die benötigte Parkfläche und die Zahl der tödlichen Unfälle reduzieren. Beispielsweise könnten in Berlin so etwa 18 Prozent der Transportkosten pro Jahr eingespart werden, was 1,6 Milliarden US-Dollar entspricht.

Die autozentrierten Metropolen, zu denen Städte wie Melbourne und Toronto gehören, zeichnen sich durch weit verstreute Wohngebiete und einen kaum entwickelten öffentlichen Verkehr aus. Mit der Einführung von Shuttles (Szenario 3) ließen sich vor allem die Zahl der tödlichen Unfälle und die benötigte Parkfläche deutlich vermindern. Damit könnte in Los Angeles auf etwa 600 000 private Fahrzeuge verzichtet werden, was zu einer jährlichen Kohlendioxid-Einsparung von circa 2,7 Millionen Tonnen führen würde.

Die florierenden Innovationszentren, wie Singapur und Amsterdam, weisen die Besonderheit auf, dass sie über verschiedene Zentren verfügen. Zwischen diesen Spots herrscht zu Geschäftszeiten ein reger Pendelverkehr, der sehr gut mit Shuttles, die im Takt verkehren, bewältigt werden kann (Szenario 3). Damit ließen sich vor allem die Zahl der Unfälle und die benötigte Parkfläche erheblich reduzieren. Allein in London mit seinen zahlreichen Zentren könnten mehr als 60 tödliche und über 15 000 geringfügige Unfälle pro Jahr vermieden werden.

In den aufstrebenden urbanen Zentren, allen voran Mumbai, Bangkok, Shenzhen und Mexico City, sind die Optionen für eine Entwicklung der Infrastruktur aufgrund der enormen Dichte begrenzt. Hier kommt die Mikromobilität (Szenario 2) ins Spiel, die in Kombination mit dem öffentlichen Bus- und Bahnverkehr trotz wachsender Bevölkerung das Verkehrsaufkommen meistern könnte. Mit dem Fokus auf mehr Fahrräder und Roller könnte die Zeit im Stau für jeden Pendler in Hongkong um 20 Stunden pro Jahr gesenkt werden.

In den hochverdichteten Metropolen wie Peking, Istanbul, Jakarta oder New Delhi mit einem enormen Wachstum der Bevölkerung und einem gravierenden Anstieg des Verkehrsaufkommens bietet sich der Einsatz von Shuttles an (Szenario 3). Sie könnten die privaten Autos, Taxis und alle Ride-hailing-Optionen zumindest teilweise ersetzen. Damit tragen sie dazu bei, dass die Mobilität in diesen Städten grüner, sicherer und billiger wird. Zudem ließe sich Parkfläche zurückgewinnen. Am Beispiel von New York sind es 900 Blöcke von jeweils 80 auf 100 Meter.

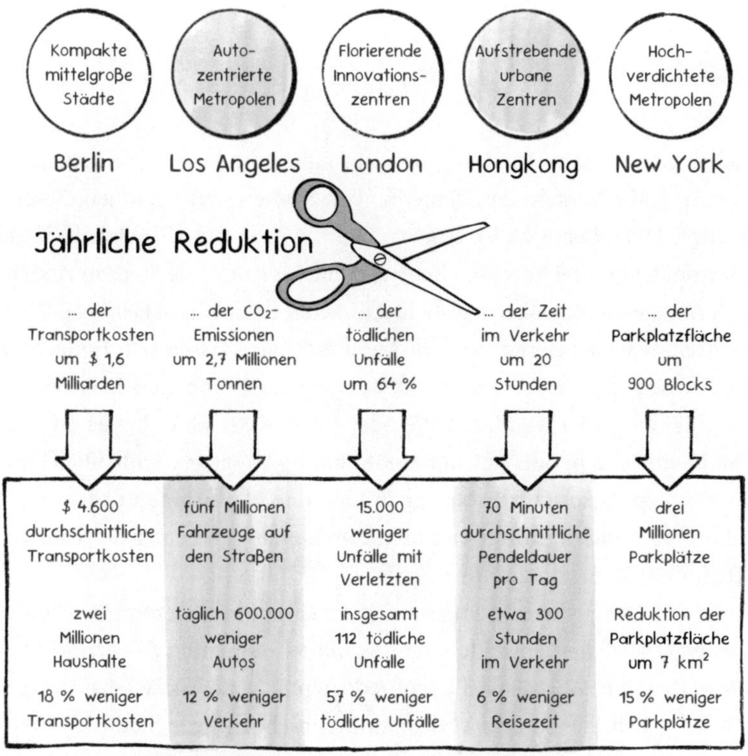

Abbildung 7.6: Was autonome Shuttles bringen
Quelle: Eigene Darstellung

Wie könnte man vorgehen? Zunächst nach Wien: In dieser kompakten mittelgroßen Stadt sollte der Autoverkehr deutlich reduziert werden. Neben der notwendigen Überzeugungsarbeit und dem Ausbau des öffentlichen Verkehrs ist es unerlässlich, einzelne Straßen zu verengen oder sogar zu schließen und hohe Parkgebühren in der Innenstadt zu erheben. Da die Bewohner vor allem kurze Trips unternehmen, liegt es nahe, in die Infrastruktur für die Mikromobilität zu investieren. In Atlanta, einer autozentrierten Metropole, steht man vor einer besonderen Herausforderung: Der öffentliche Verkehr liegt darnieder, Mikromobilität hilft kaum, da die Trips von den Wohngebieten in die Innenstädte lang sind. Folglich dreht sich alles um das Automobil. Wie soll man unter diesen Umständen die Menschen für Shuttles begeistern? Pilotprojekte könnten Auftakt sein, die Aufmerksamkeit der Pendler für die Shuttles zu gewinnen. Danach kann man das Einsatzgebiet schrittweise erweitern und separate Fahrspuren anlegen.

Fazit

Wir haben eine wichtige Lektion gelernt! Es gibt nicht das eine Verkehrskonzept, mit dem man die Verkehrsprobleme in allen Städten und Regionen dieser Welt lösen kann. Eigentlich schade. Das war aber zu erwarten. Gleichwohl lässt sich den Metropolen in drei Schritten helfen: Zunächst kann jede Stadt in Anbetracht ihrer Merkmale wie Bevölkerungsdichte, Einwohnerzahl und Flächenausdehnung einem Archetyp zugewiesen werden. Auf dieser Basis lassen sich Empfehlungen für die Ausrichtung der Verkehrspolitik abgeben. Also ob zum Beispiel die Mikromobilität ausgebaut werden sollte oder nicht. Oder ob es besser ist, auf den Bus- und Bahnverkehr oder auf autonome Shuttles zu setzen. Schließlich lässt sich diese verkehrspolitische Orientierung in konkrete Maßnahmen übersetzen. Wie etwa die Förderung der Mikromobilität durch eine Verengung der Fahrbahnen und Tempo-30-Zonen in der Innenstadt.

Abbildung 7.7 zeigt eine Weltkarte. Darauf kann man erkennen, wo autonome Shuttles eingesetzt werden sollten, um die Verkehrssituation zu verbessern. Also Unfälle vermeiden, Abgase und Lärm reduzieren, Verkehrsfläche zurückgewinnen. Es zeigt sich, dass dieses Verkehrsmittel nicht für jede Stadt den erhofften Erfolg bringt. Offenbar sind autonome Fahrzeuge im Sharing-Betrieb keine Wunderwaffe gegen den Verkehrsinfarkt. Aber am richtigen Ort eingesetzt, können sie viel bewirken.

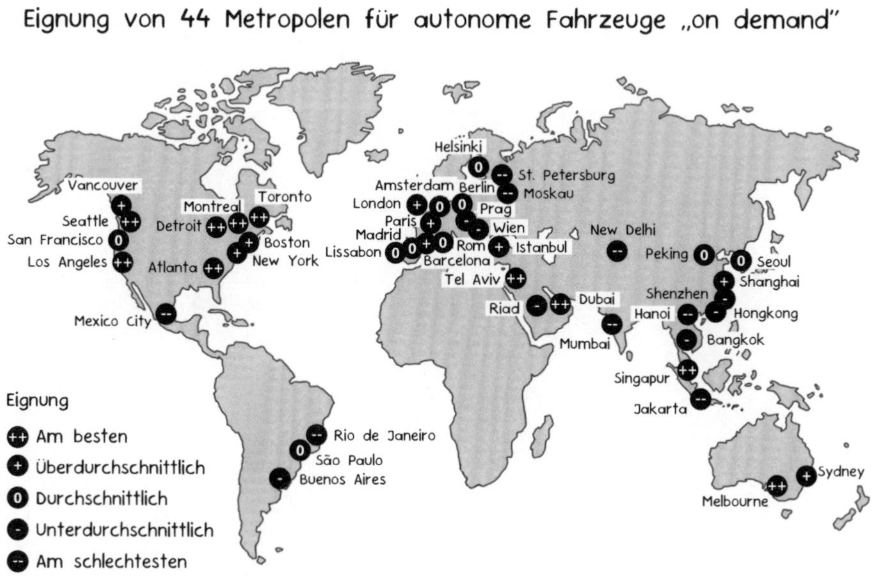

Abbildung 7.7: Wo autonome Shuttles etwas bringen

Quelle: Angelehnt an Boston Consulting Group, University of St. Gallen (2020): Can Self-Driving Cars Stop the Urban Mobility Meltdown?

TEIL 8

WAS BRINGT MOBILITY-AS-A-SERVICE?

KAPITEL 25

ARBEIT UND WOHLSTAND

Es steht viel auf dem Spiel

Die einen lehnen es (noch) ab. Die anderen wollen es unbedingt. Die Rede ist vom autonomen, vernetzten, elektrischen Fahren. Fügt man hinzu, dass der Verkehr auch noch geteilt und multimodal organisiert sein soll, lassen sich die Sorgen und Ängste vieler Menschen regelrecht mit Händen greifen. Häufig geht es in dieser Debatte um die vermeintlichen Zumutungen für die Kunden, die Mobility-as-a-Service mit sich bringt: »Ich habe kein eignes Fahrzeug mehr, muss umsteigen, bin nicht mehr so flexibel wie mit dem eigenen Auto, muss meine Reise eventuell planen, kann nicht mehr spontan unterwegs sein, und ich will meine Reisegewohnheiten überhaupt nicht ändern ...« und einiges mehr. Wir kennen die Argumente.

Diese Befürchtungen dürften sich legen, sobald die Menschen konkrete Erfahrungen mit Mobility-as-a-Service sammeln. Vielleicht argumentieren sie danach: »Endlich muss ich nicht mehr in die Werkstatt, Zeit für mich während der Fahrt, keine Unfälle mehr, weniger Staus, weniger Emissionen, meine Stadt wird lebenswerter, keine Suche mehr nach Parkplätzen, bequemes Reisen von Tür zu Tür, kein Fußweg mehr im Regen zum Parkhaus ...« und noch so manches mehr. Ein blinder Mensch würde noch hinzufügen: »Endlich meine Freiheit zurück, endlich keine Ablehnung mehr durch Uber-Fahrer, endlich keine Abhängigkeit mehr von anderen, um unterwegs sein zu können ....«

Außerdem verlangt niemand, auch wir Autoren nicht, dass das eigene Auto aufgegeben werden muss. Gleichwohl gilt: Die sozialen Kosten des Verkehrs sind zu hoch, sie müssen gesenkt werden! Jene Kräfte, die auf dem Status quo beharren, gilt es zu überzeugen. Das kann jedoch nur dann gelingen, wenn die wirtschaftlichen Auswirkungen, die sich aus dem Mobilitätswandel ergeben, in Hoffnung und Zuversicht münden. In den Ländern mit bedeutenden Automobilstandorten vergeht kaum ein Tag, an dem nicht auf die Gefahren einer Mobilitätswende hingewiesen wird. Schafft Mobility-as-a-Service überhaupt genug Wohlstand? Was passiert mit den Arbeitsplätzen in der Automobilindustrie und bei den vielen Zulieferern? Was ist mit den Einkommen? Bleibt das Steueraufkommen?

Eines ist gewiss: Die Automobilbauer, aber auch alle ihre Zulieferer stehen vor der gravierendsten, tiefgreifendsten Transformation ihrer Geschichte. Einige sind bereits auf dem Weg, sich zu integrierten Hard- und Softwareunternehmen zu wandeln, allein oder in Zusammenarbeit mit Technologiefirmen. Andere verstehen sich als Mobilitätsunternehmen, entwickeln multimodale Verkehrssysteme, engagieren sich bei Mobilitätsplattformen und Fahrdiensten und sind bei der Gestaltung von Zukunftsstädten dabei. Man denke an Toyota und Wooven City. Wieder andere, das sind nicht wenige, beharren immer noch auf dem bisherigen Geschäftsmodell: Autos bauen und darauf hoffen, dass der Wandel nicht so schnell und nicht so grundlegend daherkommt. In der Not war immer auf den Staat Verlass. Die Autobauer wurden nie im Regen stehen gelassen.

Es steht sehr viel auf dem Spiel. Die globale Automobilindustrie beschäftigt etwa 9 Millionen Menschen und erzielte vor der Coronapandemie über 2 Billionen US-Dollar Umsatz. Wir erinnern uns. Darüber hinaus sind weitere 50 Millionen Menschen bei Firmen angestellt, die mit dieser Industrie verflochten sind.[1] Bei Importeuren, beim Handel, bei Reparaturbetrieben und anderen. Man denke an die vielen Zulieferer! Allein in Deutschland hängen 5 Prozent aller Arbeitsplätze vom Automobilbau ab. Zweifellos, es gibt Ängste und Sorgen! So ist die Rede davon, dass eine rasche Transformation in den USA bis zu 4 Millionen Arbeitsplätze kosten könnte.[2] Richtig ist, dass der technologische Wandel kurzfristig fast immer mit einem Abbau von Jobs einhergeht. Richtig ist aber auch, das zeigt ein Blick auf die Geschichte, dass viele neue Technologien die Produktivität steigerten, die Lebensqualität erhöhten, neue Industrien und Branchen hervorbrachten und damit letztlich bessere Arbeitsplätze schafften. So auch durch Mobility-as-a-Service und die zugrunde liegende Technologie des autonomen Fahrens sowie die Apps und Mobilitätsplattformen.

Hierzu ein interessanter Bericht: David Montgomery und andere Autoren erwarten, dass sich die Arbeitslosigkeit in den USA in den 2030er und 2040er Jahren zunächst etwas erhöht, um danach deutlich zu fallen.[3] Man darf nicht vergessen, dass der Mobilitätswandel nicht nur soziale Kosten, sondern auch sozialen Nutzen mit sich bringt: weniger Unfälle, weniger Staus, weniger Lärm und Abgase und mehr Platz in den Innenstädten. Allerdings lohnt sich bei dieser Diskussion ein Blick ins Detail.

Die Fraunhofer-Gesellschaft hat in Zusammenarbeit mit Volkswagen ermittelt, was die Ablösung des Verbrennungsmotors durch den Elektroantrieb für die Beschäftigten bedeutet.[4] Hiernach rechnet man bis 2029 mit einem Stellenabbau von etwa 12 Prozent. Dieser Verlust an Arbeitsplätzen hat erstaunlicherweise kaum etwas mit der Veränderung des Antriebs zu tun. Vielmehr ergibt sich diese Zahl aus der generellen Entwicklung des Fahrzeugabsatzes und aus Verbesserungen im Herstellungsprozess. Die immer wieder bemühten Schreckensszenarien scheinen sich zumindest für die Hersteller nicht zu bewahrheiten.

Schlimmer dürfte es die Zulieferer treffen:[5] Wie bekannt, besteht der Verbrennungsmotor aus etwa 2500 Komponenten, während der Elektromotor lediglich 250 Bauteile aufweist. Den umfassenden Berechnungen der Fraunhofer-Gesellschaft zufolge reduziert sich damit der Personalbedarf um 70 Prozent! Damit ist deutlich, wo Handlungsbedarf besteht. Der Druck liegt auf den vielen kleinen und mittelständischen Zulieferern, die bislang Komponenten für den Verbrennungsmotor fertigen. Sie benötigen neue Produkte und Geschäftsmodelle. Das ist auch eine Herausforderung für die Wirtschaftspolitik in vielen Ländern. Es gibt aber auch Chancen: Die Herstellung der Batterien mit allen ihren Komponenten wie Kühl- und Steuerungssystemen sowie die gesamte Ladeinfrastruktur.

Mobilität ist alles

Gelegentlich lohnt sich ein Blick in die Vergangenheit. Geschichte wiederholt sich! Zwei Zahlen sind interessant: Wendell Cox und Jean Love beschreiben den Bau der Interstate Highways als die beste Entscheidung, die jemals in den USA getroffen wurde. Sie stellen Berechnungen vor, nach denen für jeden investierten US-Dollar mehr als 6 US-Dollar an die Nation zurückflossen. Als ähnlich erfolgreiche Geschichte sehen die beiden Autoren den Aufbau des Internet. Ihren Zahlen zufolge ist die Produktivität durch die Vernetzung von Menschen, Produkten und Firmen um etwa 10 Prozent gestiegen.[6]

In beiden Fällen ging es um eine Verkürzung von Distanzen. Das ist der entscheidende Punkt! Unternehmen in fast allen Industrien profitieren noch heute davon. Aber nicht nur das. Neue Industrien sind entstanden und mit ihnen neue Akteure. Facebook, Netflix, Google, Amazon, Apple, sie alle zusammen wiesen Ende 2020 eine Marktkapitalisierung von knapp 3 Billionen US-Dollar auf. Was für ein Wert! Die führenden Automobilunternehmen erreichen zusammen nicht einmal 1 Billion US-Dollar. Wir erkennen: Es kann sich lohnen, den Wandel zuzulassen. Zweifellos ist der Umbruch mühsam, schwierig und oft mit sozialen Härten verbunden. Aber eine Industrie um jeden Preis zu erhalten, ist auf Dauer keine Option. So verhält es sich auch mit der alten Automobil- und der neuen Mobilitätsindustrie. Auf in die Zukunft. Es muss nicht schlechter, sondern könnte besser werden!

Distanzen verkürzen. Das ist offenbar der Schlüssel! Hierzu einige interessante Zahlen: Wenn es gelingt, die Geschwindigkeit der Fahrzeuge während der Stoßzeiten morgens und abends um 10 Prozent zu erhöhen, dann vergrößert sich die Zahl der erreichbaren Arbeitsplätze um 15 bis 18 Prozent.[7] Die Unternehmen profitieren auch davon: Sie haben mehr Bewerbungen zur Auswahl und damit Zugang zu besseren Arbeitskräften. Den Berechnungen von Remy Prud'homme und Chang-Woon Lee zufolge kann dadurch auch die Produktivität der Firmen um 3 Prozent gesteigert werden.[8] Man mag dieser Analyse vertrauen oder auch nicht. Eines zeigt sie allemal: Es kommt darauf an, dass Menschen in dieser einen Stunde Pendelzeit möglichst weit kommen. Wir erinnern uns: In Teil 1, Kapitel 2 haben wir diesen Gedanken am Beispiel von New York besprochen.

Hierzu sei die Verkehrssituation in London, Ohio, betrachtet.[9] Bei einer Fahrzeit von 30 Minuten können die Pendler etwa 12 000 Geschäfte, Betriebe und Organisationen erreichen, die zusammen 250 000 Arbeitsplätze bereitstellen. Die Idee ist, die manuell gesteuerten Fahrzeuge durch Mobility-as-a-Service mit autonomen Shuttles zu ersetzen. Hierzu sei angenommen, dass die Bewohner eine Pendelzeit von 40 Minuten durchaus in Kauf nehmen. Viele von ihnen können die Fahrzeit im selbstfahrenden Auto bereits für die Arbeit nutzen. Hier das Resultat: Damit lassen sich 38 000 Firmen mit 800 000 Arbeitsplätzen erreichen. Das sind

Stadt	Erreichbare Arbeitsplätze bei einer Pendelzeit von 30 Minuten mit dem selbstgesteuerten Fahrzeug	Erreichbare Arbeitsplätze bei einer Pendelzeit von 40 Minuten mit autonomen Shuttles und Pods	Zuwachs

Nils-Benton Harbor, MI	63.035	206.945	228 %
Gary, IN	388.802	1.225.216	215 %
Elmira, NY	58.636	123.805	111 %
Wilmington, DE	492.500	1.479.969	201 %

Abbildung 8.1: Zuwachs an möglichen Arbeitsplätzen durch eine andere Mobilität

Quelle: Securing America's Future Energy (2018): America's Workforce and the Self-Driving Future

550 000 zusätzliche Chancen sowohl für die Menschen als auch für die Unternehmen. Eine andere Mobilität macht es möglich!

Abbildung 8.1 zeigt die Ergebnisse dieser Untersuchung für drei weitere US-amerikanische Städte.[10] Überall das gleiche Bild: Ersetzt man die manuell gesteuerten Fahrzeuge durch fahrerlose Shuttles, erhöht sich die Zahl der erreichbaren Jobs deutlich. In allen vier Städten um rund 100 Prozent, in drei davon sogar um über 200 Prozent. Zugegeben, man muss etwas mehr Fahrzeit in Kauf nehmen, aber dafür fährt die Maschine. Die Passagiere können anderen Betätigungen nachgehen. Entscheidend ist, genau jene Städte oder Regionen zu erkennen, wo man durch einen flüssigeren und schnelleren Verkehr den Menschen bedeutend mehr Arbeitsplätze in Reichweite bieten kann. Das ist eine entscheidende Aufgabe der Verkehrsplaner.

KAPITEL 26

MEHR LEBEN, WENIGER VERKEHR

Jetzt schließt sich der Kreis. In Teil 1, Kapitel 3 wurden die Kosten der Mobilität besprochen. Wir erinnern uns daran: die langen Staus, die vielen Unfälle, Lärm und Abgase und der enorme Flächenbedarf. Im Folgenden wollen wir der Spur nachgehen, inwieweit Mobility-as-a-Service mit autonomen Pods und Shuttles einen Beitrag leisten kann, genau diese Kosten zu reduzieren. Es muss uns gelingen, die Mobilität für die Menschen zu verbessern und gleichzeitig die sozialen Kosten, die damit verbunden sind, zu reduzieren. Eine ohne Zweifel beachtliche Herausforderung. Aber es lohnt sich!

Weniger Staus

Als hätten wir es nicht schon immer gewusst: Das Verhalten der Fahrer ist zumeist die Ursache für einen Stau. Es sind insbesondere die ruckartigen Manöver, überraschend für die anderen Verkehrsteilnehmer, die zu Behinderungen führen! Man kennt es: abruptes Bremsen, hektisches Beschleunigen, spontane Spurwechsel ohne Blinken. Alle diese Aktionen beeinträchtigen den Verkehrsfluss. Die Folge: Stop-and-go oder sogar Stau. Beobachtungen des Verkehrsgeschehens bestätigen diese Vermutung:[1] Staus entstehen natürlich bei hohem Verkehrsaufkommen. Das ist unbestritten. Bemerkenswert ist, dass bereits bei mittlerem Verkehrsaufkommen immer wieder Behinderungen auftreten. Der Grund? Die mangelnde Abstimmung der Fahrmanöver. Jeder fährt für sich, es gibt keine Koordination zwischen den Fahrern.

An dieser Stelle kommen die autonomen Fahrzeuge ins Spiel. Wie in Teil 3, Kapitel 10 erläutert, sind sie in der Lage, sich untereinander zu verständigen und mit der Infrastruktur in Kontakt zu treten. Die Folge: harmonische und aufeinander abgestimmte Fahrmanöver, sodass viel mehr Fahrzeuge einen bestimmten Straßenabschnitt passieren können. Die mittlere Geschwindigkeit der Autos erhöht sich. Der Abstand zwischen den Fahrzeugen sinkt. Der Durchsatz steigt. Abbildung 8.2 verdeutlicht diesen Gedanken:[2] Eine in den Verkehrswissenschaften etablierte Regel besagt, dass die Kapazität einer Fahrspur etwa 1700 Autos pro Stunde beträgt. Von Menschen gesteuerte Autos wohlgemerkt. Sind dagegen um die 50 Prozent der Fahrzeuge selbstfahrend, steigt die Kapazität auf 2500 Autos pro Stunde. Dieser Wert kann sogar auf 5500 erhöht werden, sofern wir die Transformation geschafft haben und sich nur noch fahrerlose Autos auf den Straßen befinden. Eine deutliche Verbesserung der Verkehrssituation.

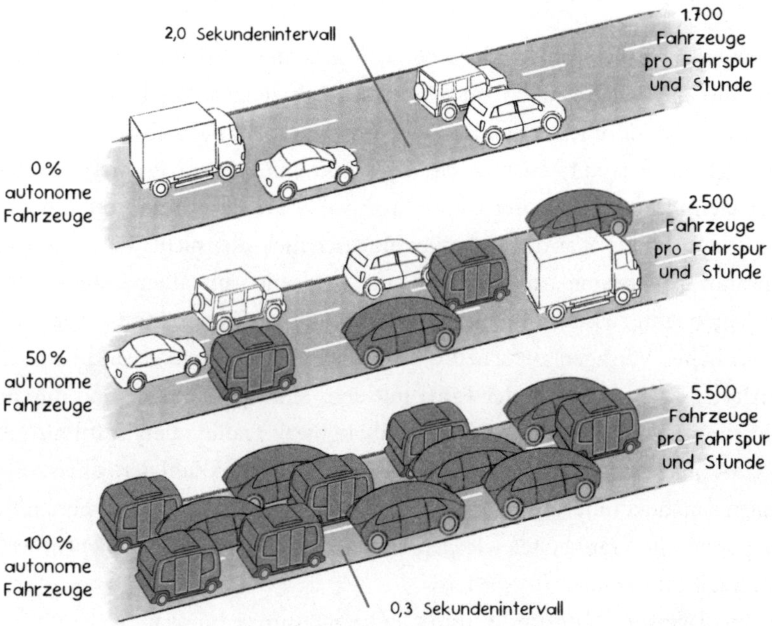

Abbildung 8.2: Verbesserung des Durchsatzes mit autonomen Fahrzeugen
Quelle: Angelehnt an https://www.kgd-a.org/laureates/en/phoebe-crisman-the-elizabeth-river-project-3nc64-sxd4d

Warum steigt die Kapazität? Wieso kann der Durchsatz an Autos erhöht werden? Zwei Aspekte sind hierbei wichtig:[3] zunächst zur Zeitlücke. Sie drückt den zeitlichen Abstand zwischen zwei aufeinanderfolgenden Fahrzeugen aus. Wir kennen die Regel: etwa 2 Sekunden oder der halbe Tacho in Metern. Steuert nicht der Mensch, sondern die Maschine, lässt sich der Abstand deutlich senken. Auf 0,3 Sekunden bei einer Geschwindigkeit von 100 Stundenkilometern. Weiter zum

Aktionspunkt. Er reflektiert den zeitlichen Abstand zwischen zwei Fahrmanövern. Beschleunigen und abbremsen, Geschwindigkeit halten und die Spur wechseln. Die Fahrerin benötigt 0,5 bis 1,5 Sekunden, um zwischen zwei Manövern zu wechseln. Die Maschine hingegen lediglich 0,1 Sekunden. Fazit: Die Maschine schlägt den Fahrer bei der Zeitlücke und den Aktionspunkten. Deshalb steigt die Kapazität einer Fahrspur mit zunehmender Zahl autonomer Fahrzeuge.

Weniger Unfälle

Ob wir es wahrhaben wollen oder nicht: Die Maschine fährt besser als der Mensch! Ohne Zweifel, es gab Unfälle mit fahrerlosen Fahrzeugen. Wir können uns noch an die Berichte darüber in den Zeitungen erinnern. Als das selbstfahrende Uber-Fahrzeug eine Person tötete oder das Tesla-Auto mit Fahrerassistenzsystem einen Lastwagen rammte. Oder der Unfall im April 2021, als zwei Personen im Tesla ums Leben kamen. War der Autopilot eingeschaltet oder nicht? Eine Diskussion entbrannte. Schlimme Unfälle. Aber eine Zahl gilt trotz allem: Abhängig von der Region sind zwischen 88 und 94 Prozent der Unfälle im Straßenverkehr auf menschliches Versagen zurückzuführen. Viele Fahrzeuglenker sind nicht konzentriert, spielen während der Fahrt mit dem Smartphone oder sind durch die anderen Insassen abgelenkt. Die National Highway Traffic Safety Administration der USA liefert jedes Jahr erschreckende Zahlen über die Zahl der Fahrer, die auf Drogen sind oder unter Alkohol- und Medikamenteneinfluss stehen.[4] Hinzu kommen psychische Krankheiten wie Depressionen, die die Fahrtauglichkeit erheblich beeinträchtigen können.

Chris Urmson, Mitgründer und CEO von Aurora Innovation, ist einer der Pioniere des autonomen Fahrens. Er brachte es in einem TED-Talk bereits 2015 auf den Punkt: »In den letzten 150 Jahren haben wir alles dafür getan, um die Schwächen des Fahrers auszugleichen. Wir haben Airbags und Sicherheitsgurte eingebaut. Haben das Chassis verbessert und vieles mehr. Im letzten Jahrzehnt haben wir versucht, das Fahrzeug intelligent zu machen, um die wichtigste Fehlerquelle auszumerzen: den Fahrer.«

Am Transportation Institute der Virginia Tech University wollte man es genau wissen: Man rüstete 100 Autos mit Videogeräten aus, um das menschliche Fahrverhalten zu beobachten. Das Interesse galt vor allem den Aktivitäten, die neben der eigentlichen Fahraufgabe erledigt wurden. Hierbei zeigte sich Erstaunliches: Einige Fahrer sind immer wieder auf der Suche nach beweglichen Gegenständen wie Sonnenbrille, Handy, Wasserflasche. Dadurch erhöht sich das Risiko eines Unfalls um das Neunfache. Der aufmerksame Fahrer gilt als Referenz. Zeitung lesen, Make-up auftragen oder eine Telefonnummer eingeben steigern das Unfallrisiko um das Dreifache. Jene Fahrer, die sich von Sehenswürdigkeiten entlang der Straße ablenken lassen, vervierfachen das Risiko eines Unfalls.

Im Sommer 2019 konnte sich einer der Autoren selbst von den Vorzügen autonomer und vor allem vernetzter Autos überzeugen: Auf einem Testgelände in der Nähe von Detroit, Michigan, waren solche Fahrzeuge unterwegs, um Notsituationen im Straßenverkehr zu simulieren. Diese Autos fuhren hintereinander auf einer markierten Strecke, als plötzlich eine Fußgängerattrappe auf die Fahrbahn rannte. Das erste Fahrzeug bremste sofort ab und leitete zudem ein Ausweichmanöver ein, da der Bremsweg offenbar nicht ausreichte. Die gute Nachricht: Die Attrappe kam dadurch unbeschadet davon. Viel wichtiger noch: Die Information über den auf die Fahrbahn rennenden Fußgänger wurde in Echtzeit an alle nachfolgenden Autos übermittelt. Diese konnten zeitgleich mit dem ersten Fahrzeug abbremsen und sogar noch auf verschiedene Straßenseiten ausweichen. Dadurch ließ sich ein Auffahrunfall vermeiden. Wären Menschen am Steuer gewesen, hätte die Attrappe wohl nicht überlebt und die Autos wären ineinander gefahren. So rasch können Fahrzeuglenker gar nicht reagieren.

Hierzu eine interessante Nachricht: Als autonome Fahrzeuge immer häufiger im Straßenverkehr getestet wurden, begann eine Diskussion um die Haftung bei Unfällen. Bis zu dieser Zeit knüpfte die Haftung immer beim Menschen, also bei der Fahrerin, an. Ist auch logisch, schließlich lag die Steuerung des Fahrzeugs allein in ihrer Hand.[5] Die Maschine leistete bestenfalls Unterstützung, etwa mit der Servolenkung oder der Bremskraftverstärkung. Im Zuge der Automatisierung verlagern sich die Fahraufgaben jedoch vom Menschen auf die Maschine. Der Fahrer kann in bestimmten Situationen gar nicht mehr eingreifen. Also muss auch die Haftung an die Maschine übergehen. Da aber das Haftungsrecht immer den Menschen hinter der Maschine sucht, bleiben letztlich nur der Halter, Betreiber und der Hersteller.

Volvo kam dieser Debatte zuvor, indem das Unternehmen ankündigte, die volle Haftung zu übernehmen, falls ein autonomes Volvo-Fahrzeug in einen Unfall verwickelt sein sollte. Dieses Versprechen lässt sich auch als Beweis für die Leistungsfähigkeit der Fahrzeuge und ihrer Sensoren, Algorithmen und der zentralen Steuerungseinheit verstehen. Allerdings werden auch künftig Unfälle passieren, und wenn es nur ein geplatzter Reifen ist, der das Fahrzeug manövrierunfähig macht. Insofern muss Volvo das mit dem autonomen Fahren verbundene Risiko auf den Kaufpreis aufschlagen. Die Alternative wäre, die Kunden, Halter oder Betreiber aufzufordern, eine zusätzliche Versicherung abzuschließen. Dies scheint jedoch nicht beabsichtigt zu sein, weshalb die Frage zu beantworten ist, was das Versprechen von Volvo wohl kostet.

Eine einfache Kalkulation: In den USA belaufen sich die Ausgaben für die Versicherung eines durchschnittlichen Fahrzeugs auf etwa 900 US-Dollar pro Jahr. Wenn man diese Zahl als Preis für das Risiko des manuellen Fahrens sieht, würde sich der Kaufpreis für ein Fahrzeug mit zwölfjähriger Lebensdauer um etwa 10 800 US-Dollar, also zwölfmal 900 US-Dollar ohne Berücksichtigung von Zinsen erhöhen. Da jedoch 94 Prozent der Unfälle in den USA auf menschliches Versagen zurückzuführen sind, sollte sich die Zahl der Unfälle um den Faktor 16 reduzieren lassen (= 1 ÷ (1 – 0,94)). Bei diesem Faktor und der angenommenen Lebensdauer von zwölf Jahren betragen die zusätzlichen Kosten pro Fahrzeug gerade einmal 675 US-Dollar. Somit lässt sich das Versprechen von Volvo ohne Weiteres einpreisen und auf den Kaufpreis schlagen.

Weniger Emissionen

Das Leid mit den Emissionen: Kohlendioxid, Stickoxide, Feinstaub. Das sind die oft diskutierten. Schauen wir beispielhaft auf den Kohlendioxid-Ausstoß, der aufgrund der Klimadebatte in aller Munde ist. Die Welt stößt derzeit etwa 36 Billionen Kilogramm Kohlendioxid beziehungsweise 36 Milliarden Tonnen pro Jahr aus.[6] Davon stammen etwa 25 Prozent aus dem Transport- und Verkehrssektor: Schiffe, Flugzeuge, Lastwagen, Autos und andere Verkehrsmittel. Um den Ausstoß endlich zu reduzieren, hat die Europäische Union für Autos 95 Gramm pro Kilometer vorgegeben. In den USA sind es 121 Gramm und in China 117 Gramm. Bis 2030 sollen die Kohlendioxid-Emissionen von Autos in der Europäischen Union um 30 Prozent verringert werden. Ein ehrgeiziges Ziel!

Kann Mobility-as-a-Service mit autonomen E-Fahrzeugen den Weg dafür bereiten? Hierzu eine einfache Berechnung: In Teil 1, Kapitel 3 haben wir darüber berichtet, dass weltweit pro Jahr etwa 16 Billionen Kilometer mit dem Auto absolviert werden. Das ist wohlgemerkt eine Schätzung, so genau weiß das niemand. Wenn wir davon ausgehen, dass diese Fahrzeuge durchschnittlich 6,5 Liter auf 100 Kilometer benötigen, ergibt sich ein weltweiter Kraftstoffverbrauch von 1,04 Billionen Litern pro Jahr.[7]

Verbraucht ein Fahrzeug einen Liter Benzin, stößt es etwa 2,37 Kilogramm Kohlendioxid aus. Bei Diesel sind es 2,65 Kilogramm. Wie geht das? Man muss wissen, dass Benzin ein Gemisch ist, das aus Kohlenwasserstoffketten besteht. Durch die Verbrennung im Motor reagiert der Kohlenstoff mit dem Sauerstoff aus der Luft. Ein Kohlenstoffatom verbindet sich mit zwei Sauerstoffatomen zu einem Kohlendioxidmolekül (CO_2). Dabei werden leichte Wasserstoffatome (Atommasse 1) aus den Kohlenwasserstoffketten gegen schwerere Sauerstoffatome (Atommasse 16) ausgetauscht. Die Wasserstoffatome wiederum verbinden sich mit Sauerstoff zu Wasser (H_2O). Der unterschiedliche CO_2-Ausstoß von Benzin und Diesel lässt sich dadurch erklären, dass Benzin etwas weniger Kohlenstoff enthält als Diesel und daher weniger Sauerstoff bindet.

Zurück zur Berechnung: Die 1,04 Billionen Liter verbrennen somit zu 2,46 Billionen Kilogramm Kohlendioxid. Zur Vereinfachung soll nicht zwischen Benzin und Diesel unterschieden werden. Jetzt kommt die entscheidende Frage:[8] Was bringen selbstfahrende Pods und Shuttles? Wie schon erläutert, dürfte die Zahl der Unfälle deutlich sinken. Dies bietet die Möglichkeit, sehr leichte Materialen für den Bau der Fahrzeuge einzusetzen. Eine Faustregel besagt, dass 10 Prozent weniger Gewicht den Kraftstoffverbrauch um 6 bis 7 Prozent verringert. Darüber hinaus kann der Abstand zwischen fahrerlosen Fahrzeugen je nach Geschwindigkeit auf 3 bis 4 Meter reduziert werden. Damit lassen sich nochmals zehn Prozent Kraftstoff einsparen. Übrigens auch für das erste Fahrzeug der Kolonne. Da die Startpunkte und die Reiseziele der Passagiere bekannt sind, können die Routen der Fahrzeuge optimiert werden. Folglich nimmt die Zahl der gefahrenen Kilometer ab. Und besonders wichtig: Durch die Kommunikation der Fahrzeuge untereinander und mit der Infrastruktur lassen sich ruckartige Stop-and-go-Manöver vermeiden. Stattdessen können sich die Fahrzeuge harmonisch in den Verkehr einfügen, was zu einer weiteren Reduktion des Kraftstoffverbrauchs führt.

Mehr Flächen

Für manche Erkenntnis muss man in die Luft gehen, sonst sieht man zu wenig! Aus dem Helikopter betrachtet, lässt sich sofort erkennen, dass etwa 30 bis 40 Prozent der Fläche einer Stadt für die Verkehrsinfrastruktur benötigt wird. Manchmal sogar noch mehr. Straßen, Parkplätze, Gehwege, Fahrradspuren, aber auch die Gleise und Bahnhöfe für die Bahnen. Nimmt man in Deutschland alle diese Verkehrsflächen zusammen, entsprechen sie der Größe des Bundeslandes Schleswig-Holstein. Wie Abbildung 8.3 am Beispiel von Houston, Texas, zeigt, ist man in

US-amerikanischen Städten mit dem Platz noch großzügiger, noch verschwenderischer. Im Bild sind alle Parkplätze in der Innenstadt markiert.[9] Zusammengenommen ein gigantisches Areal! Etwa die Hälfte der gesamten Fläche. Geht das eigentlich auch anders?

Abbildung 8.3: Parkplatzflächen für Fahrzeuge in einer US-amerikanischen Stadt (Houston, Texas)

Quelle: Deloitte (2018): Saving Space in the City through Smart Mobility 40 % Fewer Parking Spaces in 2040

Stellen wir uns dazu Mobility-as-a-Service mit autonomen Shuttles und Pods vor: Man erreicht mit dem Zug oder dem eigenen Auto die Stadt, steigt auf S-, U- und Straßenbahnen um und nutzt für die letzten Kilometer in die Innenstadt einen selbstfahrenden Fahrdienst. Da sich die Wege dieser Shuttles optimieren lassen und sie viel mehr als nur 1,5 Personen transportieren, dürfte das Verkehrsaufkommen deutlich sinken. Zudem sind diese Busse im Unterschied zum eigenen Auto rund um die Uhr im Einsatz. Und, ganz wichtig: Sie lassen die Passagiere in der City ein- und aussteigen, werden aber außerhalb der Stadt abgestellt und gewartet. Die Folgen sind klar: Straßen und Parkplätze können zurückgebaut werden. Wir können Flächen für die Menschen zurückgewinnen. Zukunftsmusik? Wohl kaum, einige skandinavische und asiatische Städte sind bereits daran, genau das umzusetzen.

Architekten und Städteplaner haben am Beispiel von New York bereits einige Ideen entwickelt, wie die Stadt in Zukunft aussehen könnte. Dort, wo sich bislang der Verkehr auf mehreren Spuren nebeneinander durch die Häuserschluchten quält, könnte es zukünftig Spielplätze und Parkanlagen geben. Was für eine Chance, das Gesicht einer Stadt ganz neu zu gestalten! Es lassen sich Orte der Begegnung, des Austausches und des Miteinanders schaffen, die sich nicht nur auf die Architektur der Stadt, sondern auch auf die Psyche der Menschen auswirken. Eine Stadt kann erdrücken, einschüchtern, beängstigen und einem verzweifeln lassen. Sie kann aber auch ermuntern, erfreuen, begeistern und beleben. Mit einer neuen Mobilität könnte es gelingen, diese motivierenden Facetten einer Metropole in den Mittelpunkt zu rücken.

KAPITEL 27

MOBILITÄT FÜR ALLE

Es gibt noch zu tun

Wir erinnern uns noch an Teil 1, Kapitel 2: Ungefähr eine Milliarde Menschen leiden weltweit an Behinderungen aller Art.[1] Das sind etwa 15 Prozent der Weltbevölkerung! 200 Millionen davon sind von gravierenden Behinderungen betroffen. Die Liste ist lang: blinde, gehörlose und greifbehinderte Menschen, Personen mit psychischen und chronischen Krankheiten, sprachlich und geistig Behinderte sowie Menschen, denen die Fähigkeit fehlt zu lernen. Die meisten von ihnen leben in Regionen und Ländern, wo es keine Möglichkeit gibt, ohne die Hilfe anderer mobil zu sein. Busse und Bahnen sind allein nicht erreichbar. Von einem Auto können sie nur träumen. Selbst fahren ist sowieso keine Option.

Vor allem in Entwicklungsländern lässt sich eine gefährliche Spirale beobachten. Wir erinnern uns: Behinderung und Armut befördern sich wechselseitig. Wer arm ist, trägt ein hohes Risiko, eine Behinderung zu erleiden. Und wer mit einer Behinderung lebt, hat ein großes Risiko, in Armut zu fallen. Man mag es kaum glauben, aber in afrikanischen Ländern sind Verkehrsunfälle die Hauptursache, dass so viele Personen behindert werden. Die armen Menschen haben jedoch gar keine Wahl. Sie müssen sich jeden Tag in den chaotischen Verkehr wagen, um zumindest für einige Stunden eine Beschäftigung zu finden und etwas Geld zu verdienen. Mehr Sicherheit etwa durch automatisierte Fahrzeuge könnte viel Leid ersparen.

Aber auch in den entwickelten Ländern gibt es noch genug zu tun.[2] Sowohl Uber als auch Lyft bieten auf ihren Homepages Fahrzeuge an, die Rollstühle transportieren können. Man weiß es nicht so genau, aber Schätzungen zufolge ist bestenfalls jedes 200. Fahrzeug in der Lage, einen Rollstuhl mitzunehmen. So kann es nicht überraschen, dass bei einem Test in New York Folgendes passierte:[3] Ein Rollstuhlfahrer meldete sich bei einem Fahrdienst und bat um eine Mitfahrgelegenheit. Es verging eine Ewigkeit, bis das erste Fahrzeug vorfuhr. Als der Fahrer den Behinderten sah, fuhr er weiter. So ging es noch ein paar Mal. Die meisten Fahrer wollten den Behinderten nicht mitnehmen. Keine Zeit. Manche konnten ihn auch nicht mitnehmen. Das Fahrzeug passte nicht.

Hin und wieder gibt es aber auch Zeichen der Hoffnung. Zum Beispiel stellt Transport for London eine App bereit, die es sehbehinderten Menschen erlaubt, sich im Gewirr der Zugänge zu den U- und S-Bahnen zurechtzufinden. Wer jemals in London war, weiß um diese Herausforderung! Im Stadtteil Royal Hill Park geht man sogar ganz neue Wege: Dort ist ein sensorischer Pfad angelegt, der sehbehinderten Menschen eine sichere Orientierung erlaubt. Hierzu gehören beduftete Pflanzen, Leuchtstreifen am Boden, unverwechselbare Straßenlaternen und rollstuhltaugliche Wege. Schon ist die Rede davon, autonome Pods bereitzustellen. Es geht schon. Ideen gibt es genug. Man muss nur wollen!

Neben all diesen Zahlen und Argumenten gibt es auch die persönlichen Geschichten, die unter die Haut gehen. Vielleicht braucht es diese Erlebnisse, damit sich am Ende doch etwas verändert. So auch bei uns: Die Nichte eines Autors ist behindert. Man spürt in jedem Gespräch, wie wichtig es ihm ist, endlich autonome Fahrzeuge auf die Straßen zu bringen, endlich Mobility-as-a-Service durchzusetzen. Dabei geht es um etwas Besonderes: Einen Beitrag zu leisten, damit dieses junge Mädchen unterwegs sein kann. Und zwar allein. Ohne dass es ständig von anderen begleitet oder gefahren werden muss. Wir erinnern uns an die Aussagen von Anil Lewis und Myreo Dixon in Teil 1, Kapitel 1, die uns ins Stammbuch schreiben: Behinderte Menschen wollen mobil sein. Sie wollen sich eigenständig bewegen und nicht von anderen abhängig sein. Es geht um Freiheit, es geht um Selbstbestimmung. Mobility-as-a-Service kann der Schlüssel dafür sein.

Neben allen Appellen lohnt sich auch ein Blick in die Verkehrsordnung. Wie ist die Rechtslage? Wer schützt behinderte Menschen? Dort ist zumeist die Rede von gegenseitiger Rücksichtnahme der Verkehrsteilnehmer. Klingt gut, die Wirklichkeit sieht aber in vielen Ländern anders aus: Die Verkehrsgesetze verlangen, dass der Verkehr, und damit ist vor allem der Autoverkehr gemeint, fließen muss. Für jede Einschränkung braucht es einen besonderen Grund. Oder mit anderen Worten: Der Langsame hat auf den Schnellen Rücksicht zu nehmen. Diese Überzeugung stammt noch aus den 1920er und 1930er Jahren. In dieser Zeit setzte sich das Auto gegenüber den anderen Verkehrsmitteln durch. Dieser Geist bestimmt auch heute noch die Rechtsprechung: Radwege und nicht Straßen müssen besonders begründet werden. Fußgängerzonen sind nur in Ausnahmefällen erlaubt. Straßensperrungen gehen schon gar nicht. Breitere Gehwege und engere Straßen?

Was für ein Aufschrei! Nur auf dem Weg eines endlosen Genehmigungsverfahrens. Man denke daran: Der Verkehr muss fließen.

Vielleicht gelingt es, mit Mobility-as-a-Service auch gleich das Verkehrsrecht an die heutige Zeit anzupassen. Vielleicht beschleunigt die Coronapandemie diesen Prozess. Nicht der Schnellste und Stärkste, also das manuell gesteuerte Fahrzeug, sondern der Langsamste und Schwächste, der Fußgänger, muss den besonderen Schutz der Rechtsprechung genießen. Amsterdam ist ein gutes Beispiel dafür, dass es geht: Dort plant man nicht um die Autos, sondern um die Fußgänger und Radfahrer herum. Dies zeigt sich auch in der Verkehrsordnung: Recht hat zuerst einmal der Langsame und der Schwache. Fährt ein Auto einen Fußgänger an, gilt die Vermutung, Letzterer habe alles richtig gemacht. Kommen Kinder unter 14 Jahren zu Schaden, muss der Fahrer fast immer haften. Und noch eine Besonderheit: Man lernt bereits in der Fahrschule, die Fahrertür beim Aussteigen mit der rechten Hand zu öffnen. Dadurch dreht sich das Sichtfeld in Richtung des nachfolgenden Verkehrs. Radfahrer im toten Winkel können erkannt werden. Offenbar wurde der zuvor vorgestellte Grundsatz umgedreht: Die Starken nehmen Rücksicht auf die Schwachen. Vielleicht ist der Verkehr dadurch langsamer. Mag sein. Aber dafür sicherer, entspannter und leiser. Die Stadt gewinnt an Attraktivität. Behinderte Menschen können eigenständig unterwegs sein!

Eine Stadt steuert um

Pontevedra ist eine Stadt in Spanien, fast ohne Autos. Eine Stadt ohne Lärm und Abgase. Kinder spielen auf der Straße. Fußgänger laufen umher. Eine Utopie? Als Miguel Anxo Fernandez Lores Bürgermeister wurde, schlug er den Bewohnern eine bemerkenswerte Idee vor: Wir bauen die Stadt für die Schwächsten: Behinderte, Alte und Junge. Die Innenstadt soll für alle zugänglich sein. Bereits seit 2015 fordert die Europäische Union die Metropolen dazu auf, allen Menschen Zugang zu Verkehrsmitteln, Straßen und Gebäuden zu ermöglichen.

Noch vor 20 Jahren legte der Verkehr die Stadt lahm. Autos kreisten überall, sogar im Herzen der historischen Innenstadt. Zu Fuß unterwegs zu sein, war ein Alptraum. Lärm, Abgase und die stete Gefahr, überfahren zu werden. Die Fußgänger flohen, und die Radfahrer verschwanden, das Zentrum wurde zur Wüste. Doch für den Bürgermeister, der auch noch Arzt ist, ist das Gehen die wichtigste Fortbewegung. Zumindest bei Entfernungen von bis zu 3 Kilometern. Damit lassen sich auch gleich noch die Zivilisationskrankheiten wie Diabetes oder Übergewicht und deren Risikofaktoren wie beispielsweise Bewegungsmangel bekämpfen.

In Pontevedra geht es nicht nur um Verkehrspolitik. Ein soziales Anliegen steht im Mittelpunkt: Der öffentliche Raum soll allen gehören, nicht nur den Autos! Die Verkehrsplanung muss stets die Fußgänger im Blick haben, so die Vorgabe des Bürgermeisters. Und es wurde umgesetzt: keine Autos mehr in der Innenstadt, Geschwindigkeitsbegrenzungen auf den Zufahrtstraßen, begrenzte Parkdauer, Parken nicht mehr am Straßenrand, sondern nur in Tiefgaragen, die zudem gut 10 Minuten zu Fuß vom Zentrum entfernt liegen.

Gehwege wurden geschaffen, Fußgängerzonen eingerichtet, Straßen zurückgebaut. Überall stellte man Parkbänke auf, Grünflächen und Spielplätze kamen hinzu. Zudem wollte man auch die richtigen wirtschaftlichen Anreize setzen. Um die Lebensqualität in der Stadt zu verbessern, konnte man Geschäfte, Büros und Dienstleistungen in der Altstadt ansiedeln. Aus einer vom Autoverkehr geprägten Innenstadt entstand ein neuer Lebensraum! Die Bemühungen trugen Früchte: Heute werden 70 Prozent der Trips zu Fuß unternommen.

Die Bereitschaft der Einwohner, zu Fuß unterwegs zu sein, liegt wohl auch an Pasominuto, einem Bewegungsprogramm für alle. Es zeigt 20 Routen kreuz und quer durch die Stadt und weist für jede Strecke die Zahl der Schritte und verbrauchten Kalorien aus. Zudem gibt es eine Karte, die die Radwege in einem Umkreis von 20 Kilometern um die Stadt zeigt, mit allen Angaben dazu: Länge der Wege, Höhenprofile, Gefahrenpunkte und vieles mehr. Immer wieder betont die Weltgesundheitsorganisation, wie wichtig etwa 10 000 Schritte pro Tag für die Gesundheit sind. Darauf verweist der Bürgermeister von Pontevedra, und er möchte mit seinen Programmen einen Beitrag dazu leisten.

Inclusive Mobility

Das Beispiel aus London hat es gezeigt: Mit Aufrufen für eine behindertengerechte Mobilität ist es nicht getan. Man muss auch etwas dafür tun! Bahnhöfe umbauen, Wegweiser anpassen, Zugänge verändern und wohl auch Mobility-as-a-Service einführen. Die Bedürfnisse aller Menschen müssen bei der Gestaltung der Mobilität berücksichtigt werden. Inclusive Design! Die Idee dazu geht auf den amerikanischen Architekten Ronald Mace zurück. Mit neun Jahren war er an Polio erkrankt und danach sein ganzes Leben lang an den Rollstuhl gefesselt. Es überrascht nicht, dass er sich vor allem mit der Barrierefreiheit in der Architektur beschäftigte und Haushaltsgeräte für Behinderte entwickelte.[4] Auch ein Bett und einen Spezialrollstuhl. Danach gründete er das Center for Accessible Housing, das heute als Center of Universal Design weltweit bekannt ist. Unter Ronald Maces Leitung wurden Prinzipien für ein Inclusive Design erarbeitet.

Diese Gestaltungsgrundsätze verfolgen das Ziel, Häuser, Autos, Kaffeemaschinen, Computer und alle anderen Produkte für möglichst viele Menschen zugänglich und nutzbar zu machen. Damit soll allen Personen ungeachtet ihrer individuellen Fähigkeiten, ihres Alters und Geschlechts oder ihres kulturellen Hintergrunds eine gleichberechtigte Mitwirkung in der Gesellschaft ermöglicht werden. Vor allem in den USA wurde Inclusive Design oft mit Barrierefreiheit in Verbindung gebracht, was dazu führte, dass eine Reihe von gesetzlichen Vorschriften entstanden. Mit diesen Regeln, zu denen auch Zugangscodes und Designstandards zählen, soll das Leben der Menschen mit Behinderungen erleichtert werden.

Von einem Inclusive Design sollen möglichst viele Menschen profitieren. Hier einige Beispiele: Die Fernbedienung wurde von und für Menschen mit körperlicher Einschränkung erfunden. Ein Leben ohne Fernbedienung? Kaum vorstellbar. Früher musste man noch aufstehen, um das TV-Programm oder die Lautstärke umzustellen oder das Gerät ein- und auszuschalten. Das Gleiche gilt für den Tempomat. Er wurde von einem blinden Menschen erfunden, der sich daran störte, dass der Fahrer immer wieder die Geschwindigkeit variierte. Oder denken wir an die abgesenkten Bordsteine, die inzwischen gesetzlich vorgeschrieben sind, um Rollstuhlfahrer den Weg nicht zu versperren. Profitiert nicht jeder von uns davon? Sei es der Rollkoffer oder der Kinderwagen.

Weil nicht nur wenige, sondern alle Menschen unterwegs sein sollen und wohl auch wollen, stellen wir uns autonome Autos vor, die den Vorgaben des Inclusive-Design-Ansatzes entsprechen: keine Hürden beim Einsteigen ins Fahrzeug. Jedes Auto hat eine Rampe und einen sicheren Platz für den Rollstuhl. Schnelle und sichere Orientierung im Innenraum, und das Auto kann einfach via App bestellt werden. Das reicht aber noch nicht: Auch die Infrastruktur muss den Gestaltungsgrundsätzen entsprechen. Hierzu gehört zum Beispiel die Absenkung von Bordsteinkanten, die unüberwindliche Hindernisse vor allem für Rollstuhlfahrer darstellen können. Man könnte auch Markierungen auf der Straße anbringen, so wie in London, um behinderten Menschen den Weg zu weisen. Die Liste der Möglichkeiten, mit Inclusive Design zu spielen, endet nicht!

KAPITEL 28

NEUE STANDORTE, NEUE NATIONEN

Ein Blick auf die Weltkarte zeigt eine Vielzahl von Initiativen rund um Mobility-as-a-Service, die kaum noch zu überschauen ist.[1] Täglich kommen neue und erweiterte Areale hinzu, auf denen das vernetzte und autonome Fahren getestet werden kann. In Südkorea, in Japan, in Taiwan, aber inzwischen auch in Europa, allen voran in Schweden, England, Finnland, Deutschland und der Schweiz. Natürlich in den USA. Dort testen alle. Vor allem in Kalifornien, Arizona und Utah. Die anderen Staaten ziehen nach und sind dabei, technische und rechtliche Rahmenbedingungen zu schaffen. Singapur will allen anderen Ländern schon wieder eine Nasenlänge voraus sein. Man stellt nicht nur Testgebiete bereit, sondern lädt Automobilhersteller und Technologiefirmen dazu ein, den multimodalen Verkehr zu entwickeln und Geschäftsmodelle aufzubauen.

Und natürlich China. Schon jetzt der wichtigste Markt für die Elektromobilität. Aus Made in China 2025, dem Zehnjahresplan, geht klar und unmissverständlich hervor, dass die Regierung das Land zu einem Innovationszentrum vor allem für die Automobilindustrie machen will.[2] Das gilt nicht nur für die Elektromobilität, sondern auch für das automatisierte und vernetzte Fahren sowie die dafür erforderliche Infrastruktur. Das Ministerium für Industrie- und Informationstechnologie hat das Ziel vorgegeben: Durch intelligente und vernetzte Fahrzeuge soll bis 2025 die Zahl der Unfälle im Straßenverkehr um 30 Prozent, der Treibstoffverbrauch um 10 Prozent und die Emissionen um 20 Prozent verringert werden. China hat einen Plan und hierzu bereits eine Reihe von Projekten und Forschungskooperationen auf den Weg gebracht.

Paris, San Francisco, Pittsburgh, Phoenix, Shanghai, Peking, Hangzhou, Seoul, Tokyo, vielleicht auch München, London, Oslo und Stockholm könnten schon bald die Zentren für die neue Mobilität werden. Die beiden wichtigsten Orte sind noch gar nicht genannt: Tel Aviv und Jerusalem. Dort hat sich in den letzten Jahren ein Ökosystem für das autonome und vernetzte, aber auch elektrische Fahren gebildet. Alle bedeutenden Akteure betreiben dort Forschungseinrichtungen. Die

Autobauer selbst und ihre Zulieferer, aber auch viele Technologiefirmen, die Sensoren, Steuerungssysteme, Apps und Plattformen entwickeln. Sogar Bahnbetriebe und Stadtwerke haben Büros eingerichtet, stets mit Blick auf den multimodalen Verkehr, um auf keinen Fall eine technologische Entwicklung zu verpassen. Kurzum: Alle Firmen, die in der Welt von Mobility-as-a-Service eine Rolle spielen wollen, sind vor Ort.

Was macht diese beiden Orte so attraktiv? Das ist einiges.[3] Die Aufwendungen für Forschung und Entwicklung betragen in Israel über 5 Prozent vom Sozialprodukt. Das ist gemeinsam mit Südkorea Weltspitze! In keinem anderen Land investiert man so energisch in die Zukunft. Nirgends auf der Welt gibt es so viele Forscher und Entwickler bezogen auf 1 000 Beschäftigte. Israel ist im Kern ein Forschungs- und Entwicklungszentrum, und Firmen von überall aus der Welt sind vor Ort. Dies zeigt sich auch an den Universitäten, die zu den weltweit führenden zählen. Die Verbindung von Wirtschaft und Militär trägt dazu bei, dass die Unternehmen stets Zugang zu neustem und bestem Wissen erhalten. Man zögert auch nicht, vielversprechenden Technologien zügig in Produkte und Dienstleistungen umzusetzen. Wir können uns noch daran erinnern, wie rasch Israel in der Lage war, die Bevölkerung während der Coronapandemie zu impfen.

Zurück zu unserem Thema: »Es gibt einen Plan der israelischen Regierung für die neue Mobilität«, wie uns Anat Bonshtien, Direktorin der Smart-Mobility-Initiative, berichtet hat. »Das Land soll bis 2030 zu einem weltweit führenden Standort rund um das autonome und vernetzte Fahren und natürlich um Mobility-as-a-Service entwickelt werden.« Und das ohne eigene Autobauer? Dies wird eher als Vor- und weniger als Nachteil gesehen: keine Industrie, auf die man Rücksicht nehmen muss. Keine Interessensvertreter, die um jeden Preis das Alte retten wollen und dabei das Neue verschlafen. Keine Bedenkenträger und niemand, der es schon immer besser wusste. Wir können in Europa bekanntlich davon ein Lied singen. Dafür tritt Israel mit jungen, wilden Unternehmen an, begeistert und fasziniert von den Möglichkeiten, die die neue Mobilität bietet. Wir kommen noch darauf.

Auffallend ist, dass die vielfältigen privaten und öffentlichen Mobilitätsinitiativen perfekt ineinandergreifen. Hierzu werden alle Aktivitäten zum vernetzten und autonomen Fahren sowie zu Mobility-as-a-Service in elf verschiedenen Industrien erfasst und gesteuert. Dadurch lassen sich die regulatorischen und energiepolitischen Diskussionen, aber auch alle Entscheidungen etwa über den Ausbau der Infrastruktur aufeinander abstimmen und zusammenfügen. Alle Akteure laufen im Gleichschritt in die gleiche Richtung! Und, besonders wichtig, sie sind mit einem beachtlichen Tempo unterwegs. Es scheint diese Mischung aus einem von der Regierung ausgerufenen und umgesetzten Plan für die neue Mobilität und den vielfältigen unternehmerischen Initiativen zu sein, die Israel derzeit für viele Investoren, Start-ups und Spin-offs so attraktiv scheinen lässt.

Dieses Vorgehen zeigt bereits beachtliche Früchte: Zwischen 2014 und 2019 hat sich die Zahl der Start-ups von 50 auf über 600 erhöht.[4] Allesamt befassen sich mit neuer Mobilität. Seit 2019 kamen weitere hinzu. Keine Überraschung also, dass inzwischen mehr Investitionen nach Israel fließen als in die bekannten Automobilstandorte in England, Frankreich, Japan, den USA und Deutschland. Es gibt jedoch nicht nur Start-ups, sondern auch Weltmarktführer. Allen voran Mobileye. Das weltweit führende Unternehmen für Fahrerassistenzsystemen auf Basis von Kamera-Sensoren und damit ein wichtiger Akteur für das autonomen Fahren. Aber auch Argus und GuardKnox sind zu nennen. Beide Firmen befassen sich mit der Cybersecurity. Innoviz bietet Lidar-Systeme an und Otonomo eine Cloud, um Fahrzeugdaten zu erfassen und auszuwerten. Cortica setzt komplexe Algorithmen ein, um selbst aus unscharfen und unpräzisen Bildern der Kameras Informationen über das Umfeld des Fahrzeugs zu gewinnen. Autotalks stellt Software für die Kommunikation zwischen Fahrzeugen untereinander und mit der Infrastruktur bereit. Die Liste der Firmen lässt sich beliebig erweitern.

Was lernen wir daraus? Schon mehrmals wurde darüber berichtet, dass die Automobilindustrie vor dem größten und tiefsten Umbruch in ihrer 140-jährigen Geschichte steht. Ein Blick auf die Historie von Unternehmen und Industrien zeigt, dass ein grundlegender Wandel auch immer neue Akteure hervorbringt und neue Standorte begünstigt. Das war schon immer so, nicht nur im Automobilbau! Eine Veränderung, wie wir sie derzeit in der Automobilindustrie erleben, verlangt nach einem Neustart, ohne den Ballast der Vergangenheit. Es braucht neue Ideen, neues Wissen, neue Erfahrungen, ohne die überkommenen Weisheiten der Vergangenheit. Dass neue Standorte entstehen, lässt sich bereits beobachten. Dass neue Akteure auftreten, ist absehbar. Übrigens: Nur ein einziges Kutschenunternehmen in den USA schaffte den Sprung ins automobile Zeitalter. Das sollte allen eine Warnung sein, die vom Mobilitätswandel noch nicht wirklich überzeugt sind. In Israel scheint man es verstanden zu haben.

TEIL 9

DAMIT ES MIT DEM KNOPFDRUCK FUNKTIONIERT

KAPITEL 29

PACKEN WIR'S AN

Endlich wieder raus! Im Sommer 2021 wurden viele Einschränkungen durch die Coronapandemie schrittweise aufgehoben. Endlich wieder leben! Spazieren gehen im Grünen, Sport treiben, Freunde treffen, im Café sitzen und vielleicht auch bald mal wieder Urlaub machen. Die Mobilität rückt wieder in den Blickpunkt und damit auch die Forderung, die Pariser Klimavereinbarung zu erfüllen. Jetzt gilt es, die Transformation dieser Industrie anzugehen. Es endlich in Angriff zu nehmen und nicht im Hier und Jetzt zu verharren. Krisen sind auch immer Chancen! Neben dem Schutz der Umwelt wünschen wir uns einen Wandel hin zu einer integrativen, inklusiven, gerechten Mobilität, die an den Bedürfnissen der Menschen und am Schutz der Natur ausgerichtet ist. Dieser Umbruch muss gelingen, ein Weiter-so darf es nicht mehr geben.

Damit die Veränderung der Mobilität trotz dieser Widerstände gelingt, braucht es alle Akteure. Nicht nur die Städte und Gemeinden, sondern auch die an der Wertschöpfung beteiligten Unternehmen, die alten und die neuen Firmen, den Regulator und natürlich die Menschen. Wenn sie nicht mitmachen, wenn sie sich verweigern, dann kann der Wandel der Mobilität auch nicht gelingen. Schauen wir, worauf es ankommt, was die Mobilität auf Knopfdruck ausmacht. Hierzu haben wir einige Wünsche, Ideen und Anregungen zusammengetragen. Die Liste ist nicht vollständig, könnte beliebig ergänzt und verlängert werden. Darauf kommt es nicht an. Entscheidend ist, dass wir starten, dass wir mit Mut und Kraft den Wandel angehen, Menschen dafür begeistern und signifikante, nachhaltige Projekte mit Unternehmen auf den Weg bringen und die Lösungen zügig im großen Stil skalieren. Wir stehen am Anfang eines großen Technologiesprungs, einer exponentiell wachsenden S-Kurve, es ist eine Jahrhundertmission. Packen wir es an!

Multimodal statt jeder für sich! Im Mittelpunkt von Mobility-as-a-Service steht die Idee, Menschen und Fracht multimodal zu befördern: schnell, einfach, sicher, günstig, ohne viele Umstiege. Hierzu ist eine Mobilitätsplattform erforderlich, mit der die Fahrten geplant, gebucht und bezahlt werden können. Eine App bildet die Schnittstelle zu den Kunden. Diese Plattform umfasst möglichst viele Informationen über die Verkehrsmittel, sodass stets die beste Reisekette für die Nutzer ermittelt werden kann. Wichtig ist, dass nicht jede Stadt oder Region ihre eigene App entwickelt. Ein lokaler oder regionaler Flickenteppich hilft nicht, die Kunden für diese Mobilität zu begeistern.

Den Menschen dienen, nicht dem Profit! Neben persönlichen Informationen wie Name, Kontoverbindung, Alter, Geschlecht, Wohnort und vielem mehr geben die Nutzer allein schon durch ihr Mobilitätsverhalten auch ihre Vorlieben für bestimmte Verkehrsmittel und Routen preis. Aus diesen Informationen lassen sich Bewegungsprofile rekonstruieren, die man zur Verbesserung des Mobilitätssystems heranziehen kann. Dabei ist zu beachten, dass personenbezogene Informationen nur für zuvor bestimmte Zwecke verwendet werden dürfen. Es geht um das Vertrauen der Menschen!

Anreize setzen statt Verbote aussprechen! Ein kühner Gedanke: Nicht der Passagier bezahlt für die Fahrt im selbstfahrenden Pod oder Shuttle, sondern das Geschäft, das Kino, das Restaurant oder Café. Ob das tatsächlich so kommt, ist offen. Die Betreiber der Fahrdienste, die Stadtwerke, die Zug- und Busunternehmen fürchten, dass sie die Schnittstelle zu den Kunden verlieren. Stattdessen gestalten McDonald's, Starbucks und andere den Austausch mit den Reisenden. Eine aus Sicht vieler Betreiber beängstigende Vorstellung. Wir stellen fest: Schon jetzt zeichnet sich ein Kampf um die Schnittstelle zu den Passagieren ab. Nicht zu vergessen, dass noch andere im Spiel sind: Amazon, Netflix, Google. Es bleibt spannend.

Nutzen, nicht besitzen! Eines scheint jedoch bereits ausgemacht zu sein: Sobald sich Mobilität auf Knopfdruck durchsetzt, braucht man kein eigenes Auto mehr. Eigentlich eine gute Nachricht. Man muss keine Fahrzeuge mehr finanzieren. Schon jetzt bereiten die vielen Auto-Abo-Modelle den Weg dafür. Denken wir auch an das Einzel- oder Familienabo und an die zahlreichen Bezahlmodelle wie Flatrate oder Pay-per-Use bei Apple Music, Apple TV, Netflix, Spotify oder Disney. So könnte es auch im Mobilitätsmarkt kommen, und zwar für alle möglichen Fahrdienste, egal ob wir multimodal unterwegs sind oder uns einen selbstfahrenden Pod gönnen. Für jede Reise das passende Verkehrsmittel.

Für die Menschen, nicht für die Autos! Mobilität als Dienstleistung bietet die Möglichkeit, Städte völlig neu zu gestalten. Bislang wurden sie um die Autos gebaut. Wir haben darüber berichtet. Jetzt können wir sie um die Menschen bauen. Elektrische, autonome und vernetzte Pods und Shuttles verkehren im Sharing-Betrieb. Sie bringen die Pendler in die City und fahren sie wieder hinaus. Plötzlich ist vieles möglich: autofreie Zonen, die 15-Minuten-Stadt, Sport und Spiel, wo früher Straßen und Parkplätze waren. Ein Zentrum, das lärm- und abgasfrei ist. Man denke an die Wirkung auf die Menschen: kein Stress, keine Hektik, irgendwie entspannend, harmonisch und einladend.

Gemeinsam, nicht allein! Die Wertschöpfungskette zerfällt, viele kleine und große Technologiefirmen stürmen den Markt. Software, Sensoren, Algorithmen, Steuerungssysteme sind die neuen Themen. Die Zeiten, in denen der Autobauer die Wertschöpfungskette beherrscht, sind vorbei. Niemand kann die anstehenden Veränderungen allein bewältigen. Es geht nur gemeinsam! Daher braucht es vielfältige Partnerschaften zwischen Automobilherstellern, Technologieunternehmen, Flottenbetreibern, Plattform-Anbietern, Telekom-Unternehmen, App-Entwicklern, Städteplanern, Architekten und Stadtwerken. Mal arbeitet man zusammen, mal steht man im Wettbewerb. Vieles ist in Bewegung, vieles ändert sich ständig. Die neue Mobilitätswelt ist bunt.

Beschleunigen statt bremsen! Die Automobilindustrie befindet sich in der gravierendsten Transformation ihrer Geschichte. Vieles deutet darauf hin, dass wir am Ausgangspunkt bedeutender technologischer Innovationen stehen, vor allem befeuert durch die Neuerfindung des Automobils ohne Lenkrad und Pedalerie. Ganz konkret: der nächsten S-Kurve. Elektrische, vernetzte, autonome Pods und Shuttles befeuern die Mobilitätswende. Der Betrieb von Flotten dieser Fahrzeuge dürfte wie bei S-Kurven üblich zunächst klein anfangen, sich aber im Laufe der Zeit deutlich ausweiten. Wer später als Standort für die neue Mobilitätsindustrie in Betracht kommen will, muss diese Mobilitätsinnovationen jetzt fördern. Neben allen Vorzügen von Mobility-as-a-Service für die Kunden geht es auch immer um die Antwort auf die Frage, wo sich die neue Mobilitätsindustrie ansiedelt. Sind es die bekannten Automobilstandorte oder nicht doch ganz neue Hubs wie etwa Singapur, Tel Aviv, Pittsburgh, Shanghai oder Stockholm?

Für eine bessere Welt! In der Diskussion um das Für und Wider einer Mobilitätswende darf nicht übersehen werden, dass die Mobilität, so wie wir sie derzeit organisieren, enorme soziale Kosten mit sich bringt. Immer noch kommen jedes Jahr mehr als 1,3 Millionen Menschen im Straßenverkehr um, und etwa 50 Millionen werden verletzt mit der Folge zum Teil lebenslanger Behinderungen. Zudem leiden viele Menschen aufgrund der Abgase an Lungen- und Herzerkrankungen. Über 4 Millionen von ihnen sterben pro Jahr. Vom Raubbau an der Natur durch immer mehr Straßen und Parkplätze ganz zu schweigen. Wir sollten es eigentlich besser können. Wie in der Vision Zero beschrieben: keine Unfälle, keine Toten, keine Verletzten.

Sich darauf einlassen statt verzagen! Wir erfahren es jeden Tag, gelegentlich sogar an uns selbst. Das Auto ist für viele Menschen immer noch mehr als nur ein Reisemittel. Es ist auch Symbol für Erfolg und Freiheit und erzeugt Anerkennung. Prestige und Status beeinflussen unser Verhalten, sodass sich viele Menschen gleich mehrere Fahrzeuge zulegen und damit Mobilitätsalternativen meiden. Es gibt jedoch Hoffnung: Die Baby-Boomer (geboren vor 1965) erlebten den Aufstieg des Automobils. Fahrfreude pur! Erst die heutige Generation spricht über die sozialen Kosten der Mobilität, thematisiert Staus, Emissionen, Unfälle und Flächenverbrauch. Viele von ihnen besitzen keinen Führerschein und fahren nur zur Not mit einem Fahrzeug. Sie fahren weniger Kilometer pro Jahr und sind offen für Mobilitätsalternativen. Smartphones und Mountainbikes sind ihnen wichtiger. Es geht eher um: Erlebnis pur! Dies zeigt: diese Kohorte ist die Basis für die Mobilitätswende. Der gesellschaftliche Dialog ist nun wichtig, damit auch andere Kohorten überzeugt werden können und die Mobilitätswende gemeistert werden kann.

Mobilität für alle, nicht nur für wenige! Alle Menschen müssen unterwegs sein können. Egal ob mit Behinderungen oder ohne, egal ob alt oder jung, egal ob auf dem Land oder in der Stadt. Mobilität ist für alle da. Zumal sie viel mehr bietet, als nur von einem Ort zu einem anderen zu gelangen. Es geht um persönliche Perspektiven und Chancen und um die Teilnahme am gesellschaftlichen Leben. Mobilität ist eben auch sozialer Kitt. Daher muss die multimodale Reisekette nahtlos und die selbstfahrenden Pods und Shuttles barrierefrei gestaltet werden. Hierbei kommt es auf die Details an. Beispielsweise sollte blinde Menschen eine Mobilitäts-App genauso bequem, schnell und einfach nutzen können wie alle anderen auch.

Grundmobilität für alle! Jeder kennt den Wunsch nach Freiheit, nach Bewegung, nach Unterwegssein. Sofort kommen einem Bilder und Gedanken zurückliegender Reisen in den Sinn und natürlich Ideen für ein nächstes Abenteuer. Daher haben die Vereinten Nationen in ihrer Charta der Grundrechte auch die Bewegungsfreiheit aufgenommen. Übrigens mit der gleichen Wichtigkeit wie Redefreiheit, Versammlungsfreiheit und Religionsfreiheit. Hieraus lässt sich die Idee einer Grundmobilität ableiten, die man zumindest einmal erforschen und testen könnte. Nicht generell, aber beispielsweise für die Fahrten zum Arzt, zur Apotheke, zur Schule, zur Arbeit oder zum Lebensmittelgeschäft.

NACHWORT

Braucht es tatsächlich noch ein Nachwort? Vielleicht schon, und zwar für einen mutigen Gedanken: Stellen wir uns eine Welt oder zumindest eine Stadt oder Region vor, in der die skizzierten elektrischen, selbstfahrende, vernetzten Pods und Shuttles im Sharing-Betrieb unterwegs sind. Die Nutzer bezahlen entweder eine Flatrate, oder Geschäfte, Betriebe, Restaurants, Kinos etc. tragen die Kosten der Fahrten. In einigen Gebieten hat sich sogar die Idee durchgesetzt, dass Mobilität ein Grundrecht sei: Man fährt umsonst. Was könnte diese Spielart der Mobilität bewirken? Ohne Zweifel weniger Abgase, weniger Lärm, weniger Fläche, wir haben an vielen Stellen darüber gesprochen. Es wäre ein wichtiger Beitrag für den Schutz der Umwelt. Es wäre ein bedeutender Schritt, um die Pariser Klimaziele und vieles darüber hinaus zu erreichen. Allein schon deshalb lohnt es sich, Mobility-as-a-Service den Weg zu bereiten, trotz aller Widerstände und Bedenken.

Wir möchten noch eine andere Spur verfolgen und greifen einen im Buch angesprochenen Gedanken auf: Halten wir uns einen Montagmorgen vor Augen, an dem Millionen von Einwohnern einer Megacity auf dem Weg zur Arbeit sind. Wie viele Arbeitsplätze können sie in einer Stunde mit dem eigenen Auto, zu Fuß, mit dem Fahrrad oder den Bussen und Bahnen erreichen? Jetzt ergänzen wir um selbstfahrende Pods und Shuttles oder ersetzen andere Verkehrsmittel sogar. Keine Staus, sodass jeder Bewohner der betrachteten Metropole in dieser einen Stunde doppelt so viele Arbeitsplätze erreichen kann als bislang. Die Folgen? Die Firmen bekommen viel mehr Bewerbungen, aus denen sie die passenden Arbeitskräfte auswählen können. Umgekehrt erhält jeder Arbeitssuchende viel mehr Chancen auf einen Arbeitsplatz, was sich auf seine Lebensperspektiven und natürlich auch auf den Lohn auswirken sollte. Fazit: Die Löhne dürften für die meisten Menschen steigen und die Arbeitslosigkeit wird wohl sinken.

Eine bemerkenswerte Rechnung, vor allem für den Staat: Investitionen in eine moderne Verkehrsinfrastruktur können dazu führen, dass die Sozialkassen entlastet werden. Gebt den Menschen bessere Verkehrsmittel, lasst sie schneller und weiter reisen, gebt ihnen Reichweite und am Ende gewinnen alle: der Staat, weil der nicht mehr so viele Sozialleistungen schultern muss, die Unternehmen, weil sie Zugang zu mehr Arbeitskräften haben und die Menschen, weil sie aus viel mehr Jobofferten auswählen können. Zudem erhalten Menschen mit Einschränkungen sowie alte und junge Menschen ohne Führerschein mehr Freiheiten und können eigenständig von einem Ort zu einem anderen gelangen. Verkehrspolitik ist eben auch Sozialpolitik! Das mag offensichtlich sein, geht aber im politischen Gerangel um Budgets zumeist unter. Vielleicht braucht es diesen neuen, diesen anderen Zugang, um die Mobilität der Zukunft zu gestalten. Vielleicht hilft ein Blick auf das Wechselspiel zwischen verkehrs- und sozialpolitischen Entscheidungen, um mit Entschlossenheit und Mut den Mobilitätswandel anzugehen und Mobility-as-a-Service durchzusetzen.

Wir stehen am Beginn einer neuen Epoche. Die technologischen Errungenschaften bieten enorme wirtschaftliche, aber auch soziale Chancen. Wir haben darüber geschrieben. Es geht nicht nur um einen 7-Billionen-US-Dollar-Markt, sondern auch darum, jedes Jahr über einer Million Menschen das Leben zu retten und uns allen zusammen 600 Milliarden Stunden zu schenken, die wir bislang hinter dem Lenkrad verbringen. In diesem Jahrhundert erfinden wir das Automobil und die Mobilität neu, mit den Menschen im Zentrum.

ANMERKUNGEN

1. Dürfen wir noch unterwegs sein?

1 https://reisespatz.de/reisezitate/.
2 Csikszentmihalyi, M. (2014): Flow and the Foundations of Positive Psychology.
3 Csikszentmihalyi, M. (1975): Beyond Boredom and Anxiety. Experiencing Flow in Work and Play.
4 Hensher, D., Ho, C.Q., Mulley, C., Nelson, J.D., Smith, G., Wong, Y.Z. (2020): Understanding Mobility-as-a-Service.
Sperling, D. (2018): Three Revolutions. Steering Automated, Shared, and Electric Vehicles to a Better Future.
Neckermann, L. (2015): The Mobility Revolutions.
Deloitte (2017): Forces of Change: The Future of Mobility.
McKinsey & Company (2019): The Trends Transforming Mobility's Future.
McKinsey & Company (2014): A Road Map to the Future for the Auto Industry.
5 Mom, G., Pirie, G., Tissot, L. (2002): Mobility in History. The State of the Art in History of Transport, Traffic, and Mobility.
6 United Nations (2011): World Report on Disability sowie United Nations (2018): Disability and Development Report.
7 https//:gsdrc.org/topic-guides/disability-inclusion/the-situation-of-people-with-disabili ties/ poverty-and-disability/.
https//:www.npr.org/sections/health-shots/2015/07/23/424990474/why-disability-and-po verty-still-go-hand-in-hand-25-years-after-landmark-law.
8 Siehe hierzu das Video der Volkswagen Group of America zu »inclusive mobility« unter www.inclusivemobility.com.
9 United Nations (2011): World Report on Disability sowie United Nations (2018): Disability and Development Report.
10 »Jeder Mensch hat das Recht, sich frei zu bewegen und frei niederzulassen innerhalb der Staatsgrenzen. Jeder Mensch hat das Recht, ein Land zu verlassen, auch das eigene, und wieder zurückzukommen.«

2. Mit Mobilität zu Wohlstand

1 Kaufman, S., Moss, M.L., Hernandez, J., Tyndall, J. (2015): Mobility, Economic Opportunity and the New York City Neighborhoods.
Moovit (2020): Facts and Statistics about Public Transit in New York City.

2 National Bureau of Economic Research (2014): Where is the Land of Opportunity? The Geography of Intergenerational Mobility in the United States.
3 Boston Consulting Group (2020): Give Workers a Ride, Give Employment a Boost.
4 https://data.oecd.org/transport/infrastructure-investment.htm.
5 Wendell, C., Love, J. (1996): The Best Investment a Nation ever Made: A Tribute to the Dwight D. Eisenhower System of Interstate and Defense Highways.
Montgomery, D., Mudge, R., Groshen, E., Helper, S., MacDuffie, J. P., Carson, C. (2018): America's Workforce and the Self-driving Future. Securing America's Future Energy.
6 Moovit (2020): Facts and Statistics about Public Transit in São Paulo Region.
7 Mead, N. (2017): The Four-Hour-Commute: The Punishing Grind of Life on São Paulo's Periphery.
8 Moovit (2020): Facts and Statistics about Public Transit in Los Angeles.
9 Chiland, E. (2019): LA Drivers Face Nation's Fifth-worse Traffic.
Lopez, S. (2017): Her Six-Hour-Commute each Day Seems Crazy, but her Affordable Rent is not, in: Los Angeles Times.
10 Worstall, T. (2012): The Story of Henry Ford's $ 5 a Day Wages: It's Not What You Think, in: Forbes Magazine.
11 https://www.ancestry.com/corporate/blog/henry-ford-the-model-t-and-the-birth-of-the-middle-class/.

3. Soziale Kosten der Mobilität

1 https://www.oica.net.
2 Sperling, D. (2018): Three Revolutions. Steering Automated, Shared, and Electric Vehicles to a Better Future.
Neckermann, L. (2015): The Mobility Revolutions.
3 Herrmann, A., Brenner, W., Stadler, R. (2018): Autonomous Driving. How the Driverless Revolution will Change the World.
4 Herrmann, A., Brenner, W., Stadler, R. (2018): Autonomous Driving. How the Driverless Revolution will Change the World.
5 World Economic Forum (2020): The Countries with the Worst Traffic Congestion – and Ways to Reduce it.
6 Inrix (2020): Global Traffic Scorecard.
Texas A&M University (2021): Urban Mobility Report and Appendices.
7 World Health Organization (2021): Road Traffic Deaths.
Rocky Mountain Insurance Information Association (2020): Cost of Auto Crashes & Statistics.
8 United Nations (2010): Global Plan Decade of Action for Road Safety 2011 to 2020.
Chen, S., Kuhn, M., Prettner, K., Bloom, D. E. (2019): The Global Macroeconomic Burden of Road Injuries: Estimates and Projections for 166 Countries, in: Lancet Planet Health.
9 https://www.nhtsa.gov/equipment/driver_assistance_technology/
10 World Health Organization (2021): Air Pollution.
11 World Resource Institute (2021): Climate Watch – Historical Emissions Data Source – Interactive Emissions Calculator.
Our World in Data (2021): CO_2-Emissions from Transport – Interactive Data Visualization.

12 World Economic Forum (2020): These are the Cities with the Biggest Carbon Footprint.
World Health Organization (2016): WHO Global Urban Ambient Air Pollution Database.
European Environment Agency (2018): Air Quality in Europe.
American Public Health Association (2010): The Hidden Health Costs of Transportation.
13 Karagulian, F., Belis, C., Dora, C., Prüss-Ustün, A. (2015): Contributions to Cities' Ambient Particulate Matter (PM). A Systematic Review of Local Source Contributions to Global Level, in: Atmospheric Environment.
Climate Watch (2020): Historical Emissions Data Source – Interactive Emissions Calculator.
Levy, J., Buonocore, J., von Stackelberg, K. (2010): Evaluation of the Public Health Impacts of Traffic Congestion. A Health Risk Assessment. Environmental Health.
OECD – Organization for Economic Cooperation and Development (2014): Health Impacts of Road Transport.
14 Parkopedia (2017): Global Parking Index.
IBM (2020): Global Parking Survey.
15 Institute for Mobility at the University of St. Gallen (2021): Comparisons of Transportation Modes.
16 https://www.gigacalculator.com/articles/what-is-the-average-speed-of-different-modes-of-transportation/.
https://transportgeography.org/contents/chapter1/transportation-and-space/table_transport_speed/.
https://www.witpress.com/Secure/elibrary/papers/UT11/UT11022FU1.pdf.
https://ops.fhwa.dot.gov/publications/fhwahop18085/fhwahop18085.pdf.
17 https://www.zukunft-mobilitaet.net/78246/analyse/flaechenbedarf-pkw-fahrrad-bus-strassenbahn-stadtbahn-fussgaenger-metro-bremsverzoegerung-vergleich/.
Linton, J. (2019): Big Wonky Good News. L. A. City Adopts People-Centered Transportation Metric. VMT In, LOS out.
18 Herrmann, A., Brenner, W., Stadler, R. (2018): Autonomous Driving. How the Driverless Revolution will Change the World.
19 Parkopedia (2017): Global Parking Index.
IBM (2020): Global Parking Survey.
20 Rand Corporation (2019): Driving to Safety.
Rand Corporation (2017): The Enemy of Good.
21 National Highway Traffic Safety Administration (2021): Report 2020.
22 World Bank (2018): Road Deaths and Injuries Hold Back Economic Growth in Developing Countries.
World Bank (2015): Estimation of Direct Economic Costs of Traffic Congestion in Cairo.
World Bank (2020): Big Data in Transportation. An Economic Perspective.
World Bank (2019): Road Safety. An Integral Part of the World Bank's Mission.
23 World Economic Forum (2019): Traffic Congestion Cost the US Economy nearly US Dollar 87 Billion in 2018.
World Economic Forum (2017): These are the Most Congested Cities in the World.
24 Beim Ride-hailing etwa, also bei dem appbasierten und meist von Privatpersonen ausgeführten Verkauf von Fahrten mit dem privaten Pkw, muss man bei einem Anbieter wie z. B. Uber oder Lyft registriert sein.

25 https://infrastructurereportcard.org.
https://www.asce.org.
American Society of Civil Engineers (2016): Failure to Act – Closing the Infrastructure Gap for America's Economic Future.
World Economic Forum (2012): Strategic Infrastructure Steps to Prioritize and Deliver Infrastructure Effectively and Efficiently.

4. Alles nur ein Missverständnis?

1 https://popularmechanics.com.
https://www.wired.com.
https://www.loc.gov.
https://www.ww2classroom.org.
Transport and Environment (2019): Less (Cars) is more.
2 https://resoures.mpi-inf.mpg.de.
3 United States Department of Transportation (1979): The UMOT Project.

5. Alle wollen in die Städte

1 United Nations (2018): World Urbanization Prospects.
2 United Nations (2018): The World's Cities.
3 PricewaterhouseCoopers (2019): Rapid Urbanisation.
4 Morgan Stanley (2019): Rise of China's Supercities. New Area of Urbanisation.
5 United Nations (2018): The World's Cities.
McKinsey & Company (2011): Urban World. Mapping the Economic Power of Cities.
6 McKinsey & Company (2015): Urban Mobility at a Tipping Point.
Gose, J. (2019): New Studies on Urbanization Highlight the Good, the Bad and the Opportunity.
Sengupta, S., Popovich, N. (2019): Cities Worldwide are Reimagining their Relationship with Cars.
7 Taubenböck, H., Weigand, M., Esch, T., Staab, J., Wurm, M., Mast, J., Dech, S. (2019): A New Ranking of the World's Largest Cities. Do Administrative Units Obscure Morphological Realities? Remote Sensing of Environment.
Taubenböck, H., Wiesner, M. (2015): The Spatial Network of Megaregions – Types of Connectivity between Cities Based on Settlement Patterns Derived from EO-data, in: Computers, Environment & Urban Systems.
8 Herrmann, A., Brenner, W., Stadler, R. (2018): Autonomous Driving. How the Driverless Revolution will Change the World.
9 Herrmann, A., Brenner, W., Stadler, R. (2018): Autonomous Driving. How the Driverless Revolution will Change the World.
10 Interview mit Hannes Taubenböck, Earth Observatory Center, Munich.

6. Immer mehr Verkehr

1 https://www.oecd-ilibrary.org.
https://www.itf-oedc.org.

2 World Economic Forum (2015): How Can We Bridge the US Dollar 1 Billion Infrastructure Gap?

3 https://www.itf-oedc.org.

4 https://www.itf-oedc.org.
Davis, A. Y., Pijanowski, B. C., Robinson, K., Engel, B. (2010): The Environmental and Economic Costs of Sprawling Parking Lots in the United States, in: Land Use Policy.

5 https://www.itf-oedc.org.
International Energy Agency (2013): Global Land Transport Infrastructure Requirements.

6 Research Institute for Housing America (2018): Quantified Parking. Comprehensive Parking Inventories for Five U. S. Cities.

7 BusinessLine (2020): Child Road-crash Fatalities See in 12 % Rise in 2019.

8 Sennett, R. (2009): Civitas.

9 Jokela, M., Bleidorn, W., Lamb, M., Gosling, S., Rentfrow, P. (2015): Geographically Varying Associations between Personality and Life Satisfaction in the London Metropolitan Area, in: Proceedings of the National Academy of Science.
Chetty, R., Hendren, N. (2015): The Impacts of Neighborhoods on Intergenerational Mobility – Childhood Exposure Effects and Country-level Estimates.
Montgomery, C. (2013): Happy City. Transforming Our Lives through Urban Design.

10 http://www.richardwiseman.com/quirkology/pace_home.htm.
Adli, M. (2017): Stress and the City.
Victoria Transport Policy Institute (2020): Urban Sanity. Understanding Urban Mental Health Impacts and how to Create Saner, Happier Cities.

11 Institute for Mobility at the University of St. Gallen (2020): Walking Speed of Pedestrians.

7. Die Städte wehren sich

1 McKinsey & Company (2019): Fewer Emissions and Less Congestion. How Cities Can Develop Integrated Next-generation Mobility Strategies.
Deloitte (2019): The 2019 Deloitte City Mobility Index.
Oliver Wyman (2019): Urban Mobility Readiness Index.
Deloitte (2019): Smart City. Smart Nation.
Arthur D. Little (2018): The Future of Mobility 3.0.
Deloitte (2017): Forces of Change. The Future of Mobility.
World Economic Forum (2019): Cities around the World are Looking to Get Quieter and more Peaceful.
World Economic Forum (2019): Cities around the World are Leading the Change for Cleaner Air.

2 Jennings, K. (2018): The World's Widest Highway Spans a Whopping 26 Lanes.

3 United States Department of Transportation: Smart Mobility Initiative.

Schaller Consulting (2018): The New Automobility. Lyft, Uber and the Future of American Cities.
McKinsey & Company (2017): The Future(s) of Mobility. How Cities Can Benefit.
4 Rand Corporation (2018): The Road to Zero. A Vision for Achieving Zero Roadway Deaths by 2050.
https://visionzero.lacity.org.
https://visionzero.global.
5 https://www.c40.org.

8. Was passiert auf dem Land?

1 United States Department of Transportation (2017): Getting around Town.
United States Department of Transportation (2015): Beyond Traffic 2045.
2 History of Suburbanization: https://www.roads.maryland.gov.
3 World Economic Forum (2020): Digitizing and Transforming Mobility Systems: Lessons from the Detroit Region.
4 World Economic Forum (2020): Digitizing and Transforming Mobility Systems: Lessons from the Detroit Region.
5 Dize, V. (2017): Increasing Transportation Options in Rural America for Older Adults and People with Disabilities.
World Economic Forum (2020): Transforming Rural Mobility in Japan and the World.

9. Die Wertschöpfungskette zerfällt

1 Henry Ford Biography (https://corporate.ford.com).
Henry Ford: An American Industrialist (https://britannica.com).
2 Graves, R. (2013): The Triumph of an Idea. The Story of Henry Ford.
Lane, R./Ford, H./Crowther, S. (2009): The Story of Henry Ford: An American Dream Come True.
3 Gosh, S. (2019): Strategic Value Chain Analysis for Investors and Managers.
PricewaterhouseCoopers (2017): EASCY – The Five Dimensions of Transforming the Automotive Industry.
4 Deloitte (2020): The Future of the Automotive Value Chain.
McKinsey & Company (2019): The Trends Transforming Mobility's Future.
5 Arthur D. Little (2021): The Future of Automotive Mobility.
Ipsos View (2018): The Future of Mobility.
McKinsey & Company (2018): Rethinking Car Software and Electronics Architecture.
6 Morgan Stanley (2016): Shared Mobility on the Road of the Future.
Boston Consulting Group (2017): The Reimagined Car.

10. Autonom, elektrisch und vernetzt

1 Pushy Ants avoid Traffic Congestion, in: www.scientificamerican.com/article/pushy-ants-avoid-traffic/.

Here's Why Ants Are Practically Immune to Traffic Jams, even on Crowded Roads, in: www.sciencealert.com/ant-roads-are-practically-immune-to-traffic-jams-even-when-it-gets-crowded.
2 National Highway Traffic Safety Administration (2021): Vehicle-to-Vehicle-Communication.
United States Department of Transportation (2018): Vehicles-to-Infrastructure-Communication.
3 Herrmann, A., Brenner, W., Stadler, R. (2018): Autonomous Driving. How the Driverless Revolution will Change the World.
World Economic Forum (2019): Shared, Electric and Automated Mobility. Governance Framework.
World Economic Forum (2019): The Hidden Downside of Autonomous Vehicles – and how to avoid them.
IHS Markit (2020): Autonomous Vehicles. Automotive and Transportation Disruptions.
Deloitte (2019): Picturing how Advanced Technologies are Reshaping Mobility.
McKinsey & Company (2019): A New Look at Autonomous-vehicle Infrastructure.
4 Sperling, D. (2018): Three Revolutions. Steering Automated, Shared, and Electric Vehicles to a Better Future.
Herrmann, A., Brenner, W., Stadler, R. (2018): Autonomous Driving. How the Driverless Revolution will Change the World.
5 Lipson, H., Kurman, M. (2016): Driverless.
Mauer, M., Gerdes, C. J., Lenz, B., Winner, H. (2016): Autonomous Driving. Technical, Legal, and Social Aspects.
6 Mauer, M., Gerdes, C. J., Lenz, B., Winner, H. (2016): Autonomous Driving. Technical, Legal, and Social Aspects.
Sperling, D. (2018): Three Revolutions. Steering Automated, Shared, and Electric Vehicles to a Better Future.
7 Deloitte (2017): What's Ahead for Fully Autonomous Driving.
Herrmann, A., Brenner, W., Stadler, R. (2018): Autonomous Driving. How the Driverless Revolution will Change the World.
Lipson, H., Kurman, M. (2016): Driverless.
8 Idaho National Laboratory: History of Electric Cars (https://avt.inl.gov).
9 McKinsey & Company (2019): The Future of Mobility is at our Doorstep.
McKinsey & Company (2019): Making Electric Vehicles Profitable.
World Economic Forum (2020): Here's why E-Mobility must be at the Heart of the Green Recovery.
Deloitte (2017): Powering the Future of Mobility.
10 Boston Consulting Group (2018): The Future of Battery Production for Electric Vehicles.
IHS Markit (2020): The Battery Electric Vehicle.
Prime Minister's Office Israel (2019): Fuel Choices and Smart Mobility.
World Economic Forum (2020): How to Unlock the Promise of Electric Transportation.
11 Transport and Environment (2019): Electric Surge. Carmakers' Electric Car Plans across Europe 2019–2025.
World Economic Forum (2018): Electric Vehicles for Smarter Cities: The Future of Energy and Mobility.

12 European Commission (2017): EU Competitiveness in Advanced Li-ion Batteries for E-Mobility and Stationary Storage Applications – Opportunities and Actions.
13 Deloitte (2019): New Markets. New Entrants. New Chances. Battery Electric Vehicles.
14 National Highway Traffic Safety Administration (2021): Vehicle-to-Vehicle-Communication.
15 United States Department of Transportation (2018): Vehicles-to-Infrastructure-Communication.
16 Neckermann Strategic Advisors (2020): The Interface between Humans and Machines.
McKinsey & Company (2019): Automotive Software and Electronics 2030.
McKinsey & Company (2016): Monetizing Car Data.
17 McKinsey & Company (2018): Reserve a Seat. The Future of Mobility is Arriving Early.
Deloitte (2020): Tech Trends 2020.
McKinsey & Company (2020): Mastering New Mobility.
PricewaterhouseCoopers (2020): Digital Auto Report 2020.
McKinsey & Company (2019): Race 2050. A Vision for the European Automotive Industry.

11. Wir fahren zusammen

1 INRIX Research (2017): Die Folgen der Parkplatzproblematik in den Vereinigten Staaten, Großbritannien und Deutschland.
2 A. T. Kearney (2019): The Demystification of Car-sharing.
Shared-Use Mobility Center (2016): Shared Mobility and the Transformation of Public Transit.
Boston Consulting Group (2016): What's Ahead for Car-sharing?
McKinsey & Company (2019): How Sharing the Road is Likely to Transform American Mobility.
Fluctuo (2021): European Shared Mobility Index.
McKinsey & Company (2017): How Shared Mobility will Change the Automotive Industry.
3 Deloitte (2018): Saving Space in the City through Smart Mobility.
4 https://www.autocar.co.uk/car-news/industry/analysis-will-car-sharing-replace-vehicle-ownership.
https://link.springer.com/article/10.1007/s11116-021-10184-6.
https://m.co/se/en-US/press/one-car-shared-with-M-replaces-eight-privately-owned-cars/.
5 Statista (2020): Prognose zum Umsatz im Markt für Mobilitätsdienste nach Segmenten weltweit für die Jahre 2017 bis 2025.
6 A. T. Kearney (2019): The Demystification of Car Sharing.
7 Roland Berger (2018): A new Breed of Cars – Purpose-built Electric Vehicles for Mobility on Demand.
8 Schaller Consulting (2018): The New Automobility. Lyft, Uber and the Future of American Cities.
9 Clewlow, R. (2015): Carsharing and Sustainable Travel Behavior: Results from the San Francisco Bay Area.
Leard, B., Xing, J. (2020): What Does Ridesharing Replace?

California Air Resources Board (2013): Technical Background Document on Impacts of Car-sharing Based on a Review of the Empirical Literature.
Mineta Transportation Institute (2010): Greenhouse Gas Emission Impacts of Car-sharing in North America.
World Economic Forum (2019): Ride-hailing Apps are Making the Developing World's Traffic Problem Worse.
10 Boston Consulting Group (2018): Unlocking Cities. The Impact of Ridesharing across India.
World Economic Forum (2019): What India's Cities Show us about Improving Urban Mobility.
11 Boston Consulting Group (2018): Unlocking Cities. The Impact of Ridesharing across India.
12 Boston Consulting Group (2017): Unlocking Cities. The Impact of Ridesharing in Southeast Asia and beyond.
World Economic Forum (2020): How can Emerging Economies Navigate the Mobility Transition?
13 World Economic Forum (2017): Collaboration in Cities. From Sharing to Sharing Economy.
Sundararajan, A. (2016). The Sharing Economy.
Boston Consulting Group (2017): Hopping aboard the Sharing Economy.

12. Eine bessere Mobilität

1 Heikkilä, S. (2014): Mobility-as-a-Service – A Proposal for Action for Public Administration.
The Institution of Engineering and Technology (2018): Could Mobility-as-a-Service Solve our Transport Problems?
McKinsey & Company (2016): An Integrated Perspective on the Future Mobility.
World Economic Forum (2020): Three Trends Shaping the Future of Mobility in 2020.
2 Hietanen, S. (2014): Mobility-as-a-Service. A New Transport Model, in: ITS & Transport Management Supplement.
Deloitte (2019): Mobility-as-a-Service. The next Revolution in Mobility.
3 UITP – International Association of Public Transport (2019): Report on Mobility-as-a-Service.
Transport and Environment (2019): Less (Cars) is More.
4 Catapult (2016): Mobility-as-a-Service. Exploring the Opportunity for Mobility-as-a-Service in the UK.
5 Urban Transport Group (2019): MaaS Movement. Issues and Options on Mobility-as-a-Service for City Region Transport Authorities.
6 Accenture (2018): Mobility-as-a-Service. Mapping a Route towards Future Success in the New Automotive Ecosystem.
7 Boston Consulting Group (2019): Seeking Perceptual Motion with Mobility-as-a-Service.
Deloitte (2017): The Rise of Mobility-as-a-Service.
8 Hensher, D., Ho, C. Q., Mulley, C., Nelson, J. D., Smith, G., Wong, Y. Z. (2020): Understanding Mobility-as-a-Service.

9 Hensher, D., Ho, C.Q., Mulley, C., Nelson, J.D., Smith, G., Wong, Y.Z. (2020): Understanding Mobility-as-a-Service.
10 Deloitte (2017): Car-sharing in Europe.
McKinsey & Company (2017): What US Consumers Think of Shared Mobility.
L.E.K. Consulting (2019): New Mobility: Is the Sharing Economy Replacing Ownership with Access?
11 Nikolaeva, A., Nello-Deakin, S. (2020): Exploring Velotopian Urban Imaginaries: Where Le Corbusier meets Constant?, in: Mobilities.

13. Ohne Apps geht nichts

1 https://whimapp.com/.
2 Catapult (2016): Mobility-as-a-Service. Exploring the Opportunity for Mobility-as-a-Service in the UK.
3 Urban Transport Group (2019): MaaS Movement. Issues and Options on Mobility-as-a-Service for City Region Transport Authorities.
Deloitte (2019): Toward a Mobility Operating System.
4 UITP – International Association of Public Transport (2019): Report on Mobility-as-a-Service.
Deloitte (2017): The Rise of Mobility-as-a-Service.
5 Institute for Transportation and Development Policy (2020): Pedestrians First: Tools for a Workable City.
6 Catapult (2016): Mobility-as-a-Service. Exploring the Opportunity for Mobility-as-a-Service in the UK.
7 UITP – International Association of Public Transport (2019): Report on Mobility-as-a-Service.
8 https://en.wikipedia.org/wiki/European_Green_Deal.

14. Wertschöpfungskette 2.0

1 Deloitte (2020): The Future of the Automotive Value Chain.
Deloitte (2016): Connecting the Future of Mobility.
2 Die Softwareplattform von Bestmile ermöglicht den Betreibern von selbstfahrenden und personenbedienten Fahrzeugen die Routenplanung, den Abgleich von Fahrzeugen und Passagieren sowie das Management der Fahrzeugwartung. Die Fahrzeuge sind über ein Cloud-System vernetzt. Es ist sogar mehr als Flottenmanagement, es ist eine umfassende Plattform. Das Flottenmanagement konzentriert sich in der Regel auf die Wartung und den Zustand der Fahrzeuge. Flottenorchestrierung konzentriert sich auf die Optimierung der Mobilitätsdienstleistung. Bestmile lässt sich mit der Arbeit im Tower auf einem Flughafen vergleichen. Es geht darum, jedes Fahrzeug in Echtzeit anzuweisen, um die beste Servicequalität für den Endnutzer zu ermöglichen. Gleichzeitig will man dem Betreiber den effizientesten Service liefern, denn dem Betreiber gehören die Fahrzeuge und er wünscht sich auf diese hochwertigen Investitionsgüter eine hohe Kapitalrendite. Am Ende steht also das Ziel, die Nutzung dieser Investitionsgüter zu optimieren. Deshalb betreibt Bestmile

eher eine Plattform für Flottenorchestrierung. Hier sind Algorithmen bei der Arbeit. Im Grunde handelt es sich um eine automatische Disposition, das System arbeitet selbständig.
3 UITP – International Association of Public Transport (2019): Report on Mobility-as-a-Service.
National Center for Mobility Management (2018): Mobility-as-a-Service. Concept and Practice.
AARP Public Policy Institute (2018): Universal Mobility-as-a-Service.
4 Urban Transport Group (2019): MaaS Movement. Issues and Options on Mobility-as-a-Service for City Region Transport Authorities.
5 Boston Consulting Group, University of St. Gallen (2020): Can Self-Driving Cars Stop the Urban Mobility Meltdown?
6 https://www.smartgrowthamerica.org/documents/transportation-costs-and-the-american-dream.pdf.
https://www.itdp.org/2019/05/23/high-cost-transportation-united-states/.
https://www.valuepenguin.com/average-household-budget.

15. Verkehr ist multimodal

1 McKinsey & Company (2016): An Integrated Perspective on the Future of Mobility.
PricewaterhouseCoopers (2021): Sustainable Mobility. Inverting the Transport Pyramid.
World Economic Forum (2020): Guidelines for City Mobility.
2 World Economic Forum (2018): Designing a Seamless Integrated Mobility System.
3 World Economic Forum (2020): Activating a Seamless Integrated Mobility System: Insights into Leading Global Practices.
4 Ten best Multi-modal Transit Hubs around the World: https://www.re-thinkingthefuture.com.
5 World Economic Forum (2020): How to Build Seamless Integrated Mobility Systems for the Cities of the Future.

16. Pods und Shuttles

1 McKinsey & Company (2020): Change Vehicles: How Robo-taxis and Shuttles will Reinvent Mobility.
PricewaterhouseCoopers (2017): Aufbruch auf der letzten Meile. Neue Wege für die städtische Logistik.
Roland Berger (2018): A New Breed of Cars. Purpose-built Electric Vehicles for Mobility on Demand.
Deloitte (2019): Picturing How Advanced Technologies are Reshaping Mobility.
2 EU-Cordis (2016): Final Report Summary – CityMobil.
3 World Economic Forum (2020): The Future of the Last-Mile Ecosystem.
4 McKinsey & Company (2016): An Integrated Perspective on the Future of Mobility.
5 Capgemini Research Institute (2019): The Last-Mile Delivery Challenge.
6 Forrester (2019): Forrester Analytics. Online Retail Forecast.
7 World Economic Forum (2020): The Future of the Last-Mile Ecosystem.

17. Rechnet sich das Ganze?

1 https://mobility.ch.
https://nhts.ornl.gov.
World Economic Forum (2020): Social Mobility Report.
Statista (2021): Mobility Services Report.
2 Diese Berechnungen führte Mobileye durch.
Goldmann Sachs (2017): Rethinking Mobility.
3 Nahezu alle Automobilhersteller, deren Zulieferer sowie die vielen Technologiefirmen legten inzwischen Berechnungen für den Fahrpreis pro Kilometer vor.
4 GM Cruise (2019): Pricing and TAM for Ride-hailing with SDVs.
Wolfe Research (2019): Pricing and TAM for Ride-hailing with SDVs.
Rethink X (2019): Rethinking Transportation 2020–2030.

18. Eine Wette auf die Zukunft?

1 Tesla (2020): Gross Profit from a Single Robo-taxi.
Keeney, T. (2017): Mobility-as-a-Service: Why Self-driving Cars could Change Everything.
2 Strategy Analytics (2017): Accelerating the Future. The Economic Impact of the Emerging Passenger Economy.
3 Strategy Analytics (2017): Accelerating the Future. The Economic Impact of the Emerging Passenger Economy.
4 Herrmann, A., Brenner, W., Stadler, R. (2018): Autonomous Driving. How the Driverless Revolution will Change the World.
5 https://www.goodreads.com/quotes/.
6 Deloitte (2020): How the Pandemic is Changing the Future of Automotive.
McKinsey & Company (2020): From no Mobility to Future Mobility: Where Covid-19 has Accelerated Change.
World Economic Forum (2020): For Resilient, Sustainable City Mobility after Covid-19. These Trends must Continue.
McKinsey & Company (2020): The Impact of Covid-19 on Future Mobility Solutions.
Rotterdam School of Management, Erasmus University (2020): Urban Mobility Post 2020.
McKinsey & Company (2020): Rethinking Last-mile Logistics, Post-Covid-19. Facing the Next Normal.

19. Wünsche gibt es viele

1 Kristal, A., Whillans, A. (2019): Why it's so Hard to Change People's Commuting Behavior, in: Harvard Business Review.
Deloitte (2017): Framing the Future of Mobility.
2 Boston Consulting Group (2020): What Drives Drivers? How to Influence Mobility Behaviors.
Institute for Mobility Research and German Aerospace Center (2016): Autonomous Driving. The Impact of Vehicle Automation on Mobility Behavior.

3 Urban Agenda for the European Union (2020): Promoting Mobility Behaviour Change.
https://trimis.ec.europa.eu.
https://www.smartcitiesdive.com.
https://mobilitybehaviourchange.eu.

20. Unterwegs sein, aber anders

1 Deloitte (2020): Who's Going to Pay for the Future of Mobility?
PricewaterhouseCoopers (2016): Driving the Future: Understanding the New Automotive Consumer.
Deloitte (2021): Global Automotive Consumer Study.
Schoettle, B., Sivak, M. (2014): A Survey of Public Opinion about Autonomous and Self-driving Vehicles in the US, the UK, and Australia.
2 Ernst & Young (2015): Who's in the Driving Seat? How the Rise of Autonomous Vehicles will Transform the Relationship between Man and Car.
3 McKinsey & Company (2020): The Future of Car Buying. Omnichannel, Personalized, and Fun.
Deloitte (2020): Future of Automotive Sales and Aftersales.
4 Fraunhofer, Horvath & Partners (2016): The Value of Time.

21. Worauf es ankommt

1 Herrmann, A., Brenner, W., Stadler, R. (2018): Autonomous Driving. How the Driverless Revolution will Change the World.
2 Deloitte (2017): Experiencing the Future of Mobility.
3 https://jalopnik.com/driving-behavior/.
https://www.ncbi.nlm.nih.gov.
https://medicine.wustl.edu/news/can-changes-in-driving-habits-predict-cognitive-decline-in-older-adults/.
4 https://www.researchgate.net/publication/336606888_Driving_Behaviour_in_Depression_Findings_from_a_Driving_Simulator_Study.
https://www.mdpi.com/2313-576X/5/4/70.
https://www.sciencedirect.com/science/article/abs/pii/S1369847820305349.
5 https://www.google.ch/search?q=robo+shuttles&source=lnms&tbm=isch&sa=X&ved=2ahUKEwjL36u6ktPxAhVMy6QKHQJHAL8Q_AUoAXoECAEQAw&biw=1146&bih=682.

22. Ein Geschäftsmodell muss her

1 McKinsey & Company (2019): Mastering New Mobility.
Heineke, K., Padhi, A., Pinner, D., Tschiesner, A. (2019): Reimagining Mobility. A CEO's Guide, in: McKinsey Quarterly.
2 Oliver Wyman (2019): Building the Automotive Industry of 2030.
Deloitte (2020): Handbook for Automotive Industry Business Resumption.
3 https://www.oica.net

4 https://waymo.com.
https://www.dezeen.com/tag/google-self-driving-car/.
5 Deloitte (2017): Forces of Change. The Future of Mobility.
Deloitte (2016): Examining the Evolving Mobility Ecosystem.
6 Porsche Consulting (2020): The Art of Building Customer Ecosystems.
Accenture (2019): Orchestrating a Mobility Ecosystem.
Swiss Re (2019): Mobility Ecosystems. Striving towards a Seamless Interface for Customers.
7 BearingPoint (2018): Partnership Ecosystems: The Driving Force behind Mobility Innovations?
KPMG (2019): Mobility 2030. Transforming the Mobility Landscape.
Roland Berger (2016): A CEO Agenda for the (R)evolution of the Automotive Ecosystem.
Deloitte (2019): Governing the Future of Mobility. Opportunities for the US Government to Shape the New Mobility Ecosystem.

23. Ideen, Projekte, Visionen

1 https://english.elpais.com/society/2020-11-06/bike-lanes-how-cities-across-the-world-are-responding-to-the-pandemic.html.
Newman, P., Kenworthy, J. (2015): The End of Automobile Dependence.
2 Whittle, N. (2020): Welcome to the 15-Minute-city.
https://tomorrow.city/a/paris-the-15-minute-city.
https://www.bloomberg.com/news/features/2020-11-12/paris-s-15-minute-city-could-be-coming-to-an-urban-area-near-you/.
https://urbanfinland.com/2021/01/08/inspiration-for-a-15-minute-city-action-plan/.
3 https://www.bbc.com/worklife/article/20201214-how-15-minute-cities-will-change-the-way-we-socialise/.
4 https://www.bloomberg.com/news/articles/2020-11-11/barcelona-s-new-car-free-superblock-will-be-big.
https://energy-cities.eu/best-practice/superblocks-free-up-to-92-of-public-space-in-barcelona/.
5 https://www.pri.org/stories/2020-06-09/after-lockdown-milan-rolls-out-plan-open-more-streets-cyclists-and-pedestrians.
6 https://smartcityhub.com/urban-planning-and-building/songdo-model-of-the-smart-and-sustainable-city-of-the-future/.
7 https://ieeexplore.ieee.org/stamp/stamp.jsp?arnumber=9306816.
8 Um der rasch wachsenden Verkehrsdichte entgegen zu wirken, hat die Millionen-Metropole Shanghai die Zahl der Kfz-Zulassungen drastisch limitiert. Bürger können seit dem Jahr 2011 jeden Monat eines der 8 500 begehrten Zertifikate ersteigern – für bis zu 10 000 US-Dollar.
9 Deloitte (2019): Small is Beautiful. Making Micromobility Work for Citizens, Cities, and Service Providers.
Inrix (2019): Shared Bikes and Scooters could Replace Nearly 50 Percent of Downtown Vehicle Trips, in: Green Car Congress.

Boston Consulting Group (2020): How E-scooters can Win a Place in Urban Transport.
Boston Consulting Group (2019): The Promise and Pitfalls of E-scooter Sharing.
European Commission (2020): How many People can you Reach by Public Transport, Bicycle or on Foot in European Cities?
10 McKinsey & Company (2019): Micromobility. Industry Progress and a Closer Look at the Case of Munich.
McKinsey & Company (2019): Micromobility's 15.000 Mile Checkup.
11 Roland Berger (2020): Mobilizing Micromobility. How Cities and Providers can Build a Successful Model.
European Environment Agency (2019): The First and Last Mile. The Key to Sustainable Urban Transport.

24. Es geht auch anders

1 Boston Consulting Group (2016): Self-Driving Vehicles, Robo-Taxis, and the Urban Mobility Revolution.
McKinsey & Company (2016): Automotive Revolution. Perspective towards 2030.
Boston Consulting Group (2017): Making Autonomous Vehicles a Reality.
2 World Economic Forum (2018): Reshaping Urban Mobility with Autonomous Vehicles. Lessons from the City of Boston.
3 Boston Consulting Group, University of St. Gallen (2020): Can Self-Driving Cars Stop the Urban Mobility Meltdown?
Neckermann, L. (2015): The Mobility Revolutions.
4 Boston Consulting Group, University of St. Gallen (2020): Can Self-Driving Cars Stop the Urban Mobility Meltdown?
McKinsey & Company (2019): The Trends Transforming Mobility's Future.
5 Boston Consulting Group, University of St. Gallen (2020): Can Self-Driving Cars Stop the Urban Mobility Meltdown?
McKinsey & Company (2014): A Road Map to the Future for the Auto Industry.
6 Boston Consulting Group, University of St. Gallen (2020): Can Self-Driving Cars Stop the Urban Mobility Meltdown?
Deloitte (2017): Forces of Change: The Future of Mobility.
7 Boston Consulting Group, University of St. Gallen (2020): Can Self-Driving Cars Stop the Urban Mobility Meltdown?
Sperling, D. (2018): Three Revolutions. Steering Automated, Shared, and Electric Vehicles to a Better Future.

25. Arbeit und Wohlstand

1 https://www.oica.net/.
2 Center for Global Policy Solutions (2017): Stick Shift. Autonomous Vehicles, Driving Jobs, and the Future of Work.
3 Securing America's Future Energy (2018): America's Workforce and the Self-Driving Future.

Center for Global Policy Solutions (2017): Stick Shift. Autonomous Vehicles, Driving Jobs, and the Future of Work.
4 Fraunhofer-Institut für Arbeitswirtschaft und Organisation (2020): Automobiler Wandel: Perspektiven für die Beschäftigung 2030.
5 Fraunhofer-Institut für Arbeitswirtschaft und Organisation (2020): Automobiler Wandel: Perspektiven für die Beschäftigung 2030.
6 Wendell, C., Love, J. (1996): The best Investment a Nation ever made: A Tribute to the Dwight D. Eisenhower System of Interstate and Defense Highways.
7 Hartgen, D., Fields, G. (2009): Gridlock and Growth.
8 Prud'homme, R., Lee, C. W. (2001): Size, Sprawl, Seed, and the Effiency of Cities.
9 Securing America's Future Energy (2018): America's Workforce and the Self-Driving Future.
Center for Global Policy Solutions (2017): Stick Shift. Autonomous Vehicles, Driving Jobs, and the Future of Work.
10 Securing America's Future Energy (2018): America's Workforce and the Self-Driving Future.

26. Mehr Leben, weniger Verkehr

1 https://www.tandfonline.com/doi/full/10.1080/21680566.2016.1245163.
https://www.semanticscholar.org/paper/A-stop-and-go-queueing-framework-for-congestion-Golestani/d8d442db2c7830fe710153a174aec3af9dad0f64.
https://ops.fhwa.dot.gov/congestion_report/chapter2.htm.
2 Herrmann, A., Brenner, W., Stadler, R. (2018): Autonomous Driving. How the Driverless Revolution will Change the World.
3 https://www.sciencedirect.com/science/article/abs/pii/S0968090X16301140.
4 National Highway Traffic Safety Administration (2015): Critical Reasons for Crashes Investigated in the National Motor Vehicle Crash Causation Survey.
International Transport Forum (2018): Safer Roads with Automated Vehicles?
5 Herrmann, A., Brenner, W., Stadler, R. (2018): Autonomous Driving. How the Driverless Revolution will Change the World.
6 https://www.iea.org/reports/global-energy-review-2021/co2-emissions.
7 MaaS Global (2019): Mobility-as-a-Service.
8 Deloitte (2015): Smart Mobility. Reducing Congestion and Fostering Faster, Greener, and Cheaper Transportation Options.
9 Deloitte (2018): Saving Space in the City through Smart Mobility 40 % Fewer Parking Spaces in 2040.
Davis, A. Y., Pijanowski, B. C., Robinson, K., Engel, B. (2009): The Environmental and Economic Costs of Sprawling Parking Lots in the United States.
Perkins & Will (2018): Designing for Future Mobility.

27. Mobilität für alle

1 https://www.who.int/disabilities/world_report/.
McKinsey & Company (2018): As Cities Go Smart, Vulnerable Populations are Pushed further to the Margins.

Guzman, L. A., Oviedo, D., Rivera, C. (2017): Assessing Equity in Transport Accessibility to Work and Study, in: Journal of Transport Geography.
Pereira, R. H., Schwanen, T., Banister, D. (2017): Distributive Justice and Equity in Transportation, in: Transport Review.
Pyrialakou, V. D., Gkritzka, K., Fricker, J. D. (2016): Accessibility, Mobility, and Realized Travel Behavior, in: Journal of Transport Geography.
2 Securing America's Future Energy (2017): Self-driving Cars. The Impact on People with Disabilities.
World Economic Forum (2021): It's Time for Mobility to be Innovative and Accessible. Here's how.
3 New York Lawyers for the Public Interest (2018): Left Behind – New York's For-hire Vehicles Industry Continues to Exclude People with Disabilities.
San Francisco Municipal Transportation Agency (2019): TNCs and Disabled Access.
Institute of Transportation Studies at University of California at Los Angeles (2020): Access Denied? Perceptions of New Mobility Services among Disabled People in San Francisco.
4 https://inclusivedesign principles.org.

28. Neue Standorte, neue Nationen

1 UITP – International Association of Public Transport (2019): Report on Mobility-as-a-Service.
Catapult (2016): Mobility-as-a-Service. Exploring the Opportunity for Mobility-as-a-Service in the UK.
Urban Transport Group (2019): MaaS Movement. Issues and Options on Mobility-as-a-Service for City Region Transport Authorities.
2 Oliver Wyman (2021): Where China is Leading the Mobility Revolution.
3 McKinsey & Company (2019): Israel – Hot spot for Future Mobility Technologies.
McKinsey & Company (2019): Israel on Road to Become a Global Autotech Hub.
Roland Berger (2018): Israel's Automotive and Smart Mobility Industry.
State of Israel Prime Minister's Office (2018): Israel – An Innovation Hub for Smart Mobility.
4 Senor, D./Singer, S. (2011): Start-up Nation – The Story of Israel's Economic Miracle.
Forbes (2020): An Oasis of Mobility Innovation: The Origin of Israel's Silicon Wadi.
McKinsey & Company (2017): Analyzing Start-up and Investment Trends in the Mobility Ecosystem.